PATTON

铁胆英豪

巴顿

◎袁 颖 编译

中国铁道出版社有限公司
CHINA RAILWAY PUBLISHING HOUSE CO., LTD.

图书在版编目（CIP）数据

巴顿／袁颖编译 . — 北京：中国铁道出版社有限公司，2019.10
（二战名人录）
ISBN 978-7-113-25802-3

Ⅰ．①巴… Ⅱ．①袁… Ⅲ．①巴顿 (Patton, George Smith 1885—1945)
—生平事迹 Ⅳ．① K837.125.2

中国版本图书馆 CIP 数据核字（2019）第 093390 号

书　　名：巴　顿

编　　译：袁　颖

责任编辑：刘建玮　　　　　　电　　话：（010）51873038

封面设计：刘　莎　　　　　责任校对：王　杰

责任印制：赵星辰

出版发行：中国铁道出版社有限公司（100054，北京市西城区右安门西街 8 号）

印　　刷：三河市兴博印务有限公司

版　　次：2019 年 10 月第 1 版　　2019 年 10 月第 1 次印刷

开　　本：787mm×1 000mm　1/16　印张：22.5　字数：476 千

书　　号：ISBN 978-7-113-25802-3

定　　价：59.80 元

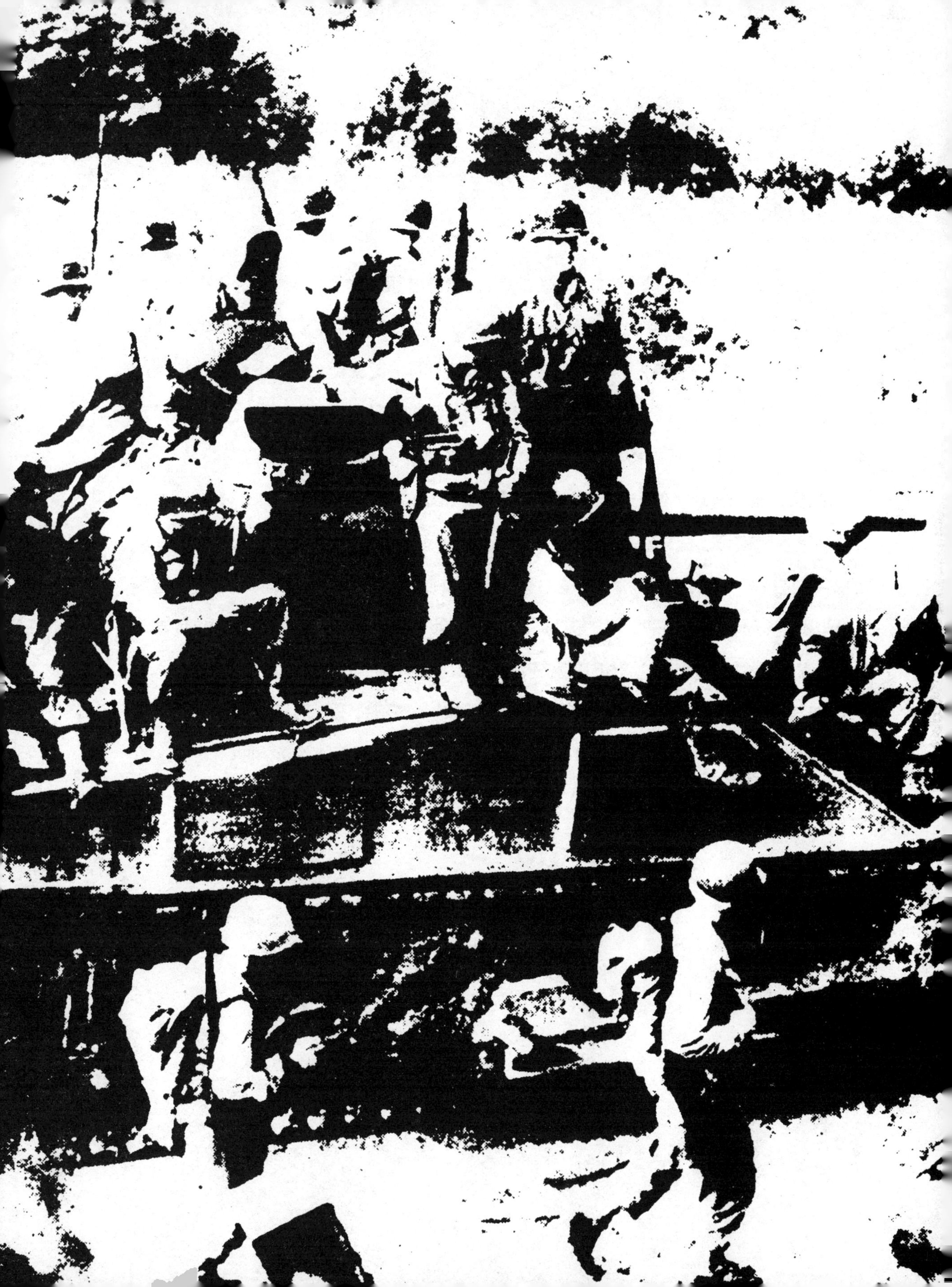

名将剪影

在美国的军事历史上，没有哪一位军事人物像巴顿那样更能征服人们的想像力。他在"一战"中创造了美军的装甲作战，并被公认为"二战"中美军最为杰出的作战指挥家。作为一个被罗斯福称为"我们最伟大的战将"的杰出将领，似乎没有人能够超越他。直至1945年欧洲胜利日前后，曾经在巴顿麾下冲锋陷阵的将士已达18个集团军共54万之众，这相当于越南战争或波斯湾战争时期美军人数达到顶峰时期的规模。

巴顿擅长于进攻、追击和装甲作战，是一位敢打敢拼、英勇善战的骁将。在远征北非、荡平西西里、横扫欧洲的半个世纪以后，巴顿的名字依然令人震撼不已。人们对巴顿的崇拜不仅仅因为他杰出的指挥才能和顽强的军人作风，同时还源于巴顿那"如恺撒般神秘复杂，难于捉摸的天性"。在他过世之后，那些曾经"仇恨"过他的人也为他的人格魅力所折服，都把巴顿赞叹为"最杰出的将军和对手"。

毋庸置疑，巴顿是奇特的"冰与火的混合体"，是不折不扣的"拼装起来的人"。他一生战绩辉煌，却又屡次与"荣耀巅峰"无缘，他性格鲜明，给人印象之深刻，几乎可以同他的辉煌战绩相匹敌。

1885-1945

> 美国巴顿将军。

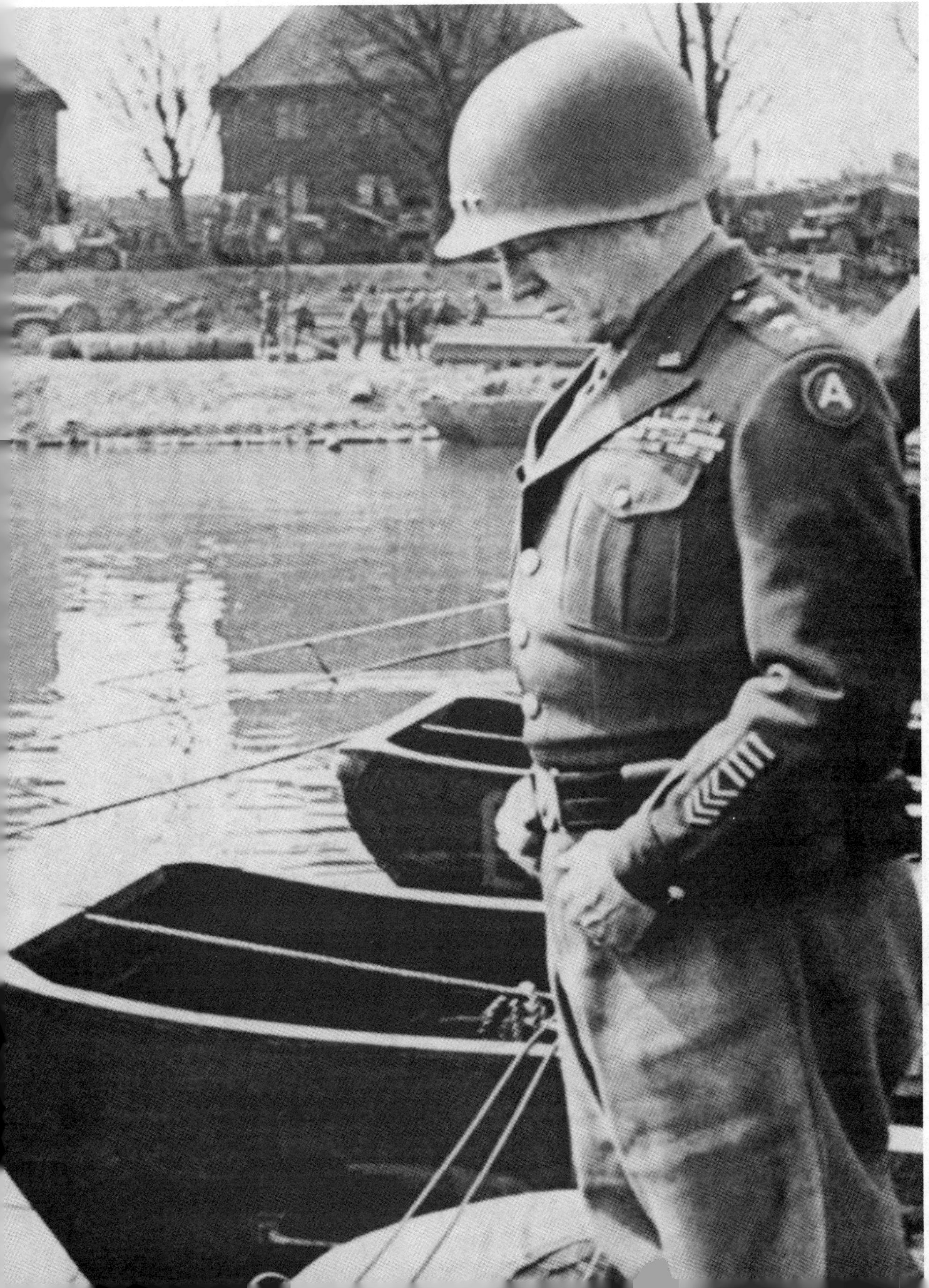

巴顿 档案

Georage Smith Patton ⟶

1885

11月11日，生于美国加利福尼亚州。

1909

6月，毕业于美国西点军校，被调往美国第1集团军骑兵第15团任少尉。

1917

美国参加第一次世界大战，巴顿任美国远征军总司令潘兴将军的副官，同赴法国。期间他曾经负责组训美国的第一支坦克部队，并指挥一个坦克旅参加作战，获"优异服役十字勋章"。

1918

11月11日，第一次世界大战结束，巴顿回到美国，致力于坦克的研究、发展与训练工作。但随着美国孤立主义思潮抬头及裁减军务，巴顿又被调回骑兵部队。

1920~
1940

20年期间，巴顿多次调动，担任过十几个不同的职务，并被送入骑兵学校、指挥参谋学校和陆军大学深造。

1940

第二次世界大战爆发后，美国总参谋部改组，马歇尔任参谋长，起用巴顿担任装甲旅旅长，后升任装甲第2师师长，负责组训装甲坦克部队。

1941

12月7日，日本偷袭珍珠港，美国参加反法西斯战争。

1942

3月，巴顿奉调到因迪奥训练中心，负责坦克部队干部的培训工作。

7月，调回华盛顿，担任美国西线特遣部队在北非登陆的组织工作。

11月11日，率部在北非摩洛哥登陆，攻占摩洛哥后，担任驻摩洛哥总督。

1943

3月，调回突尼斯，接任第2军军长。

7月，调任美国第7集团军司令官，在英国亚历山大将军指挥下，配合蒙哥马利的第8集团军在意大利的西西里登陆，攻占巴勒莫，夺取墨西拿。期间曾因两次"打耳光"事件引起美国军内和国内的舆论反对。

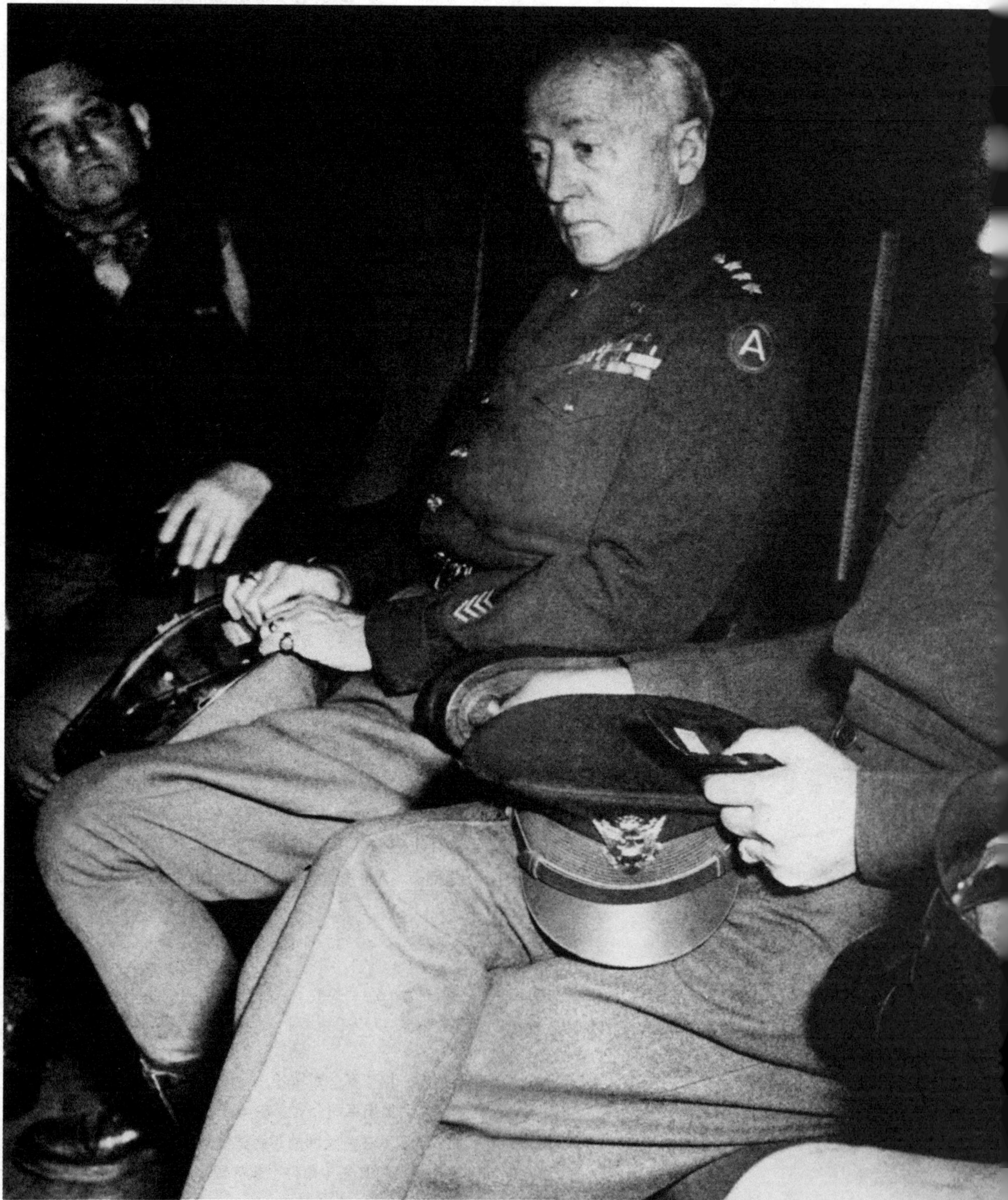

1944

6月，盟军在诺曼底登陆后，巴顿指挥第3集团军，在西欧战场参加一系列重大战役，晋升为四星上将。

★★★★★

1945

5月，对德战争结束，巴顿被委任为巴伐利亚军事行政长官，因政见不同被解职。

11月，任第15集团军司令。

12月，因车祸去世。

巴顿参与指挥的战役战事图 →

1945 年 4 月~5 月

美英盟军和苏联军队在德国境内的作战路线及德军在柏林附近的兵力部署示意图。

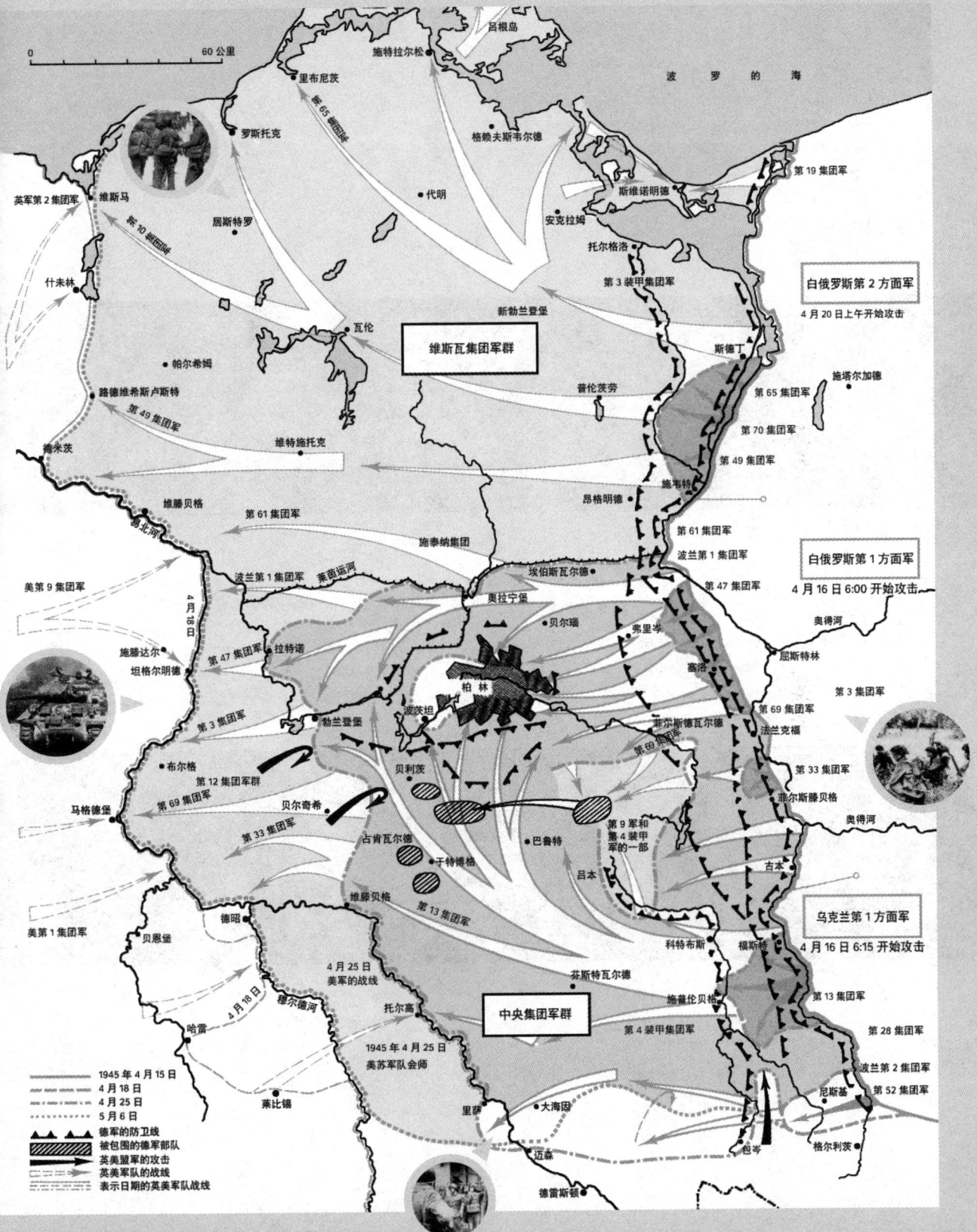

0 —— 60 公里

波 罗 的 海

吕根岛

施特拉尔松

里布尼茨

罗斯托克

格赖夫斯韦尔德

代明

斯维诺明德

第 19 集团军

英军第 2 集团军　维斯马

维斯马

居斯特罗

安克拉姆

托尔格洛

白俄罗斯第 2 方面军
4 月 20 日上午开始攻击

什未林

第 3 装甲集团军

第 10 集团军

瓦伦

新勃兰登堡

维斯瓦集团军群

斯德丁

帕尔希姆

普伦茨劳

施塔尔加德

路德维希斯卢斯特

第 49 集团军

维特施托克

第 65 集团军

第 70 集团军

哈米茨

施韦特

第 49 集团军

维滕贝格

第 61 集团军

昂格明德

白俄罗斯第 1 方面军
4 月 16 日 6:00 开始攻击

北阿

施泰纳集团

波兰第 1 集团军

埃伯斯瓦尔德

第 61 集团军

波兰第 1 集团军

第 47 集团军

美第 9 集团军

4 月 18 日

奥拉宁堡

奥得河

屈斯特林

施滕达尔

坦格尔明德

第 47 集团军

拉特诺

贝尔瑙

弗里堡

第 3 集团军

柏林

塞洛

第 3 集团军

波茨坦

菲尔斯德瓦尔德

法兰克福

第 69 集团军

第 12 集团军群

贝利茨

英国第 8 集团军

第 33 集团军

布尔格

马格德堡

第 69 集团军

贝尔奇希

古肯瓦尔德

于特博格

巴鲁特

第 9 军和
第 4 装甲
军的一部

菲尔斯滕贝格

奥得河

吕本

古本

第 3 集团军

维滕贝格

第 13 集团军

德昭

乌克兰第 1 方面军
4 月 16 日 6:15 开始攻击

贝恩堡

美第 1 集团军

4 月 25 日
美军的战线

苏斯特瓦尔德

科特布斯

福斯特

中央集团军群

哈雷

穆尔德河

4 月 18 日

托尔高

施普伦贝格

第 13 集团军

第 4 装甲集团军

第 28 集团军

1945 年 4 月 25 日
美苏军队会师

莱比锡

里萨

大海因

波兰第 2 集团军

尼斯基

第 52 集团军

1945 年 4 月 15 日
4 月 18 日
4 月 25 日
5 月 6 日
德军的防卫线
被包围的德军部队
英美盟军的攻击
英美军队的战线
表示日期的英美军队战线

迈森

德累斯顿

格尔利茨

包岑

目录
contents

活着就是战斗 / 1

第一章

上流社会的子弟 / 2
走进西点 / 7
挑战挫折 / 12
巴顿军刀 / 19
体验初战 / 27

理想与现实之间，毕竟有着太多的荆棘与绊脚石。初出西点的巴顿，有了充足的军事知识，有了抗争失败的经验，有了对人生理想的坚定思考，现在至关重要的就是在现实生活中，在他"活着就是战斗"的格言激励下，如何应对生活的面对面的挑战……

美国第一坦克手 / 34

第二章

创建美军坦克兵 / 35
第一次指挥坦克战 / 43
神黯坦克手 / 51

到此为止，巴顿已经有足够的理由，为自己在第一次世界大战中所取得的辉煌成就而感到骄傲和自豪，从以前的剑术大师一跃成为美国一流的坦克专家，他创造性地建立了一个新的兵种，并在实战中检验了他的成果。他以"巴顿模式"造就出一支无坚不摧、战无不克的坦克部队……

骑兵又一次上马 / 56

人生理想的危机 / 57
重建美军坦克兵 / 62
号角已经吹响 / 76

作为一个极端宿命论者，巴顿曾经把自己说成是"漂流在命运长河中的一片小叶"。而在论及困难和紧张情况时，他则写道："我一辈子的经验是，我遇到的每一件倒霉事情，最后总是转忧为喜，对我有利，虽然当时我还看不出来。"1938 年就是如此……

第三章

缺乏章法的胜者 / 84　　第四章

登陆卡萨布兰卡 / 85
蹩脚的临时"总督" / 99

巴顿终于如愿以偿了。他即将走出这庸俗透顶的生活圈子，奔向广阔的欧洲战场，去一展宏图。他异常兴奋，暗下决心，要步古代雅典人、迦太基人、罗马人和拜占庭人的后尘，踏着伟大统帅尼西亚斯、汉尼拔、西庇阿等人的战斗足迹前进，取得永垂青史的功勋和荣誉……

铁蹄踏碎地中海 / 114

第五章

一切为有仗可打 / 115
西西里滩头 / 130
福兮祸倚的征服者 / 137

巴顿的传记作家H·埃塞姆对此评论道："得出如下结论是正确的，即在此关键时刻巴顿的战术直感是准确的，而亚历山大则是失误的。如果他现在授予巴顿而不是蒙哥马利夺取主要公路网的重任，那么西西里岛战役可能会缩短几周时间……"

厄运临头 / 146

激情汹涌的耳光 / 147
大失颜面的道歉 / 158

艾森豪威尔坐下来，以个人的名义亲自给巴顿写了一封信。在这封信中，他对这次事件表示极为憎恶，狠狠地责骂了巴顿，说巴顿的行为是"卑鄙的"。他命令巴顿去向被打了耳光的士兵道歉，并且向接收站里当时在场的所有医生和护士道歉，向接收站里每一位找得到的伤病员道歉……

第六章

角斗士置身场外 / 166　　第七章

没有起奏的乐曲 / 167
麻烦不断的将军 / 180

在"坚韧"战役中，巴顿是主要的"部件"。德国人已经懂得尊敬他，甚至怕他。事实上，他是唯一能使他们注目的美国将领，而且在这个阶段唯有巴顿的名字能对他们起到作用。他们推测在主攻方向的美军将由他指挥，因而他出现的方向就是盟军的主攻方向……

终显身手 / 198

第八章

战场观察员 / 199
急不可耐的突进 / 214
猛虎出山 / 220

全军上下，从军长到普通士兵，都被巴顿的干劲带动起来。甚至他的上司也被情不自禁地拖入了这个人的磁场。原来在高一级的司令部冷清的气氛中只准备拿下一个桥头堡的作战计划，大有可能发展成为席卷整个欧洲大陆的一场赛跑……

咆哮的勇将 / 236

永远的战史之谜 / 237
巴黎城下的烦恼 / 246
渴求进攻 / 255
无奈的步伐 / 269

在巴顿看来，此事不仅是对艾森豪威尔领导才能的严峻考验，也是对他们两人之间友谊的严峻考验。几天以前，由于艾森豪威尔没有允许巴顿去指挥解放巴黎的部队，巴顿曾经陷入了极度苦闷的境地之中。但是现在，他的沮丧情绪已经一扫而空……

第九章

艰苦的挺进 / 276

第十章

又一个战史之谜 / 277
力克梅斯 / 284
徘徊摩泽尔河 / 293

通过长久的共同战斗，布莱德雷此时已经成了巴顿最坚定的支持者和盟友。他越来越理解巴顿了，他希望能运用自己的权力来减轻一下巴顿的痛苦。于是，他授权巴顿"对战线进行一些小的改动"。对于这个军事术语，巴顿马上心领神会……

不可阻挡的进军 / 302

第十一章

狂浪中的砥柱 / 303
横穿德意志 / 316

巴顿写道："我对我的作战行动感到十分满意。在所有的情况下，几乎是在整个作战中，我都处在上级指挥部门的约束之下。这也许是件好事，因为我可能太急躁了。然而，如果允许我放手干的话，战争可能会更早地结束，更多的生命会得到拯救……"

远去的战士 / 326

为和平而遗憾 /. 327
最后的战斗 / 334

这一次巴顿估计错了。战争已经结束，巴顿已经不是不可或缺的人物了，牺牲他并不会对大局有什么严重的损失。华盛顿的政客不能容忍他。在他们看来，巴顿的这一次罪过，比"打士兵耳光"严重得多，他侮辱了美国的"两党制"。艾森豪威尔也不能再容忍他……

第十二章

∧ 巴顿在西点军校。

第一章

活着就是战斗

1885-1945　巴顿

理想与现实之间，毕竟有着太多的荆棘与绊脚石。初出西点的巴顿，有了充足的军事知识，有了抗争失败的经验，有了对人生理想的坚定思考，现在至关重要的就是在现实生活中，在他"活着就是战斗"的格言激励下，如何应对生活的面对面的挑战……

>> 上流社会的子弟

1885 年 11 月 11 日，一个男婴出生在美国西海岸加利福尼亚州南部的加布利尔。

和许多贵族一样，父亲乔治和母亲露茜，用小婴儿祖父和父亲的名字，给他取名为乔治·史密斯·巴顿。由于和他的爸爸的名字一样，习惯上，人们称呼他为小乔治或小巴顿。

富庶美丽的葡萄园庄园是小巴顿的祖父留下的遗产之一。在葡萄园庄园度过的日子并不平静，小巴顿刚出生后不久便生了一场重病，险些夭折，并且在相当一段时间里身体非常孱弱，好在家人对这个小生命给予了无微不至的关爱。一岁之后，小巴顿逐渐开始变得结实强壮起来，并且越来越顽皮好动，充满活力。这时，为了爸爸乔治的工作方便，他们举家迁入洛杉矶，但为了能够让小巴顿有更充裕的活动空间，一年中大部分时间，小巴顿还是随妈妈在葡萄园湖畔生活。1887 年，这个一头黄发的小家伙又多了一个妹妹——安妮。小安妮十分可爱，家人都亲昵地称这个金发碧眼的小"洋娃娃"为妮塔。

相对于枯燥无味的城市生活，小巴顿对于纯朴自由的乡村生活更为热衷。他最开心的时刻，便是举家回到葡萄园湖畔休养的假期。因为在那个时候，爸爸会不去理会那些令人烦恼的法律事务，像个大孩子一样带着小巴顿和妹妹妮塔玩耍。

在巴顿眼中，爸爸简直是个"游戏天才"，骑马、划船、潜水、钓鱼甚至射击……那个年代上流社会的所有的休闲项目，他几乎无不精通。小巴顿对爸爸崇拜极了，整天同爸爸腻在一起，央求着学骑马，玩打仗。

爸爸曾经是弗吉尼亚军事学院的高材生，受爸爸的影响，或者更多地源于男孩子的天性，巴顿小时候最爱玩的游戏就是"打仗"。每天早上一起床，巴顿兄妹俩便会为谁指挥谁打仗而争论不休。最好的解决办法便是爸爸标准的口令声："立正！保持肃静！"两个人果然一声不响了。"敬礼！"两个人于是笔挺地向爸爸敬礼。"大头兵乔治与少校妮塔早上好！""爸爸将军早上好！""军事科目第一项，早餐！""是，长官！"于是，两个小不点儿便乖乖地找玛丽吃早饭去了。

更有意思的是，巴顿一开始只知道当兵很威风，根本不知道军队中官阶的大小顺序，妹妹妮塔称呼他为"大头兵"，他欣然接受，而他却称呼妮塔为"少校"，他竟然一直以为"兵要比少校大"，以至于这样玩了

好几年还不知所以。直到有一天，爸爸笑着问他为什么当了几年兵还没升职，小巴顿这才恍然大悟。为了这件事，他第一次大发脾气，并且郑重宣布自己是"乔治·史密斯·巴顿中将"。爸爸为了安抚他，亲自给他做了一把木制佩剑，这几乎成为巴顿童年时代最珍贵的礼物。

对于童年生活，巴顿日后回忆起来总说自己是"世界上最快乐的孩子"，这一点无疑是与父母，尤其是父亲的爱护是分不开的。在巴顿完全懂事之前，他并不了解父母如此爱护他的良苦用心。直到有一天，他发现了一个秘密。

巴顿7岁生日那天，爸爸妈妈为他在葡萄园开了一个规模不大的但十分热闹的庆祝会，还请来了当地有名的杂耍艺人表演。晚上，大家在葡萄园的空场上放起美丽的焰火，一直到深夜……客人们都告辞后，直到他该睡觉的时候，才想起来还没有向爸爸妈妈说晚安。小巴顿蹦蹦跳跳来到父亲的书房，正要进去，却听见爸爸和妈妈正在谈论着什么，而且间或还叫到他的名字。巴顿好奇地站在门外听了起来。

"乔治，我真的很担心，他已经满7岁了。"妈妈忧虑地说。

"露茜，我知道你的想法，我也很想能让他接受正规的教育，但我们的小乔治不同于一般的孩子，我们不能让他在人们习以为常的观念中感到自卑……"

"我知道你的用心所在，你那样忙碌，而且你安静的性格是不喜爱整天进行这些户外活动的，但为了小乔治，你真的做出了很大的牺牲。"

"亲爱的，我担心的也就在这里，公务越来越繁忙，我已经不得不尽量提高工作的效率，但陪伴他们的时间一点也不能少，要知道，为了我们的儿子能够早一天和正常孩子一样，我必须付出更多的努力，让他早一天摆脱一切障碍。"

门外，小巴顿似懂非懂地听着，他并不能完全理解父母所说的他和普通孩子之间的"不同"究竟是什么，但他明白了，爸爸原来并不热衷户外生活，完全是为了爱他、迁就他而这样做的。7岁的小巴顿好像一下子成为了一个能够深深体会父母之爱的大人。而巴顿的父母所提到的"不同"究竟是什么呢？

半个世纪以后，医学家与教育学家发现了一种神经性异常现象，并为这种现象取名为

"阅读失常症"，即"阅读能力部分丧失症"，也叫"难阅症"。又过了一些时候，他们发现另一种类似的神经化学失衡症状，称之为"注意力不足失调症"。这两种病症的症状包括感觉不适、对书本与学习有沮丧感、只能维持局部注意力、学习过程不健全等。而这些症状，竟然无一例外地都发生在小巴顿身上。这种病症并非完全等同于"多动症"，根据医学记载，"阅读失常症"是一种神经性疾病，它的发作与恢复不能由人自由掌握，也就是说，巴顿根本不能控制自己的阅读和书写。而在当时的医学条件下，这种病症还并未被人所确诊，当然更无从下手医治。得了这种病的人，在学习的过程中相当吃力，可是大多数人并不了解病人的痛苦，得了这种怪病的人，从懂事开始，将十之八九与"笨蛋、白痴"的嘲讽相伴终生。

在当时的条件下，巴顿的父母无法透彻理解折磨小巴顿的究竟是什么，但他们相信自己的儿子绝对不是"低能儿"，更不是不求上进。他们更能体会巴顿在学习中所遇到的种种不幸遭遇，没有让巴顿按学龄上学，是因为他们担心一旦入学，巴顿难免会因发音与书法的拙劣，而遭到同学的嘲弄与讥笑，以致于丧失自信。巴顿的父亲同样是一个执着而倔强的人，他既相信自己能找到更为合适的方法，让小巴顿顺利完成最初级的学习，又更坚信自己的儿子不会是个怯懦的胆小鬼。

为了锻炼小巴顿的阅读能力，父亲每天晚上无论多忙，都会抽出一段时间来为孩子们朗读。口才一流的父亲此时摇身一变，成了一位知识渊博又和蔼可亲的"故事老人"。他纯正的男低音读起故事来抑扬顿挫，音调也随着情节的变化时而低缓，时而高亢。

在巴顿年幼的心灵当中，那些历史故事与文学作品中全副武装的英雄形象，都是在爸爸的朗读中变得生动起来。所有用来朗读的书籍都经过了精心挑选。其中以苏格兰诗人瓦尔特·斯柯特勋爵的作品居多，他在史诗中描绘了苏格兰人的传统生活，包括神奇的民间传说；而在荷马的《伊利亚特》《奥德赛》中，主人公为改变命运而斗争的故事，像精神统帅一样牢牢占据了小巴顿的思想。在众多的故事中，巴顿尤其表现出对于战争、军人形象的喜爱。军事统帅们富有传奇色彩的战争故事使巴顿迷恋不已。汉尼拔在意大利战场上的用兵自若；恺撒大帝高卢征战的出神入化；圣女贞德奥尔良抗英的神勇气概，以及拿破仑面对反法大军时的气定神凝……这些古往今来的战斗英雄，显示出高深的军事领导才能和强大的英雄主义魅力，巴顿对他们的喜爱甚至到了近乎痴迷的境地。

< 一幅拿破仑远征俄国时的油画。

这些神奇的故事像奇妙的梦幻一样牵动着巴顿的思绪，也正是这些梦幻般的东西，让"战斗"的意义以难以比拟的力量深深植根在巴顿的心中。

爸爸之所以每日为孩子朗读，主要也是为了巴顿。因为巴顿虽然聪明过人，而且似乎有无穷精力，但战胜"阅读失常症"也并非易事。在巴顿眼中，书本上那些字迹似乎都是倒悬着或是被人弄反了一样，每当他想读"A"，发出的音竟然变成了"V"。除了朗读之外，爸爸妈妈还专门请来家教与语言教练，定期协助他克服阅读与发音上的障碍。

在此后的很长一段时间，巴顿接近于完美的童年生活都伴随着由病症带来的、挥之不去的危机感。而爸爸与妈妈无尽的爱却使他拥有无比的自信，正是靠着这种爱，巴顿才得以在之后漫长的十几年中通过艰苦的努力，最终摆脱"阅读失常症"的阴影，也正是这个过程，在潜移默化中塑造了巴顿坚毅的性格。巴顿成人后所以能在千军万马之中雄心万丈，所以能成就为一代名将，童年时克服病症的经历无疑起了巨大的作用。

1897年9月，巴顿12岁了，爸爸妈妈决定让他去男子古典中学念书，这个学校是由斯蒂芬·卡特·克拉克兄弟主办的。报名那天，父母陪伴着他乘车前往。路上，一家人坐着马车，谁也没有说话，爸爸妈妈虽然也希望巴顿能早一天和正常孩子一样接受正规的学校教育，但一想到巴顿将第一次离开家人，自己照料自己的生活，他们真担心巴顿无法独立承受"怪病"带来的种种不可预知的压力和困难。小巴顿也感觉到了一种从来不曾有过的离愁，他知道，今后他得一个人对付自己"不听话的舌头和手指"了。马车刚刚驶过加利福尼亚大街，来到莱克大街，爸爸突然扭过头伤感地说："孩子，从今以后我们的路就要分开了。"巴顿从来没有忘记过这句话，他直到很久以后还不无怀念地说："尽管我们后来离得越来越远了，但我们的心却从来没有分开过。"

5

在克拉克学校学习期间，其他的正常孩子完成学业都不轻松，而巴顿不得不比别的孩子付出更多的辛苦和汗水。他不仅要克服在阅读和拼写上的生理缺陷，而且还要忍受同学们的羞辱与嘲笑。刚开始的半年里，一到晚上熄灯睡觉，巴顿就偷偷地在被窝里流泪。但他并没有因此而气馁。爸爸经常写信来告诉他，"巴顿家的孩子永远都不能输给别人"。家人的爱鼓舞振奋着小巴顿的精神，促使他决心取得成功。在他看来，这不仅仅是为了自己，而更是为了报答父母，"不给家族抹黑"。在校六年期间，巴顿的学业一直都在进步之中，尤其令他引为自豪的是他那名列前茅的操行成绩。此外，他最喜爱历史课，成绩也相当不错。学校的历史课内容丰富而充实。上学之前，父亲就经常给他讲各种历史故事、伟人的经历和军事家的功业，而在历史课上，巴顿获得了更加完整而系统的书本知识。克拉克博士和他的兄弟把历史看作是"一幅由领袖人物在不同道义上进行选择后，而构成的恢宏而鲜明的画卷"。历史是在那些各怀豪情壮志的人之间产生的一系列冲突。他们的决定或是英明或是愚蠢，他们的生活或是充实丰富或是堕落腐化，他们中一些人推动了文明的进程，有些人则由于出发点的错误或是个性的缺陷而阻挠了人类的进步。老师们在课堂上传授知识的同时，还反复强调爱国和献身是公民应有的品质……这样的教育，将小巴顿对于历史故事的迷恋推上了一个新的高度。他强烈的意识到，历史就是理解过去、掌握现在与洞悉未来的金钥匙。历史的进步与否，往往是由伟大的人物决定的，而伟大人物都具有爱国主义、自我牺牲精神的优秀品质。

在这所学校里，巴顿掌握了基础知识，更为重要的是学习了运用逻辑思维的方法，学会了如何正确地做出科学而合乎道义的选择。小巴顿经常在他的作文中表达这样一种稚嫩却特别的思想："生命中的荣誉只会赐予那些渴望荣誉并竭尽全力去追求的人……"

尽管巴顿的童年始终在"阅读失常"的病痛中度过，但在那个时代，巴顿无疑又是幸运的，他拥有富裕而甜蜜的家庭，家里有爱尔兰与墨西哥佣人，他不曾尝过真正的贫穷与饥饿，更重要的是，父母和妹妹都十分爱他。

在那个大世俗的上流社会中，富家子弟可以轻易地接受良好的教养与特别的照顾，言行举止与脾气的怪异，不仅是可以容忍的，甚至还是受到鼓励的。只要这个环境的人能保持家族血统的纯正与传统，只要他们展现适当的忠诚、勇敢与自律气质，他们可以随心所欲做自己爱做的事。这一切，无不是塑造巴顿个性的因素。巴顿日后完全清楚自己所处的地位：位于上流社会的顶尖，身边尽是些充分享有物质与精神财富的人。尽管阅读能力的障碍折磨着他，但他从不怀疑自己的身份。他的地位是一种生活的现实，它为他带来一种优越感，这种优越感甚至开始滋养了他性格中的弱点——自负。

< 西点军校内景。

★美国独立战争
1775～1783年，英属北美13个殖民地反抗英国殖民统治、争取民族独立的革命战争。又称北美独立战争或美国革命。1775年4月19日，驻波士顿英军奉命去查抄殖民地民兵的军火，往返途中在莱克星顿附近遭民兵伏击。莱克星顿之战揭开战争序幕。1783年9月3日，英美双方签订《美英巴黎和约》，英国承认美国独立。独立战争的胜利，为美国资本主义的发展开辟了道路，对后来法国大革命和拉美民族解放运动均有重大影响。

>> 走进西点

1902年的夏末秋初，在克拉克学校的学业进入最后一年，17岁的巴顿已经开始思考自己未来的人生。他希望能够成为一名正规的美国军官，像他的祖先们那样在军界出类拔萃，成就一番事业。当时，巴顿的父亲也认为从军能够更好地发挥小巴顿的潜能，而最好的从军出路就是能够在西点军校深造。

西点军校的正式名称为美国陆军军官学校，目标是培养陆军初级军官。该校位于纽约以北约80公里处的哈得逊河西岸，属于纽约州奥兰治县。此地原为英国军事哨所，是控制哈得逊河航道的战略要点。美国独立战争★中被美军于1778年1月20日占领，此后一直是军事重地。1802年7月4日，美国国会通过法案，正式确定在此建立美国陆军军官学校。

西点军校号称"美国将军的摇篮"，它曾经造就出斯科特、格兰特等一大批杰出的将领，是美国许许多多热血青年向往的地方。从这里毕业的学员，当年便可被授予少尉军衔。一心想当军官，想寻找"造成一名好的将军和一名伟大的将军之间的细微差别"的巴顿，更是无限憧憬能够在此就读。

但要取得西点军校的入校资格很不容易。入学要求是有法律明文规定的，20世纪初的西点约有500名学员，每年只招收150名新生。按规定，合众国总统有权推荐30名，国会参议员、众议员和特区代表每人有权推荐1名。

申请人可以在任何时候向陆军部次长递交申请，被选上的必须参加由军官委员会组织进行的考试。考试非常严格，由体力、智力两方面组成。申请人必须年龄在17～22岁，精通各门功课。如果学员是从公立学校、州属军事学校毕业，取得正规大学的入学许可则是精通各门功课的有力证明。

为了让小巴顿取得入学资格，父亲决心进行最大的努力。他把希望寄托在代表加州的民主党参议员托马斯·巴德身上。有几个因素对巴德是有利的：第一，巴德参议员是威尔逊的合伙人，而巴顿则是威尔逊的外孙；第二，巴德的儿子是巴顿的同学和好友，两人的关系非同一般；第三，巴顿的父亲乔治是当地的名人，又是洛杉矶加利福尼亚俱乐部的成员，结交了不少地位显赫、神通广大的朋友；第四，巴顿本人对军事和战争具有浓厚的兴趣，从外貌上看也颇具军人气质。唯一不利的是巴顿的父亲属于共和党人，曾竞选州参议员失败。而巴德则是民主党的参议员，两人政见不同。对于巴顿就读西点一事，这是最明显的不利因素。

1902年9月21日，巴顿的父亲写了两封信，一封是给西点军校的督导，查询有关学员资格信息，另一封就是给巴德的，希望他能为巴顿着想。

巴德在回信中写道："会在适当的时候给贵公子一个参加考试的机会。"乔治立刻请他的朋友，同时也是巴德的朋友、前联军少校亨利·J.李法官向巴德推荐巴顿。亨利在信中为巴顿进行了极为有利的"宣传"："……如果家族史有一定的参考价值的话，他（巴顿）毫无疑问是来自于军人家庭。他是弗吉尼亚的约翰·华盛顿的后人，他的先辈有在独立战争中极富盛名的马瑟将军，而他的祖父、弗吉尼亚的巴顿将军，在北弗吉尼亚的军队中因骁勇善战而享有盛名。他的母亲的家族也极不平常，确切地说巴顿是尊敬的威尔逊的一个外孙……"

这封信多少给巴德议员施加了一点儿压力。因为他初到加利福尼亚，自己本身又没有什么值得称赞的军事业绩。

12月27日，乔治又给军校督导写了一封信，得知巴德是最有可能的有权推荐小巴顿的人选。

除了西点军校外，乔治还考虑送小巴顿去弗吉尼亚军事学院、亚利桑那大学、普林斯顿大学等学校学习，并同校方取得了联系。尽管小巴顿获得这些学校的入学资格可能性极大，但他还是希望能够进入西点军校。这样，乔治终于下决心要把儿子送进西点军校的大门。接下来，他做了三件事——一是给西点军校督导拍了电报，以确认巴德将有资格提名一位学员，得到的答复是肯定的；二是让小巴顿向陆军部次长递交申请，得到的答复是他的名字将被登记下来，将在合适的时候，递交给议员；三是亲自给巴德议员写了一封信，请求他推荐小巴顿去西点学习。他在信中说："我儿子从小就希望参军，这可能是由于家族遗传的原因而产生的一种本能……"

亨利·李法官也再一次致函巴德，而巴德同意"小巴顿会有机会和其他候选人平等竞争"，并申明"会考虑家族史"。尽管李尽了全力，巴德仍坚持自己的原则——他会公平对待每一位候选人，假如有人"极其适合"这个职业，会立刻推荐他，否则的话，将根据考试结果提名。由于小巴顿只在一所私立中学学了6年，入学考试对于他来说是个问题。但他还有一条出路：如果候选人是联邦正规学校的学生，那么就可以"在持有教务处证明的情况下，不经考试而直接进入西点军校学习"，巧的是，弗吉尼亚军事学院正是这样一所学校。

那时，巴顿先后收到了莫里斯顿大学、普林斯顿大学★的入学通知书。事情已成定局，乔治最后将儿子送进弗吉尼亚军事学院学习。巴顿家族已有两代人就读于此，现在学校的负责人不是朋友就是亲戚。

这一决定意义重大。如果小巴顿能获得提名进入西点军校的话，在弗吉尼亚学校一年的学习可以帮他适应军事生活，并能使他在进入西点军校时不经过入学考试。如果他不能获得提名，那么他也可以在弗吉尼亚军事学院完成学业。如果幸运的话，也可能由此进入正规军队。

1903年9月，巴顿在父母、姑姑和妹妹的陪同下第一次离开家乡，踏上了东去的列车。此时巴顿已年满17岁，有1.8米高，身材细长，表情严肃，俨然一副成年人的模样。他现在很担心自己的军事悟性。他曾经向一位牧师告白，承认自己可能胆怯了。而他则告诉牧师，巴顿家的人没有胆小鬼。他反复念叨这句话，并把它转告给了父亲。父亲说："长期养尊处优的生活可能使我们家族血统的人不屑于进行一场

★普林斯顿大学
位于美国新泽西州的普林斯顿，是举世公认的著名大学之一。它是美国殖民时期所成立的第四所高等教育学院，1746年在新泽西州的Elizabeth创立，当时名为"新泽西学院"。学校于1756年搬迁到普林斯顿时名称仍未改动。一直到1896年，学校才正式更名为"普林斯顿大学"。虽然它最初是长老制的教育机构，但是如今已经成为非宗教大学，对学生亦无任何宗教上的要求。

> 在西点军校学习时的巴顿。

GEORGES PATTON

拳击，但同样是这一血统却使他们能够面带微笑、宾至如归地对待真枪实弹的生死考验。"他实际上是在暗示巴顿，无论如何，绝不能辱没他的血统。聪明的儿子对父亲的教导心领神会，并把它牢牢记在心中。

当裁缝为巴顿量制制服的时候，他发现自己的身高、肩宽、胸围、腰围与父亲甚至祖父当年的尺寸竟然完全一样，这使他很开心。这次量身的结果是个好兆头，使他信心倍增。

报到之后，父母和妹妹离校返家了，但疼爱他的姑姑安妮却继续在莱克星顿帮助他克服思乡病。实际上，她一年的大部分时间都住在这里，想方设法给巴顿以家庭的温暖，使他不至于感到孤独，并激发他的进取心。

入校初期，巴顿的"阅读失常症"又时有发作。由于经常误解校方通报上的字意，他不断出错甚至闹出了笑话。困窘之余，他写信把苦恼告诉父亲，父亲希望他想办法解决这个问题。父亲要他阅读种种手写的文字，辨认每一个字母直到完全了解整部作品为止。他还在回信中反复叮嘱巴顿："对学长要有礼貌，要与同年级的学生交朋友，要做个好军人首先要将武器与军服整理得完美无瑕，而后要努力学习。"

巴顿在弗吉尼亚军事学院学习的同时，父亲丝毫没有松懈使巴顿获得进入西点军校提名的努力。在多方协助之下，巴德终于决定于1904年2月在洛杉矶举行提名考试，由他的姐夫任主考官。巴顿的父亲担心如果巴顿请假数周来应考，会影响他在学院的学习进度，特别是如果巴顿不幸未获得提名的话。于是他向巴德建议是否可以让儿子在华盛顿的巴德的办公室参加考试，或者以巴顿在弗吉尼亚军事学院的成绩替代这项测试。当巴德于1904年初回加州时，巴顿的父亲拜访了他，并审慎地暗示，巴德以前曾经含蓄地保证在所有角逐者中提名巴顿。巴德反驳了巴顿父亲的说法，坚持巴顿必须前往洛杉矶与其他角逐的青年一起接受测试。不过，他也向他父亲保证，这项测试只是非正式的，测试结果只作为参考之用。

得到这个消息后，巴顿乘火车前往洛杉矶。在这次长途旅行中，他仍然没有放松，用功温习，特别是在地理与拼写上。在练习记美国各州州名和外国首都名称上也下了不少功夫。在回到加州与家人团聚以后，他顾不得享受难得的亲情之乐，再次拿起书本，抓紧点滴时间复习功课。不久他参加了这项考试，同场竞争的还有12位年轻人。考试结束之后，他没来得及休息，便又匆匆返回学院上课去了。巴顿对自己在这次考试中的表现并不满意，但没过多久，洛杉矶报刊上出现了三个通过测试者的名字，其中便有巴顿。在这三个人中，将只有一人获得巴德的提名。

巴顿父亲的朋友又纷纷给巴德去信，为巴顿游说。在这种情形下，巴德终于下定决心推荐巴顿。消息传来，全家人都欣喜若狂。父亲一面回电报感谢巴德，一面轻松地写信向儿子报喜。在信中，他说这个"漫长而使人筋疲力尽的追求"终于圆满结束，说他对此激动不已。虽然巴顿的父母都因为爱子将因投身军旅而与家人分别感到遗憾，但他们也都为他感到欣喜。父亲在信中又说："我们都很满足，因为一个人在世上最想做的事……通常也是他最适合做的事。"

进入了西点军校，无疑是巴顿从军之梦的真正开端，要成为伟大军人的念头显得比过去任何时候都要强烈。巴顿难以掩饰其雄心斗志，他一心想在西点做出一番轰轰烈烈的"事业"，他给心爱的女孩比阿特丽丝去信，信中写道："经过了这么久，我终于进入了西点军校，有时我甚至无法相信我的好运，但在别的时候，尤其是在训练的时候，我就不用想我现在在哪里或者是想要成为什么样的人，事实上，这儿的训练很'实'……假如舍曼将军关于战争的定义是正确的话，那么在西点军校的生活就是战争，可能你不会理解伟大的军人关于战争的定义。"

对于此时的巴顿来说，人生的道路上似乎已经没有什么可以阻拦他迈向成功的脚步了。此时的他抱负满怀，志在必得。的确，巴顿在优越的家境中成长起来，他仅仅17年的人生旅途中的确没有经历过真正的风雨考验。在许许多多决定他命运的关头，不可否认他个人的努力与坚定的决心也起到了一定的作用，但更大程度上他幸运的最初的人生体验是在亲人的协助之下得来的，这种过于平坦、没有风浪的生活保护了他，也更加固了他对未来美好前程的憧憬与向往，但同时也使他在向往未来的同时缺少了对生活坎坷与艰辛的认识，缺少了对困境的敏锐的洞察力以及冷静而坚忍的处置能力。命运是公平的，不会轻而易举地成就一个真正伟大的人物，而初入西点，对于小巴顿来说，对人生及命运的艰苦学习才刚刚开了一个头，真正的军人的成长绝不是阳光灿烂的贵族生活，绝不是一览无余的阳关大道。踌躇满志的巴顿还不知道，真正的考验就要来临了，真正的学习也即将开始，真正显露他超人意志力的时刻即将到来……

>> 挑战挫折

在西点军校最初的日子里，巴顿对这里的一切都感到新奇：餐厅里的桌布几乎每天一换，到处窗明几净，一尘不染，一切都是严格的军事化管理。但是不久他就觉察到，这里并没有他所欣赏的那种南方绅士气派，这也是与弗吉尼亚军事学院★所不同的地方。许多学员的出身并不"高贵"，充其量是属于"中产阶级家庭"，没有超凡脱俗的"远大志向"。这一时期，巴顿那在上流社会教化下所形成的靠出身门第判断人的优劣，以及对普通百姓的偏见与蔑视表露无遗。他认为自己与那些出身平凡的人有本质的不同。

1904 年 7 月 4 日国庆日，他与同学们旁听了一次演说，主题是"现代军人的意义"。结果他发现演说者所阐述的军人的意义与他认识中的有很大差别，他在日记中写道："我与他们则不同，我属于一个可能快要灭亡或者从来就没有存在过的阶级，不过这个阶级与那些懒散、声称爱国

★弗吉尼亚军事学院
创立于 1839 年 11 月 11 日，是美国第一所州办军事学院。第一任院长史密斯是西点军校的毕业生。弗吉尼亚军事学院办学宗旨是造就文武合一、品质优良的青年。该校最重要的特色在于它并不是以培养军官为第一任务。在两次世界大战中，该校学生和校友都作出了贡献。第一次世界大战中，该校共有 1,830 人在欧洲作战，其中有 5 位将军。第二次世界大战时，该校有 4,100 人服役军中，包括 61 位将军，其中就有马歇尔和巴顿将军。

而又爱好和平的军人之间差距甚大，如同天堂与地狱之别。我知道我的雄心壮志有些自私，但它能够帮助我将自我发挥到极限，我或许是个爱梦想的人，但我坚信我不是他们说的那种人，无论在任何情况下，我会尽一切所能达到我认为属于我的命运。"在巴顿眼中，他的那些同学大多都性情随和，不在意是否能够出人头地，但巴顿却决心以不同凡响的面貌出现，为成为一名震撼世界的军人而奋斗。

人学后，巴顿为自己确定的初期目标是：在第一学年结束时能当上一名下士学员。他十分重视队列。他认为队列最能体现军人的气质，培养军人顽强的意志。而且，队列成绩好坏直接与学员的军衔有关。据他的同学格塞尔斯回忆，队列训练每星期六进行一次，可巴顿常常在星期天下午就苦练下一课。等到下个星期六时，他的动作已经完美无缺了。格塞尔斯曾对他说："队列在毕业成绩中只记15分，而数学却有200分。你的数学已经很差了。如果你把用于准备队列的时间使出80%来攻一攻数学，你不但仍可通过队列的考试，而且数学成绩也会跟上去。"对此，巴顿却不为所动，依然如故。

但是不久他就遇到了困难，学习课程给了他很大的压力。他一直担心自己的学习成绩，因为他发觉在班上背诵与黑板前当众写字是极难的事。这显然与他小时候患的"阅读失常症"有关。他付出了巨大的努力，但收效甚微。大部分时间他觉得自己既没有价值又愚蠢，因为对于任何事情他都必须十分地苦干才能做好。他很羡慕一些同学，因为他们"不费吹灰之力就能取得好成绩"。面对如此的困境，巴顿曾经一度膨胀的优越感一下子丧失殆尽。他甚至在一段时间里感到心灰意冷，觉得自己在白白地浪费生命，虚度光阴，他甚至称自己是一个"十足的平凡、懒惰、愚笨的幻想家"。

第一学年结束时，巴顿虽然队列成绩名列全班第二，但数学却为全班倒数第一，法语成绩也很不理想。校方虽然对他的顽强意志和刻苦精神加以肯定，承认他优美、勇敢、刚毅，但还是决定让他留级。"阅读失常症"带来了课业上的艰难，再加上留级这一称得上"耻辱"的结果，使巴顿遇到了生平第一次大挫折。

事实上，小巴顿在学习中遇到的真正困难并不是成绩的不理想，而是如何学习接受挫折与失败的挑战。巴顿对自己的期望很高，成功的欲望在他的心中早已根深叶茂，所以他不能容忍自己有丝毫的失败，近乎完美地自律态度是自小养成的，这更加决定了他面对这一时刻时会有更多挫败感。而实际上，他只不过是无法忍受自己"拿不了第一"。对他而言，最糟糕的事情莫过于"失败"。虽然父母和师长在他小的时候便告诉他跌倒了要自己爬起来，但这不过是纸上谈兵，巴顿虽然自幼被教育要充满大无畏的挑战精神，外表自律而且骄傲，但他的内心毕竟在无微不至关怀下缺少真正的刚毅与坚忍的特质。当失败真的与他直面时，他不过还是一个要强却没有太多人生经验的孩子，真正的经验与教训要靠亲身实践去总结和吸取。而要真正渡过难关，最大的敌人却是自己。

毋庸置疑，在巴顿的人生历程中，西点军校的这段日子是他人生中第一次"战斗"，在这场与自己的决斗中，他不能依靠任何人的救济与协助，只能独自承受压力与挫折，思考人生目标，分析失败的原因，改变个性中的缺陷，养成良好的习惯，保持对成功的信念和对自己的信心……一切的一切都必须由他自己在点滴的积累中完成。

巴顿开始学会从挫败感中站起来，将心思用在分析原因上。他写信对父母说："我想我几乎没取得什么成功而只有挫败的原因，是因为我一直生活在对未来的幻想中。这种幻想使我工作，也阻挠了我的进步。我一直都告诉自己明天要好好学习了，结果今天就总是很懈怠，不为明天做准备。结果呢，我就只是一味地渴望明天而忽略了今天。我想如果我能够细致地做好今天的每一件事，热切地憧憬明天，那么我倒可能成功。所以我想我应该试一试。"

在这一时刻给予巴顿勇气与力量的还是他的父母和亲人。对于巴顿留级的消息，父母并没有表示责备，反而安慰和鼓励他，这帮助他解除了因留级带来的精神上的阴影，激励他加倍地努力。对于一个志向远大的男子汉，连续三年在军校一年级（包括弗吉尼亚军事学院的一年）度过，的确非同寻常。要不是抱着成就一名伟大军人的坚定信念，要不是亲人的鼓励和支持，巴顿早就退缩不前了。这一年中，安妮姑姑大多数时间都在西点，妈妈与妹妹也经常到西点探望巴顿。这一切都在于让他知道，无论在学业上有怎样的评价，家人对他的爱丝毫未变。

而在这一时期，巴顿未来的妻子比阿特丽丝也扮演了非同寻常的角色，她与巴顿的书信往来日益频繁。第二学年时，他开始写诗，将诗句寄给比阿特丽丝，由她替他更正拼写中的错误，而这一更正的工作以前是由父亲担当的。他参加了校足球队，卖命地踢球，但不久扭伤了胳膊，被迫离开绿茵场。他没有泄气，又参加了学校田径队，成为跨栏比赛运动员。同时他在击剑方面的成绩日益突出，他自小喜欢骑马，骑术精湛，也令许多人刮目相看。巴顿想用体育运动来检验自己的勇气。他告诫自己："正是不起眼的放松使自己生命的竞赛松懈下来……我知道在跑100米的时候，你必须对自己说，下一步要快一些，再快一些。短距离赛跑中，想要一直保持领先位置，需要付出许多，有时候，我想我付出的比我所得到的要多得多。"同时，他吸取了第一学年时的教训，各门功课都抓得很紧，他的眼光已经紧紧盯上了第一下士学员的职位。工夫不负有心人，刻苦努力终于有了成果。学年末，他不仅通过了各项考试，而且还被任命为二年级的第二下士学员。这是一个巨大的进步，尽管没有当

∧ 1943年，巴顿与夫人在摩洛哥。

上第一下士学员，但毕竟已经接近了目标。

巴顿天生喜欢发号施令和出风头，这次机会终于来了。作为二年级的第二下士学员，他负责带领一年级的一个连队。第一下士学员不在场时，他还要领导全营。每当他履行职责的时候，总会感到祖先们在用目光注视着他，于是感到信心倍增，力大无穷。指挥队列行进时，他满脑子都是纪律和荣誉。

由于巴顿严格管理，执行纪律铁面无私，有时过于刻板，因此新学员们普遍讨厌他。学员们给他取了个外号叫"豪猪刺"，意指他过于热衷军衔和荣誉，而不惜以同学作为向上爬的台阶。其实事实并非如此，巴顿所关心的是如何履行职责并做一名标准的军人，从不在乎是否受人欢迎。他十分关心提高和培养新学员的军事素质和军人性格，从不欺负他们。他对新学员要求严格，而且更能严于律己，注意树立良好的形象，对自己的一点点差错都不放过。

但是，鉴于巴顿上报的学员违纪行为比其他学员干部报的多，到新生训练结束时，战术教官将他从第二下士降为第六下士。这对他的自尊心是一个沉重打击，他第一次感到被人误解的痛苦，因为他一直在作一个合格的军人。这件事情同样也使巴顿获得了成长的机会，经过这件事后，巴顿在日记上写道："永远不要相信那些因为某种原因而不喜欢你的人，他肯定会在背后整你……我想可能是注定的吧，一个人如果已经尽了全力去准备，他一定会赢的……我希望，不管付出什么样的代价，我都要达到我的目的。"

巴顿在校期间一直注意锻炼自己的勇气和胆量，有时甚至不惜拿自己的生命当赌注。

在一次轻武器射击中，他的鲁莽行为使在场的教官和同学都吓出了一身冷汗。事情的经过是这样的：学员轮换射击和报靶。在其他同学射击时，报靶要趴在壕沟里，举起靶子，停止射击时将靶子放下报环数。轮到巴顿报靶时，他突然萌生出一个怪念头，看看自己能否勇敢地面对子弹而毫不畏缩。当时同学们正在射击，巴顿本应该趴在壕沟里，但他却一跃而起，子弹从他身边嗖嗖飞过。真是万幸，他居然安然无恙。

另一次是他用自己的身体作电击试验。在一次物理课上，教授向同学展示一个直径为30.5厘米长，放射火花的感应圈。有人提问：电击是否会致命，教授就请提问者进行试验，但这个学生胆怯了，拒绝进行试验。巴顿请求教授允许他进行试验。他知道教授对这种危险的确毫无把握，但认为这恰恰是考验自己胆量的良机。教授稍微迟疑后同意了他的请求。带着火花的感应圈在巴顿的胳膊上绕了几圈，他挺住了。当时他并不觉得特别疼痛，只感到一种强烈的震撼。但此后几天，他的胳膊一直是硬邦邦的。他再次证明了自己的勇气和胆量。

"我一直以为自己是个胆小鬼，"他写信对父亲讲，"但现在我开始改变了这一看法。"

日子一久，巴顿严于律己和尽职尽责的精神已经被教官们认识和理解了，所以到二年级的春季，他再次升为第二下士。二年级学年底，他又被提升为下学年的学员军士长，这使他在高年级中成为军衔较高的学员干部。

1908年春，他奉命出任学生团副官，这使他雀跃不已。学生团副官意味着他是学生的领导人之一。在集合场上，他要站在位于大家前面的台上宣读当天的命令。同学都称他为"做手"，因为他最会"做"阶级与荣誉。获得副官任命使他的愿望终于得偿，也使他更具有自信心，更证实他一直坚信的信念：只要奋斗不懈，一直尽自己的全力，就会取得成功。他写信告诉比阿特丽丝："你记得很久以前的一件事吗？当时……我说希望能当上副官，不过担心永远也当不上，而你说我一定能当上的。"

巴顿一直重视纪律，有一个故事可以说明他的这种坚定信心。学生有一种习惯，就是以"沉默"态度来对付不受欢迎的军官，所谓"沉默"就是当这样的军官走进房间时，大家都一言不发地立正站好，直到他觉得无趣而离开房间为止。巴顿不同意这种做法，因为他相信军阶本身就必须要受到尊重，无论拥有这个军阶的人受不受欢迎都一样。有一天，巴顿担任学生营指挥官，把全营带进餐厅进午餐。当学生们都站在餐桌前，准备听命令入坐时，一位他们不喜欢的军官走进餐厅。于是所有学生都开始面无表情地木然而立，展开"沉默"行动，巴顿见此立即把整营学生带队调离餐厅。

另外，还有一次比阿特丽丝问他为什么决定加入陆军。他的答复是家族传统使然，爱出风头以及对名誉的渴望。"如果拿走这三件事物，生命剩下的还有什么？"他要的不是快乐，而是胜利。

1909年春天，毕业的日子越来越近了。通过对军人这一职业的深刻反思，巴顿已经彻底坚定了自己的信念。而剩下的问题就是如何实现自己人生的远大理想。他在学习之余大量地研读军事史，做了大量的军事笔记，包括著名人物的格言警语、战争心得等。他得出一个重要结论："一个人要想成为伟大的军人，熟知各种军事进攻的可能性是非常必要的。那样，一旦有机会他就可以毫不费力地抓住要领。而要做到这一点就必须从最早期的军事史开始读起，而且要读最初的形式，读的时候，要按年代顺序读，脑子跟着所读的内容，直到掌握战争科学中最奥妙的那部分。"基于这个认识，巴顿广泛阅读军事史，这个习惯对他日后战争生涯产生至关重要的影响。他对过去战争的知识，他对各个时代战场上各种实际问题的熟悉，以及他对历史上著名指挥官的研究，都使他提升了本身的领导才能。在面对决策时，他立即知道所有涉及的选择途径，而且可以选择其中最大胆的做法，因为他知道名将曾经采用这种做法。

在西点军校的最后一学年，巴顿深为毕业后选择什么兵种而苦恼。他不愿去炮兵，因为大炮实战行动距离现场"太远"。步兵吸引着他，因为步兵有迅速晋升的机会。骑兵也吸引他，因为他喜欢马，也因为据说骑兵军官都是有地位的绅士。他与许多人，包括学生团指挥官，讨论过这个问题。他不断地衡量各种选择的利弊得失。直到他因为犹豫不决而几乎病倒为止。最后他决定加入骑兵。后来在第一次世界大战★期间，他因为是否加入步兵或装甲兵而再次进行过这样的内心交战。

巴顿以五年时间完成了在西点军校的课程，于1909年6月毕业，时年24岁。

虽然在档案中，5年的学习史多少有一点遗憾，但他仍然以所取得的惊人成绩赢得了大家的尊重。在跨栏赛跑方面他刷新了学校的纪录，获得了杰出运动员奖章。他成为一位高超的击剑选手，同时也是步枪与手枪的特级射手。他以标准的着装、优美的军姿、出色的领导才干和勇敢的举动，而成为西点军校的骄傲和各方关注的焦点。更为重要的是，他终于以惊人的毅力战胜了困扰他二十多年的"阅读失常症"，克服了摆在他面前的一个又一个障碍，各个科目都取得了令人满意的成绩。他比别

∧ 参加"一战"负伤的英军士兵。

★第一次世界大战

人类历史上第一次世界范围的大规模战争。1914年7月28日爆发，1918年11月11日结束。包括英、法、俄、德、意、日、美和奥匈帝国在内的33个国家先后卷入战争，战火遍及欧洲，以及中东、北非、东非、东亚、南美等地。战争以协约国的胜利而告终。战后，协约国和参战各国与战败国签订了《凡尔赛和约》等一系列和约，形成了战后的凡尔赛－华盛顿体系。

> "二战"中在谢里登堡集训的美国女军人。

人付出了更多的劳动和汗水，因而获得了更多的荣誉和成果。但这仅仅是一个开始，他迫切地渴望在真正的军旅生涯中开辟出显赫与光荣的道路。

但理想与现实之间，毕竟有着太多的荆棘与绊脚石。初出西点的巴顿，有了充足的军事知识，有了抗争失败的经验，有了对人生理想的坚定思考……现在至关重要的，就是在现实生活中，在他"活着就是战斗"的格言的激励下，如何应对生活的挑战。

>> 巴顿军刀

从西点毕业后，巴顿被分配到伊利诺斯州的谢里登堡，任骑兵连少尉。谢里登堡位于芝加哥以北 43 公里的密执安湖畔，以美国内战中杰出将领谢里登命名，后来在第二次世界大战中因为在此建立美国女子军事训练学校而闻名。但在 1909 年，那里只不过是一个荒凉的、名不见经传的军事哨所。

巴顿在这里结识的第一个朋友是骑兵连连长弗朗西斯·马歇尔上尉。在此之前，他曾经在西点军校参谋部供职，因而对巴顿在校的表现一清二楚。两人很快建立了信任与友谊。

不过，巴顿刚到任就患了热病，幸好得到马歇尔的照顾，一个礼拜后就痊愈了。马歇尔领他在营区转了一圈，让他尽快熟悉连队的日常生活。他们检查食堂卫生，观看靶场的射击，督促马夫值班，查阅办公室的文件等。巴顿对每个细节都很留心，但通过观察，他发现了许多他不愿看到的现象。

首先是这里的军官，他得到的第一印象是除了少数几位军官外，大多数人都像是"当一天和尚撞一天钟"，毫无为巴顿所欣赏的"绅士风度"。有些军官更为糟糕，甚至"不正经"，尤其是美西战争后加入正规军的民兵军官。巴顿称他们为"1898年的罪恶"（美西战争是1898年爆发的）。在所有的上司中，他最佩服的还是马歇尔上尉。在巴顿眼里，他无疑是一位绅士和最优秀的军官：他们夫妇俩举止端庄、待人宽厚，靠部队的薪水生活，有佣人伺候，定期向慈善机构捐款。马歇尔上尉的仕途也算一帆风顺，在之后的第一次世界大战中被晋升为准将，但不幸的是此后不久便在一次飞机事故中遇难了。巴顿感到有马歇尔这样的上司真是三生有幸，自己有了学习的楷模和知心的朋友。

相比之下，士兵给巴顿的印象却相当的好。士兵中的大多数人都是文盲，但他们工作起来都很卖劲，而且能够做到"招之即来"。巴顿非常欣赏这种服从精神，他认为一个士兵不管如何缺少教育和智慧，但只要熟悉自己的工作，养成良好的战斗作风，并做到整洁干净和服从命令，那么他就一定会成为一个优秀的军人。

无论对现实有多少不满意，巴顿还是满怀信心、精力充沛地投入了新的工作和生活。他特别喜欢带兵参加野外训练，讨厌乏味的办公室工作。但连队的野外活动并不多，大量的时间可以自由支配，让巴顿经常感到闲暇有余，于是他便把很多精力放在其他事情上。他常常带着猎犬上山打猎。工作之余，他为连队设计了一个马球场，还组织了一支足球队，并与同事合作开办了"军事阅读与研究班"。当然，他的本职工作也相当出色，他坚决果断的工作作风和完成工作的质量，都给上司留下了良好的印象。马歇尔上尉认为：巴顿是一位"特别有希望的年轻军官，他能力非凡、前途远大"。

除了工作能力出色之外，在谢里登堡期间，巴顿还有两件事被传为佳话。

一天下午，巴顿到连队马厩检查卫生，发现有一匹马没有拴好，顿时怒不可遏，决定惩罚一下这个不负责任的马夫。他在马厩的另一端找到了马夫，命令他跑步去把马拴住，然后再跑步回到原地。马夫马上执行命令，但不是跑步而是快步走过去。这一下可惹恼了巴顿，他厉声吼道："跑步！该死的！跑步！"马夫听后吓了一跳，赶紧跑步过去将马拴住，然后又跑步回到原地。事后，巴顿感到自己的言辞的确有些过分，于是立即集合全体士兵，当众向这位被骂的马夫道歉。

一名军官能向一名士兵当众道歉，在当时可是非同凡响的。很快，这件事就在军营中传开了，大大提高了巴顿的威信。有趣的是，32年后在西西里发生的打耳光事件中，巴顿又一次向士兵公开道歉，而那次事件却差一点儿断送了他的前程。

第二件事发生在训练场上。那天他正在指挥训练，他的马突然受惊，一跃而起，把他重重地摔在地上。巴顿立即从地上爬起来，敏捷地跃上马背，这匹狂怒的战马像发了疯一样再次前腿支地，后腿腾空跃起，发出阵阵嘶鸣，但巴顿双手牢牢抓住缰绳，这匹马怎么也甩不掉他。于是它猛地滚倒在地，巴顿眼疾手快，迅速滚到一旁。当马站起时，巴顿又倏地跳上了马背。战马更加狂怒了，嘶叫着用头向后猛一击，正好击中巴顿的眼部，这一下非同小可，当场就把巴顿打昏了，眉骨处擦伤，顿时流出了血。但巴顿清醒过来后，对伤口稍加处理便继续指挥训练长达20分钟。训练结束后，他才回到办公室洗了洗满脸的血迹，随后又准时来到教室为军士们授课，并参加了青年军官学习班的学习。下课后，他才匆匆赶往医院，做了缝合手术，在场的人都对巴顿的胆量和勇气赞不绝口。

∧ 擅长骑术的巴顿。

这件事在士兵中引起轰动。一名军官在鲜血直流的情况下镇定自若地指挥训练，充分证明了他的勇敢与冷静。整个军营都为他而感到骄傲，巴顿在士兵中树立了崇高的威信。但他对自己的表现却不满意，"对一个真正坚强的勇士来说，我的表现极为平常。"他对自己的要求很高，力求将一副年轻、幼稚的孩子样的面孔，改造成一个郁郁寡欢、冷静沉默的青年军官的形象。

在谢里登堡期间，由于自由时间充足，巴顿的业余生活是比较丰富的。工作之余，他常常外出旅游、打猎，还时常应邀到海兰公园的富人家庭参加宴会，在那里有许多年轻貌美的小姐对巴顿表示了好感。衣香鬓影、灯红酒绿不仅没有让巴顿感到快乐，反而增加了他的"罪恶感"，让他"深受良心地谴责"，他觉得自己在这样虚伪的生活中消磨时间，首先是对心爱的女孩比阿特丽丝的亵渎。而且这种生活只会让他更加觉得自己一无所成，一无所有，几乎没有任何"出人头地的可能性"。而让比阿特丽丝这样一个可爱的姑娘去爱一个"傻瓜"，真是"居心叵测"。扪心自问，巴顿在深感惆怅之时，又是多么盼望心爱的姑娘此刻能陪伴在他身旁，因为"只有比阿特丽丝能够真正地理解他,真心实意地爱他,没有任何的虚情假意"。

对于一个刚刚迈出校门,踌躇满志的年轻人来说,一时间的失落是很正常的。尤其是作为一名和平时期的军人。初入真正的指挥岗位,面对着与想像中紧张有序、热血沸腾的战斗与训练有着天壤之别的现实状况,不免会心生疑问,而且在这种大环境下竟然还有这样的闲暇,供人在无益的消遣中浪费生命,很难说这不是一种对个人意志的消磨。

巴顿不想这样继续消磨下去,他给比阿特丽丝写信,郑重地提出有关结婚的事宜。

不久,他们结婚了。婚礼办得热闹非凡,是当时社交界的一大盛事。一列专用火车把出席婚礼的宾客从波士顿的北站载到比佛利农场,再由车辆送他们到圣约翰的圣公会大教堂。当地的各界要人、两家的亲朋好友济济一堂。婚礼举行后,女方在普莱德渡口的家中举行了盛大的招待宴会。婚礼震动一时,波士顿所有的报纸都用了很大的篇幅细致地描述了这一盛况。唯一的遗憾是巴顿的母亲因为生病而没能出席典礼。

1911年3月,他们的第一个女儿降生了,取名小比阿特丽丝。在这一时期里,比阿特丽丝将更多的时间和感情都倾注在了女儿的身上,对巴顿有些冷淡,几乎让巴顿"产生了一丝妒意"。但他理解妻子深沉的母爱,也十分疼爱这个可爱的小生命。为了消除感情生活的寂寞,当然,主要是出于对事业的热爱和追求,他买了一台打字机,开始撰写军事题材的论文。几年来,他一直在思考进攻作战的问题,并初步形成了攻势作战思想。如今,他尝试着要把这些思想写成论文,以飨读者,他觉得这是一件非常有意义的工作。

成文于1910年末至1911年初的《国家防御》一文,忠实记录了巴顿当时对于军队地位低下、装备落后的深刻忧患,同时也独到地彰显出其日渐成熟的军事理论。他在文中尖锐而毫不留情地抨击道:"国家防御!对于那些见识短浅的人来说,是不能够想像这是一幅多么迷人的图景——远离战场的肥沃土地,阳光普照的街头,充满欢声笑语的城镇,激烈的商业竞争,所有这些都不会被枪炮的隆隆声所扰乱——只要我们有坚固的防御工事……当那些像嫖客一样油嘴滑舌的政客们提到他们国家的利益时,总会用这个恰当的词。这些政客用牵强的感情,将增加国家力量、提高国家地位的税收,从正确的轨道上转到那些恬不知耻的国会议员的口袋里,而他们却把这当作他们引以为豪的目标。我们那些没有受到过正规训练的只会防守的士兵们，已经在从一个驻地后撤到另一个驻地；我们的城市被占领，我们的国会大楼被毁，这已经不是第一次了，只因为我们没有训练有素的部队……我们有热情的演说，我们有无限的勇气，我们有沸腾的热血，但我们没有大炮，我们没有军队运输车，我们没有强有力的组织，我们没有充足的后备力量……"

写这篇文章时，巴顿还不是一位文笔优美的作家，但他已经在形成自己的风格，而且他的写作能力在他1911年11月调到华盛顿的哥伦比亚特区后，对他的工作提供了很大的帮助。他是通过什么途径调到华盛顿去的呢？从当时的情况分析，唯一的办法就是运用巴顿家族发达的关系网。正如巴顿所说："既然有这种武器，那么现在我就使用它吧!"

至于巴顿究竟是靠什么关系调出谢里登堡的，至今谁也搞不清楚。1911年12月，一纸调令下达到谢里登堡，将巴顿少尉调往华盛顿附近的迈尔堡。

迈尔堡是一个骑兵驻地，这里有美国最好的军官、军队里最优秀的骑手；这里的军官熟悉华盛顿的每一位要人，这对于一个事业刚刚起步的年轻人无疑是最刺激的地方了。如巴顿所说，迈尔堡是"离上帝最近"的地方。

同时，迈尔堡还是美国陆军参谋部所在地，军界要人云集于此。这里还是一个重要的社交场合，酒吧林立，有几所豪华的剧场、舞厅和高档马球场，经常举办各种宴会、舞会、马术表演和马球赛，令人目不暇接。从一个荒凉的普通军营调到美国陆军的中心，接近军界要员，巴顿不禁沾沾自喜，他认为这里的人比谢里登堡的工作努力得多，而且重要的是"更有军事气息"，而"理想远大的人都应该没法迁居到这里……"

在迈尔堡，巴顿夫妇过上了奢华、舒适的生活。他购买了一批纯种马，经常参加赛马和马球赛，在最豪华的餐厅用餐，经常出入各种社交晚会，招待华盛顿的各界名流。很快，巴顿夫妇就在上流社会的圈子里出了名。

由于巴顿具有强健的身体和出色的体育技巧，在他还没有完全展开迈尔堡的工作时，便被告知将作为军队代表参加同年夏天在瑞典斯德哥尔摩举行的第5届奥林匹克运动会中的军事五项全能比赛，包括25米射击、300米游泳、500米骑术、400米越野赛和击剑。巴顿在这5项技能方面的成绩堪称美国一流，再加上他轮廓分明、极具军人气概的形象，让他作为美国军官最出色的代表，将会在全世界内为现代美国军官树立良好的形象。

1912年5月10日，上级正式决定派他参赛，巴顿立刻着手训练。由于两年没有系统跑过步，三年没有游过泳，巴顿尤其加大强度训练了这两项。6月4日，巴顿被通知乘船赴芬兰集训，20天后赴瑞典参赛，巴顿的家人也将随行。

7月7日比赛正式开始，全家人都到场观看了比赛，并为巴顿加油喝彩。

在43名参赛者中，巴顿的最后成绩是第5名。其中游泳第6名，击剑第3名，骑术第3名，越野赛第3名，但射击第21名的成绩却令巴顿大为不满。面对这个成绩，巴顿既没有骄傲，也没有失去责任心，他写道："整个比赛过程中所表现出的运动员们的锐气和宽容，有力地证明了当代军官的本色，没有人抗议裁判判决不公，没有人为了成绩而急躁，每个人都尽了自己的最大努力，像真正的军人那样坦然地面对最后的结果。比赛结束时，我们都像是朋友，像是战友，却不像是经过了一场激烈对抗的对手，这种友谊没有因为大家都怀着热切的成功的渴望而稍减。"

管理军队选手的弗尔兹上尉在1912年7月26日的报告中写道："巴顿在比赛中表现突出，如果不是由于紧张，他很可能是比赛中的冠军，在这场高难度的全能比赛过程中，他积极热情，全力以赴，理应受到嘉奖。"

比赛后，巴顿希望在击剑方面完善自己，他向当时在斯德哥尔摩遇到的每一位击剑手请教，并到法国索米尔军事学校学习击剑课。毫无疑问，他的剑法得到了长足的进步，尤其更有价值的是，他吸取了欧洲刀剑类比赛职业冠军克莱瑞的教学方法，形成了一整套基本的击剑教学理论，创造性地发现了军刀这一武器在刺杀应用中的独特用途，"……法国士兵和我们一样频繁地使用刀，不同的是他们对刀的使用是经过严格训练的……新型法式军刀是一种理想的责任性武器，能够完美地适用刺杀……"这一发现经过巴顿不断地潜心研究，他发现整个法国骑兵的刀法体系可以用两个字来概括——进攻，与美国骑兵用刀刃去砍杀的方式不同，法国骑兵是用刀尖去刺杀。相比之下，法国骑兵的进攻更有效率，因为刺杀时能够更快地接近敌人，从而有效地实施进攻。所以巴顿主张以法国式的直剑式军刀取代美军中盛行的弯剑军刀。巴顿就此撰写论文，迈尔堡骑兵团长对这篇文章给予了高度赞赏，建议巴顿补充一些内容投寄到军事杂志。这一切也终于在之后"巴顿军刀"理论的创建中起到奠基性的作用。

回国后，巴顿像英雄凯旋一样受到了热情接待。应陆军参谋长伍德将军之邀，他与陆军部长亨利·史汀生、伍德等要人共进晚餐。伍德还邀请巴顿第二天早晨一同骑马锻炼。巴顿受宠若惊，西点军校毕业三年来，他一直默默无闻，是一名小小的少尉，但现在终于结识了军界的头面人物。虽然谈不上什么关系密切，但毕竟建立了初步的联系。不久，巴顿加入了要人云集的大都市俱乐部，这些关系网为他以后的晋升打下了基础。

这一时期，巴顿对马术运动十分偏爱，甚至达到着迷的程度，他在华盛顿等地区参加了一系列马术比赛。除了性格和爱好等因素外，巴顿参加马术比赛还有一个重要的原因：引起人们的广泛关注。他曾经对人

∧ 美国远征军归国时受到民众的盛情欢迎。

★巴尔干战争

1912~1913年在巴尔干半岛发生的两次战争。分别于1912年10月9日和1913年6月29日开战。第一次巴尔干战争的结果，使巴尔干各国人民摆脱了土耳其的长期封建统治，具有进步的民族解放的性质。第二次巴尔干战争的结果，使巴尔干各国重新分化，罗马尼亚与英、法、俄协约国靠近，保加利亚则加入德奥同盟。巴尔干战争导致欧洲列强之间的矛盾进一步激化，加速了第一次世界大战的爆发。

说："我所做的事情在您看来可能像儿童游戏，但是对我的事业却是一种最好的宣传。这样可以引起公众对我的注意，让大家去谈论我。引起别人的注意是许多人功成名就的开端。"

1912年2月4日，巴顿被借调到陆军部参谋处任职，主要负责整理档案和回复信件。这使他有机会接触到了伍德将军和其他一些高级官员，他向他们学习了许多东西。这期间，巴顿继续致力于军事理论的研究，撰写了几篇论文，包括对于巴尔干战争的评论、体育竞赛对培养陆军军官坚强意志和协作精神的好处等。这些论文充分反映了他广博的军事历史知识和卓越的远见。与此同时，他利用一切机会向同事宣传改进骑兵军刀的主张。他还一度担任伍德和史蒂文森的副官，并与他们交上了朋友。这种关系对他以后的军事生涯十分重要，在第二次世界大战中，史蒂文森再度出任陆军部长，他的帮助对巴顿在军界的发展起到了至关重要的作用。

在罗德斯少将的要求下，巴顿写了著名的《巴尔干争端及第一次和谈纪要》，文中谈到："我认为双方中任何一方的集中进攻似乎都违反了内部防御和外部防御的原则。但事实上这种原则是错误的，就我所能记得的，只有一个例子可以说明外部防御比内部防御更有效，那就是半岛战争。炮兵的地位是极其重要的，巴尔干战争★中37%的伤亡是由于榴弹造成的……"

同时，他那篇主张改进军刀的大作终于在颇有影响的《陆军和海军月刊》上发表，并立即引起军界的关注。巴顿在文章中系统而详实地谈到了弯剑军刀在东方的发明，提到了摩尔人的剑术，描述了英格兰高地居民使用的大型双刃刀，他说："一些军官鼓吹将军刀当做砍杀武器，认为这是对于这种武器的最自然不过的用法。但当士兵第一次用枪时，扣动扳机的同时也闭上眼睛了，这种表面上非常自然的射击方法有什么作用，那么为什么这种错误的用法还要继续下去呢？”

巴顿在陆军部的工作卓有成效。几个月后，在他的建议下，伍德将军命令按照巴顿提供的规格，按照备忘录上的模型，打造两万把军刀。

1913年3月22日，巴顿回到了原单位，伍德将军对于他在陆军参谋部任职期间的出色表现给予了高度评价，并亲自写信表示感谢。

刚刚返回原单位，巴顿就奉命到斯普林费尔德兵工厂检查验收出产的第一批新型军刀。4月2日，军械部次长在报告中高度评价了巴顿在帮助选择和决定新式军刀中的贡献，他说："虽然巴顿的地位不高，但作为一名击剑手的技巧和经验，对于军械部价值无限。"这种军刀后来批量生产，在骑兵部队广泛使用，以"巴顿军刀"的称号名闻天下。

不久，《骑兵杂志》又发表了巴顿的另一篇文章，全面地分析了剑的发展史，论述了德意志人、哥萨克人、波兰人和阿拉伯人使用过的各种剑，及其取得的良好战果，总结了历史的经验和教训。随着巴顿不断发表学术论文，他的知名度也日益提高。

1913年10月，巴顿奉命到堪萨斯州赖利堡骑兵兵种学校报到，既当学员，又兼任剑术教官。巴顿在教学方面感到有些困难，因为多数学员军衔比他高，年龄比他大，没法向他们提出严格的要求，而巴顿的一贯作风是对人对己的要求都很严厉。况且，他本人还要学习骑兵专业课程，他对这些课程的兴趣十分浓厚。虽然工作和学习任务十分艰苦，但当骑兵委员会请他起草新式军刀使用条例的时候，他仍然欣然接受了。1914年3月，巴顿编写的《军刀训练》由陆军部批准出版。另外，他还全力投入编写陆军赛马记录的工作。他在《1913年军队赛马记录》一文中称，"军队赛马竞争要比所有的马展和马球比赛加起来还要有利于树立军队形象……"

在校期间，巴顿的剑术教官工作的成绩也很突出，他被公认为美国陆军的第一号剑术专家，并第一个获得"剑术大师"的荣誉称号。他的愿望得到了部分满足。但他更主要的愿望还是参加战争。只有战争，才能给予他荣誉和晋升的机会。

>> 体验初战

巴顿天性好战，视战争为生命，但自从美西战争结束以后，美国一直处于和平时期，与周边国家相安无事。这使他大有怀才不遇之感。在赖利堡骑兵学校学习期间（1913～1915），他曾经差一点如愿尝到战争的滋味。一次是1914年4月的美墨冲突，一次便是第一次世界大战。

1913年美国策动墨西哥右派军人政变，推翻了马德罗政府，建立亲美的胡尔塔政权，但以卡兰萨为首的革命派发动反胡尔塔政权的起义，美国威尔逊政府便于1914年4月派兵强占墨西哥港口城市韦腊克鲁斯，挑起冲突。

这个时期，巴顿迫切希望战争尽快打起来，以实现他求战的欲望。他甚至希望第二天一早能够"在炮声中醒来"……他认为，如果威尔逊不让步的话，就意味着一场战争，而且是一场大战的发生。这个时候，应该是一个以个人能力著称的人统率义勇军的时候，而他则"很想上战场试试身手"。

事与愿违，由于美军遭到墨西哥军民的顽强抵抗和拉美各国的一致反对，加上胡尔塔亲美政权很快垮台，威尔逊被迫下令宣布撤军。

1914年7月14日，巴顿正式接到继续在骑兵学校进行第二年学习的通知。他是参加连级军官第二年学习的10个军官中的一个，这意味着他作为学生和剑术大师的表现都是一流的。继续第二年的学习是他的上级们对巴顿的一种认可，是一种信心和保证的象征。

在赖利堡骑兵学校的第二年学习才刚刚开始，1914年7月，第一世界大战就爆发了。8月，德国对法国宣战，并入侵卢森堡和比利时。

巴顿获悉这个消息后欣喜若狂，马上给他的法国朋友写信，请求他们帮助他在法国军队中安排一个职务，然后申请离职一年到欧洲作战。他征求原陆军参谋长、时任东部军区司令伍德将军的意见，他在给伍德的信中，字里行间都洋溢着巴顿急切地参战愿望："……一直以来，我都希望能够参加实际的战斗，如果不是作为旁观者，而是作为参与者的话，我会得到许多有更高价值的知识。只有做别人没有做过的事，人类才能进步……请您不要认为这个计划是冲动的结果，多年以来，我一直在考虑这个问题。"

但是，这位老朋友在回信中首先赞扬了巴顿几句，最后却回答说："我们不要像你这样的年轻人在外国军队中浪费生命。"巴顿只好作罢。

就在这时，比阿特丽丝又怀孕了，巴顿把她送回加利福尼亚，与巴顿父母生活在一起。他们的第二个孩子又是女孩，巴顿开玩笑地给她取名叫比阿特丽丝第二，但妻子根据孩子外婆和姐姐的名字，给她取名叫鲁茜·艾伦。

1915年6月，巴顿从赖利堡骑兵兵种学校毕业了，他获得参加晋级考试的资格并取得合格成绩，被教官们公认为一个"具有魅力和前程远大的军人"。经过一番努力和疏通关系，他被调往得克萨斯州布利斯堡的第8骑兵团。巴顿之所以要调到这个偏僻的地区，是因为该地与墨西哥接壤，美墨之间的矛盾当时非常尖锐，双方很有可能演变为又一场公开的冲突。

1914年，美国妄图扑灭墨西哥革命的阴谋破产，但不甘心失败，次年，又借口墨西哥农民起义军袭扰美国边民，派兵进驻美墨边境，企图入侵墨西哥。其中有一支部队是约翰·潘兴将军指挥的旅，准备从旧金山调入布利斯堡。

潘兴于1860年9月13日生于密苏里州克拉克利德附近，家境一般，但他自幼聪明过人，十几岁就开始在一所乡村小学任教。后来以优异成绩考入西点军校，1886年毕业后参加骑兵部队，先后参与镇压新墨西哥和亚利桑那州的阿巴契印第安人、南达科他州的西努克斯印第安人。1901 年至 1903 年，他在菲律宾任职，残酷镇压当地土人，受到西奥多·罗斯福总统的赏识。1904 年至 1905 年，他赴中国东北任日俄战争观察员，1906 年被破格从上尉提升到准将，超越 800 多名军官，引起不少军官的反对。此次，潘兴奉命率部前往美墨边境"追击和摧毁比利亚匪帮"。

需要指出的是，所谓"比利亚匪帮"，实际上是对墨西哥农民起义军的蔑称。潘乔·比利亚出身债务农奴，是墨西哥资产阶级革命时期农民起义军领袖，1910 年在奇瓦瓦州发动农民起义，支持以卡兰萨为首的宪政主义运动。但在 1914 年 7 月，卡兰萨掌握政权后，政府拒绝满足广大农民的要求，比利亚被迫转而反对卡兰萨。同年 12 月，他率军进入首都墨西哥城，但次年 4 月在塞拉亚之战中损失惨重。美国威尔逊政府宣布承认卡兰萨政权，并允许他使用美国人的铁路调动军队以镇压农民起义军，实际上是公开干预墨西哥内政，此举激起了墨西哥人民的义愤。1916 年 3 月，比利亚起义军袭击了哥伦城，美国以此为借口调兵入侵墨西哥。

巴顿抵达布利斯堡后，谒见了身材肥胖、和蔼可亲的团长。由于连队的上尉、中尉军官都空缺，就由他临时指挥一个连。他教士兵们如何正确喂养马匹，还教他们剑术。他高兴地看到：士兵们使用的军刀全是他设计的"巴顿军刀"，这使他激动得热泪盈眶。但更令他兴奋不已的则是战斗的召唤。

不久，巴顿的连队出发了。他们跋山涉水，经过几个礼拜的艰苦行军到达了目的地——高山密林中一个叫谢拉布兰卡的小镇，任务是保护一个个孤零零的牧场，使其免遭墨西哥人的袭击；更重要的是保卫从附近通过的南太平洋铁路主干线。为此，他们要定期到 48 公里以外的地方巡逻。

这是一个被世界快要遗忘的角落。方圆几十公里的土地野草丛生，野生动物俯视皆是，尤其以鹌鹑、野鸭和野兔为多。在外出执行任务的过程中，喜欢打猎的巴顿经常能够轻松地打到猎物，给大家带回美味，他也因此获得了"枪手"的美名。他经常带领战士们骑马在崇山峻岭上奔驰，从一个哨所赶到另一个哨所，有时整天不得休息，还得随时提防墨西哥人的伏击。但他非常喜欢这项工作，认为这里的生活很像"当年外公在大西部度过的拓荒生活"。

但巴顿并不是来这里拓荒的，他正在焦急地等待着战斗。感恩节前夕一个傍晚，总部打来电报，说是当夜可能有 200 名墨西哥人会袭击该镇。巴顿部下虽然只有100来人，但他决心给敌人以迎头痛击。他立即制订了反击计划，命令士兵严阵以待。他本想体验一下战斗前夕的紧张气氛，但令他失望的是，他感觉到这并没有马球比赛那样兴奋和激动。更令他大失所望的是，战斗终究没有发生，一夜都平安无事。第二天晚些时候，他接到命令去攻击格兰德河美国这一边的墨西哥人营地，但又扑了一个空。他们骑马跑了112公里，连墨西哥人的影子都没有见到。

不久，巴顿返回布利斯堡处理公务，顺便把妻子接来小住，并把两个女儿接来。巴顿的妹妹妮塔随后来看望他们。在一次社交晚会上，妮塔与潘兴偶然相遇。潘兴虽然是一位55岁的鳏夫，但他身材高大，气宇轩昂，颇有男子汉的风度，而妮塔身材修长，性格开朗，已经是一个29岁的大姑娘了。他们一见钟情，似有相见恨晚的感觉，很快就坠入爱河。于是，妮塔为此推迟了返家的日期。

1916年3月9日，比利亚率部袭击了美国新墨西哥的哥伦布城，杀死17名美国人。潘兴奉命进行"惩罚性远征"，打击墨西哥，抓住比利亚。

参战机会的出现，使得巴顿非常兴奋，但很快他便得知，他得继续留守待命，不参加远征。这使巴顿急得像热锅上的蚂蚁，于是他天天缠着部队中的几位长官，请求推荐他任潘兴的副官。当时，潘兴的一位副官正好外出执行任务，身边缺少人手。潘兴询问巴顿是否真心愿意去参战，巴顿毅然说："我来这里就是为了战斗!"于是潘兴决定带他去，让他担任临时副官。巴顿则暗下决心，一定要证明自己的能力。

当然，潘兴之所以让巴顿做他的副官，除了是被他坚决要求参战的精神所打动之外，还有巴顿的妹妹妮塔的一层原因。至少在一定程度上，潘兴是出于对妮塔的感情才这样做的。

能够参加这次出征，巴顿感觉很是幸运，他十分珍惜这一机会，为了证明自身的能力，他什么活都干。部队出发前，巴顿主要协助海恩斯少校翻译电文。行军途中，他又负责将军的饮食。进入墨西哥以后，他更是跑前跑后，无所不干。他跟随潘兴下部队检查工作，陪他骑马，整理公文，管理马匹、车辆、警卫、护卫部队以及办事人员等，此外还要与战地记者打交道。潘兴的正式副官科林斯返队后，巴顿就作为编外人员在司令部帮助工作。

不久，部队进入了墨西哥。这里的温差很大，白天炎热，夜晚酷寒，经常雨雪交加。潘兴率领一万多人的远征军不断地进行搜寻，结果连敌人的影子也看不到，追捕比利亚的行动毫无进展，部队的士气很快就低落了。

潘兴的司令部设在鲁斯维奥附近，城北面有两个牧场。比利亚的得力助手朱利诺·卡德纳斯和他的叔父就分别住在这两个牧场中。

巴顿在墨西哥的"辉煌"日子，是5月发生在牧场的一次遭遇战。

5月14日星期天，巴顿奉将军之命向附近农民收买玉米送往司令部。他带着10名士兵和4名文职人员，一行共15人分别乘坐3辆卡车，在凯奥特和萨尔希图两个村子买到了粮食。他们本来可以直接返回营地，但巴顿却想乘机寻找作战的机会。他命令向牧场开去，他认为那里是一个匪巢，说不定他能有所收获。

车子靠近牧场了，巴顿命令继续前进，走过房子，来个急刹车。他和两个人顺着北墙穿过去，其他两辆车在房子的前面停下来，车上各跳下3个人快步穿过南墙。9个人迅速封锁大门，搜查房子，其他6个人则封锁了道路。

卡德纳斯的叔父就在家里，他卖了一些玉米给巴顿，并保证送到部队。经过仔细观察，巴顿发现老人有些心神不安，举止慌张，他马上意识到卡德纳斯可能就在附近。于是，他立即带人将卡德纳斯家包围起来。他们看到3个老人和1个小孩在院内剥牛皮，而这些人看见美国人后似乎视而不见，继续干手中的活，这更加重了巴顿的疑心。他立即做好了战斗准备。

∧ 被墨西哥军队缴获的比利亚部的武器。

突然，3个骑马的武装人员出现了。他们发现巴顿后，立即调头向南面奔去。守在南面的几名美军士兵当即向他们开枪射击。他们又折向巴顿这一面，并向他开火。巴顿拔出手枪一口气打了5发子弹。当一个敌人再次滚过来时，巴顿差一点被击中。他对着马屁股就是一枪，骑马人摔倒在地，当场毙命。另一个骑马人则在90米的距离上被巴顿击中。第三个人破窗而逃，被一个侦察兵上士打死了。

经过察看尸首，巴顿发现死者之一便是赫赫有名的卡德纳斯。他们把尸体放在车上，突然，40多个骑马人疾驰而来，向巴顿等人发起猛烈攻击。巴顿一行向他们一阵扫射，然后开车离去。到达鲁斯维奥郊外时，巴顿命令部队严格保密，以防卡德纳斯被击毙的消息走露。这三辆带着尸体的车出现后，引起了一阵骚动。巴顿命令加大油门快速前进，一行人总算没有受到多大阻碍，安全抵达目的地。

这是一次了不起的胜利，潘兴允许他保留战利品以作为纪念。很快，巴顿就被闻讯前来采访的记者包围起来，几天不得安宁。他的事迹配上他的照片被刊登在全国各大报纸上。巴顿成了美利坚民族的英雄，《纽约时报》以大幅标题作了详尽的报道——"卡德纳斯，亲眼目睹他死在家中——四次射击，比得亚上尉——发生在牧场里的戏剧性战斗——巴顿少尉和二个人干掉了三个匪徒"……更为重要的是，潘兴将军在电文和正式报告中对巴顿进行了表彰，巴顿神话第一次在全国传开了。

这次遭遇战规模虽然不大，却具有某种特殊意义。它是巴顿从军以来的首次参战，这一胜利证明巴顿的勇气和能力，也大大增强了他的自信心。而且，这次战斗还是潘兴远征取得的主要战果之一，巴顿给潘兴争了光，受到将军的重视。

随潘兴将军远征墨西哥使巴顿受益匪浅。后来，巴顿在总结远征的收获时指出了以下几点：第一，由少尉晋升为中尉，和平时期美国军官的晋升之慢世所罕见，巴顿在少尉这一位置上干了7年，如果不是这次远征，晋升还不知要等到何时。第二，击毙卡德纳斯的战斗使他闻名全国。第三，理解了后勤保障和通信联络工作对于战斗所起到的重要作用。

但巴顿认为，自己的最大收益是认识了潘兴这个伟大的军人。一方面，他通过观看潘兴组织和指挥部队，了解了机动作战的价值，认识到以骑兵迂回敌翼侧击败步兵是比较有效的。他认为潘兴不仅仅是一个朋友，而更主要的他是一名优秀的军官，他眼光敏锐，明察秋毫；在战场上指挥若定，

< 巴顿的恩师潘兴将军。
< 随潘兴将军赴墨西哥作战的巴顿。

沉着冷静；对勇敢和忠诚有严格的要求，并且身体力行，以身作则。甚至连他的言谈举止，生活习惯都给巴顿留下了深刻的良好印象。巴顿认为，对于那些在照片中看到过或偶尔远距离见过潘兴将军的人来说，他是一个庄重严厉而又不失风雅的人，但在孤独中他透露出的冷酷近乎无情，就像蒙特·华盛顿，从远处看便会让人感受到孤傲和庄严。这种人很多，但不是所有人都那样。若要提起热情、美以及潜在的庄严与高贵本身的含义，需要更多有关内在的人的个性的知识。所有伟大的人物都为此感到痛苦，而在美国的将军中，"潘兴将军对此最深有感悟"，因为"没有人指挥过这样庞大的军队而且如此的如日中天"。

另一方面，巴顿感觉同潘兴将军之间除了达成上下级的默契之外，更重要的是形成了朋友式的珍贵友谊。两人有很多时候在一起研究军事问题，兴趣相投。巴顿赞叹潘兴的睿智与领导风范，潘兴欣赏巴顿在军事方面的独到见解与过人的胆量。潘兴与巴顿在坦率固执的脾气上都有些相近。

有一次，巴顿和潘兴在讨论一篇军事论文上闹了点儿口角。潘兴在文章的引言中写道："……高超的骑术、灵活的枪法……"巴顿认为忽略了军刀的存在，说明潘兴认为军刀在战斗中缺乏用处。潘兴固执地回答："是，我不喜欢军刀，那又怎样？"巴顿又坚持了一次，"为什么不加上'和高超的军刀法'？"潘兴答道："不，我不能那么做！"巴顿没再说什么，说了声"很好，长官"就走了出去，但巴顿走得很慢，他了解潘兴的心理。果然，巴顿刚走到门口，潘兴忽然大声喊道："好吧，加上'或者军刀'！"一切如巴顿所料。潘兴笑着对巴顿说，"这下好了，你该心满意足了吧？"巴顿回答："不，长官，一点儿也不！"说完，两个人放声大笑起来。

英雄惜英雄。潘兴常常说，巴顿是他所认识的最坦率，也是最出色的骑兵之一。而且在军官们面前对巴顿大加赞叹，称他为"土匪"，这并不是在说巴顿野蛮，而是因为他英勇过人地杀死了卡德纳斯，"一个人在半天内做了第13骑兵团一周内才做得了的事"。

总之，巴顿认为，潘兴的方方面面都值得自己思考和模仿，自己"在墨西哥学习到的军人生活知识，比以前服役期间学习到的总和还要多"。不可否认，正是在与潘兴的交往之中，巴顿才亲身学习到了怎样做一名伟大的将军，一名伟大的人物。

1917年2月初，远征军撤回国内，在埃尔帕索休整，一切又恢复了以前的老样子。

正所谓，时势造英雄。如果巴顿继续在这种令人倦怠的军营生活中消费精力，恐怕我们根本无法在今天一起回忆这样一个伟大而辉煌的人物。

凯撒说过：命运总是眷顾那些勇敢的人。对于巴顿这样一个天生为战争而狂热不已的军人，命运是不会抛弃他的。

不久，美国对德宣战，参加了大洋彼岸的战争，巴顿又将踏上新的征途。那么，面对他的是怎样的一场真正的战争呢？

第二章

美国第一坦克手

1885-1945 巴顿

到此为止，巴顿已经有足够的理由，为自己在第一次世界大战中所取得的辉煌成就而感到骄傲和自豪，从以前的剑术大师一跃成为美国一流的坦克专家，他创造性地建立了一个新的兵种，并在实战中检验了他的成果。他以"巴顿模式"造就出一支无坚不摧、战无不克的坦克部队……

>> 创建美军坦克兵

1917年4月2日，威尔逊请求国会对德宣战，4月6日，国会批准宣战。威尔逊政府以德国实施无限制潜艇战、破坏美国中立政策为借口，加入经济利益同美国紧密相连的英法集团一方参战。巴顿期待已久的战争，终于来临了。

潘兴受命组建一个步兵师，率领该师作为美国首批参战部队赴法国协同英法联军作战。他为组建师司令部物色了一批军官，其中就包括巴顿。几天后，潘兴又被任命为美国远征军司令。他电告巴顿迅速赶到华盛顿报到。

潘兴肩负重任，很快就要离开美国远赴欧洲了，所以尽管他与妮塔的关系已经达到了难舍难分的境地，但他们的婚事也不得不因为战争而推后。

在华盛顿，潘兴带着为数不多的司令部人员在这里集中。此时，巴顿的任务是负责管理潘兴先遣队的传令兵和其他人员。5月下旬，潘兴和巴顿一行乘船前往欧洲。

1917年春季开始，由于持续的僵持，协约国士气特别低落，美军在这时的到来大大地鼓舞了法、英两国的斗志，从而使协约国★又获得了取得胜利的希望。1917年7月4日，由潘兴领导的美国第一支参战部队在法国首都巴黎街道上通过时，巴黎人由于他们口语中还没有使用过"扬基"这个词，所以站在街道两旁的群众用他们最熟悉的一个美国人——前美国总统西奥多·罗斯福的昵称高呼："特迪万岁！"后来，当潘兴出席拉斐特侯爵墓前举行的典礼时，巴黎人对他的简短演说又报以热烈的欢呼。潘兴说："在这里，在法国的土地上，在法国英雄们的学校里，我们美国士兵将学会为世界自由战斗并取得最终胜利的本领……"

∧ 潘兴将军率美国远征军抵达法国。

　　尽管美国对战争的准备很差，但美国新兵们却满怀高昂的士气远赴前线。1917年夏秋两季，越来越多的美国军舰抵达法国港口。这些士兵们对军事上的知识虽然肤浅，但一到法国他们就接受了堑壕战和散兵战的严格训练，并被派往执行小规模袭击。到法国参战的美国士兵到1917年底已增加到17.5万人，但只有很少人参加过战斗。

　　9月，协约国最高统帅部决定将美军部署在洛林战线，因此潘兴将他的司令部迁至法国东部小城肖蒙。此地距离巴黎约240公里，附近的地下蕴藏有丰富的铁矿石。肖蒙历史悠久，始建于1190年，城市保存有13世纪的哥特式教堂、17世纪的市政厅等古老建筑。

1917年9月起，它一直是美国远征军司令部所在地，直到第一次世界大战结束。

作为远征军司令的副官，巴顿在肖蒙指挥司令部直属连和一个摩托车分队，还负责防空和其他一些工作。在这里，无论是士兵还是军官，都是一副衣衫不整、拖拉懒散的模样，巴顿对这种现象极为不满，但又无能为力。尽管在潘兴的手下还有晋升的机会，但巴顿已经开始感到司令部的工作无聊至极。他非常渴望能够奔向战火纷飞、紧张激烈的，直接面对生死考验的战斗前沿。

对于作战双方来说，在西线上的首要的战术问题就是怎样突破战壕。要达到目的，军队需要跨过"死亡区"。在敌人机关枪和大炮的枪林弹雨中，士兵必须切断"死亡区"的带刺的铁丝网，然后冲进战壕中与全副武装的敌军展开殊死肉搏。

在此期间，巴顿开始模模糊糊地对一种新式武器——坦克产生了兴趣。英法先后发明了坦克，英国生产的是重型坦克，法国生产的则是轻型坦克。从理论上讲，坦克具有防护性好，机动性和突击力强等优点。装甲外壳可以保护坦克手免遭敌人轻武器的杀伤；强大的火力可以摧毁铁丝网障碍物和机枪火力点，引导步兵冲锋。但是，英法两国此时都未能在战场上充分发挥坦克的作用，美国人也还没有研制出自己的坦克，而参谋军官们则开始讨论向英法购买。

出于对战争和兵器发展史的深刻理解，巴顿初步认识到：坦克部队是一个具有巨大发展前途和作用的新兵种，只要美国组建坦克部队，他一定争取参加。巴顿还认为，自己是最合适的坦克部队的军官人选。他在一封信中谈到他的有利条件，他认为，使用轻型坦克就像是骑兵作战一样，而他是一名优秀的骑兵。首先，他曾经指挥过机枪连，并成功地教练士兵如何提高射程和精度；第二，他曾经修理过汽车发动机，知道它是如何运转的；第三，他能讲一口流利的法语，与法国人相处得十分融洽，可以与法国人商讨坦克使用条例；第四，谈到墨西哥牧场遭遇战，他认为自己是"乘汽车进行进攻作战"的唯一的美国军官；第五，巴顿认为自己能够完全适应这一新兵种，在实战中取得出色的成绩。

不久，巴顿被提升为少校。现在，摆在他面前的道路有两条：一是继续留在司令部当参谋，二是到基层部队去。其实，巴顿早已拿定主意了，他要尽快地摆脱被人误解为靠潘兴的裙带关系而提升的境地，到下

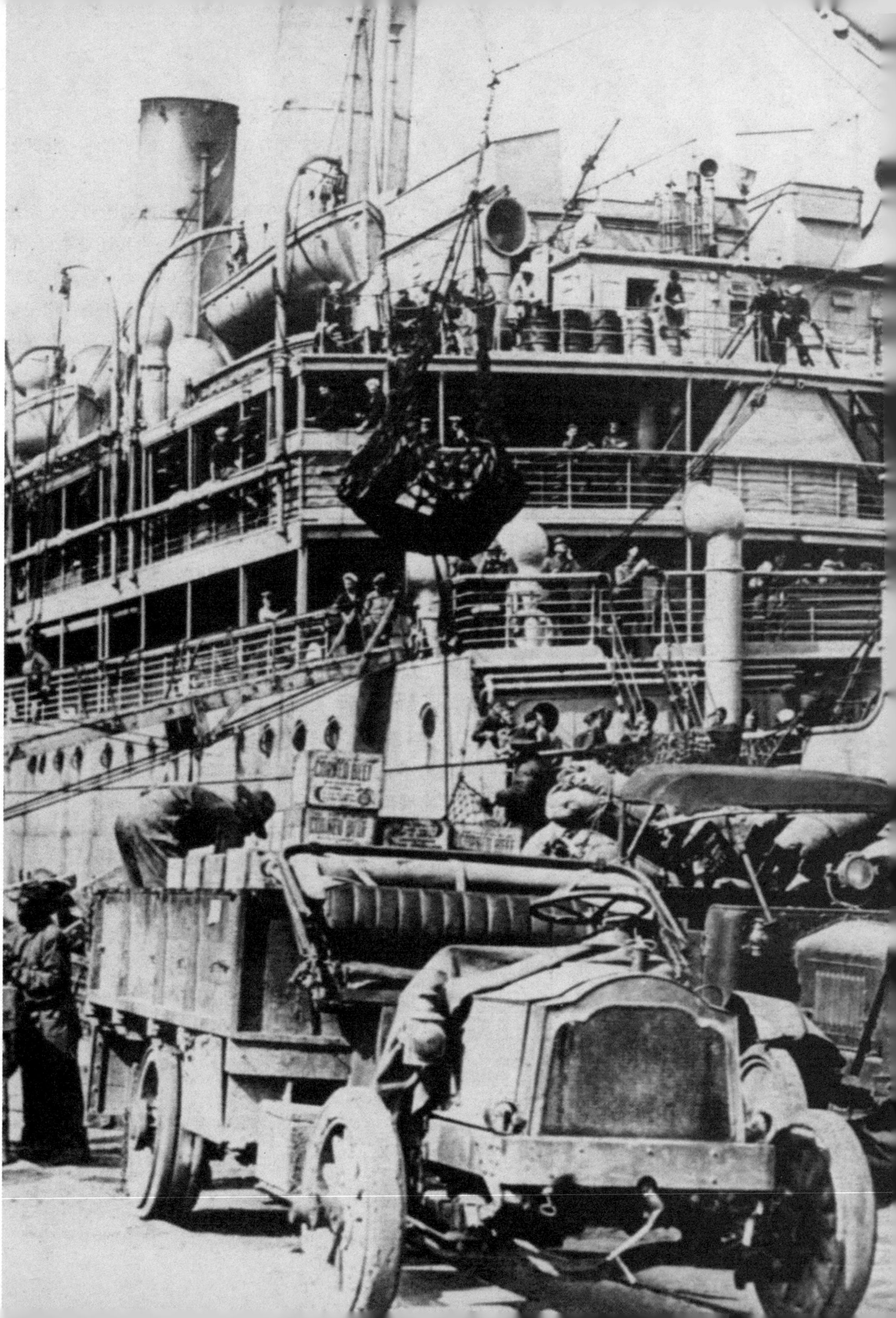

< 美国远征军的物资正在法国码头卸载。
> "一战"时期英军投入使用的坦克。

面的部队去，或者指挥一个步兵营，或者领导一支坦克部队，掌握自己的命运，开创一片新天地，干出一番大事业。

10月中旬，巴顿不幸患了黄疸病，住进医院，碰巧与福克斯·康纳上校同住一间病房。在选择指挥步兵还是坦克兵的问题上，康纳认为，坦克的作战能力尚未得到证实，他倾向于巴顿去指挥步兵，因为步兵是战地之王，而且前程远大。听了康纳的话，巴顿一时拿不定主意，甚至几天睡不好觉。经过再三思考，最后他还是选择了坦克部队。不几天，一个朋友来探望他，给他带来了消息：远征军司令部已经决定在朗格勒附近创办一所坦克学校，并任命巴顿为校长。巴顿更加坚定了自己的抉择，他决心接受这一挑战。

出院后，巴顿接到组建坦克学校的正式命令，并以此为基础组建和指挥一个坦克营。如果顺利的话，他还可能指挥坦克团或坦克旅，获得晋升的机会。

为了熟悉和精通坦克专业，巴顿首先到贡比涅附近的法国坦克兵训练中心学习了两个星期。同他一起参加学习的还有爱尔金·布雷恩中尉。巴顿学习用的是双人小型雷诺型坦克。这是一种十分原始的坦克，结构简单、性能较差。驾驶员坐在底层，射手坐炮塔里，坦克内一片漆黑，发动机的噪音很大，两个人无法交谈，驾驶员也看不到外面的情景，只能靠炮塔里的射手用脚轻碰他的头和肩，指示他往哪个方向前进。坦克上配备一挺机枪或是一门加农炮。巴顿以极大的热情投入了训练。他总是闲不着，不是检查坦克的结构和设备，参观修理工厂，就是观看训练演习，与教官和学员就坦克的使用问题进行讨论。

正当巴顿在贡比涅培训中心学习的时候，一场真正的坦克进攻战在康布雷发生了。尽管当时有些坦克过早投入战斗而影响了作战效果，但康布雷战役无疑是20世纪坦克战诞生的标志。

康布雷位于斯海尔德河畔。1917年11月20日，英军3个坦克旅的476辆坦克，在1,000门火炮和6个步兵师的配合下，在康布雷附近的前线上伸展开10公里，突袭被德国人称为"重围之地"的海登格防线。坦克群每3辆组成一组，呈三角队形向前冲击。英军步兵、坦克兵协同的突然进攻打得德军措手不及。在不到 4 个小时内，英军主力向前推进了约 12 公里，突破了德军 3 道阵地。当天日落前，英军突破德军防御，占领康布雷，俘虏 8,000 余人，缴获 100 门火炮和 350 挺机枪。而英军却只有 400 人伤亡。

英军第一次聚集坦克投入战斗的结果，充分证明了集中使用坦克作战的价值。坦克所具有的强大的打击力与冲击力，能够有效地摧毁和冲垮敌人的阵地防御，协助军队顺利通过"死亡区"，但由于缺少经验以及相关技术，理论上也不太成熟，坦克的作战能力没有充分地显示出来。巴顿认为，随着坦克技术的改进和作战技能的提高，它必将成为未来战争的基本武器。康布雷战役所展现出的前景，使人们对坦克产生了深厚的兴趣，报名参加坦克兵的人数有增无减。

巴顿为自己能成为美国第一批坦克兵而感到自豪。为了及时总结坦克的实战经验，他拜访了康布雷附近的英军坦克兵，与其旅长、参谋长等人认真地探讨了坦克作战经验，对坦克的作战运用有了更为深刻的认识。在随后的几个月里，每当有坦克参战，他总是及时赶到前沿去观察战局。

在一次驱车前往巴黎途中，巴顿不幸遇到了车祸，汽车撞上了铁路栏杆，巴顿太阳穴撞破，血流如注，被迫住进了设在纳伊的美军后方医院。出院后，他和布雷恩立即赶往巴黎郊外的比兰考特兵工厂见习一个礼拜，从设计到装配对坦克进行了一番认真细致的考察。返回肖蒙后，巴顿很快将考察结果写成书面报告，就坦克的性能、坦克兵的组建、战术、训练等问题作了系统的阐述。这份研究报告为美国坦克部队的创立奠定了理论基础。

1917 年 12 月 15 日，巴顿一行离开肖蒙前往朗格勒筹建坦克学校，组建坦克部队。朗格勒是古罗马时期的一座军营。这里的中世纪的要塞、城墙、堡垒、教堂等保存得完好无损。它距离肖蒙约 32 公里，位于朗格勒高地上。巴顿是在一个阳光明媚的白天抵达的，先住在一家普通的旅馆里，几天后才租了房子。巴顿非常高兴在这里安营扎寨，因为他十分崇拜古罗马勇士，在这里，他觉得离他们很近，似乎就生活在一个城市之中，这无形中增添了他的勇气和取得胜利的信心。

不久，萨缪尔·罗肯巴赫上校被任命为潘兴司令部直属的坦克兵司令。他的主要使命有两个：作为司令员，负责领导设在英国的美军坦克训练中心和朗格勒坦克学校；作为参谋军官，他是潘兴的顾问，负责坦克的管理、采购、供应等工作。

罗肯巴赫是弗吉尼亚军事学院的高材生，有很强的业务能力，是一个颇有见地、成熟老练的军官。但他的个性极强，有自命不凡、卖弄资格的缺点。这与巴顿的性格倒有几分相似，他与巴顿从一开始关系就很冷淡，互相猜疑，但因战争、坦克和各自的利益的关系，又不得不在一起共事，互相依托。罗肯巴赫欣赏巴顿的能力，巴顿也佩服罗肯巴赫熟练的参谋业务。很快，他们就建立起一种特殊的上下级关系：在私人交情上比较冷淡，在工作上相互支持，认真负责，很少扯皮。

很快，巴顿就在朗格勒以南约8公里处找到了一个理想的坦克学校校址：靠近公路，是一片开阔地，有足够的坦克停放地和训练场地。巴顿和罗肯巴赫再次考察过后，便把校址确定了下来。

终于，第一批坦克人员到来了。但这些来自海岸警卫队的青年人军事素质并不高，他们缺少军事常识，甚至不会敬礼，巴顿对此感到十分不悦。他认为："我的手下别的东西可以没有，但决不能没有纪律。"他下决心一定要训练出一支与众不同的模范军队，所以当校长后立的第一条军规就是：注意个人外表，衣着整洁，内务合格，礼节周到。

有15名高级军官参加了坦克学校的开学典礼，巴顿在会上做了演讲。令人感兴趣的是，一向轻视步兵的巴顿在讲话中竟然大肆吹捧步兵在作战中的主导作用，贬低坦克，一再强调坦克的任务是紧密地配合步兵作战。巴顿之所以讲了违心的话，是因为他充分意识到与会的高级军官都来自步兵，对坦克的价值普遍持怀疑态度。巴顿的目的是讨好这些高级军官，取得他们对坦克兵的同情和支持。但巴顿对这个讲话颇为不满，以后每当提起这件事他都十分伤心。

法国人原来答应为巴顿提供几辆坦克供训练用，但迟迟未到。巴顿一方面不断对法方施加压力，另一方面派人回国，敦促加速美国坦克的生产。他利用等待坦克和人员的间隙，加紧撰写编制和装备表，起草训练大纲，制定教学课程。

1918年3月下旬，法方终于提供了10辆坦克供巴顿使用，紧张的训练工作开始了。10辆坦克全部启用，所有的教官都投入了训练工作。巴顿也亲自上阵，向学员们讲解坦克的驾驶、维护和修理等问题，并组织进行坦克实战训练。很快，学员就掌握了有关坦克的基本知识和技术。

不久，巴顿组织了坦克与步兵的第一次联合作战演习，随后又进行了一系列的模拟战斗训练和演习。通过多次尝试，不断对坦克兵的编组和作战技术进行改进完善。他事必躬亲，亲自撰写野战命令、指令和指示，对训练工作的每一个环节都了如指掌。由于坦克兵军容严整，内务整洁，他经常受到好评。高级军官称赞坦克部队是整洁、礼貌、热情的模范部队。不久，巴顿被提升为中校。4月底，巴顿组建了第1轻型坦克营，他自任营长，下辖3个连。两个月后，他又把第一坦克营扩建为第1坦克旅，下辖2个营，每营辖3个连，他任旅长，瓦伊纳和布雷特任营长，另外还编有一个直属旅部的修理和救护连，负责勤务工作。在这一时期，巴顿的工作虽然非常繁忙，但由于工作进展十分顺利，他的情绪

< "一战"中的英军坦克。

★坦克

各国陆军战斗部队中使用的具有强大直射火力、装甲防护、高度机动越野性能的履带式装甲战斗车辆。是地面作战的具有强大突击力的武器，可摧毁对方的坦克和其他装甲车辆，压制消灭反坦克武器，摧毁野战工事，歼灭敌人的有生力量。1916年，英国首次生产出坦克，并且投入到第一次世界大战战场。坦克的出现，开始了陆军机械化的新时期，从而对军队的作战方式产生了深远影响。"二战"中，坦克被各国军队广泛使用。

也一直处在高度兴奋之中。

整个1918年上半年，巴顿一直提心吊胆，生怕失去参战的机会。3~5月，鲁登道夫在西线发动的大规模攻势，在盟军阵地上形成了几个突出部，但此时的德军已经是强弩之末，无力扩大战果，协约国的胜利指日可待。巴顿对这种局势深为担忧，有几次夜里突然惊醒，吓出一身冷汗，因为他梦见和平降临了。他在日记中写道："果真如此的话，那就等于毁了我的军旅生涯。我克服了巨大的困难，拼命工作，就是盼望在战场上大显身手。否则，一切心血不都是徒劳吗？"

怀着这种急切的心情，在紧张的工作之余，巴顿还忙里偷闲，抽出时间去朗格勒的陆军参谋学院进修。在这里，巴顿学习到不少专业知识，尤其是组织和指挥现代大兵团作战的知识。偶尔，他还向参谋学院的学员讲授坦克兵专业课，也在这里有幸结识了同时代许多的军人，包括乔治·马歇尔和阿德纳·查菲等人。

出身骑兵的巴顿喜欢以骑兵的眼光看待坦克兵，他十分注重坦克部队的机动性，所以，巴顿相对喜欢法国的轻型坦克★，因为这种坦克装甲轻，机动性强，行程远。巴顿认为：坦克是支援步兵作战的，因此周密制订步坦协同作战计划十分重要。坦克不是作为碉堡放在前线，而是要靠快速运动对敌人实施打击，突破其防御阵地。因此，坦克兵必须勇敢善战，敢于牺牲。不久，他的这些思想在实战中得到了验证。

8月20日，巴顿正在参谋学院听课，突然有人通知他立即向坦克兵司令报到。在肖蒙，罗肯巴赫告诉他，9月初美军将首次独立地组织实施大规模进攻战役，坦克兵也将参战。

　　巴顿梦寐以求的时机终于来了。

>> 第一次指挥坦克战

　　美军抵达法国后，在1917年基本上没有参战，主要在后方集训、驻防和从事后勤保障工作，仅有少量工兵参加了战斗。1918年一开头，战争形势对协约国不利。因为1917年11月俄国共产党取得政权后向德国求和，1918年3月3日，在德军深入俄国境内后，共产党接受布列斯特－利托夫斯克条约的苛刻条件停止战争。俄国一退出，德国马上掉头转向西线。3月21日，德军指挥天才埃里希·鲁登道夫将军发起一系列强大攻势。到5月底德国人突破协约国的防线多处，开始向法国纵深推进，离巴黎只有90公里。许多法国人都认为首都可能沦陷。在这种危急关头，费迪南·福煦将军被任命为协约国军队总司令，统筹英、法、美三国的防务。

∧ 德皇威廉（中）与兴登堡（左）和鲁登道夫在一起。

应英法要求，美军赴欧速度加快了。同年 9 月，美国远征军的总人数已经达到 150 万，组建了美国第 1 集团军和第 2 集团军，积极进行战斗准备。

根据本国政府的指示，潘兴将军顶住了英法要求将美军分解混编入协约国军队的压力，坚持在美国旗号下独立行动，保持美军指挥的独立、统一和完整。1918 年 5 月至 8 月，美军配合英法联军参加了蒂埃里堡战役、第二次马恩河战役、第二次索姆河战役等，表现出英勇顽强的作风。但真正由美军独立组织实施的作战行动还是 9 月 12 日至 15 日的圣米歇尔战役。

圣米歇尔突出部是 1914 年 9 月德军在凡尔登东南的战斗中形成的。1916 年 9 月以来，这里一直没有发生重大战斗，是一个相对平静的地区。德国人在这里修筑了坚固的防御工事，配备战斗力较弱的部队防守。

担负作战任务的是美国第 1 集团军，辖步兵第 1 军、第 4 军和第 5 军，合计 13 个师共 55 万人和法国第二殖民军两个师共 11 万人。任务是：消除圣米歇尔突出部，前进至诺鲁阿、奥迪蒙一线，收复巴黎－凡尔登－南锡铁路，从而为以后的进攻战役创造有利的条件。巴顿的任务是指挥美国的坦克部队和一个法国坦克营，支援从南面进攻的主力部队。

坦克兵终于能参加大规模进攻战役了，巴顿感到激动万分。他和罗肯巴赫驱车赶到第 1 集团军司令部，了解有关作战计划。罗肯巴赫的使命是协调坦克兵和集团军之间的行动，而巴顿则负责与军、师两级协调，并要察看地形。夜间，他率领少数人深入无人地带察看坦克的开进道路。此外，他还检查了坦克下火车的地点，安排了进攻出发点，草拟了一份地形报告和初步行动方案，并与炮兵和步兵部队研究了兵种之间的协调关系。

巴顿坦克旅现共有 144 辆坦克。战役前夕，巴顿做了战斗部署和动员，他号召坦克旅全体人员要勇敢地战斗，要坚决地向前推进，有力地支援步兵。他说："这是我们千载难逢的良机，现在要证明我们过去所干的一切都将是有价值的。"

由于连日劳累，缺少睡眠，使巴顿在战前一直处于高度紧张状态。近日连降的大雨会不会给坦克的行动带来麻烦？美国坦克部队第一次参战能取得成功吗？他忧心忡忡。9 月 12 日上午 5 时，经过 4 个小时的炮火准备后，美军开始发动进攻。6 时 10 分，巴顿在一个小高地上看到：坦克兵正在按计划分三路开进，布雷特的坦克通过了克弗拉伊村。6 时 30 分，绝大部分坦克向前开进，只有几辆陷入泥潭和堑壕。他很生气，立即赶赴现场组织人员把坦克从沟里推出来，命令它们继续前进。

这一天，巴顿碰到了一个他未曾仔细考虑过的问题：坦克部队的指挥员在战斗中应位于何处？如果他一直留在指挥所里，就能够与后备队及炮兵保持通信联络，与上级保持联系，既行动方便，又没有危险。如果他随同部队前进，进行直接的战场指挥，不仅易于受伤，而且可能失去与上级的联系，但他仍然毫不犹豫地选择了后者。他主张，指挥员亲临第一线可以激发士兵的士气和斗志，并能够根据瞬息万变的战况随时对行动方案进行修正。他认为，只有平庸之辈才需要不断接受上司的旨意和督促，真正有所作为的将领应该能根据作战计划

∧ "一战"时，远赴欧洲作战的美远征军指挥官。左二为麦克阿瑟。

和战况变化随时做出正确的决策，而且真正的军人决不会惧怕伤亡，枪林弹雨的前线要比在后方对他更具吸引力。

于是，巴顿让副官留在指挥所，与上级和步兵保持联络，自己带领1名中尉和4名机械师尾随部队前进。7时30分，他来电话说，至少有16辆坦克参加了激烈的战斗。一天后，他在塞什普里附近的高地上看到坦克在第1、第42步兵师前面推进，但有5辆坦克停滞，不知道出了什么故障。

他立即冒着炮火抵达前沿，发现这几辆坦克出了故障，军械师正在努力使它们重新启动，于是他继续向埃塞走去，看到步兵趴在弹坑里射击，不愿前进。炮弹从他头顶上"嗖嗖"地飞过，但他继续前进，嘴里叼着烟斗。很快，巴顿来到另一个高地，看到德国人开始撤出埃塞，于是他带人冲了过去，5辆坦克随即开过来，巴顿命令它们穿过埃塞镇。但有一个法国士兵在通向镇子桥梁的桥头上，把他们挡了回来，说前面的炮火太激烈。巴顿一听就大发雷霆，再次命令冲过去，他本人步行带领坦克从桥梁上冲了过去。

巴顿跟随在坦克后面前进，不时地俘虏一些德国人，派人将他们送到后方。他在埃塞碰上了道格拉斯·麦克阿瑟中将，巴顿问他是否可以进攻下一个镇子帕讷。麦克阿瑟说问题不大。于是巴顿指挥坦克向3公里外的帕讷镇前进。在镇子外面，狙击手只管射击，却不愿向里冲。这时，除一辆坦克外，其他的坦克都没有了燃油。巴顿命令这辆坦克的驾驶员向镇子进攻。但他显得有点紧张，不知所措，于是巴顿爬上坦克，坐在坦克顶上鼓励他。坦克开动了，一个中尉和一名中士随同巴顿坦克的尾部。这两个人曾经进过镇子，退出来时带回了大约30名德国俘虏。

坦克穿过帕讷镇时遭到敌人的猛烈射击，子弹把坦克的油漆都打飞了。巴顿迅速跳下坦克，躲在弹坑里，坦克不再继续前进，但在他后面约270米的步兵则原地不动地射击。巴顿返回到步兵这一边，找到他们的指挥官，要求他率领部队随着坦克行动，但遭到拒绝。

巴顿转向坦克跑去，子弹不断地从他身边飞过。他赶上坦克，命令他开回帕讷镇。

4辆坦克赶到后，巴顿把它们组织起来，从帕讷镇向伯内镇进攻，而他仍然步行跟在坦克后面，经过一番炮击，德国人被赶走了，坦克兵进占帕讷镇，缴获了4门火炮、16挺机枪。

巴顿对康普顿营的表现非常满意，遂决定看看布雷特营干得如何。他好不容易穿过无人地带，来到左路，却发现布雷特及其25辆坦克都停在了拿萨德。原来，这些坦克的燃料全部用完了。

巴顿匆匆返回后方搞油，并向军司令部汇报战况：坦克兵已经抵达，甚至走过预期的目标。日落后，步兵停止前进，布雷特和康普顿利用这段时间给坦克补充了燃油。

在第一天的战斗中，坦克旅的损失并不重，但一些坦克由于各种故障而停开，能投入作战的还剩下美军的80辆和法军的25辆坦克。第二天的进攻任务是布雷特向维尼尔斯推进，康普顿向圣伯努瓦推进，这一天没有发生重大的战斗，实际上战役到第二天已经结束。突出部被削掉，美国人共俘虏敌军1.5万人和450门火炮，战役进展顺利。

在圣米歇尔战役中，美法军队共有174辆坦克参战，其中15辆被击毁，22辆陷入壕沟，14辆出现故障。坦克兵阵亡5人，4名军官和15名士兵受伤。此次战役并不激烈，算不上是对坦克真正的考验，但巴顿对"这些举止粗鲁的家伙"的实战表现非常满意，他的部下像身经百战的老兵，在战场上表现得异常冷静和顽强，充分体现了巴顿精神：敢于面对敌人并将其打败和敢于不断地发动进攻。报纸上宣扬了他们英勇战斗的事迹，不少报刊还登出了巴顿坐在坦克上的照片。

巴顿因擅离职守，直接指挥战斗而受到罗肯巴赫的批评。但十分有趣的是，很快，罗肯巴赫就接到了潘兴的一封亲笔信，就坦克兵的英勇表现向他表示祝贺，于是罗肯巴赫转而又表扬了巴顿及其部下。

圣米歇尔战役结束后，美军实施战略大转移。将80多万军队和装备调往凡尔登西部，准备同法国第4集团军共同实施默兹－阿拉贡战役。巴顿的坦克兵随同主力部队行动，并继续担负支援第一步兵军的任务。

战役开始之前，巴顿对圣米歇尔战役进行了认真总结，并装扮成法国军官到前线进行了全面观察。经过周密思考，他决定采取一种新的战术：以纵深相间交错队形集中使用坦克，一举

∧ "一战"时，最早提出闪击战概念的德军将领施利芬。

★闪击战

最早由德国将领施利芬于第一次世界大战期间提出的一个战略概念。主张以大量机械化部队，在坦克、重炮和空军的配合下，以闪电般的速度摧毁敌方的防御系统，以确保德国在一系列闪电战战役乃至整个战争中迅速取胜。这种战略思想逐渐成为德国最高决策层的主导战略思想，并在20世纪30年代后期占据了支配地位。第二次世界大战初期，德国利用闪击战的方式先后进攻了波兰、西欧及法国、苏联，并取得了成功或暂时的胜利。

突破德军防御，并乘势发起进攻。这一点很像后来的德军的闪击战★。他将坦克兵分成3个梯队，布雷特营攻占第一批目标，康普顿营随后进攻第二批目标，最后法国坦克营投入战斗，全力向前推进。为了满足进攻所需的物资，他还狠抓了后勤保障工作，千方百计地收集和储存物资，尤其是油料。

9月6日凌晨2时30分起，战役打响了。经过3个小时的炮火准备，美军在浓雾的掩护下发起了冲击。浓雾虽然有利于坦克的隐蔽，但也挡住了巴顿的视线。于是，他带领5名军官和12名机械师向着炮弹爆炸的方向走去。至上午9时，坦克兵向前推进11公里，攻占了瓦雷讷镇，并向切平镇进攻。巴顿在向切平去的路上，遭到敌人炮火和机枪火力的封锁，他们趴在铁路边的沟渠里隐蔽。惊惶失措的步兵匆忙向后退，巴顿阻止了他们，先后集合了大约100个人。

敌人的炮火稍一减弱，巴顿马上指挥大家，以散兵线沿山丘北面的斜坡往上冲。斜坡底下，坦克被两个大壕沟挡住了去路，必须填平壕沟，才能使坦克顺利通过。但敌人不断地向这里射击，士兵们不得不经常隐蔽起来，所以工作进度非常慢。

看到这种情况，巴顿立即解下皮带，拿起铁锹和锄头，亲自动手干了起来。敌人仍然不断向这边开火，突然一发子弹击中他身边一个士兵的头，但他不为所动，继续挖土。大伙儿被巴顿的勇气所鼓舞，齐心协力，很快就将壕沟填平了。5辆坦克越过壕沟，冲向山顶。

坦克从山顶上消失后，巴顿挥动着指挥棒，口中高声叫道："我们赶上去吧，谁跟我一起上？"分散在斜坡上的士兵全都站了起来，跟随他往上冲。他们刚冲到山顶，一阵机枪子弹就像雨点般猛射过来。大伙立即都趴到地上，几个人当场毙命。当时的情景真让人有些不寒而栗，大多数人都趴在地上一动也不敢动。望着倒在身边的尸体，巴顿当时也感到了几分恐惧，但这种血腥的生死场面一瞬间激怒了他，他感觉自己仿佛是祖先中的斗士一般，浑身充满了力量。他鼓足勇气，大喊："该是另一个巴顿献身的时候了！"说罢，巴顿便带头向前冲去。

起初，只有 6 个人跟着他一起往前冲。但很快，他们一个接一个地倒下去，巴顿身边只剩下传令兵安吉洛。他对巴顿说："就剩我们孤单单两个人了。"巴顿回答说："无论如何也要前进！"他又向前跑去，但没走几步，一颗子弹击中了他的左大腿，他摔倒在地，血流不止。

　　安吉洛把他挪进一个弹坑，用刀割开他的裤子，给他包扎好伤口。这时几辆坦克开过来了，巴顿派安吉洛迅速跑过去向坦克手指出约 36 米距离的敌人机枪点的位置。一个中士过来，巴顿命令他赶回去向军部报告他受伤的消息，并命令布雷特接任指挥职务。又有几辆坦克开上来了，巴顿躺在地上，给它们指示攻击的方向和目标。大约 1 个小时后，附近敌人的机枪点被摧毁，3 个士兵与安吉洛一起将巴顿抬上担架，送到救护车队。巴顿坚持先到司令部汇报前线战况后，才被送往野战医院。刚到医院，他就昏迷过去。

　　第二天上午，巴顿醒过来了，发现身边躺的全是他的坦克车手。巴顿的事迹很快就上了报纸，人们称赞巴顿是"坦克兵英雄"，他受伤躺在弹坑里仍继续坚持指挥作战。

　　鉴于巴顿的英勇表现和取得的功绩，在巴顿 33 岁生日前不久，他被晋升为上校，属于美军中比较年轻的上校军官。后来巴顿被转送到美军朗格勒的总医院，于是抽空到布尔格看望老部下。在这里，他看到了许许多多赞扬美国坦克部队的信件，感到十分欣慰。

∨ 美军部队搭乘法国雷诺式坦克开赴前线。

出院后，巴顿奉命返回布格任职，他立即发布"关于着装、举止和纪律"的命令，要求军官和士兵都要遵守纪律，着装整洁，训练刻苦。很明显，巴顿还想率领部队继续作战。但不久，1918 年 11 月 11 日，战争正式宣布结束了。对于巴顿来说，战争的结束意味着奋斗的暂停，这虽然是一种不幸，但他又觉得战争在这一天结束对他无疑是一个吉祥的兆头，因为这一天恰好是他的 33 周岁生日。

到此为止，巴顿已经有足够的理由为自己在第一次世界大战中所取得的辉煌成就而感到骄傲和自豪，以前的剑术大师一跃成为美国一流的坦克专家，他创造性地建立了一个新的兵种，并在实战中检验了他的成果。他以巴顿模式造就出一支无坚不摧、战无不胜的坦克部队，他为美军在再次大规模进攻战役取得胜利做出了突出贡献。

在欧洲战区，巴顿有幸结识了同时代许多最优秀的军官，其中有些人在第二次世界大战中颇有影响——除了他一直效法的楷模潘兴，其他主要有查尔斯·萨默罗尔、马林·克雷格、乔治·马歇尔、道格拉斯·麦

< "一战"中，美军士兵正在战壕中向德军开火。

克阿瑟，以及福克斯·康纳、休·德拉姆、阿德纳·查菲等。他们也都欣赏巴顿的献身精神和强烈的个性，并对他产生了深厚的兴趣。他们之间的友谊一直持续到第二次世界大战。

一向渴望得到荣誉的巴顿此时有些喜形于色了，他感到，自己没有虚度此生，幸运地赶上了一场大规模的战争，最终还胜利了，并为自己争得了"美国第一坦克手"的美名。他踌躇满志，颇为自得。但是，战争已经成为历史，等待着他的将是漫长的和平岁月和艰难的仕途。

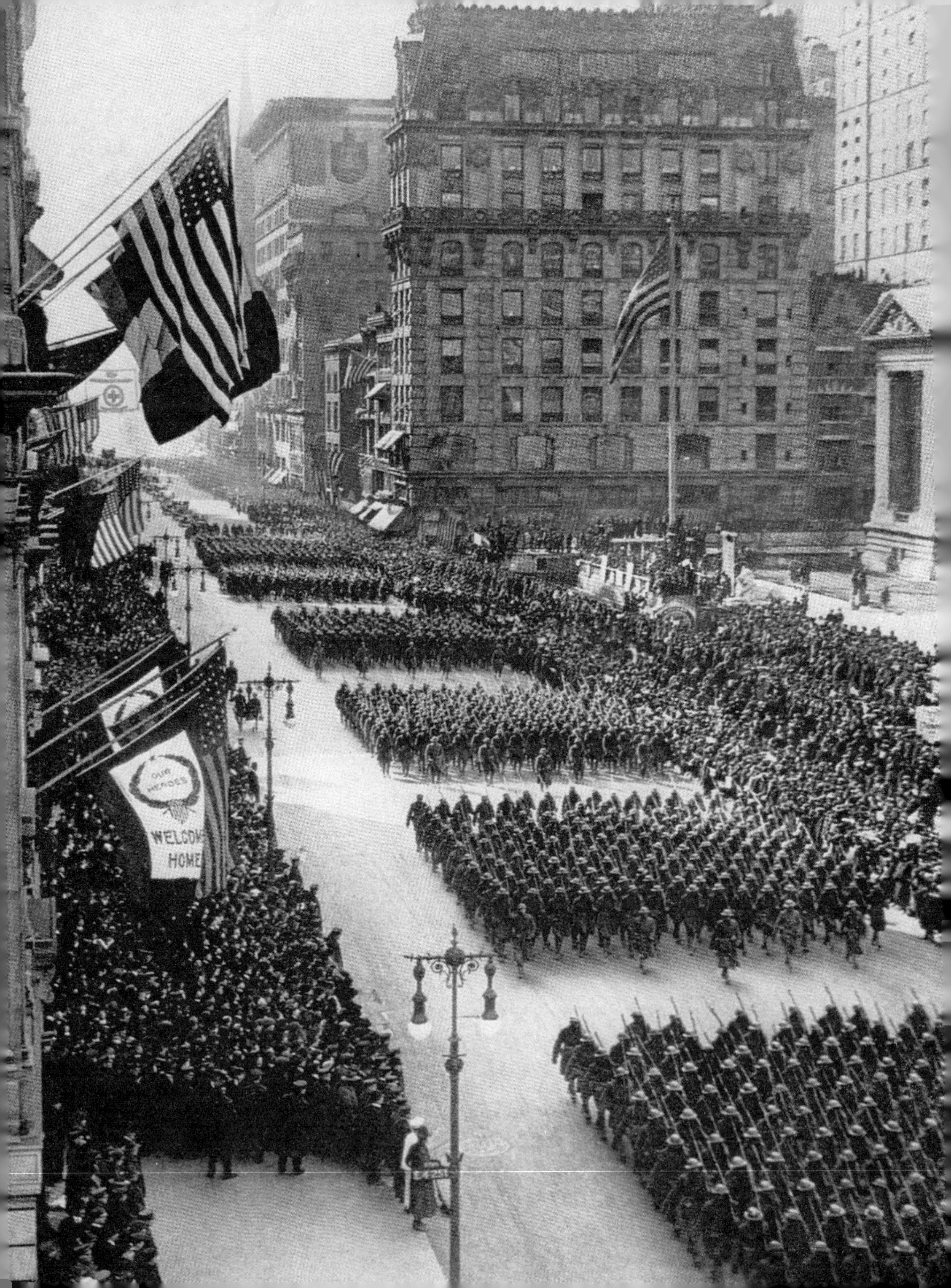
OUR HEROES
WELCOM
HOME

>> 神黯坦克手

∧ 正是在这节车厢里，德国代表与协约国代表签署了"一战"停战协议，德国宣布战败投降。

< "一战"胜利后，美国军队举行盛大阅兵游行。

★德国战败投降

1918 年 11 月 11 日，德国战败投降。11 日上午，德国代表在法国康边森林中福熙元帅的专车里，与协约国代表签署了停战协议。6 小时后，协议生效，大战结束。"一战"持续了 4 年，大约有 30 多个国家和地区的15亿人口卷入其中，战争给人类带来了重大损失。但是在第一次世界大战中，俄罗斯帝国、德意志帝国、奥匈帝国、奥斯曼土耳其帝国灭亡，其他英、法、意等国家力量被削弱。

1918 年 11 月 11 日，经过四年多激烈、艰苦、漫长的鏖战，造成三千万人伤亡和数千亿美元损失的第一次世界大战，随着德国战败投降★而宣告结束。美国虽然仅仅参战一年多，但也付出了沉重的代价，损失 32 万余人，其中 11.5 万人阵亡，20.6 万人负伤。各参战国的人民都举行了隆重的仪式庆贺战争的结束，欢庆和平的降临。《芝加哥论坛报》的头版标题是："让战士们立刻回家吧！"在纽约，人们高唱着："我们不要咸肉，我们要的是莱茵河的一席之地。"

巴顿因为在一战中参与了美军坦克部队的创造表现了极大的创造性和勇敢精神，而受到上司的表扬，从上尉晋升为上校，并获得"优异服务十字勋章"，但战争的突然结束却使他感到一时间难以适应。他觉得现在又回到了"愚蠢的、地狱般的世界"，生活失去了意义。他热爱战争，在战争中体会到快意、乐趣、刺激和紧张。他喜欢这种紧张的战争生活，并将自己与战争融为一体。他因为受伤未能赶上最后几天的战斗感到万分遗憾。离开了战争，他觉得自己的存在似乎失去了真正的价值。

这里需要指出的是，巴顿之所以如此地热爱战争，主要是出于对个人荣誉和地位的追求，把战争看作达成个人理想地位的手段。他不同于狂热地鼓吹和宣传战争的"战争贩子"，也不同于老罗斯福式的"好战的鹰派"。巴顿完全出自崇拜一种悖理的甚至是荒唐的观念，以致达到狂热的程度。这一点，在军人中他几乎是独一无二的。因为军人中，即使那些最伟大、最有成就之辈，也没有几个人是赞美战争的，而多数军人都持与谢尔曼一样的观点，灾难、战争的虚荣纯粹是浮光掠影。"

虽然巴顿还像战时一样以铁的纪律要求部队，并进行严格的训练，但他情绪低落，兴趣索然。布雷恩带着美国制造的坦克终于抵达法国，但为时已晚，但这些坦克却成了巴顿的试验品。巴顿对坦克进行了大胆的试验和编组，探讨了集中使用坦克突破敌人防御，向敌人纵深发动进攻，一举摧毁其中心的战术原则。这种战法在第二次世界大战中被德军广泛地使用。但是，巴顿没能够像英国军事理论家富勒和利德尔·哈特一样，形成一套完整的理论体系。因为理论上的探索不是他的专长，而横刀立马、驰骋疆场则是他的宿愿。尽管如此，他还是对第一次世界大战的经验教训进行了一番认真的总结。

巴顿广泛收集英法军队的坦克兵训练材料、研究报告、坦克作战材料等，加以认真研究，以拓展对坦克作战的理解。他还收集种种嘉奖令，希望从中学习如何鼓励部下英勇作战的技巧。他撰写论文，澄清自己的思想，向参谋学院的学员和坦克兵的官兵发表演讲。

"一战"时期，潘兴★由于长期没有与妮塔见面了，两人的感情逐渐冷淡下来。战争结束后不久，他们便结束了非正式的婚约。但两个人毕竟有过一段难忘的记忆，所以在巴顿的安排下，两人在伦敦见了面，并友好地分手。他们都表示，之后将一辈子永过单身生活。

1919年2月，巴顿率领部队乘火车前往马赛，然后从那里坐船回国。法国马赛基地司令为美军这支坦克部队严整的军容和严明的纪律所震动。3月中旬，船队顺利抵达纽约，此时对于巴顿来说，一场令人振奋的大战已经完全变成了历史。

回到美国后，巴顿的部队被调往马里兰州的米德军营。该地位于巴尔的摩和首都华盛顿之间，是第一次世界大战后专门开设的坦克兵军营。原来在宾夕法尼亚州的科尔特军营受训

★潘兴（1860~1948）
美国五星上将，毕业于西点军校。第一次世界大战前，曾参加过美国与西班牙的战争，在古巴作战，后在菲律宾服役，发动过对墨西哥的武装入侵。第一次世界大战中任美国驻欧洲远征军司令。1924年退役。第二次世界大战期间，在南美和欧洲一些国家执行美国政府委托的使命，是美国战略决策的重要参谋人物。

的坦克兵，在德怀特·艾森豪威尔中校的指挥下，与从法国返回的坦克兵合编，并转至米德军营。

巴顿离开美国近两年了，美国社会已经发生了巨大的变化。大战期间，美国由债务国一跃成为债权国，不仅在经济上而且在政治上成为世界一流的强国。但巴顿对这些变化漠不关心，他眼睛里所看到的是整个美国的军队处在一种混乱和瓦解状态中。几个月前，军人还受到热烈的赞扬，是抵抗侵略、保卫和平的人，许多天真幼稚的人们都相信，第一次世界大战是结束一切战争的战争，该是刀枪入库，马放南山的时候了。国会内，以保守派领袖道奇为首的多数派首先在美国是否加入英法拼凑的"国际联盟"的表决中，反对威尔逊总统的计划，随后便开始大规模地裁减军队。这对巴顿的个人感情来说无疑是一个致命的打击，他为美国人"忽视历史的教训"而痛心疾首。

陆军受到和平主义思潮的冲击最大，绝大部分军官恢复了平时的军衔。陆军参谋长佩顿·马奇将军由上将降为少将。巴顿由上校降为上尉，但为时仅一天又晋升为少校。其他人则没有这么幸运，几千名正规军官同时被宣布退役。

巴顿没有抱怨，也毫不气馁，继续以饱满的热情投入工作。作为华盛顿一个委员会的成员，他撰写坦克使用条例。但在米德军营，他却遇上了不少麻烦。他得到的油料越来越少，坦克平均每天只能开动几分钟，坦克手们的大量时间是花费在修建军营的篱笆上。

后来他又在一个技术委员会工作，研究如何改进坦克装备，使其从原始的胚胎中成长起来。他认为缺少通信设施是影响发挥坦克威力的主要原因之一。因为坦克中没有安装通信设施，坦克手既无法与指挥官、司令部联系，也不能与步兵、飞机联络，甚至相互之间的沟通也很困难。巴顿决定解决这一问题。他把通信兵的设备装配到坦克上，并与拉尔夫·萨斯上校合作发明了一种同轴架，安装在坦克的炮塔上，以方便炮手瞄准。但这种无线电通信设备工作不灵，因为坦克的金属外壳使其无法接收到无线电信号。

这时，一个叫沃尔·克里斯蒂的发明家给巴顿带来了一线希望。此人是一名机械师兼赛车驾驶员，开办了一家机动车公司。他设计的坦克具有革命性意义，主要特点是大大提高了坦克的速度和机动性。顶部是一个炮架，大功率的发动机安装在坦克的后部，既可以用履带也可以用车轮行驶，此外还安装有避震系统。巴顿对这种坦克非常感兴趣，不惜慷慨解囊资助他搞研究，并在米德军营为他安排了一次表演，还说服陆军部的七位将军前来观看。

表演那天，比阿特丽丝穿着时尚，陪同丈夫前来观看，为他助威鼓劲，并为将军们准备午餐。表演用的坦克虽然外观丑陋，像是一辆装有履带的平台，但性能却很好，它是靠自身的动力开到米德军营的，行程80公里，平均时速48公里，这在当时简直是一个奇迹，它表明坦克可以不靠铁路运输而直接投入战场。巴顿作了现场讲解，并指出，这种坦克能够撞倒树木，摧毁房屋，穿越沙地，而且操作简便。然后，他请在场的将军们试一试，但没有人响

∧ 巴顿创立了美军第一个坦克训练中心。

应，于是他便请妻子试验一下。比阿特丽丝坐上坦克，驾驶它环绕操场一周，虽然漂亮的帽子被风吹掉了，时髦的衣服上溅满泥土，但仍然顺利地返回原地。巴顿再次请将军们试一试，但他们已经看够了，这种坦克最后被军械署否决，理由是"操作不便"。巴顿并没有因此而灰心。他继续与克里斯蒂保持联系，并大力资助他搞研究。

有趣的是，精明的俄国人却想方设法搞到了克里斯蒂的坦克。这种坦克成为20世纪30年代苏联红军装甲部队的骨干力量。

巴顿回家探望父母，受到报界的广泛宣传。母亲称他是"我的英雄儿子"，他为此而感动得流泪。父亲也为他感到由衷的自豪，告诉他："你是巴顿家族尚武精神的传人。"

1919年秋天，为了使部队在即将来临的冬训中取得优异成绩，巴顿连续向他的部属发表11次演讲，以激发他们的训练热情。其中一次演讲的题目是"当一名军官的责任"，深刻地反映了他对军队的深厚感情，对战争历史的深刻认识，以及作为一个军人对国家的责任感。

但巴顿很快就发现，他的这种热情是多么不合时宜。

1920年6月，国会通过《国防法案》，规定陆军定额是28万人，两年后，更猛减至12.5万人。令巴顿最为伤心的是，坦克兵失去了存在的法律根据，该法案规定坦克兵属于步兵，不再作为独立的兵种存在。《国防法案》还规定，坦克兵以连为单位配属步兵，由司令统一指挥。

巴顿曾经千方百计地找军界有影响的朋友帮忙，请求他们支持保留独立的坦克兵。但一切努力都无济于事，就连老上司潘兴对此也不感兴趣，令巴顿大为失望。他认为即使撤销坦克兵的建制，也不应该将它编入步兵而应编入骑兵，如果轻型坦克编入骑兵，那么它受到的限制将更少，以便充分发挥机动力和潜在的突击力。显而易见，将坦克编入骑兵部队的想法也不科学，它反应了巴顿对步兵的偏见。但将坦克编入步兵，确实对美国坦克兵的发展产生了极其不利的影响。

巴顿别无选择，只好离开坦克部队。他没有进入步兵，而是重新参加骑兵，原因是多方面的：首先，在步兵部队里几乎没有晋升的机会，因为他在步兵中认识的人很少。他的朋友，包括不久将接任陆军参谋长的潘兴将军，都集中在骑兵部队。其次，骑兵生活与巴顿的性格特征和爱好十分相投，他喜欢骑兵的生活与乐趣，喜欢马球、赛马和打猎等。

当然，在米德堡结识的新朋友、未来的盟军司令艾森豪威尔，对他也产生了一定的作用。艾森豪威尔当时也决定离开坦克部队，另谋出路。

离开自己亲手创建的坦克兵无疑是一种巨大的痛苦，作为美国坦克兵的创建人，巴顿带领他的部队，以生命的代价取得了一次次骄人的战绩。他对坦克怀有极为深切的感情，并充满对未来坦克战发展的信心，离开战场上的战友和坦克，对于巴顿这样一个热血男儿来讲也是依依不舍的。

1920年9月28日，巴顿面对他的第304旅官兵们发表了最后一次演讲。这是告别演说，他情绪激动，热泪盈眶。巴顿站在与他出生入死的坦克车上，抚摸着坚硬的钢铁外壳，满含深情地注视着全体官兵："你们可能认为我是世界上最卑鄙的人，但是我要说，你们弄错了，我爱304旅及所有的军官和士兵们，我以你们为骄傲。无论现在还是将来任何时候，我都不会为我的所作所为道歉，因为我所做的一切都完全是出于真诚地改造我的职责。每次我批评你们都是因为按照我的原则，但我从来没有因此怀恨你们中的任何一个人。我从来不要求你们多立正，多工作，多战斗而我自己不参加。而你们在法国的战斗中也斗志昂扬，积极地响应着我，所以无论304旅走到哪儿，都会是纪律、勇气和效率的典范。我被授予战时优异服务勋章，但是我知道这是我们整个旅而不是我一个人取得的成绩。你们今后的行为要以过去为榜样。如果能够做到这一点，我相信，我们中的任何一员无论活着还是死了，没有什么是做不到的。我们会为曾经是这个旅的一员而备感骄傲。而坦克部队有我的心血和希望，我坚信它是不会衰亡的，总有一天，我还要与它重聚，我的生命和荣誉全都与它息息相关！"

一时间，掌声雷动，战士们眼中闪动着晶莹的泪花，齐声高呼着巴顿的名字。这一时刻，所有的情绪都包裹在掌声之中。这是历经血雨后战士们给予他们所信赖的人的最高荣耀，在无数次与死神的较量中，巴顿带领着他们创造奇迹。巴顿就是他们冲锋陷阵时的一面大旗，巴顿曾经以勇气和胆识给了他们无穷的信心与力量。

此时此刻，巴顿的眼角也湿润了，这泪水中有对于自己的队伍的恋恋不舍，更有一层鲜为人知的意思，对自己未来军旅生涯的迷惑。作为一名对战斗充满热情的军人，巴顿深深地迷恋着战场与炮火，这种滋味是一位老兵才能体会的。但巴顿同时深深知道，不是每个军人都能有幸经历一次世界大战的洗礼，而下一次战争的到来，下一次让他一展抱负的时机，很可能永远都不会再有了。那么，他为战争而生的理想与价值，又将在哪里实现呢？

英雄有泪不轻弹，没人能够体会，巴顿对战争的憧憬，已经远远大于和平。

第三章

骑兵又一次上马

作为一个极端宿命论者，巴顿曾经把自己说成是"漂流在命运长河中的一片小叶"。而在论及困难和紧张情况时，他则写道："我一辈子的经验是，我遇到的每一件倒霉事情，最后总是转忧为喜，对我有利，虽然当时我还看不出来。"1938年就是如此……

>> 人生理想的危机

　　1920 年，巴顿挥泪告别了他为之奋斗的坦克兵，重返骑兵部队，回到他的第二故乡迈尔堡。在此后的七八年里，他数度调任，并到各所军校深造，有的职务与他的专长相去甚远，尽管如此，他仍以充沛的精力和饱满的热情将每一项工作都干得有声有色。在此期间，他虽然被东遣西调，但有一个固定的场所，那就是迈尔堡。

　　巴顿的事业与迈尔堡似乎有着一种不解之缘。1911 年冬，他的仕途是从这里起步的。1920 年与坦克分手后，又回到这里，在第 3 骑兵团担任中队长，相当于步兵的营长。在一片歌舞升平中，这个新职务不过是一个闲差，任务是为葬礼提供勤务，即负责把从全国各地运到华盛顿来的阵亡军人尸体送到阿林顿墓地埋葬。他要在联邦车站迎接运棺材的火车，然后在缓慢、庄严的气氛中护送它穿过市区，走入墓地。这种枯燥乏味、监理的仪式对性情急躁的巴顿来说实在难以忍受。不过，他通过高强度的运动找到了生活中的乐趣，以弥补内心的空虚，刺激一下麻木了的身体和灵魂。1919 年至 1934 年，他在全国各地的马术比赛中，共获得 400 枚奖牌和 200 个奖杯。此外，他还抽空打网球、手球，进行飞碟射击、飞行表演等，似乎有着使不完的精力。

　　经过一场残酷的战争，巴顿夫妇的感情更加深厚了，在迈尔堡过着豪华的社交生活，形影不离。一次，他们到杜特广场附近的朋友家去参加宴会。巴顿身着戎装、佩戴勋章走进华丽的大厦时，边上的一个酒鬼以挑衅性的语言讽刺他是"假英雄"，比阿特丽丝忍不住向酒鬼扑过去，把他从椅子上摔倒在地上，并与他打成一团，用拳头重击他的面部，直到巴顿把她拉开，她才罢休。她绝不容忍任何人玷污她的丈夫的荣誉。

　　巴顿酷爱读书，来迈尔堡后又买了大批的新书，绝大部分是历史和军事。他一捧起书本就常常入迷了，拼命地从书中汲取营养，如果不是妻子提醒，他会忘记吃饭和睡觉。他认为，一个不读书的军人只能是一个没有头脑的莽夫，不会有大的作为。只有读书的人才配当将军，才能取得巨大的军事成就。战斗的成功取决于头脑，而不仅仅是力量。

　　1923 年上半年，巴顿参加了赖利堡骑兵学校高级班。由于刻苦努力，学习成绩十分突出。为此，校方特意请他给学员们作演讲。在一次讲演中，他深刻地分析了拿破仑手下的元帅的成败，他的最终结论是："人的因素是最重要的。"随后，他又到堪萨斯州的利文沃思堡指挥与参谋学院

∧ 20世纪30年代的巴顿。

进修。圣诞前夕，家中传来喜讯，妻子为巴顿生了一个儿子。

此后，巴顿作为1924年班的荣誉学员，被分配到参谋团工作。一般来讲，凡是分配到参谋团工作的都是出类拔萃、前途远大的学员。此后，作为参谋团的军官，他先后5次到夏威夷任职，先当人事处长，后又当情报处长。这期间，他尽可能多地与部队生活在一起，坚持锻炼身体。他还划船和钓鱼，并一如既往地阅读历史，研究战争，发表演讲。

在夏威夷任职期间，巴顿父母先后去世了。他悲痛万分，常常泪流满面。

父母去世后给巴顿留下了大笔的遗产，包括大量的不动产和20万美元的债券。但他主动放弃了继承权，让妹妹妮塔来继承。三年后，巴顿姑姑安妮也离开了人世。这三个人一直都是最关心、最疼爱巴顿的人。他们未能看到巴顿功成名就过早地离开了人世，巴顿为此而感到不安。后来，他在一封写给已故母亲的信中悲凉地感叹："亲爱的妈妈，请原谅我，我一直努力要为您做出一番事业，以表达我对您的爱，证明我是您的'英雄儿子'。或许我还会有所作为，但时间不等人，我已经46岁了。"

在夏威夷，他曾改任计划与训练处处长，这是他一直渴望得到的职位，因此办事格外卖力和认真。但由于他经常对上直言不讳，对下办事专断，态度"粗鲁"，因此得罪了不少人，任职7个月，他就被解职，重新担任情报处长。

在和平时期，情报处长的工作并不那么忙，所以巴顿有大量时间来理清自己的军事思想。他认为，战争中的错误是难免的，而耽误时间则是犯罪。进攻的目的就是"给予敌人以死亡、杀伤和打击"，以夺取"肉体上和心理上的优势"。夺取土地只不过是进攻的副产品，而不是目的。

巴顿一贯认为，优良传统对于造就领导艺术具有最重要的意义。伟大的军事统帅要具备两个条件：一是天生的高贵血统，一是卓越的指挥才能。他甚至认为，绅士阶层不同于其他阶层，无论在战时还是平时，都能体现出来。因此他主张：要把绅士精神灌输给每一个士兵，这样才能将普通的士兵训练为绝对服从命令的勇士，这样部队才能有战斗力。

巴顿非常欣赏机动作战，出奇制胜。他说，打败敌人的最佳方法是"抓住他的鼻子，踢他的裆部"，这实际上是指以火力和运动战取得胜利的打法，即以部分力量牵制敌人，主力迂回至敌人侧后方，从后方发起进攻。这句名言常常被巴顿引用，给人留下了深刻的印象。

现在，巴顿已经是军内小有名气的人物了。但在他的身上，优点和缺点都十分突出，个性十分强烈，每一个接触他的人都有这种感觉。夏威夷军区司令威廉·史密斯少将在改任西点军校校长之前，对巴顿作了恰如其分的评价："此人在战时会成为无价之宝，但在平时却是一名捣乱分子。"巴顿将这一评价看作对自己的极大的赞扬。

尽管情报工作不合巴顿的心意，但他还是以一贯认真和勤奋的态度进行着工作。他写了几篇论述两栖作战的出色文章，其中一篇题目是《保卫加利波利》。这是一篇分析如何防御海上进攻的文章，显示了他从两种角度观察形势的能力。他还写了一篇文章，预见美国在太平洋的地位，充满远见卓识地观察与审视夏威夷在太平洋战争中的重要地位。他下结论指出，日本人对珍珠港发动袭击既是潜在的危险，也是很有可能发生的事，并且预言，这样一次袭击对美国来说将是灾难性的。他公开这份报告的时间是1935年4月26日。但他的警告没有引起有关方面的重视，结果数年后，巴顿的担心变成了现实，美国为此蒙受了惨重的损失。

根据夏威夷军区司令德拉姆的指示，巴顿撰写了一项"确保内部安全与审查"的计划，以备日美战争爆发后，防止日本侨民可能进行的颠覆活动。这份非正式的文件中，从一个侧面反映了巴顿的种族偏见，在他看起来，日本人永远是外族，即使加入了美国国籍，也不是纯正的美国人。巴顿一贯以蔑视和怀疑的眼光看待不同种族的外来移民。

但是，巴顿玩起来像工作一样卖力。他以惯常的豪华风姿驾驶私人游艇到檀香山，接踵而来的是他骑着骏马和在马球场上的英姿。没过多久，由于他举行豪华的私人宴会以及与檀香山最上层社会的迪林海姆、卡斯尔家庭、鲍德温家族密切交往而得罪了德拉姆。

这场私人恩怨不可避免地将爆发成一场公开冲突。

1936年第四届竞赛大会期间，以巴顿为队长的陆军队与瓦胡岛四队对垒，这个队的队员都是夏威夷最高贵家族的子弟。比赛进行到最激烈的时候，巴顿驱马让迪林海姆让开，并且尖声叫道："该死的，沃尔特，你个狗东西，我要一直把你追到街上去！"

德拉姆将军此时正坐在观礼台的荣誉席上，从他脸上的表情可以明显看出，巴顿在比赛中使用这种不干不净的下流语言使他感到难堪。当这场马球比赛的一轮结束时，德拉姆站起来把巴顿叫到他跟前，当着全体显赫贵族的面，冷冰冰地训斥道："我取消你陆军队队长的资格，巴顿中校。因为你在女士们面前说了不堪入耳的脏话，污辱比赛对手，你要立刻离开运动场。"

巴顿一时张口结舌，只说了一句："是，长官！"然后，他便牵着赛马离开了赛场。这时，挨骂的迪林海姆驱马上前，质问德拉姆："将军，您刚才让巴顿中校退出比赛吗？"

"对，"德拉姆说，"我不能容忍一个上校说出这种话来。"

听罢，迪林海姆将马球棍扔在地上，跳下马来，把马缰递给马夫，之后便朝边线上正等待下一场比赛开始的毛伊岛队队长弗兰克·鲍德温喊道："喂，弗兰克，今年的比赛就到此为止了！"

"当然，"鲍德温回答道，"我从未听到乔治·巴顿说什么下流话！"说完，他也下了马，同迪林海姆一起步行离开了比赛场，去追巴顿。

这下，德拉姆为难了，他不愿出尔反尔，让巴顿"不可原谅"的行为免受惩罚，但他不能将一周的赛程缩短，从而得罪这些贵族。他气得脸色苍白，重新派人叫回巴顿，恢复他陆军队队长的职务。比赛得以继续进行，但嫉恨的种子也在德拉姆心中埋下了。他的第一手报复计划，是要在考核报告中将巴顿毁掉，第二手则想留到他当上了参谋长的时候再办，既然这个职务基本上已经成为德拉姆的囊中之物，那么巴顿的军人生涯看来就快要接近尾声了。

由于巴顿的脾气暴躁和年龄等问题，在比赛中发生了几次意外。有一次巴顿从马上重重地摔了下来。大家都以为他受了重伤，但他好像什么也没有发生过似的，跳上马又继续比赛，但几天后，他和家人一起外出划船，突然感到头疼难当，经过医生论断，他被摔成了脑震荡。此后，即使是少量的饮酒，他也会感到疼痛。

对于巴顿这样一个好动的人，"意外"似乎已经是家常便饭。在他身上总是接二连三地发生着许多"不够致命"，但也让人后怕的危险事故。曾经有一次，巴顿在科德角的阿瓦龙度假，他驾着跑车从普赖德交叉路口向托普斯菲尔德马球场飞驰，结果车翻到沟里，把他埋在车底下。驻扎在得克萨斯州的布赖斯堡时，巴顿与邻近牧牛业大人物交往密切，一次，他带着自己的两支配枪去拜访他们，正在举杯对饮时，他的一支枪在枪套中走火，有意思的是主人严格按照边疆的习俗，对这一偶然事故未加处理，仍然继续聊天和不断喝酒，客气地不去询问巴顿是不是已经受伤，实际上，子弹只差不到一厘米距离从巴顿的左脚边上飞过去了。但在不久之后的一次巡逻中，他的军用自动手枪走火，擦伤了右大腿。巴顿一心要让他的枪能一触即发，为了减轻扣动扳机的力量，他把枪内的击发阻铁给锉平了，这样他脚稍一用力就震动了击发阻铁，枪机一下子顶上子弹，才引起了走火。这次的伤势虽然并不很严重，但巴顿却十分恼火，从此之后，巴顿总在枪膛里放上一枚空弹壳，保证不再"一顿足就走火"。

1937年6月，巴顿任职期满，他自己开着游艇，带全家人返回加州。不幸的是，在"绿色草地"休假时，他又被比阿特丽丝的马踢伤了。这次踢伤的后果是严重的，巴顿的血管里形成了一个血块，并开始往心脏移动。由于情况危急，他被紧急送到医院。医生们忙了好几天，设法把血块溶解掉，以免跑进主动脉而将他致死。经过紧急抢救，巴顿最终脱离危险，但被迫在医院住了三个月，出院后，又在家中静养了三个月，这才勉强恢复健康。这一期间，巴顿想到的并不是死亡的威胁，因为在他的不可战胜的宿命论中，他相信自己是能够冲过这道鬼门关的，但他却开始认真地思考一个问题——隐退。

此时，巴顿已经年近52岁，虽然精力充沛，朝气蓬勃，但在军中干了27年，仍然是一个中校。事业上的举步维艰、不甚如意，令他心中暗自酸楚，不得不严肃地思考退出军界的问题。军队给了巴顿战斗的机会，巴顿也的的确确为军队献出了自己的满腔热情。但凡事并没有那么完美，离开迈尔堡16年以来，他没有什么卓著的功绩，在个人关系方面也有许多值得商榷的地方。正如人们所评价的那样，巴顿是"要么被人厌恶，要么被人喜爱"的人，在具有这样一种倔强性格的人身上，没有中庸之道可言。那些喜爱巴顿的人大都是在他手下工作过的下级军官，能够接近他，对他的复杂个性有所了解的人。虽然他们也看到他有不少地方不那么讨人喜欢，但他们发现他有更多的地方值得人们尊敬、仰慕和效忠。另一方面，陆军中大部分高级军官却憎恨巴顿，对他的个性深恶痛绝，正如一位将军在谈到巴顿时深有感触地说过："我不是不喜欢他，我是讨厌那个狗娘养的！"

经历过一战的洗礼，有过对未来辉煌的憧憬与梦想，又经历过被迫离开心爱的坦克的痛苦，甚至有可能马上就要脱下心爱的军装了，巴顿这位老战士，心中有着无限的感慨。他不害怕失败，不畏惧死亡，甚至不在乎有多少人对他的脾气与性格报以蔑视，他的心中始终坚持着做一名伟大军人的理想。这一理想自小而来，伴随着他的成长、成熟及功成名就……这种理想，在最危急的时候像号角一样提醒他勇敢地冲锋陷阵，在最伤痛的时候教会他坚忍不拔，在受到最大不公时让他懂得如何不言放弃……然而，现实毕竟与梦想之间留存着太大的差异。尤其对一个梦想远大的人来说，实现志愿更是一件难事。

>> 重建美军坦克兵

1938年7月1日，巴顿按期被提升为上校，但随着军阶的晋升，只是把他调到克拉克堡指挥第5骑兵团。这个位于得克萨斯州狭长区域的要塞的重要性，早在1904年之后便逐渐消失了，到巴顿去接任指挥时，它已经成为一个得克萨斯州垃圾箱中被人遗忘的岗位。凡是被派到那里去的军官都被认为是老朽的无用之人，授予一个上校军衔，算是一种告别的姿态，通常是让他们退休时听起来悦耳的借口。

命运是神奇的。正当巴顿的职业生涯处于半死不活之时，一场出人意料的情节发生了。巴顿的命运同另外一位伟大的军人乔治·马歇尔将军密切纠葛在一起。青云直上的马歇尔将军取得了军队中举足轻重的地位，并且由此直接挽救了巴顿。或许可以毫不夸张地说，如果没有马歇尔在被排挤多年后非同寻常地迅速提升，巴顿说不定会从这个大舞台上退出，以一名退役上校的身份从此销声匿迹。

1938年春天，克雷格将军已经任满为期4年的参谋长职位的第三年，白宫和陆军部都开始考虑他的接班人问题。德拉姆不甘心袖手旁观，到华盛顿去会见潘兴，以便取得老上司的支持，但这次却出人意料地吃了闭门羹。潘兴直截了当地对他说："1935年我尽了最大努力，为你争取这个职务，德拉姆，但这次我对你却是爱莫能助了，这段时间形势起了变化，现在我已经有了另一个人选了。"这"另一个人"就是马歇尔。与此同时，在陆军部长哈里·伍德林心中，马歇尔也成为第一人选。很快，马歇尔被陆军部助理部长路易斯·约翰逊推荐给总统。约翰逊是前美国军团的领袖，对于涉及军方的事务，他在白宫有着至高无上的影响力。马歇尔的声望从此蒸蒸日上，而德拉姆的机会片刻间化为乌有。

英雄的身上，往往都或多或少地有着共通之处。巴顿和马歇尔两人在军中的资历、经历和个性方面虽然完全不同，但遭遇却惊人地相似。两人都在第一次世界大战中出人头地地登上事业的高峰，当时仅比巴顿资历高五年的马歇尔被临时提升为准将。战后数年中，他成为潘兴将军的随从参谋和伙伴，但随着潘兴在1924年的退休，他的军人生涯也出现了危机，他被派往中国担任了几年例行职务之后一度得到暂时的重用，在担任本宁堡步兵学校校长期间，培养了新一代年轻有为的军官。但之后，这位默默无闻、埋头工作的军官并没有给麦克阿瑟将军留下好感，反而令他恼火，马歇尔不仅没得到重用，反而简直是被流放式地派往芝加哥。他在那里毫无建树，当了三年伊利诺斯州国民警卫队的高级教官。1936年，打算重回华盛顿担任要职的努力没有成功，马歇尔反被派往范库弗担任步兵第5旅旅长，这里同巴顿所在克拉克堡一样，是一个偏僻异常的岗位。一名军官身处陆军联络线最尽头的遥远地区，只要被人遗忘，便很容易断送整个前途。但此时，马歇尔突然"时来运转"，似乎什么也不能阻止他登上美国陆军的最高职位。而巴顿的人生苦旅也因此到了重要的转折点。

作为一个极端宿命论者，巴顿曾经把自己说成是"漂流在命运长河中的一片小叶"。而在论及困难和紧张情况时，

∧ 美国马歇尔将军。

他则写道："我一辈子的经验是，我遇到的每一件倒霉事情，最后总是转忧为喜，对我有利，虽然当时我还看不出来。"1938年就是如此。

10月16日，马歇尔被提升为副参谋长，他在担任这个新的职务后所做的第一件事，就是安排巴顿调往迈尔堡，留在他的手边。此时，巴顿已经53岁了，当时马歇尔曾经打定主意决不把他的新军队的指挥职位委于年龄大的人，但巴顿的朝气、干劲和创造精神却打动了马歇尔。

1917年的时候，马歇尔在法国第一次遇见巴顿，那时他正在美国远征军第1集团军作战处系统地准备各次战役。巴顿能够取得马歇尔的信任，全然凭着他1917年至1918年在法国的那10个多月的表现，他在那里领导了美国庞大作战机器中的一支不平凡的部队，他用借来的几辆坦克，打垮了敌人的一个旅，他以旺盛的精力和高超的热情训练他的士兵，勇敢地率领他们冲锋在前……这支部队对战争的贡献无疑是富有魅力和浪漫色彩的，也是昙花一现的。但是巴顿的形象却一直深深印马歇尔的心中，他始终认为，巴顿是美国军队中真正的"第一坦克手"。虽然他们没有机会接近，但马歇尔却对巴顿产生了一种个人兴趣。巴顿那种吵吵嚷嚷的举动看来古怪，却没有使马歇尔厌恶，也没有蒙住他的眼睛。说起来，巴顿与马歇尔在性格上几乎没有一点相似之处。马歇尔文静、安详而含蓄，始终如一，但有点书生气，是个信守固定原则的人，而巴顿则是一个外露的人，急躁而喧嚣，反复无常。然而，他们在军事思想上的共鸣，远远超过了他们不同性格所造成的鸿沟。两人都是反传统的军事思想家，在战争艺术和科学上持有进步与发展的观点。他们对不实际的解决办法抱怀疑态度，不愿意接受军事教条的束缚，不相信现成的框框和条例。

作为一名优秀的军事家，马歇尔的知人善任是其最为突出的优点。他没用多长时间就发现，在巴顿古怪性格的背后，是一位学识渊博、胆识过人的军事学家，这方面，两人又有着惊人的相似。于是，马歇尔乐于与巴顿接近，巴顿也欣然接受了他的友谊，并终生珍惜这种友谊。巴顿由于情绪反复无常，往往容易得罪所有的同僚，实际上他那些带刺的话没有放过任何一个人，然而，却从来没有人听他贬低过马歇尔一句。

马歇尔对巴顿持久的友谊，使他在整个第二次大战期间获益匪浅。正是这种不可动摇的支持，保住了巴顿在军队中的领导职位，在别人都准备将巴顿投入狼群的时候，马歇尔总是站在巴顿的一边，使他免于遭殃。马歇尔坚信，巴顿是军中在战场上能够对付快速运动的德军并取得决定性胜利的最佳人选。马歇尔对巴顿的认识恰如其分，因为他充分了解巴顿的局限性，也很清楚巴顿在整个指挥系统应有的地位，应当担负的权力与责任。

当诺曼底最初阶段的"霸王"战役★地面部队指挥权问题被提出的时候，马歇尔对约翰·埃德温·赫尔将军说："巴顿当然是领导这次战役的最理想人选，但是他过于急躁，需要有一个能够对他起制约作用的人来限制他的速度，因为炽烈的热情和旺盛的精力会使他追求冒险。他上面总要有一个人，这就是我把指挥权交给布莱德雷的原因……"

★ "霸王"战役

"霸王"是第二次世界大战期间盟军进攻法国西北部战役的密语代号。其前身是"围歼"。为了彻底消灭德国法西斯，履行在国际会议中开辟第二战场的诺言，确立自己国家在战后世界和欧洲的地位及发挥应有的作用，英美两国政府决定于1944年实施在法国登陆的"霸王"战役。1944年6月6日，"霸王"计划正式实施，开辟了欧洲反法西斯第二战场。

∨ 正在进行操练的美军部队。

1938年11月27日，巴顿到克拉克堡还不满5个月，命运的转折点到来了。他正在野外观看一次"战争演习"时，一纸调令传来："解除巴顿的职务，立即到华盛顿报到"。乍一听，人们还以为是巴顿平日的"演习"做得太过火了，被解职了。一时间，没有一个人，甚至包括巴顿本人在内能看出在这项命令背后隐藏着马歇尔将军的妙计。

在巴顿军旅生涯中，他第五次被调职，又回到了迈尔堡，并搬进了位于杰克逊大街宽大的三层红砖楼房的司令官住宅。这次突如其来的调动，在不久之后将显示出巨大的意义。

当欧洲爆发战争时，巴顿上校在迈尔堡只度过了8个多月。战争以德国军事机器的叫嚣揭开了序幕。在这场序幕中，纳粹国防军"出场"虽然短暂，但规模空前的机械化部队无疑成为了战场上的主角。可是，美国对这场大屠杀的反应简单而实际，寄希望于一纸所谓中立法，这反映了这个国家的普遍想法，认为只要宣布战争为非法，就可以不卷入其中。对于完全与外部世界隔绝的一般美国人来说，欧洲所采取的那种令人费解的尚武姿态，似乎就像西藏一样古怪和遥远。

正当捷克斯洛伐克的危机达到高峰，而在迈尔堡，人们却兴高采烈地举行隆重而豪华的赛马和精彩的操练表演，来庆祝他们传统的冬季活动。4月16日，在进行了几年来最精彩的"面向社会的马术表演"后，冬季活动才告结束。此后，巴顿便带领他的第3骑兵团开始进行春季训练，在这一年的其他时间里，巴顿一直在忙忙碌碌地带领骑兵团进行例行课程训练，在工兵学校演习，在新泽西和宾夕法尼亚进行一些小型的军事演习，另外还执行一些通常的仪仗队的任务。5月5日，他曾派一个骑兵支队把尼加拉瓜总统护送到白宫。当德国军队正在吞并波兰的时候，巴顿正准备带领他的骑兵团进行一年一度的行军，然后再带部队到米德堡附近进行秋季演习。秋季演习一结束，骑兵团就要返回驻地，这时冬季再度来临，社交季节又要开始了。

自从波兰战役开始，巴顿就一直密切注视着欧洲战事的发展。他重读了海因兹·古德里安的书，并且贪婪地读着几份有关这场战争新因素的精辟文件，这几份文件是情报处根据身处交战双方的观察员的报告准备的。这些文件使巴顿着了迷，因为他曾经在二十年前就设想过使用这些坦克战术。他在指挥阿尔贡森林之战时曾经梦想过这种流动战术，在医院住院时这种战术就在他的头脑中形成了。现在他不再小心谨慎了，他又像年轻时一样，鼓吹起坦克战来了。也许他的想法过于乐观，超过了局势发展的许可。他真诚地拥护在军界内外迅速发展起来的一派思想，这种思想认为，"现代战争需要大批武器，而使用武器的人员必须每天进行专业训练。"

巴顿再也不能安心在迈尔堡从事默默无闻的日常训练，战争已经让这个狂人无法控制火热激情。他请求陆军部给他分配一项接近战争的工作。但是陆军部无法给他找到这种工作，于是他就决定要通过加拿大的途径去参战。他给一位老朋友，加拿大驻英国的第1集团军总司令麦克诺顿将军写了一封信，要求委任职务。麦克诺顿很快就给他答复了，让他在海外指挥一支部队，军衔为少校。

正当巴顿认真地考虑这件事时，在法国发生的事变使美国人无法再优柔寡断了，也促使美国陆军走上了马歇尔将军所设想的部队现代化的道路。

1940年6月，德国人使用机械化和摩托化部队，向法国发动大规模进攻，击碎了法国人的抵抗。这使马歇尔有机会立刻把他认为必要的想法付诸实践。法国投降*之后，马歇尔立即着手在国内一些攸关重要的部门把人们动员起来，火速重新整顿陆军。这样，他迅速进行各种必要的建设工作，要把陆军从和平时期一支萎靡不振的部队，变成训练有素、装备精良，不仅能够打仗，而且还能信心百倍地准备战胜"不可战胜"的德国人的劲旅。

∧ 法德全权代表在停战协议上签字，法国宣布投降。

*法国投降

第二次世界大战时，在德军强大攻势的打击下，法军接连败退。1940年6月10日，法国政府被迫迁至波尔多。6月14日，巴黎沦陷。6月22日下午6时50分，在法国东北部的康边森林里，在第一次世界大战结束时德国签署投降书的同一节火车车厢里，法国全权代表亨茨格将军和德国最高统帅部参谋长凯特尔在停战协议上签字。6月24日19时35分，法意停战协议也在罗马签订。

∧ 1940 年，德军向法国发起了大规
模进攻。这是德军坦克部队正在法国
南部作战。

马歇尔很快就充实了正规军各部队的编制，并把国民警卫队编入联邦部队。他计划使正规后备部队在需要时就能立即恢复起来。他把野战军和军区分开，成立了一个总司令部作为野战部队的统帅部，这也是他集中精力训练一支新型陆军的第一步。

7月10日，美国迈出的一步，不仅是为了要赶上德国的战争机器，而且也是要跟上当时的军事现状。当天，马歇尔大笔一挥，就批准建立一支装甲部队，结束了这一长期争论不休的问题。

就在这一天，参谋长终于拯救了巴顿。

在决定成立第2装甲师后的48小时之内，马歇尔亲自安排解除巴顿在迈尔堡的职务并把他调往本宁堡去组编装甲师的一个旅。

几周之后，马歇尔任命巴顿为陆军准将。

在当时，本宁堡是陆军最热闹的中心之一，可称为一切新鲜事物的检验地。在步兵学校里，正在向一代青年军官灌输一套完全经过个性化处理的教育课程，这套课程是吸取了欧洲战争中的教训而制定的。在这里，除了坦克之外，还驻有从海外那种新型战争中涌现出来的新的精髓——伞兵部队，这支部队是由另一名趾高气扬的派威·李少将指挥的，他的士兵们都管他叫"牛头狗"。

在本宁堡，新上任的巴顿准将很快就发现事情并不像他想像的那么简单。他一开始就碰到了各种各样的困难，有些是他自己造成的，有些则是当时的条件给他造成的。像在法国创建坦克旅一样，巴顿到本宁堡后就立即从各个方面着手创建工作，呕心沥血，事必躬亲。他经常乘一辆吉普车或指挥车到各部队去视察，或乘他的私人飞机在那里低空盘旋。他对士兵们，不仅告诉他们该干什么，而且还教他们如何干。

巴顿想起第一次世界大战在法国训练他的坦克旅时使用的一种间接法，能把士兵们都锻炼成斗志高昂的坦克手。他认为这种间接的办法是最有效的。他曾经写道："一个人要成为一名好军人，就必须遵守纪律，有自尊心，对于他的部队和国家感到自豪，对于他的战友和上级有高度的责任心与义务感，对于自己表现出的能力有自信。"巴顿以心理学家的探索眼光，来面对每天前来他的部队学当军人的战士。巴顿很快就得出了若干结论，这些结论不仅说明了使这些士兵英勇善战的原因，并且启示他如何使战士具备他们必须具备的纪律性、荣誉感、责任感和自信心。

最后，巴顿决定为他的坦克手们设计一种独特的制服，以区别于其他士兵。他还记得他的祖父在美国内战期间如何为团里的士兵设计了一种军服，他甚至拿出了一张老乔治·巴顿身穿艳丽的南部邦联军服的褐色照片作为参考。最后，一种将丘吉尔创造的有名的"海妖服"和马戏团中演出用的那种五颜六色的戏装相结合的军服诞生了。军装呈绿色，上面镶有红边，再配有巴顿从格林贝包装公司弄来的金色足球头盔式的钢盔。

巴顿总是去干那些应由他的士兵去做的危险事情，这次他也是第一个去穿这套衣服。当他穿着这套军装在本宁堡的老虎营出现时，一个爱开玩笑的坦克手惊呼：

"看！绿色大黄蜂！"

这个名字从本宁堡传到了华盛顿。尽管他的士兵们并没有这样叫他，他们仍然管他叫"老头儿"，但是在陆军部人们都开始管巴顿叫"绿色大黄蜂"了。最终，巴顿没有能够说服陆军部同意让装甲部队穿这种军服，陆军部甚至不让他把这种制服发给他的部队。尽管如此，他在一段时间里仍然穿着这套制服。在此期间，越来越多的人经常紧急前来参观第2装甲师，到老虎营来参观的高级军官更是应接不暇。将军们以种种借口从华盛顿飞到本宁堡，他们的真正目的是要亲眼看看巴顿这只"绿黄蜂"。

巴顿穿上军服，腰间配上象牙柄的手枪，杀气腾腾的表情使面孔都变得异样了，只有亲眼看到他的人才能认出这人是巴顿。

刚开始的时候，巴顿为士兵们安排的繁重训练通常要引起一番抱怨。但是逐渐地，这种牢骚变成了一种绝对的服从，这种服从是心理学家称之为具有合作意愿的那种有觉悟的服从。不久以后，巴顿作为一个平凡人的印象在士兵头脑中消失了，取而代之的是希腊神话中的天国诸神中较有创造性的一个代表人物。在士兵们的心中，他是普通人和超人的奇特的混合物。奥尔·普伦中士谈到巴顿时说，"像上帝一样，一旦工作中出现了偏差，他准会出现。但是他又和上帝不同，他能跋山涉水，凭着他的咒骂就可以使陷入泥中的坦克和不知所措的坦克手爬出困境，重新赶上队伍。只要你按照要求去干你本职以内应干的工作，而且不一定要干得很出色，那么你就平安无事。但是，你在老头儿面前最好别出丑，他可不喜欢这个。"

2月17日，巴顿命令举行装甲师的第一次检阅，他说："我想看看，士兵们、军官们以及军用物资在一场大的演习中表现如何。"现在，整个坦克师里每个人的心情都和普伦中士一样。大家都祈祷着任何一辆坦克都不要赶这天在老头儿面前出丑。

在举行阅兵的那天，本宁堡刮起了寒冷污浊的大风。下了一晚的雨，

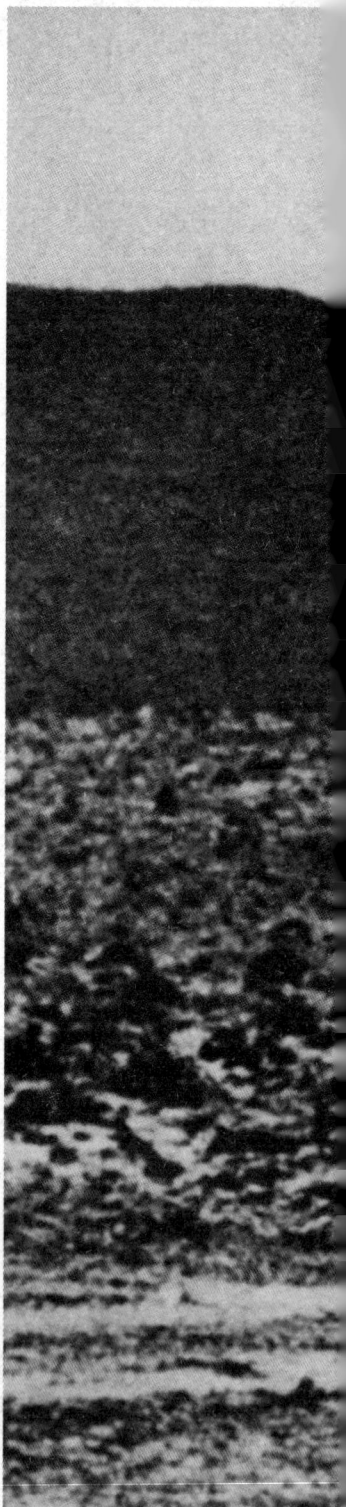

∧ 演习中的美军坦克。

*隆美尔（1891～1944）

德国陆军元帅。参加过第一次世界大战。战后在德国国防军中服役，历任连长、步兵学校教官、营长等职。1939年任希特勒卫队长。1940年任第7装甲师师长，参加侵法战争。1941～1943年任驻北非德国远征军司令与英军作战。后调任驻北非B集团军司令，先后在北非、意大利战场作战。1943年底至1944年任驻法国B集团军司令。因1944年7月20日希特勒被刺事件受到株连，后被迫自杀。

∨ 参加演习的美军坦克。

帐篷全都变成褐色了。各种坦克、侦察车、卡车和吉普车在被雨浸透的路面上隆隆驶过。装甲师的1,200辆车排列在检阅台前的大型广场上,一群前来参观的要人登上检阅台,但是那些站在车辆前面的士兵却根本看不清他们。

突然一辆炮塔上涂有红白蓝三种颜色、闪闪发光的坦克猛然离开检阅台,颠簸着围着广场开了一圈。这是巴顿本人乘坐的坦克。人们隐约可以看见在坦克的炮塔上有一个头戴钢盔的老头儿在坦克轰鸣声中驶过了卡车载运的步兵团、摩托兵部队和反坦克炮部队。最后他拐弯向坦克团驶去,接着又驶回检阅台。

这时,阅兵命令下达了。坦克轰鸣声震耳欲聋,它们以每小时32公里的速度在老头儿面前隆隆驶过,油烟味和持续不断的马达节奏弥漫了湿润的空气。坦克手们以娴熟的技术,完美的队列通过了检阅台。

检阅完毕之后,各种车辆返回训练场地。士兵们吃着三明治,喝着热咖啡,在整齐的帐篷里等待着军官们向他们传达巴顿对这次阅兵的意见。他们等了一会儿,最后军官们终于带着口信跑回了他们的部队。这时,人人互相转告着好消息:

"老头儿挺满意!"

全师的人都松了一口气。士兵们愉快地吹起了口哨。过去的一切辛劳与汗水,以及巴顿的严厉批评都是值得的。

那一天,巴顿也得到了他的报偿。他的装甲师就像是一位初次登台的演员,将要在陆军即将举行的大聚会,即1941年的演习中,在世界上初露头角。

1941年1月28日,马歇尔将军曾经宣布说,陆军到3月为止人数将增至100万,四个集团军将接受美国军史上第一次最大规模演习的考验。1941年6月12日,第2装甲师以崭新的面目自豪地离开了本宁堡,开始了1.6万公里的远途行军。他们是去参加本·利尔将军的第2集团军在田纳西州曼彻斯特附近举行的演习。巴顿的装甲师投入演习时,英军在北非西部沙漠地区的惨败显然加强了反坦克势力的力量。就在田纳西州演习的前夕,隆美尔★元帅指挥的德国军队在埃及－利比亚边境地区击毁了200辆英国坦克。

面对这一打击,巴顿更加坚决地投入了演习,决心要驳斥反坦克派的谬论。演习于6月20日开始时,巴顿立即率领他的装甲师采取了他为演习制定的声势浩大的行动。他想打乱指挥这次演习的麦克奈尔将军精心安排计划，并且打破那些反坦克派的如意算盘。

巴顿一下子就打到了第5步兵师的背后，"大批摧毁"了该师的兵力，然后占领了师指挥部。第2装甲师的"坦克"继续勇猛推进，所向披靡，但是麦克奈尔却命令裁判们压住巴顿的威风。此后，每一项决定都对巴顿不利。但是，巴顿的战术所向无敌，最后麦克奈尔将军不得不提前十二个小时结束演习，这是因为巴顿已经取得胜利，再没有什么仗可打了。

巴顿已经显露身手。当他再次率领装甲师到路易斯安那州去参加演习时，他的反对派也已经准备就绪了。这次演习是利尔将军的第2集团军同瓦尔特·克鲁格将军的第3集团军对阵。麦克奈尔将军根据在田纳西州演习的经验，改组了裁判体制。他在一次特别吹风会上对2,000名精心挑选的裁判员们说，"这些演习是为了要在精悍的反坦克防御力量面前考验坦克的战斗性。我们肯定会看到我们能否以及如何来战败现代坦克的进攻。"

进攻开始的时间是9月15日清晨5时30分。

巴顿的坦克手们发动起坦克，隆隆地穿过柏树沼泽地和松树丛林，到处搜寻着格里利。坦克手们从翼侧包围了摆弄阵势的整个蓝色部队，开到了格里利设在查尔斯湖附近的指挥所。结果，格里利在演习的第一天早晨就被巴顿的一群"混蛋车子"给击败了。

演习继续进行。这时阴云低沉昏暗，有时大雨滂沱。整个演习地带水流成河，这肯定会妨碍坦克的行动。但是，巴顿的坦克却无视恶劣的天气，继续前进。16日，装甲师主动向西北方向撤退，渡过沙滨河进入得克萨斯州，然后又在某个地方拐弯，准备采取一个神秘的包抄行动。这使第3集团军惊慌失措。但裁判制止了坦克的行动，做出不利于巴顿坦克的决定，演习刚进行了一半，裁判们就判决说第2集团军已经"差不多全军覆没了"。

9月24日中午开始举行第二次演习，巴顿带着复仇的心情参加。演习的关键是要保卫路易斯安那州的施里夫波特，抵御坦克的进攻。似乎一切都是有利于防御部队，道路泥泞打滑，到处都是泥潭。而在此时，马歇尔将军也来观看演习了。巴顿更觉得要显示一下，在这样难以作战的情况下他究竟能干出什么样的成绩来。

27日，"施里夫波特"战斗打响了。巴顿发出了口头命令："无论如何我们也要拿下这座城市，我们要从后方攻下它。"说着，巴顿便率领他的师采取了令人难以置信的608公里的包抄行动，一直开到得克萨斯州格莱德瓦特，然后集合坦克又再次向东推进 29 公里，穿过卡多源沼泽的狭长道路，到达施里夫波特市的北郊，突破了由第 2 集团军密集的反坦克防线。

这时是 28 日正午。裁判员们发疯似的挥舞着手中的旗子。施里夫波特被包围了，眼看就要失陷。巴顿的坦克占领了横穿沼泽地大桥尽头的水厂，现在该怎么办呢？

很快，麦克奈尔将军设在路易斯安那州门罗的司令部就下达了命令："停火！"

演习比原定的结束时间提前了 24 小时。巴顿又赢了！

但是，在演习结束后的讲评中，巴顿却受到了批评，麦克奈尔尖刻地评论说："陆军还没有学会如何来对付装甲师，而巴顿却将几辆有故障的坦克停在决定性的翼侧进攻道路上作为路标。"

紧接着，卡罗来纳州的演习又开始了。在这次演习中，第 1 集团军要对付由装甲师加强的第 4 军。这是巴顿特别欣赏和盼望参加的演习。

这次演习很可能会是一场遭遇战，他绝不贻误这次演习。

德拉姆中将亲自指挥第 1 集团军的第 2 军和第 6 军，13 万士兵分布在南卡罗来纳州坎德尔和切斯特菲尔德之间的皮迪河东岸的一片开阔地上。德拉姆也是属于反坦克派的，他决心要一劳永逸地证明装甲部队不是今后的发展方向。在蓝色部队里，德拉姆有一批强大的反坦克部队，其中包括装有反坦克炮的坦克、装甲车、飞机，以及从路易斯安那州演习中接手来的三个反坦克营。他的部队为了迎接这次"大考验"，曾经在布雷格进行了几周的秘密训练。

巴顿把他的注意力集中一个目标上，这就是德拉姆。

巴顿在寒冷阴雨的夜晚部署他的部队，把坦克调到出发地点，排成一条 32 公里长的纵队。11 月 16 日清晨 6 时 30 分进攻开始了。不到 1 个小时，麦克奈尔就被战场上的一份电报所震惊，电报说：

"德拉姆中将已被第 2 装甲师第 82 侦察营 4 连的士兵在南卡罗来纳州的切斯特菲尔德俘获。"

巴顿这种恶作剧般的奇袭，肯定破坏了演习的有效进行。抓住敌人的指挥官可称得上是伟大的，甚至是决定性的，但这并不是真正的战争。巴顿由于在切斯特菲尔德指挥所里抓获了德拉姆，而打乱了整个演习。这使麦克奈尔感到愤怒。一时间，演习出现了戏剧性的一幕：巴顿挟持着德拉姆不翼而飞，与此同时，麦克奈尔在整个演习地带寻找巴顿，命令他立即释放德拉姆。

巴顿显然成为演习中一个肆无忌惮的捣乱分子，受到了点名批评。麦克奈尔指责他参谋工作漏洞百出，把力量都浪费在过于分散的广阔作战区的过多的零星战斗上。麦克奈尔说这不叫"打仗"，照他的说法，虽然地形很利于坦克部队作战，但是坦克"几乎全被反坦克炮火阻击住了"。

尽管反坦克派取得了一次又一次的"胜利"，但实际上，他们并没有打赢反对装甲部队

< 1941 年 12 月 7 日，日军偷袭珍珠港，美国被迫对日宣战。

★日本偷袭珍珠港

随着日本侵占中国及向南方推进，日美矛盾日益尖锐。1941 年 3 月起举行的日美外交谈判也未取得进展。日本决定对美国发动战争，并选择珍珠港作为首先打击的目标。1941 年 12 月 7 日晨 7 时 55 分，日机开始向珍珠港投弹，当即炸毁美国的大量舰只和飞机。8 时 54 分，日机对珍珠港进行了第二轮的轰炸。日本奇袭珍珠港标志着太平洋战争的爆发。

这一仗。不管巴顿引起人们多大的不满和批评，但他的精彩表现还是给马歇尔将军留下了深刻的印象，突然之间，巴顿开始一举成名，成为全军最出色、最勇敢的坦克手。

可以肯定，有另外一件事帮了他的忙，这件事是他个人根本无法控制的。巴顿率部返回本宁堡后，他颁发了书面命令，表彰指战员们的出色表现。这项命令于 1941 年 12 月 6 日发布。

而第二天早晨，日本人就偷袭了珍珠港★。美国由此投入了战争。

>> 号角已经吹响

1942 年初，战争形势对反法西斯同盟十分不利。在战局吃紧，危机四伏之际，反法西斯同盟国内部围绕开辟第二战场问题发生了激烈的争论。

美国参战之后，开辟第二战场的问题日益突出起来。1941 年 12 月至 1942 年 1 月，英美首脑原则上通过了英国提出的"体育家"计划，即在 1942 年春天进攻北非的计划。但不久，英国在利比亚遭惨败，"体育家"计划遂搁浅。后来，艾森豪威尔又主持制订了代号"围捕"的作战方案，决定以英国为基地对西欧直接发动进攻，并把实施登陆的时间确定在 1943 年春天。但这些方案和计划都遭到了英国的抵制，相反，他们建议在 1942 年秋天进攻北非。

1942 年 7 月 30 日零时 45 分，马歇尔作战计划处的赫尔上校给巴顿打来了简短的电话，告诉他要准备离开因迪奥很长一段时间，甚至可能永远不回沙漠训练中心。那是赫尔能够在电话里有把握告诉巴顿的全部情况。

巴顿当天就到达华盛顿，直接被带去见马歇尔将军。这位参谋长对他说："巴顿，我刚从

∧ 时任美国陆军参谋长的马歇尔。

伦敦回来，我们必须在今年内对轴心国采取攻势，在以上情况下，这是我们所能指望的退而求其次的最好解决办法。"

马歇尔曾经希望在1942年横渡海峡发动一场有限目标的进攻，利用德军士气的低落或作为动摇德国人的一次牺牲战役。可在英国的坚决反对下，马歇尔的希望不得不束之高阁。取而代之的将是另一战役，丘吉尔正在忙于为这次战役想一个秘密的名称，他选择"火炬"作为代号。艾森豪威尔担任此次行动的盟军总司令。这就是后来众所周知的英美在法属北非的登陆。按罗斯福总统当时的规定，这次行动将"不得迟于1942年10月30日前进行"，从巴顿见马歇尔的日子算起正好是三个月。

马歇尔把有关拟订"火炬"作战计划存在的分歧和争论的某些情况告诉了巴顿。尽管马歇尔讲得很笼统扼要，但这些分歧和争论看来很大。而"火炬"的一切都是很模糊的，所有的只是一个非常粗糙的计划。此时，"火炬"作战计划预期只有一支美国特遣部队，他挑选巴顿来指挥这支部队。在第二次世界大战中，将是率领美国军队参加战斗的第一位美国将军，是巴顿所能设想的最高荣誉。

马歇尔故意用粗鲁的声调对他说："你必须了解，你得用作战计划人员分配给你的部队和装备去完成任务。"

巴顿点头表示同意。马歇尔在接见结束时说："你去陆军大学报到，赫尔上校会让你看详细的计划并给你作介绍。"

巴顿匆匆赶到陆军大学，阅读他们已经拟订出来的计划，听取赫尔的介绍，接着便给马歇尔打电话。当听说参谋长不在时，他便要求打电话给马歇尔的副手约瑟夫·麦克纳尼将军。巴顿开门见山地对麦克纳尼说，他刚才看到的计划是荒唐可笑的。他怒气冲冲地说："我需要数量大得多的人员和舰只去执行这项任务。"

"好吧。"麦克纳尼说，接着他带着这口信去见参谋长。马歇尔静静地听着，表情略带严厉。随后，他只说了一句："命令他立即回因迪奥去！"

巴顿立即接到了命令，他迅速回到了沙漠训练中心，去时和来时一样地突然，但思想上却受到了极大的震动。以后的几天时间里，他一直都在冥思苦想，主要是考虑如何能再赢得马歇尔的信任。8月2日，他拿起电话，呼叫接参谋长。

"马歇尔将军正在开会。"接线员告诉他。他再次打电话，所得到的答复仍说参谋长不在。巴顿又打了几次，结果都是一样。最后，他只好再找麦克纳尼。

"喂，乔，"他对副参谋长说："在此期间我想了很多，我得出结论，我也许能用你那些笨蛋参谋人员所愿意给我的兵力去完成任务。"他的声调里带着那种孩子气的憨笑，好像是在说："嗯，你难道不明白？我已经被迫承认了错误……"

麦克纳尼向马歇尔汇报了谈话的情况。

"命令他回到陆军大学。"参谋长说，起先阴郁着的脸色，接着便露出了笑容。

8月3日，巴顿在华盛顿宪法路古老的军需大楼的第三层建立起了自己的办公室，开始制订"火炬"战役的行动方案。巴顿的办公机构是一个非常精干的班子，只有几名年轻的军官和秘书，其中包括他的参谋长盖伊上校和作战处长肯特·兰伯特上校。办公室刚刚设立，巴顿就投入了紧张的工作，当天晚上。他就拟定了一份计划。该计划提议在卡萨布兰卡登陆。8月8日，巴顿风尘仆仆地飞往伦敦，向艾森豪威尔汇报工作，商讨"火炬"计划的具体细节。巴顿此行还有一个不愿告人的目的——确立他本人在这次军事行动中的作用。

巴顿的到来，令正在伦敦与英国方面协商"火炬"行动的艾森豪威尔感到由衷的意外，简直有点喜出望外。

8月9日晚上，艾森豪威尔刚喝完一碗鸡汤，没有任何其他安排，正准备就寝，忽然在他的房间里接到一个电话。

"艾克，"他听到一个十分熟悉的声音，"该死的，我刚刚抵达这个倒霉的城市，我待在克拉里奇旅馆里，不知道该怎么办！"

"乔治！"艾森豪威尔一下子就听出这是巴顿在打电话，他兴奋地叫道，"老兄，听到你的声音我很高兴！马上到我这儿来，咱们好好干一杯！"

不一会儿，巴顿便匆匆赶到了，他们一边喝酒，一边谈起"火炬"计划问题。他们讨论了战役实施中可能遇到的许多具体问题，如：登陆部队的作战素质、登陆地点的地形特征、登陆时的气候，以及法国军队的动向等。这些日子，艾森豪威尔已经被远征行动中的许多高难度问题和头绪纷繁的细节搞得头昏脑胀了。距登陆作战的日子只有两个多月的时间，但许多事情还茫无头绪，绝大多数军官缺乏两栖作战的经验，甚至还有不少人对该计划抱怀疑态度，大唱低调。看来只有巴顿是个乐观主义者和实干家，他充满自信和豪情，提出的意见完全是建设性的。巴顿的到来，犹如给艾森豪威尔送来一股春风，驱散了几天来的烦恼和厌倦，使他如释重负，兴奋不已。他永远忘不了那次聚会结束时巴顿对他说的那句话："我或许在许多细节上是愚蠢的，但我能够在一个星期之内使任何部队充满活力！"

晚餐后不久，巴顿便告辞了。这次会面虽然十分热烈，但巴顿仍感到心中无底。艾森豪威尔对自己的计划是赞同还是反对？他究竟对这次战役抱什么态度？巴顿心中存在着困惑，也充满了希望。他在当天的日记中写道："我们都认为这个方案不妥，多半是出于政治上的考虑。但是，我们必须奉命执行，不成功则成仁。如果出现最坏的情况，那就根本不可能付诸实施，但如果运气好些，就可以付出高昂的代价去进行，那或许是一件易事。"

但是几天以后，艾森豪威尔任命了克拉克将军作为他的副手，担任副总司令，负责"火炬"计划的审定工作，这使得巴顿感到十分意外。他原认为，不论从能力、资历还是私人关系来说，自己都是最适当的人选。他十分忌妒克拉克与艾森豪威尔之间那种更亲密无间的关系，也对艾森豪威尔的择将之道颇为失望。

但为了取得参战的机会，巴顿尽力保持克制，与艾森豪威尔和克拉克一起筹划被许多人认为希望渺茫的"火炬"计划。巴顿具有天赋的攻击精神，以从事战争为乐，喜欢冒险，并充满必胜的激情，但他也不得不承认，除非交好运，否则该项行动很难成功。但是，巴顿深知英美首脑已经就"火炬"计划达成了协议，他们已无法做别的选择了。为此，为了该计划的制订和实施，巴顿做了大量艰苦又细致的工作。

到8月下旬巴顿离开伦敦时，阻碍"火炬"计划的重重迷雾已经被驱散了，该计划的重要问题也基本得以落实。临行前，艾森豪威尔委托巴顿转交给马歇尔一封信，信中对巴顿那"近似疯狂的"工作态度给以高度评价，并表示有巴顿参与实施"火炬"计划，他本人感到十分荣幸。

在离开伦敦之前，巴顿许下了一个诺言。巴顿喝酒不多，能克制男人通常的所有恶习，但吸雪茄的瘾却很重。由于他对尼古丁的耐量特别低，烟草很容易引起他的喉管发炎。他每天通常只抽三四支。除非有时兴奋或工作紧张，才超过这个定量。在伦敦的激烈争论使他变成一个接连不断抽烟的人，他甚至把布彻苦心积存起来的哈瓦那雪茄都抽光了。当布彻给他送行时，巴顿对布彻说："谢谢你的雪茄，不用发愁，我一回到华盛顿，就给你送来一些！"

第二天，他刚刚到军需大楼办公室，就立即给陆海军俱乐部的纸烟供应站去电话，为布彻订了一大批雪茄，这些雪茄于9月5日送到伦敦布彻那里，内附巴顿的一张纸条，"这是部分偿还"。布彻根本没有料到，巴顿在百忙之中还会记得自己的诺言，深受感动，对艾森豪威尔说："乔治是个可以信赖的人！"

∧ 1942 年时的巴顿。

艾森豪威尔在他的回忆录《远征欧陆》一书中曾这样描写巴顿:"我很熟悉他,他喜欢以新奇的发言语惊四座。很多自以为了解他的人,从来没有看透过那层他一直小心地用来掩盖自己而显得引人注目的外壳。他本质上是个精明强干的军事领袖,一贯得到部属的爱戴。从早年起,他的壮志便是成为一个成功的指挥官,因此他不断地阅读军事史,他心目中的英雄人物都是过去时代的伟大将领。他所表露的一切奇习怪癖都是他自己有意形成的。例如,他故意装出某种姿态,好像自己是军队中肠最硬的人,但实际上他心肠柔软,尤其是关系到私人朋友的时候,这还可能是他的一个致命弱点。"

　　巴顿于8月21日回到华盛顿,这时用来筹划和组织"火炬"战役的时间已经不到7个星期了。"火炬"计划定于10月7日开始,他已经成功地使马歇尔将军相信计划的可行性,因而从马歇尔将军直到下面的各级人员现在都对他开放绿灯,计划已经慢慢地成形了。

　　英美双方把"火炬"计划的登陆地点,选定在北非法属阿尔及利亚和摩洛哥。根据陆军部最后确立的方案,巴顿受领的任务是:"攻占卡萨布兰卡港及其附近的飞机场,同在奥兰的中线特遣部队配合,建立和保持卡萨布兰卡与奥兰之间的通信联络,建立足以对西属摩洛哥进行地面和空中打击的力量,以便在必要时夺取西属摩洛哥。"

　　这是一项重大的使命。根据情报分析,在摩洛哥的法国部队有6~10万人,而巴顿的兵力只有3万余人,在数量上处于绝对劣势。为了顺利完成预定的作战目的,必须准确地选定恰当的登陆地点。据此,巴顿制定了具体的作战计划。该计划对巴顿8月初拟订的那个计划进行了全面修改。如由于卡萨布兰卡有法国精锐部队和海军舰队把守,为了减少损失,不对它实施正面进攻;考虑到拉巴特是摩洛哥的伊斯兰教中心和苏丹的所在地,十分敏感,加上海滩附近有淤泥,不适于登陆艇登陆,因此放弃这个登陆点。巴顿最后确定的登陆点从南至北分别是:萨非、费达拉和穆罕默迪亚。到9月下旬,作战方案基本上确定下来。这时剩下的时间已经不多了,巴顿指挥部队利用短暂的时间集训,日夜进行登陆演习。

　　巴顿这次出征的心情,与其说充满信心,还不如说是破釜沉舟。他预定于10月24日凌晨2时30分由诺福克出发,在休伊特的旗舰"奥古斯塔"号上度过在美国的最后一夜。在横渡大西洋的两个星期时间里,他将一直呆在这艘军舰上。

　　在离开美国出征之前,巴顿还办了几件私事。

★罗斯福"新政"

1929 年 10 月 24 日，美国爆发了资本主义历史上最大的一次经济危机。这次危机使生产下降的幅度之大，波及范围之广，失业率之高，持续时间之长，都是前所未有的。1933 年 3 月 4 日，罗斯福就任美国第 32 届总统，接着采取了一系列应对危机的政策，被称作"新政"，其核心是改革、复兴和救济。罗斯福的"新政"并非一时的权宜之计，它帮助美国的资本主义制度度过了1929～1933年的一场空前大灾难。

　　他驱车来到西点军校，与儿子话别。他检查了儿子的成绩册，鼓励他要好好学习，多给妈妈写信。

　　他拜访了陆军部长史汀生，并从他那里得知了选择自己执行"火炬"计划的原因：除了他以外，没有任何人能具有保证这次行动成功所需要的指挥艺术、勇气和战斗精神。同时史汀生叮嘱他："多多保重，未来的路还很长，战争仍然需要你。"

　　之后他拜会了马歇尔将军，受到热情款待，他感到这位参谋长依然"十分友好，乐于助人"。

　　10 月 20 日，巴顿与休伊特海军少将晋见了罗斯福总统，受到亲切接待。虽然巴顿本人没有固定的政治信念，但思想比较保守，对罗斯福"新政"★十分反感。然而，他从内心喜欢罗斯福，把他看作自己的最高统帅。罗斯福对巴顿说："我们的政策就是要打败轴心国，把纳粹分子从这个地区赶走，维护法国对这些殖民地的统治。"而巴顿则向总统大唱高调："阁下，我只想对您说，我决心在海滩上不成功则成仁！"

　　在 20 日当天，巴顿郑重地写下了遗嘱，并给比阿特丽丝写了一封长信，叮嘱她只能在"确定我真的死了"以后才能拆开。他把这封信装在给他的内弟和朋友弗雷德里克·艾尔的一封信中。

　　第二天早晨，巴顿去沃尔特·里德医院向潘兴将军告别。关于这次珍贵的会面，巴顿曾经记述道："这很可能是我最后一次同他见面，但我可能死在他的前头。1916 年他把我带到

<美国总统罗斯福。

墨西哥，是他给了我起点……"

巴顿告辞时亲吻了潘兴的手，潘兴为他祈祷说，"再见，乔治，上帝保佑你，维护你，赐予你胜利！"

23日，他披着晚霞登上了休伊特的"奥古斯塔"号旗舰，踏上了艰难的征途。他在上船后第一天的日记中写道："上帝保佑，我要对部属和我本人尽全部责任。"随后，他给妻子写了一封信，信中充满伤感和柔情："比，我时刻都想着你，爱着你。"刚写到这里，他的眼眶已经湿润了。

这是巴顿永生难忘的日子。海军已经准备就绪，庞大的舰队按照精确无误的时间表行动。休伊特所作的计划堪称天衣无缝。护航舰浩浩荡荡，一派胜利在望的景象，巴顿站在"奥古斯塔"开阔的甲板上，望着似乎一切风平浪静的海洋，内心深处却不禁波澜起伏，心情异常沉重："未来究竟如何？"

谁又能确切地回答巴顿呢？

第四章

缺乏章法的胜者

1885-1945 巴顿

巴顿终于如愿以偿了。他即将走出这庸俗透顶的生活圈子，奔向广阔的欧洲战场，去一展宏图。他异常兴奋，暗下决心，要步古代雅典人、迦太基人、罗马人和拜占庭人的后尘，踏着伟大统帅尼西亚斯、汉尼拔、西庇阿等人的战斗足迹前进，取得永垂青史的功勋和荣誉……

>> 登陆卡萨布兰卡

1942年10月24日，秋高气爽，阳光明媚，弗吉尼亚州诺福克港口一片繁忙景象。巴顿乘休伊特海军少将的旗舰"奥古斯塔"号从容地出发了。不久，他们与在海面上集结的部队汇合，大舰队按照预先编排好的队形浩浩荡荡前进，形成了一幅十分壮观的画面。这是有史以来从美国直接赴海外作战的最大的特混舰队，规模在整个战争史上也是极其罕见的。整个舰队共由102艘船舰组成，其中包括29艘运输船，载运着2.4万名西线特遣部队官兵及装备给养。参加护航任务的海军航空兵的战斗机和轰炸机一队队从舰艇上空掠过，巨大的轰鸣声震耳欲聋，整个场景壮观而动人心魄。

休伊特将军不愧为美国海军中的佼佼者，准备工作做得天衣无缝。海军情报机构曾发现航道上有敌人潜艇在活动，舰队出发前夕，他已派出船只做诱饵，把敌潜艇引开。尽管包括巴顿在内仍有人担心德国潜艇的活动，但在十多天的航行中，舰队始终吉星高照，连敌人的影子都没能见到。而且，在整个航程中，休伊特与巴顿的关系一直十分融洽，甚至可以说是亲密无间。长期以来，巴顿对海军总是抱有某种偏见，他曾尖刻地指出："在历史上，海军从没有准时将陆军运送到预定地点。"但通过这次航行，他的这些看法全部烟消云散了。

休伊特指挥有方，巴顿对他也十分信赖，从不过问海军的事务。所以在十几天的航行途中，巴顿闲得有些发慌，再加上胃口出奇地好，身体竟渐渐有些发胖了。他曾经召开过几次军官会议，商讨有关登陆事宜，但由于没有得到登陆地点的新情况，没有研究出什么名堂。于是，他就通过划船来锻炼身体。他还拿出一些时间阅读了《古兰经》，想从中了解一下阿拉伯人的习俗，为在非洲作战进行准备，并寻找人生的奥秘。

11月6日，即登陆前48小时，华盛顿和伦敦的气象部门传来了令人不安的消息——"摩洛哥沿海有大风，海浪高达4.5米"。

"糟糕，该死的老天爷！"巴顿禁不住仰天长叹，骂骂咧咧，火暴脾气又按捺不住了。他知道，这种鬼天气根本不可能实施登陆，因为即使少数人登陆成功，重武器和装备也不可能运上海滩。但休伊特却似乎胸有成竹，他对巴顿好言相劝，告诉他，据他的气象专家报告，天气将会很快转好。

战斗的时刻就要到来了！巴顿感到浑身的血液似乎都在沸腾，冥冥之中他又奇怪地想到了"命运"这个词。他在日记中写道："我几乎情不自禁地想到，我的全部生活都指向这一时刻。我估计，这项使命完成后，我将走向命运阶梯的下一步。虽然我本人过于雄心勃勃，但我此时所要做的一切不过是尽到我的全部责任。"

巴顿的进攻目标法属摩洛哥位于非洲西北端，面积约45万平方公里。东面和东南面与阿尔及利亚接壤，南面与西属撒哈拉为邻，西临大西洋，北隔直布罗陀海峡与西班牙相望，是扼地中海入大西洋的门户，战略位置十分重要。美国原先指望得到驻摩洛哥友好法

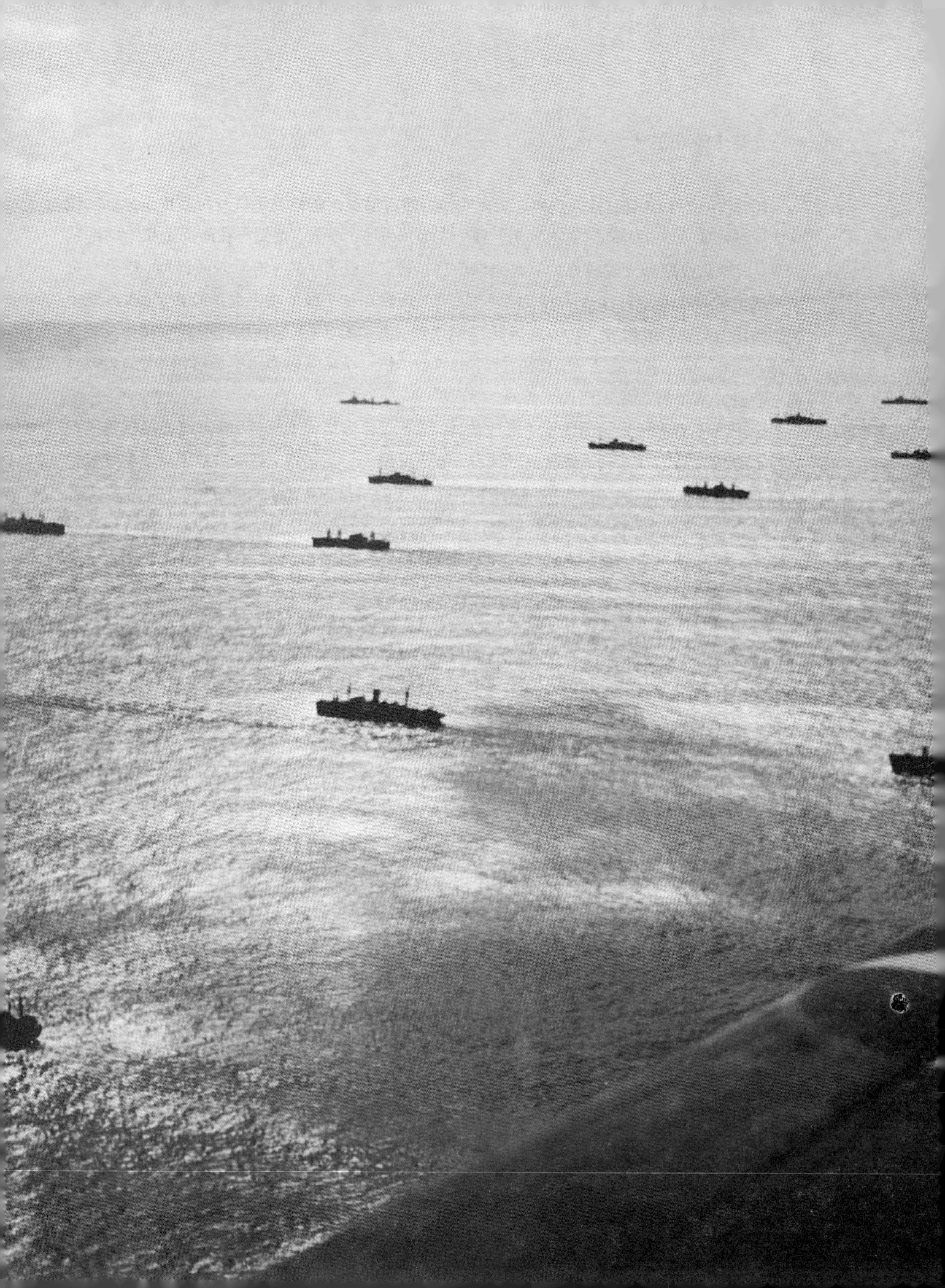

★贝当（1856~1951）

法国元帅。参加过第一次世界大战，曾经指挥凡尔登战役。1918年晋升元帅，1939~1941年任法国驻西班牙大使。1940年5月任政府副总理，6月任总理。6月17日，贝当宣布法国停战，随后分别与德国和意大利签订停战协定。1940年7月至1944年4月任维希政府的国家元首，采取与德国合作的政策。1945年4月，因通敌罪被判处死刑，后改为终身监禁。

军的配合，以减少登陆战的损失。美国驻摩洛哥的代表罗伯特·墨菲与同情盟国的法军将领保持着密切联系，并把驻卡萨布兰卡的法军司令贝图阿尔将军作为重点争取对象，希望他率法军作为内应，配合美军登陆。但这一计划从一开始就落空了。

贝图阿尔将军是一位智勇双全的军人，性格刚烈，有民族正义感，1940年春曾在挪威英勇抗击德军的侵略。他痛恨法西斯德国践踏自己的祖国，对贝当★傀儡政府极为不满。美国代表墨菲与他商定，在美军登陆时采取配合行动。但不幸的是，贝图阿尔对美军登陆的具体时间一无所知，直到11月7日夜才得知美军将在翌日凌晨登陆的消息，却不知道登陆的具体地点。他推测，美军肯定会在拉巴特未设防的海滩处登陆，于是采取断然行动，连夜赶赴拉巴特，逮捕了驻在那里的亲纳粹分子拉斯克劳茨将军，并派出一个营到滩头迎接美军，同时切断了总督诺盖将军与外界的联系。但贝图阿尔大意失荆州，他没有发现诺盖还另有一条秘密通信线路，所以诺盖很快与忠于纳粹的米什利埃将军取得联系，调遣军队粉碎了贝图阿尔的行动。这样，美军只能完全依靠自己的力量强行登陆了。

11 月 8 日凌晨，大风已逐渐平息，海面上的波浪也变小了，巴顿脸上露出一丝微笑。他觉得自己的运气不错。但他没有预料到，登陆中的麻烦几乎全是冲着他来的。

按预先的计划，部队兵分三路，从萨菲、穆罕默迪亚和费达拉登陆。

萨菲是位于卡萨布兰卡以南约24公里的一个小镇，这里有一个法国人为出口当地产品而建造的人工港，由道伍少校率400人扼守，用130毫米的岸防炮控制着入港处。这时他们已接到米什利埃加强戒备的命令。巴顿之所以选中这里登陆，是为了在这里部署一支部队以阻挡来自马拉喀什的法军对登陆行动的干涉，同时还可以利用这里的港口把美军的中型坦克从军舰卸上岸。当时，新型的坦克登陆艇还未投入使用。

美军在萨菲的登陆行动进行得比较顺利。8 日凌晨，部队开始行动，分批登上登陆艇，向海滩前进。由于是夜间行动，缺乏训练，开始时行动比较迟缓，延误了时间。4 时 38 分，登陆艇接近海岸，美舰以猛烈炮火向岸上射击，进攻部队分 5 批登陆，进展迅速。至拂晓时，港口、港口设施及该城市区已完全被美军控制。上午 9 时，坦克全部上岸，登陆行动成功。全部战斗仅用了 5 个小时，损失十分轻微：海军伤亡 2 人，陆军伤亡 80 余人。

但在其他两个登陆点，美军面临的情况就复杂多了。

穆罕默迪亚位于卡萨布兰卡以北约 80 公里。巴顿之所以选中这里，是因为它最靠近利奥特港机场，这是摩洛哥唯一一个筑有混凝土跑道的机场，控制了它便可以掌握卡萨布兰卡地区的制空权。负责这里指挥任务的是特拉斯科特将军，巴顿交给他的任务是：夺取利奥特港机场，以供从美国航空母舰上起飞的飞机和从直布罗陀飞来的飞机使用。正是这一任务，给特拉斯科特将军及其部队造成了很大困难。

凌晨，全部船只熄灯，隐蔽前进。但由于夜色太浓，船只在黑暗中乱了队形，因此不仅耽搁了时间，还暴露目标，招致法军岸炮的猛烈轰击，美军出现较大伤亡，登陆行动也失去了突然性。面对这一情况，特拉斯科特立即决定强行登陆。但由于敌人火力太猛，5 支登陆队只有两支按时上了岸，许多登陆艇在途中沉没。登上海岸的人员乱成一团，失去指挥，只能用轻武器拼死抵抗，各自为战。法军飞机乘机进行低空扫射，也给登陆部队造成很大困难，不少人被击毙，还有部分人员被俘。特拉斯科特被迫向巴顿求援，但巴顿此时的处境也不妙。

巴顿亲自率领第 3 师担任主攻方向的任务，登陆点是卡萨布兰卡以

> 准备在北非登陆的美军士兵。

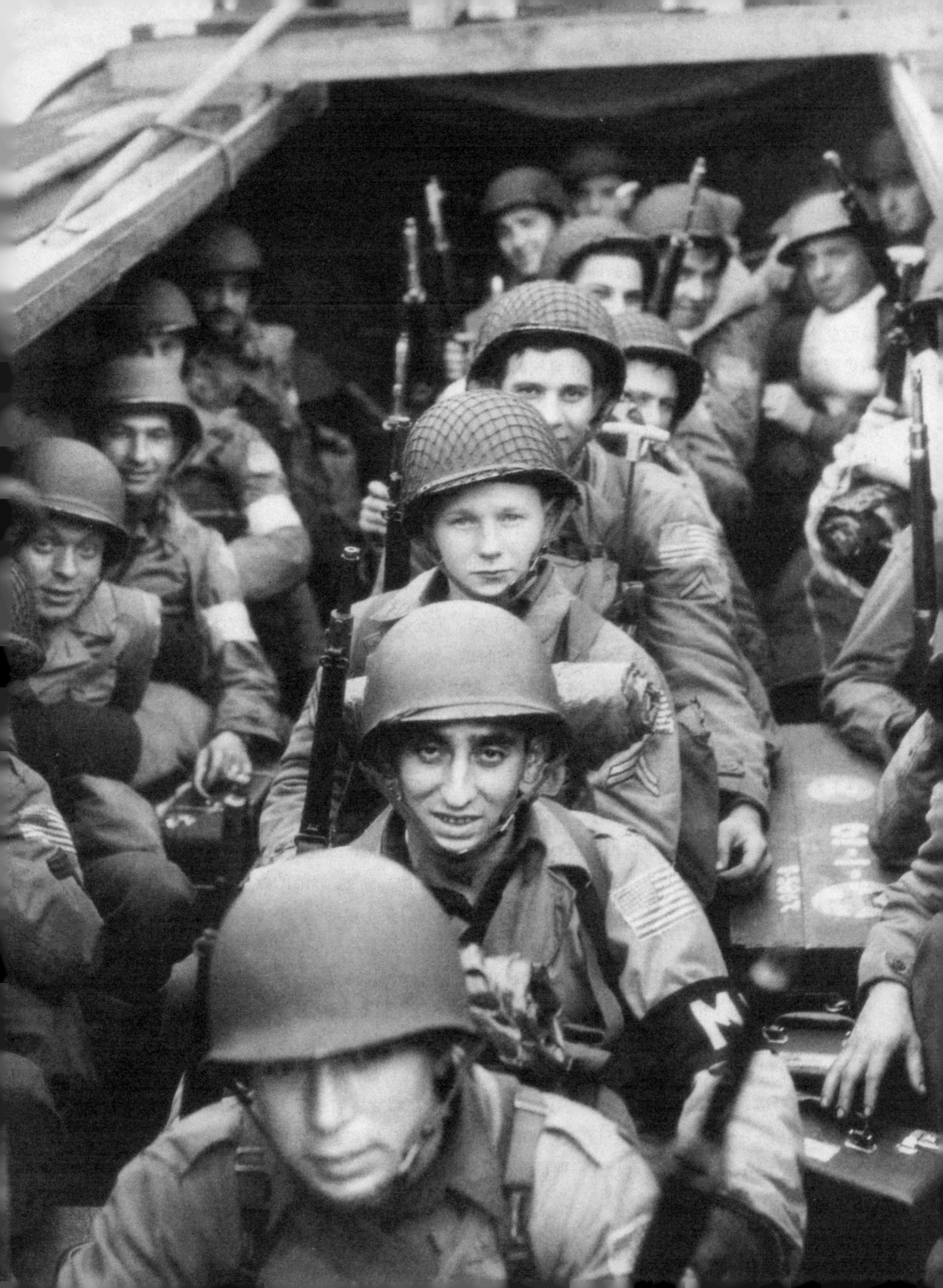

北24公里的费达拉，这里的港口是摩洛哥在大西洋沿岸唯一设备良好的港口。第3师的任务是在费达拉港附近登陆并建立滩头阵地，然后向南进攻卡萨布兰卡。法军在这里的兵力部署十分严密，众多的岸炮和野炮扼守着海滩地带，对巴顿预选的四个滩头构成了火力封锁，地面部队有数千人，海面上还有一支较大的法国舰队助阵，形势对美军十分不利。

凌晨1时多，美军舰队冒着断断续续的降雨抵达费达拉海面。这时夜色漆黑，伸手不见五指，只有费达拉和卡萨布兰卡的灯光在远处依稀可见。巴顿下达登陆命令，部队立即从运输船登上登陆艇，向海滩进发，很快就踏上了海滩。一切似乎都很顺利。但直到部队在海岸站稳脚才发现，由于海潮的作用，登陆艇偏离了原定登陆点一万多米。登陆过程中，部队还遭受了一些意外的损失，一些身负装备的士兵被大浪卷入海中淹死了，20多艘登陆艇在途中沉没。由于登陆时各个编队之间失去联系，所以登陆后海滩上的情况十分混乱，很快就暴露目标，法军开火了。面对这种危险的局面，巴顿下了一道死命令：各部队或者前进，或者死守，不许后退一步。

临近黎明时分，各个部队恢复了秩序，开始按计划行动。此时，美舰炮火对法军进行猛烈轰击，很快就把法军炮兵打成了哑巴，美登陆部队乘机发动强大攻势。6时，第2步兵团第1营攻占了费达拉港。7时30分，第15步兵团一部占领了切尔魁的敌岸炮阵地。美军的舰载飞机也开始行动，一批批飞临卡萨布兰卡上空，完全控制了这一地区的制空权。

8时许，焦急不安的巴顿终于等到了上岸的时刻。装有他的行李和装备的登陆艇已经就绪，准备从"奥古斯塔"号旗舰放入海中。就在此时，军舰后方突然炮声大作，7艘法国军舰像亡命徒般从卡萨布兰卡港冲了出来，向美国军舰和登陆艇猛烈射击。顿时，海面上硝烟弥漫，枪炮声连成一片，炮弹的弹片呼啸着四处飞落，海水为之沸腾。休伊特命令"奥古斯塔"号立即加速，对法舰进行拦截。匆忙之中，"奥古斯塔"号尾部的炮塔将装有巴顿行装的登陆艇撞坏，巴顿无法登陆，只好以旁观者的身份目睹了这场海上遭遇战。美国海军的所有舰艇都投入了战斗，很快就把法舰赶回港口。谁知刚过片刻，法舰又卷土重来，疯狂地冲向美国舰队，几艘大舰也参加了战斗，一时竟打得美军措手不及。海战的壮观场面给巴顿留下深刻印象，他看到了炮弹呼啸着从头顶飞过和鱼雷从美舰不远处掠过的惊人情景，也看到了美国水兵勇敢战斗，击退敌人的动人场面。但所有这些都不能使他的神经松弛下来，相反，他越来越感到焦躁不安：登陆部队的命运如何？他们能成功吗？

直至中午，海战才以美军的胜利宣告结束。13时20分，巴顿及随从人员终于被送上登陆艇，开往费达拉海岸。

一上岸，巴顿就发现海滩上的情况十分糟糕。他把副官斯蒂勒叫来，一起巡视了滩头阵地。他后来写道："情况简直糟透了，船只不断驶来，但在卸货之后却无人把船推开。法军不断炮击，法国飞机也在海滩上空扫射。虽然每次扫射都离目标甚远，但我们的人总要隐蔽起来，因而耽误了卸货工作的进行，特别是弹药的卸载。这些弹药是非常急需的，因为我们

★ "火炬"计划

"火炬"是第二次世界大战中盟军在北非组织的一次大规模登陆行动的代号。1942年11月8日,英美两国政府为援助在北非与德意军作战的英军,鼓舞苏德战场与德国作战的苏联红军,并在一定程度上满足苏联开辟第二战场的要求,以500艘军舰和运输船只组成的英美联合舰队,运载10万大军,在大量飞机掩护下,分三路在法属北非的卡萨布兰卡、奥兰和阿尔及尔强行登陆,并于11月中旬开始东进,攻入突尼斯。

> 巴顿站在海滩亲自指挥部队卸运武器装备。

的部队正在不远处进行着一场重大战斗。"西线特遣部队中唯一的英国军官,蒙巴顿将军的联络官亨里克斯少校向巴顿汇报时指出:"登陆部队表现十分勇敢,主力部队也已登陆。但是,抢救伤员、武器装备的供给、通信设施和指挥中心的设立等工作进展迟缓,所有的人都在忙于挖掘散兵壕。"此时,海水不断上涨,风浪也越来越大,部队继续登陆时,许多登陆艇被毁沉没。面对这些情况,巴顿当即命令,登陆艇停止行动,转至费达拉港口登陆。他要求士兵们恢复勇气和理智,听从指挥,并指示各级指挥官立即按原定计划行动,找到自己的位置。

很快,海滩上的混乱场面便消失了。

日落时,所有的登陆部队都到达了预定地点。但部队还面临着许多更严重的问题:火炮和重型装备大部分没有运上岸,弹药和食品的供给十分困难。同时,对法军的劝降工作受挫,巴顿派盖伊上校去卡萨布兰卡,劝说米什利埃海军上将停止战斗,遭到严辞拒绝。而这时从萨菲传来了好消息,哈蒙将军率领的第2坦克师已建立了纵深达4 500米的滩头阵地,坦克部队也部署完毕。穆罕默迪亚的情况也开始好转。但由于通讯设施出现了故障,巴顿与设在直布罗陀的艾森豪威尔的司令部失去了联络,也得不到奥兰和阿尔及尔的消息。

怎么办?如果照这种态势发展下去,必然会贻误战机,从而使整个"火炬"计划★的实施受挫。

夜里,巴顿陷入了苦苦的思索。突然他记起了一件事:在制订具体行动计划时,巴顿曾得到艾森豪威尔的允许,如果其他办法均不成功,可以从空中轰炸和从海上炮击,以迫使卡萨布兰卡守军投降,而且必要时可以把威胁变成行动。但同时艾森豪威尔做了一个明确规定:巴顿在采取这一极端行动前必须争得他的同意。

∧ 在奥兰登陆的美军向前推进途中。

　　鉴于当时的形势，巴顿认为要想迅速取胜，只有一条捷径，对卡萨布兰卡发动空中和地面的全面进攻，迫使它投降。但巴顿还有一种担忧：如果就这一行动向艾森豪威尔请示的话，他是不会同意的。因此，巴顿决定不把这一作战意图向上汇报。他认为，只要取得了战役的胜利，就好向艾克交代了，而且他还可以把未向上司请示归咎于通讯系统出了故障。

　　决心已定，巴顿马上进行战斗部署。他首先与海军方面做好协调工作，要求海军给以最有力的炮火支援，并出动飞机进行轰炸。但巴顿知道，最终解决问题的还是地面部队。要想使地面部队具备取胜的能力，目前需要做的最重要的工作是使他们得到充足的武器装备。

　　第二天天刚亮，巴顿就来到了海滩，亲自组织部队卸运武器装备。他换上一身漂亮的军装，穿上他最喜欢的呢子马裤，威武潇洒，满面怒容，在士兵眼中简直就像一个愤怒的上帝。他一边指挥加快卸载速度，一边亲自帮助推船，弄得浑身都湿透了。他用坚定而粗鲁的语言大声发布命令，斥责咒骂那些懒惰胆小的无能之辈，激励官兵们的士气。每当法国飞机从上空掠过，有些士兵就本能地畏缩起来，而巴顿却似乎视而不见，照旧精神抖擞地站在那里指挥，极大地稳定了军心。在他的指挥调度下，卸运装备的工作进展十分顺利，沉没的登陆艇也被打捞上来，火炮和各种物资源源不断地运上了岸，滩头阵地也变得井井有序，甚至连将士们的精神面貌也焕然一新，巴顿的直接干预产生了神奇的作用。

后来巴顿在回忆这段往事时说道："人们认为军队指挥员不应去干这种事情。但我的理论是，一位军事指挥官应该去做完成任务所必须做的事情，其任务的80%在于激发士兵们的士气。"巴顿觉得这一天过得十分有意义，他后来写道："我认为……对于最后登陆的成功，我起了相当大的作用。这是我在整个摩洛哥战役中唯一值得提起的一段插曲。"

9日，与艾森豪威尔司令部的联系仍然是断续的。然而第3师在缺乏重武器装备的情况下，还是向卡萨布兰卡发动了小规模攻势，推进了6.4公里。哈蒙将军从萨菲来电告知，法国人上午发动了猛烈空袭，但法国部队明显缺乏作战热情，他建议派一支小部队阻击法军，其余部队沿海岸公路向卡萨布兰卡全速推进。同时，特拉斯科特也从穆罕默迪亚传来消息，他的坦克部队与法军发生了登陆以来的第一次坦克战，美军坦克的优势得以充分显示，法军的火力无法击穿美军坦克的装甲，相反，美军则成功地击毁了4辆法军坦克。

但卡萨布兰卡的诺盖将军和米什利埃海军上将丝毫没有投降的迹象。看来，一场争夺卡萨布兰卡的大战在所难免了。

局势已发展到紧要关头。巴顿在卡萨布兰卡受阻，那么阿尔及尔和奥兰的情况又如何呢？

在阿尔及尔，中线特遣部队的行动十分顺利，进展迅速，这主要归功于当地法军司令马斯特将军的有力配合。在登陆行动开始的当日，双方就达成协议，法军停止了抵抗。此后，登陆的盟军立即向东推进，直指突尼斯，争取抢在轴心国军队之前占领比塞大和突尼斯。

在奥兰，美军在登陆时也遇到了顽强抵抗，双方激战了两天。但由于美军战术运用得当，加之英国海军给以出色配合，战斗进展顺利。11月9日，法国人军心动摇，宣布投降。

此时，巴顿的西线部队成了全局关注的焦点。10日，艾森豪威尔终于与巴顿恢复了通信联系，他立即发了一份措辞强硬的电报："亲爱的乔治……唯一的硬核桃就在你的手里。阿尔及尔两天前就成为囊中之物，奥兰也是同样。迅速砸开硬核桃，请问你还需要什么？"

这份电报使巴顿不知所措。他不知如何看待这份电报，不知道它是一个友好姿态还是一种严厉的催促。他最后认为，艾克并不是在催促或奚落他，这份电报只是总司令对他的困境表示同情。

巴顿四面受压，艾克的电报使他最终下了决心。在他看来，迅速取胜只有一条捷径——对卡萨布兰卡发动全面进攻，迫使它投降。

他下达命令——要休伊特在"奥古斯塔"号上做好炮击准备，要欧内斯特·麦克沃特将军在突击队员号航空母舰上准备出动他的飞机进行轰炸，安德森则做好地面进攻的准备。

但是巴顿还在担忧，如果他把这一计划告诉艾森豪威尔，可能会在最后一刻遭到反对。因此，他决定不征得上司的同意就开始行动。现在，巴顿的通信系统中断正好成为借口，他可以把无法向艾森豪威尔请求"这件事"归因于通信中断。

他在战斗中第一次把握事态的进展。他正以最出色的、生气勃勃的作风为进攻卡萨布兰卡而制订计划和发布命令。在行动开始后的那天早上，他写道："在特拉斯科特和哈蒙方面的局势看来都不妙的情况下，是需要有点胆量的。但是我觉得我们应该掌握主动。"这番话可以证明他对整个形势是多么的了解。特拉斯科特已经攻占了利奥特港的机场，劳里斯·诺斯塔德上校的 P－40 飞机已经部署在机场上，待命出击；哈蒙已经牢牢控制了萨菲的局面，现在正从马扎干派出坦克从南面进攻卡萨布兰卡。

同一天，巴顿命令第 3 师的前锋迂回到卡萨布兰卡的东南郊。尽管得到其他部队支援的希望十分渺茫，而且法军无论在人数还是地理位置上都占据明显的优势，巴顿还是决定在第二天拂晓发动全线进攻。他认为，海军的强大火力支援可以使他弥补上述劣势。他已向各部队下达了命令，进行必要的战前侦察和准备工作。

在一切安排完毕之后，巴顿才去睡觉。

11 月 11 日是第一次世界大战的停战纪念日，恰好也是巴顿的生日。似乎上天也注定这一天将要发生点儿什么不同寻常的事情。

11 日凌晨三点半，巴顿被哈金斯上校叫醒。从拉巴特来了一名法国军官，带了一道好像是让米什利埃投降的命令。

巴顿迅速穿上衣服，来到吸烟室接见他。房间里阴森昏暗，只有一支插在香槟酒瓶里的蜡烛照明。巴顿坐在一张小桌子旁边，那名法国人头带一顶黑皮帽，帽子下面是一张肮脏而苍白的脸。他走过来说："将军，我是菲普·莱贝尔少校，隶属第 3 摩洛哥骑兵团。"他自我介绍之后，把他所带的命令交给了巴顿。这道命令是乔治·拉斯克罗斯将军用软芯铅笔潦草地写在一张薄薄的纸上的。这位将军是摩洛哥地面部队总指挥，他干脆但也有些含糊地指示他的收件人："收到此令后，法国军队将与美国军队停火。法国指挥官应立即设法通知美国前哨。"

这一突然变故使得大家兴奋不已。巴顿挥手叫莱贝尔退出。他和他的副指挥官凯斯将军及盖伊上校开始低声地议论形势。凯斯和盖伊都建议巴顿立即下令停止进攻。但巴顿沉吟了片刻，摇了摇头。

"不，必须继续打下去，你们难道忘了1918年我们过早停火而造成的后果吗？"

巴顿把莱贝尔叫回来，用一种沉思的、稍显疲倦但几乎是亲切的语气对他说：

"莱贝尔，你是个参谋军官吧？那么，你自然会理解我的困难。如果我接受这一命令的表面价值，下令停止一场高度协调的进攻，我靠什么保证法国海军会遵守这项命令呢？"

"将军，"莱贝尔急切地回答道，"您允许我提个建议吗？"

"提吧。"巴顿说。

"我本人认识米什利埃将军的参谋长皮埃尔·罗纳克将军。如果您允许我现在去他那里跑一趟，我个人保证，法国海军将服从命令。"

巴顿陷入沉思，内心里在斗争。他一边思考，一边用手指神经质地敲打着桌子。然后，他转向这位法国军官。

"莱贝尔，"他慢慢地说，"我采纳你的建议，让你走。告诉米什利埃将军，如果他不愿意彻底毁灭的话，他最好马上停止下来。因为，"他忽然提高嗓音，"我将发起进攻。"——但他没有说进攻的时间。

他把他的情报处副处长约翰·拉泰上校叫过来，对他说：

"拉泰，你陪同莱贝尔少校去卡萨布兰卡，如果法国海军不立即表明将服从这一命令，我们就要按计划发起进攻。"他停顿了片刻，接着喊了一声："拉泰！"

"是，长官！"

"小心不要被打死啊！"

拉泰和莱贝尔匆匆离开后，巴顿要了一张纸，匆忙写道："如果你收到我'开球'的电报，马上停止一切敌对行动。"他把这张纸交给通讯官并指示他："用密码发给休伊特将军。"接着，他站起身来看了看表，时间是清晨四点一刻。他召唤盖伊上校："来吧，咱们上安德森的前沿指挥所去。在这儿干等这鬼消息实在是太闷了！"

两个小时过去了，法军方面仍然没有动静。

早上6时25分，进攻的时间就要到了，美舰进入了发射阵位，轰炸机在机场跑道上待命起飞，炮兵部队也做好了射击准备，地面部队则严阵以待，准备向法军发动强攻。在防波堤外，休伊特的战舰已经抬起了炮口，待命发射。几分钟后，几架舰载飞机飞临卡萨布兰卡，在城市上空盘旋。

在米拉玛饭店，哈蒙德上校正守在无线电台旁，手里拿着步话机，等待命令。早上6点48分，他的收话机突然发出声音。巴顿正从第3师指挥所呼话。

"哈蒙德，"他的声音随着噼噼叭叭的响声传来，"你和休伊特保持着联系吗？"

"是的，长官。"上校回答。

"好，可以停止了。法国海军已经投降了。但是，你必须动作迅速！"短暂中断之后，巴顿北非登陆战役期间，巴顿在慰问美军伤员。

的声音又清楚地出现了，"感谢上帝！"他仅说了这么一句就停止了通话。

现在战斗结束了，突然间巴顿的通信也恢复了。早上7时38分，艾森豪威尔收到一张电报，上面只有十二个大写的字："顷接巴顿报告，卡萨法军投降。"巴顿只用了五分钟，就把情况告诉了艾克。

其实，与以后发生的战斗相比，这不过是一次小规模的战役。美军仅有3万人参战，陆海军阵亡530人，伤637人，失踪122人。法军损失数字不详，但估计比美军大得多。从战斗的全部过程来看，反映出刚刚参战的美军缺乏实战经验，加上形势变化无常，事先得到的情报极不准确，敌人的态度变化多端，通信的失灵等因素，巴顿将军远远没有处于最佳作战状态，整个战役也就显得没有什么章法。

美军之所以能最后取胜，除了法军内部反战情绪强烈等因素外，主要应归功于巴顿及其下属指挥官安德森将军、哈蒙将军和特拉斯科特将军的胆略和主动精神，他们临危不乱，遇险不惊，在孤立无援的困境之中各自为战，完全依靠自己的力量和谋略，机动灵活地指挥部队，圆满地完成了预定的战斗任务。通过这次战役获得了实战的经验，这对于整个大战都具有深远意义。

>> 蹩脚的临时"总督"

11月12日，巴顿再次来到"奥古斯塔"号旗舰，准备把司令部搬到卡萨布兰卡。当他与该舰正式告别时，水手们自发地在甲板上列队欢送，气氛热烈而真挚，对于非海军部队的指挥官来说，能得到这种礼遇还是罕见的。与此同时，国内的美国人也在为巴顿大声喝彩，北非登陆战役的胜利使他名声大噪，成了家喻户晓的英雄。

在法国人投降之后，巴顿曾经力图"防止和减轻"对那些因帮助盟军之"罪"而被诺盖监禁的法国人的迫害。贝图阿尔将军的处境尤其引起他的同情。为此，他建议制订一项政策，内容的轮廓包含在他11月14日给艾森豪威尔的备忘录中。

"法国陆军的贝图阿尔少将，"他写道，"和一批法国军官在美国部队到达前，采取了措施，以确保我军能够受到友好接待，并使登陆不会遭遇抵抗。现在，贝图阿尔将军和他的支持者被诺盖将军严密监禁。"

接着，巴顿叙述诺盖的"论点"，并把自己的意见告诉艾森豪威尔。

"法国人的观点如下，"他写道，"贝图阿尔将军所采取的行动直接违背了上级的命令。法国人认为，如果要维持纪律，要迅速、彻底地贯彻可能签订的任何协定，这种行动必须受到制裁，如果允许一个军官违抗命令，其他人也就会仿效。我的意见如下：贝图阿尔将军以及和他一起工作的军官是我们的朋友，他们为了我们的利益表现英勇，冒了很大的风险。为了支持我们的朋友，为了使我们自己不失面子，必须确保贝图阿尔将军及其追随者受到保护。"因此，他在给艾森豪威尔的备忘录中最后明确地写道：

"我认为，任何帮助过这次远征的军官都应该受到保护和鼓励，这一点是最重要的。"

巴顿根据他的信念迅速采取了行动。他指示诺盖释放关在梅克内斯的贝图阿尔和他的一小部分同伙，并安排他们马上离开摩洛哥。这的确是刚刚抢在刽子手诺盖之前的一步。即便这样，巴顿的"信念"也只是照顾了贝图阿尔和他的少数朋友，巴顿没有继续"保护和鼓励"其他亲盟军的人，他们最终成了诺盖将军报仇泄愤的牺牲品。

正当巴顿为北非登陆的成功而沾沾自喜的时候，他忽然得到消息：他没有得到晋升，而他本来就十分忌妒的马克·克拉克★却被晋升为三星中将，以表彰他在制订"火炬"计划和

∨ 盟军司令艾森豪威尔（左）与法国政府代表达尔朗（中）及克拉克将军在一起。

↑

★马克·克拉克 (1896~1984)
美国上将，毕业于西点军校。参加过第一次世界大战，曾在美军总参谋部任职。1942年7月起任驻欧洲美军司令，是年10月到达阿尔及利亚，为盟军在北非登陆做准备。登陆时，任艾森豪威尔的副手。1943年至1944年底，任驻北非和意大利的美国第5集团军司令，此后至大战结束任驻意大利盟军第15集团军群司令。战后任驻奥地利美军司令。朝鲜战争期间曾任联合国部队司令，1953年退役。

与达尔朗秘密谈判中所建立的功绩。巴顿对此感到十分失望。主要原因，与其说是妒忌，倒不如说是巴顿对前途感到悲观。因为他已得到消息，近期将组建一个新的司令部，并扩充为第5集团军，巴顿对这个集团军司令的位置十分感兴趣。但要想取得这一职位，必须首先获得中将军衔。陆军部长史汀生曾向他透露，他是一个合适的人选，有可能被晋升为中将，指挥第5集团军。但此时克拉克却捷足先登，很有可能获得这个职务。这时，在巴顿的军旅生涯中，前程似乎又变得捉摸不定，阴云密布。

同样使巴顿难以忍受的是，随着战斗的胜利，他已经远离了战火纷飞的战场，生活在法属摩洛哥投降后安宁而庸俗的社会之中，这将会使他失去建功立业的机会。他在给妻子的一封信里写道："我要出人头地，而只有战斗才能给予我这点。我有一个使命……什么也阻止不了我。等待是令人难忍的，我现在太渺小了。我无所事事，似乎会永远如此。"

尽管对克拉克的晋升心怀不满，但他仍然表现出宽容的气度，主动向克拉克表示祝贺，他在给克拉克的电文中写道："请接受我对您的晋升以及您在这次行动中的杰出贡献表示真诚的祝贺。"

11月15日，巴顿又给在直布罗陀的艾森豪威尔发去一份备忘录，详细概述了同投降后的"法国当局""合作"的前景，这份备忘录充分显示了诺盖是如何成功地把刚刚征服他的巴顿诱入其圈套的。

巴顿写道："诺盖将军给人的总体印象是，他最急于各种方式的合作。诺盖将军原则上同意所有以我的名义提出的条件，事实上他同意得太快了。我相信，他是一个容易表示同意的人，但可能深深不执行自己所同意的事情。"

接着，巴顿却按照诺盖的观点介绍了摩洛哥的形势。

"诺盖将军主动提出，如果敌人从北面威胁摩洛哥，他将立即采取军事措施反对西班牙人的任何入侵。他建议抵御德军空袭，用法国人员来配备防空设施。"

诺盖散布了一个谣言，巴顿却不加批判地将此转达给了艾森豪威尔。

巴顿写道："我的代表们通知他，据收到的报告，摩洛哥很不稳定，亲美活动受到镇压。诺盖将军声称，这些消息不准确，他说摩洛哥的形势十分稳定，只不过在犹太人当中有些骚乱。诺盖将军说摩洛哥的犹太人是社会的最底层，他们指望在美国远征军来到的时候能够接管这个国家，他们正在煽动人们反对法国当局。他还说，这些人正被控制起来，这是不费吹灰之力的事情。"

他也提到贝图阿尔将军的问题。诺盖承认"他本来打算在 11 月 11 日之后的一两天内就审讯贝图阿尔"。但是，巴顿又告诉艾森豪威尔，诺盖"已经重新予以考虑，认为推迟一下也许是可取的。"

在与投降后的法国当局的会谈中，讨论完报刊检查制度和货币兑换比率等问题后，巴顿的代表提出"有亲美表现的人遭逮捕"的问题。诺盖答应，凡因亲盟军活动而被扣押的人，只要巴顿就"每一个人"提出具体要求，便"立即予以释放"。但诺盖是有保留的，补充说，"这方面的情况还不能说是令人满意的，因为还需要过一段时间，才能把被捕人员的消息适当地通知美国当局。"

这是转折点。诺盖开始索取他给予"合作"的代价。对那些应该释放的纯粹的政治犯进行区别是要花时间的，因为这样做需要依靠了解法属摩洛哥政治的可靠的人的咨询。但是，巴顿周围那些"可靠的人"——法国人、摩洛哥人和美国人很快就被撤换了，换上了一批愿意同维希分子"合作"的人。一批全新的美国人代替了那些过去曾经在摩洛哥为美国利益服务的人。尽管弗雷德里克·卡伯特从战略情报局的代表中，被挑来作为领事人员任巴顿将军的民政副顾问，享有广泛的权力，然而总的来说，这些人员没有被有效地使用来实施盟军入侵后的管制准备。

到 11 月 19 日，巴顿决定了问题的解决办法。他决定让诺盖一伙继续掌权。为此，他写信给艾森豪威尔将军说，"反对诺盖的集团既没有足够的人员，也没有足够控制摩洛哥的能力，即使把任务交给他们也是枉然。"

在 1942 年 11 月 15 日至 1943 年 2 月 15 日之间，巴顿将军在占领中写的信件读起来，像是一位充满幻想的旅游者写的旅游见闻，而不像是一位胜利的英雄和大军的指挥官，而且战争才开始不久。

从某种意义上讲，这些信件反映出一种对问题的严峻现实情况的逃避主义，巴顿对这些问题既没有十分掌握，也没有足够的判断能力和解决的力度。作为美国在这个国家的"总督"，巴顿在工作中面临着一切现实的困扰，这是个复杂的国家：封建主义、殖民主义和熙熙攘攘的商业文明并存，商业文明相当现代化，而封建主义和殖民主义则与这样的时代精神格格不入。巴顿想在他称为"一半是好莱坞，一半是圣经"的这个偏僻的非洲国家寻求躲避现实，因此，这类就职变成了一种受别人指引的旅行，基本是带错方向的旅行，这是一种极好的消遣，使巴顿思考战争的大脑一时间不再专心考虑征服后的甚至还有战争亟待解决的各种问题。

巴顿在摩洛哥的这段生涯，被某些人认为是他一生中"不体面的一页"。他的传记作家法拉戈也认为，巴顿的这段生活令人无法理解，他写道："在巴顿的戎马一生中，这是一段奇怪的、几乎不可捉摸的插曲。该做的事堆积如山，时间又这么少，而一生渴望战斗的巴顿，却似乎满足于他的首次而不全面的胜利所带来的荣誉。"

巴顿是从1942年11月16日开始隆重地履行他的职责的。11月22日，巴顿参加了摩洛哥国王登基的盛大典礼，典礼中举行了大规模的阅兵式。12月8日，他在拉巴特与诺盖共进午餐，并与国王的首相，一位92岁高龄的老人，进行了单独会谈。

12月19日，巴顿参加了拉巴特的盛大的"羊节"，并在王宫受到非常的欢迎仪式。

1943年1月12日，他再次对国王进行了礼节性拜访，王宫为他铺上了红地毯，载歌载舞。

刚刚打响的战争，对他来说似乎已经结束了。他满足于在异国所起的作用，这使人想起奥斯曼的帕夏，他们以自己特有的东方式的放任主义在20世纪初统治了世界很大的一部分地区。他的部队已经开往卡萨布兰卡和拉巴特之间的一片软木森林中露营。他的办公室却迁到了卡萨布兰卡闹市区豪华的壳牌石油公司大楼里，用最高的美国标准来衡量，这里的条件也是足够优越的。他把他的私人住宅从米拉玛饭店搬到卡萨布兰卡专供达官贵人居住的郊区的一座优雅的别墅里。他每天乘坐一辆大型的帕卡德轿车，车子装有专用的喇叭，喇叭一响，几公里之外就知道是巴顿要来，而他的车身上则装饰有一切能够表明他的军衔和地位的标志……在这个"一半是好莱坞、一半是圣经"的世界里，巴顿似乎已经完全融合进了这种纸醉金迷、浑浑噩噩的社交圈子之中了。

战争似乎已经退居次要地位。巴顿的司令部变成了一个社交中心，酷似一个豪华的宫廷。这是一个不协调的景象。在当时，第二次世界大战正处在最激烈的时期，斯大林格勒的战斗正在如火如荼地进行，在的黎波里塔尼亚，亚历山大和蒙哥马利正在同隆美尔酣战不息。在突尼斯，美军同空运来阻止盟军前进的德军和意军增援部队日夜激战。大西洋战场的战火继续激烈燃烧，德意日法西斯仍然十分嚣张……然而，在摩洛哥，一切都很平静和欢快。按说每个征服都会制造一种沉默的局面，但是，这次征服却在战争环境中创造了"乐园"——香槟晚会、纸醉金迷的社交活动和豪华铺张的游行庆典……

巴顿此时就像生活在一个与世隔绝的国度里。他是美军在摩洛哥的最高代表，实际上是这里的太上皇，至少在表面上处处受到礼遇和尊敬。他与法国人、土著统治者保持着良好的关系，而这些人也在随时随地讨巴顿的欢心。特别是诺盖，他对巴顿的阿谀奉承有时表现得相当夸张和肉麻。而巴顿也似乎对加入当地的上流社会十分感兴趣，经常对法国人进行回访，出入摩洛哥宫廷，参加各种仪式、豪华宴会、舞会以及游猎，津津有味地品尝法国烹调、阿拉伯菜肴、当地的野味，进行各种寻欢作乐……

这种现象的出现反映了巴顿性格中软弱的一面：爱慕虚荣、奢华和享乐，对政治问题缺乏深刻的理解和远见。但同时也应该看到，所有这些仅仅是一种表象。巴顿在摩洛哥的这种生活方式，首先是为了以实用主义的手段达到稳定摩洛哥政局和秩序的目的，此外，他把这种荒诞的生活作为一种麻醉剂，以慰藉他极度失望的内心世界，填补心灵上的巨大空虚。他原以为，登陆成功后他会很快得到重用，参加更大的战斗，但没有如愿以偿。他没有得到晋升的机会，眼睁睁地看着克拉克晋升为中将，很快又被委任为第5集团军司令，这对他不啻是一个沉重打击。他认为自己作为一个伟大军人的希望完全破灭了，他已经被这个世界遗忘了。他在一篇日记中表示：恨不得在一场飞机失事中"痛快地死去了事"。

然而，巴顿并没有真正放弃继续参战的希望。在征服之后，他的司令部工作努力，进展很快：清扫短暂战役的战场，开放港口，把摩洛哥变成盟军今后作战的坚固基地并训练部队。为此，他组织扩建了机场，改善了后勤供给系统，对刚刚来自美军的新兵进行了强化培训。为了扩大自己的力量，巴顿还有另一个打算：把法军转变为盟军力量的一部分。因此，他对法军采取了笼络和积极使用的方针。根据他的要求，法国军队担负起保卫铁路、公路和桥梁，加强防空力量和抵御西属摩洛哥军队入侵的任务。

但是，巴顿是个纯粹的军人，并不是一位精明能干的政治家。在政治上，可以说他是十分幼稚的。法国亲纳粹分子狡猾地利用了巴顿的这一弱点，暗中培植自己的势力，任用亲信，打击异己。这样一来，不仅使摩洛哥的纳粹势力重新抬头，也给巴顿的名誉和前途都蒙上了一层阴影。

法国驻摩洛哥的最高长官诺盖是个地道的亲纳粹分子。由于巴顿过分信赖诺盖，让法国法西斯分子和亲纳粹分子组成的诺盖集团继续掌权，为所欲为，同时还允许他们继续迫害爱国的法国人，这一切使诺盖的气焰很快就嚣张起来。巴顿实际上成了诺盖的保护人，把诺盖视为必不可少的代理人，诺盖可以控制当地居民，而摩洛哥的法国人一般持友好或中立态度。

在摩洛哥的这一反常现象很快传到了海外，引起美英两国政界的极大关注，也招致广大进步人士的强烈抗议。英国特工人员已经把摩洛哥的情况和巴顿亲诺盖的情况向温斯顿·丘

吉尔做了报告。丘吉尔"痛心地发现，我们宏伟战役的胜利……在我最好的许多朋友看来，由于一笔同我们最凶恶的敌人所做出的卑鄙肮脏的交易，而变得黯然失色。"

早在11月17日，他就向罗斯福总统表示了震惊，但是总统打消了他的担忧，开玩笑地引用了一句他称之为巴尔干人的古老的东正教格言："我的孩子，在最危险的时刻，你可以和魔鬼同行，直至你走过桥去。"

英国政界要人的干预和舆论界的抨击使巴顿的声望受到很大影响，也给他未来的事业带来种种不利。但这一切并没有危及巴顿在军界的地位，也没有影响他继续为盟军效力。因为巴顿是幸运的，虽然他的行为遭到广泛的怨恨，但他在美国陆军有一些真挚的朋友和强有力的支持者。史汀生、马歇尔和艾森豪威尔等陆军要人了解巴顿的为人，他们清楚地知道，巴顿是一员不可多得的战将，在未来的艰苦岁月里，还有许许多多重大的战斗在等待着他，不能因为他政治上的不成熟而终结他的军事生命。况且他们认为，稳住法属摩洛哥对战争的全局是利大于弊的。

虽说有友人相助，但巴顿仍然感觉到了事态的发展对自己不利，而且他对于这么长时间地无所事事已感到厌倦了，他在私下里大声抱怨："我对于呆在这里已经烦透了。"于是，他开始暗中收集有关前线作战的第一手资料。他曾经访问过突尼斯前线，做了实地调查，了解到战场上存在的许多问题，例如，运输补给工作跟不上、机场太少、在盟军中作战的法军缺少现代化装备、战术呆板、协同不力以及盟军坦克部队中存在的大量问题等等。回到摩洛哥后，他对这些问题做了透彻的分析，并研究了加以解决的办法。虽然这全是纸上谈兵，但对他日后指挥作战是大有裨益的。

闲置的时间越长，巴顿对命运的悲观情绪就越大，对几位上司也逐渐产生了怨恨。他认为艾森豪威尔和克拉克缺乏勇气，才能平庸，他们的指挥"十分愚蠢""工作一团糟"，他们的命令常常"自相矛盾"。他还曾经在私下里大骂："这两个漂亮的家伙对战争和士兵全都一无所知，他们全是亲英分子！"但这只不过是排遣一下他心中的积怨，在公开场合，巴顿仍然对他们十分尊重，他清楚，正是这两个人目前掌握着他的命运，用他的话说：艾森豪威尔是他的"命运之神"。

1943年初，北非的战局变化不大，美国陆军参谋部对驻北非美军的领导层进行了充实调整。2月，参谋部又派奥马尔·布莱德雷出任驻北非的战地代表，协助艾森豪威尔工作。

∧ 卡萨布兰卡会议期间，美国总统罗斯福、英国首相丘吉尔与美英高级将领合影。

1943年1月中旬，美英两国首脑罗斯福和丘吉尔及其主要军事顾问，在卡萨布兰卡召开重要会议，但斯大林因斯大林格勒战役进入关键阶段，无法与会。这是盟国首脑继"阿卡迪亚"会议★后的又一次重要会议，历时10天。会议内容是了解战地情况，确定1943年的作战方针。会议做出了一系列重大决定：双方同意下一步进攻意大利的西西里岛，而不是法国；规定了两国在地中海战区和太平洋战区配置人力、物力资源的比例；恢复了两国于1942年6月开始的关于研制原子弹的绝密会议；还决定，任命艾森豪威尔将军为盟军总司令。会议结束时，罗斯福在记者招待会上提出了"无条件投降"原则。作为东道主，巴顿忙里忙外，把会议安排得井井有条。会议地点安排在市郊的一所大旅馆中，几位大人物住进了附近的豪华别墅，并制订了严格的保安措施。巴顿的准备工作使与会者十分满意，他们一再夸奖主人的工作"十分出色"。

会议期间，巴顿还别出心裁地安排了几次海滩旅游，以缓和一下紧张的生活节奏。丘吉尔对这种旅游十分感兴趣，并留下了深刻的印象。他后来在回忆录中写道："我们在岩崖和海滩上做了几次愉快的散步。惊涛拍岸，卷起大片白云状的泡沫，这使人难以相信竟会有人能从海面登上滩头。没有一天是风平浪静的，高达4.5米的巨浪以山呼海啸之势冲击着巨大的岩崖。难怪有那么多的登陆艇和小艇连同艇上人员被弄翻了呢。"这段话充分说明，巴顿部队不久前在这里的登陆战役打得是多么艰难。

巴顿虽没有资格参加会议，但他有机会和与会的大人物

★"阿卡迪亚"会议

阿卡迪亚是1941年12月至1942年1月第一次华盛顿会议的密语代号，意思是"世外桃源"。该会议是一次英美首脑会议，也是美国总统罗斯福和英国首相丘吉尔在世界大战期间的一次重要会晤。会议期间，英美两国决定建立盟国参谋长联席会议，并曾制订在西北非或法国登陆作战的初步计划。美国还倡议由所有对轴心国作战的同盟国家签署一项共同宣言，这就是《联合国家宣言》。会议对同盟国关系的巩固和加强起到了重要作用。

交谈或共餐。罗斯福和马歇尔对他都十分真诚友好，他们称赞巴顿的部队英勇善战，军纪严明，并对他的热情接待表示感谢。而巴顿则乘机向他们表达了参战的愿望。会后，根据会议精神，盟军司令部做出决定：征服突尼斯之后，美国英军队将联合进攻西西里，双方各出一半兵力。美国军方决定，由巴顿指挥参战的美军部队。

巴顿终于如愿以偿了。他即将走出这庸俗透顶的生活圈子，奔向广阔的欧洲战场，去一展宏图。他异常兴奋，暗下决心，要步古代雅典人、迦太基人、罗马人和拜占庭人的后尘，踏着伟大统帅尼西亚斯、汉尼拔、西庇阿等人的战斗足迹前进，取得永垂青史的功勋和荣誉。当然，他也十分了解他面前的困难，但他坚信："我将吉星高照，谁也不能阻挡我前进的步伐！"

然而，就在巴顿陶醉于能够参战的喜悦中时，突尼斯战场传来了坏消息：弗雷登德尔的第2军遭到了隆美尔统率的德意军队的沉重打击，损失惨重。

隆美尔早已揣摩到了盟军的战略意图，于是抓住了盟军在突尼斯立足未稳的时机，发动了"卡塞林山口战役"，连续向美法部队发动了两次突击，想一举把他们赶出突尼斯。第一次突击发生在1943年1月30日，作战地点在法伊德；第二次发生于2月14日，主要是进攻卡塞林山口。这次战役使美法军队严重受挫，隆美尔将他们从东多塞尔山口赶到西多塞尔山口，沉重打击了奥兰德·沃德的第1装甲师，并企图将美法军队驱逐出突尼斯。此后，隆美尔继续扩大战果，在斯比塔山口等地再创盟军。

在此次战役中，仅美军就伤亡3,000多人，被俘3,700人，损失坦克200辆，巴顿的女婿约翰·沃特斯也成了德军的俘虏。这是美军在北非战场遭到的第一次惨败，它震惊了整个世界，舆论为之哗然，也使许多人对美军的作战能力公开表示怀疑。为此，盟军地面部队司令英国的亚历山大将军视察了前线，他认为，美军的战斗素质很差，难以胜任大规模的战斗。他向艾森豪威尔建议，派出美军最优秀的军官，取代弗雷登德尔将军。

这时的巴顿正在摩洛哥炫耀个人的美差，到他访问马拉喀什地方长官时达到了高潮。但这注定是他最后一次消遣的机会。3月4日，外出指挥演习的巴顿突然接到一份急电，艾森豪威尔命令他立即到阿尔及尔报到。这份艾森豪威尔的急电，把巴顿重新召回到他喜欢称为的"不可抗拒的命运"中去。对于巴顿来说，这又是一个天赐良机。

∧ 时任盟军地面部队司令的亚历山大将军（右）在北非视察。

01

王储被刺引发世界大战

1914年6月28日，奥匈帝国王储斐迪南大公和他的妻子在萨拉热窝的大街上遇刺后中弹身亡。行刺他们的是一名年轻的塞尔维亚民族主义者。这次暗杀事件，破坏了欧洲本来就难以保持的平静，各国迅速武装起来，积极扩军备战。一个月以后，奥匈帝国以"萨拉热窝事件"为由对塞尔维亚宣战，至8月6日，分属两大阵营的欧洲各主要国家先后相互向对方宣战，第一次世界大战全面爆发。

十月革命

1917年11月7日，俄国十月革命全面爆发。11月7日下午5时，起义的工人和士兵包围了冬宫。接着，赤卫队和革命士兵向冬宫发起总攻，到8日凌晨2时，冬宫全部被攻占。至11月16日，苏维埃政权在莫斯科确立。十月革命产生了世界上第一个无产阶级专政的国家，开辟了世界无产阶级革命的新时代和殖民地半殖民地在无产阶级领导下进行民族民主革命的新时代。

retrieval

美国国会通过选征兵役制

1917年5月18日，美国总统威尔逊将一条新的法案写入法律，要求美国所有21~30岁的男子，在可能条件下登记报名到美国军队中服役。这项为人所熟知的"选征兵役草案"计划征兵50万人，以参加对德作战。这项草案于当月在国会通过，但并非没有反对票。少数持反对意见的议员争论说军队征兵应当以自愿为前提。随后，大约有1,000万男子将登记注册。他们的名单将写入轮流的应急人员名单中，从中要抽出前50万人参加作战。

巴黎和会召开

第一次世界大战结束之后，有关国家在法国首都巴黎凡尔赛宫召开了解决战后和约问题的大型国际会议。出席会议的国家是世界大战战胜国阵营中的27个国家，中国作为战胜国参加了和会。会议所讨论的主要问题是建立国际联盟问题、德国疆界问题、德国赔款问题、中国山东问题等。1919年6月28日，与会各国代表与战败国德国代表签署了《凡尔赛和约》，此后战胜国与德国又签署了一系列的和约。这些和约形成了战后的凡尔赛-华盛顿体系。

缔结《凡尔赛和约》

1919年6月28日，在巴黎和会上，英法美日意等国与德国在法国首都巴黎西南凡尔赛宫签订了一项和约，史称《凡尔赛和约》。1920年1月20日正式生效。和约共包括15部分，440条。主要涉及国际联盟问题和对战败国德国的处理问题。以《凡尔赛和约》为主体的战胜国对战败国所签署的和约，构成了战后欧洲国际关系的新格局，对其后20年间的战后欧洲国际关系的发展和变化有着深远的影响。

Λ 召开巴黎和会的凡尔赛宫全貌。

凡尔赛-华盛顿体系形成

第一次世界大战结束之后，以英、法、美等帝国主义国家通过一系列国际会议和国际条约建立了一整套帝国主义和平体系，史称凡尔赛-华盛顿体系。该体系确认了帝国主义战胜国在欧洲、远东以及太平洋等一系列战略地区的力量对比关系，确定了第一次世界大战后国际关系的总格局。它对20世纪20至30年代的国际关系格局产生了极为深远和重要的影响，既巩固了帝国主义战胜国的既得利益，又使资本主义世界获得了暂时的和表面的和平。

国会纵火案

纳粹党阴谋策划的打击德国共产党和进步人士的一起严重事件。1933年2月27日，国会议长戈林派柏林冲锋队队长带领一小队冲锋队员，通过戈林官邸的地下通道进入国会，放火焚烧了国会大厦。28日，戈林发布公告，诬陷纵火事件是共产党发动武装起义的信号。德国政府开始大肆逮捕和迫害共产党员和进步人士。3月23日，国会通过《授权法》，授予希特勒政府享有独裁权利。希特勒以此为契机建立起纳粹党的法西斯独裁政权。

retrieval

03

∨ 被焚毁的德国国会大厦。
∨ 绥靖议的代表人物之一，英国首相张伯伦。

绥靖主义出台

第二次世界大战前，以英国首相张伯伦和法国总理达拉第为代表的西方大国统治集团，对德意日法西斯采取姑息、退让、妥协、纵容的政策，被称为绥靖政策。20世纪30年代以来，德意日三国对外侵略扩张，严重威胁和侵犯了英法美的既得利益和霸权地位。英法等国为了维持现状，总是企图牺牲弱小国家的利益与侵略者妥协，而不敢与侵略者正面对抗。1938年9月30日签订的《慕尼黑协定》是绥靖政策的典型表现。

惨烈的瓜岛争夺战

1942年8月7日，美军1.6万名海军陆战队队员在所罗门群岛的瓜达尔卡纳尔岛登陆。在接下来的6个月中，美军与日军在瓜岛进行了激烈的争夺战。由于日军拒绝投降，又由于双方是面对面的战斗，且经常是肉搏战，从而使这场战斗非常残酷。到1943年2月日军投降时，日军损失2.1万人，美军损失2,000人，澳大利亚军损失1,000人。瓜岛战役是二战中最为惨烈的战役之一。

盟军远征军阿尔及尔登陆战

1942年11月8日晨，由英美军队组成的盟军北非远征军东部特混舰队，在英国将军赖德的指挥下，在阿尔及利亚的阿尔及尔实施登陆。由于维希法国军队驻阿尔及利亚的马斯特将军等5人准备迎接盟军登陆，预先将当地的法国军政要员逮捕，组织了一次成功的暴动，使法军防御系统陷于瘫痪，所以盟军登陆上岸非常顺利。当日傍晚，驻阿尔及尔的法军向盟军投降，盟军随即控制了阿尔及尔。

盟军在北非登陆

1942年11月11日，盟军在艾森豪威尔的指挥下，成功地在法属北非登陆，控制了这一地区。罗斯福总统高兴地说，美国在北非的胜利，成功地阻止了德国和意大利向那里派遣更多的军队。他还说，苏联将会因开辟第二战场得到援助。在伦敦，丘吉尔在宣布英国在北非取得的胜利的时候说："由于它的本身的意义，在埃及的战斗，必须被认为是历史上的胜利！"

< 在瓜岛登陆准备与日军决战的美海军陆战队士兵。

第五章

铁蹄踏碎地中海

1885-1945 巴顿

巴顿的传记作家 H·埃塞姆对此评论道："得出如下结论是正确的，即在此关键时刻巴顿的战术直感是准确的，而亚历山大则是失误的。如果他现在授予巴顿而不是蒙哥马利夺取主要公路网的重任，那么西西里岛战役可能会缩短几周时间……"

★马雷斯防线

第二次世界大战前法国军队在北非构筑的一处筑垒地区,目的在于掩护从利比亚至突尼斯的主要通道。该筑垒线从 1934 年开始兴建,1939 年竣工,长约 25 公里。第二次世界大战期间被德意北非联军占领并加以防守。1943 年 3 月,英国第 8 集团军在实施突尼斯战役的过程中未能突破该防线。后英军从筑垒线翼侧迂回,终于在当年 3 月底迫使敌军放弃了该筑垒地域而向北撤退。

>> 一切为有仗可打

美军在卡塞林山口战役中惨遭失败,要求撤换第 2 军军长弗雷登德尔的呼声四起,使心肠柔软的艾森豪威尔左右为难,拿不定主意。于是,他亲自飞往特贝萨,实地了解情况,广泛征询意见。最后他得出结论:情况相当糟糕,撤换弗雷登德尔已是势在必行。于是,他立即电告他的参谋长史密斯将军通告巴顿待命。

1943 年 3 月 5 日下午,巴顿等人乘坐的飞机在阿尔及尔附近的迈松·布兰奇机场着陆。碰巧,艾森豪威尔也刚从特贝萨飞回阿尔及尔,而史密斯少将和布彻海军中校则到机场迎接艾森豪威尔,于是他们立即在机场开了一个会,向巴顿交代任务。

根据艾森豪威尔的指示,巴顿应立即走马上任,接管第 2 军。他必须竭尽全力恢复美军的士气和纪律,提高他们的军事素质和作战能力。巴顿并没有对此感到有多大压力,使他颇感不快的是,艾森豪威尔严厉地要求他与英军通力合作,并接受英国亚历山大将军的第 18 集团军群的指挥,按他制订的作战方案行事。巴顿想到,这一方面需要自己竭力自我克制,以免由于自己的火暴脾气而影响两军的关系;另一方面还要甘心充当配角,因为按照亚历山大的计划,第 2 军只能对蒙哥马利第 8 集团军的行动起辅助作用。这使巴顿感到愤愤不平,尽管蒙哥马利在北非已是一位家喻户晓的英雄,但巴顿并不认为他有多么高明。

当天下午 4 时 30 分,巴顿来到伊斯坦布尔第 18 集团军群司令部报到,并马上会见了司令官亚历山大,两人进行了彻夜长谈。亚历山大向巴顿详细介绍了他的任务:大约两个星期后,蒙哥马利的部队向隆美尔的马雷斯防线★发动进攻,届时,巴顿部队的任务是支援蒙哥马利穿越加贝斯平原的行动，因此他要尽可能多地牵制轴心国的部队。为了避免重蹈卡塞林山口战役的覆辙，也是由于亚历山大仍对美军的作战能力持怀疑态度，他对巴顿部队的行动做了周密部署：从西多塞尔推进到东多塞尔，夺取通向加贝斯道路上的咽喉加夫萨质领梅克纳西。一言以蔽之，巴顿的任务仅仅是威胁海岸平原上轴心国部队的翼侧，推进到多塞尔为止。

虽然只能充当配角，但一听到要与德国人交战，巴顿仍然激动不已。每当提到"德国鬼子"，他总是显得咄咄逼人，怒不可遏，甚至痛骂一通。亚历山大喜欢巴顿的性格，但坦率地谈了他对美国第2军的印象，他对美军的"身心软弱、缺乏训练"感到失望，希望巴顿的到来能够彻底转变这一局面。这次会见是令人愉快的。

巴顿是3月6日正式接管第2军的，而亚历山大把进攻的日期定在3月17日，也就是说，他只有11天的时间整顿军队，进行战斗准备。当务之急是使萎靡不振的军队恢复士气，提高战斗力，任务是十分艰巨的。根据自己长期的治军经验，巴顿认为，一支纪律松懈、军容不整的军队是不会有所作为的。因此，他决心从整顿军纪入手，采取"不民主和非美国的方式"，对这群"乌合之众"进行严厉整顿。

他首先从严格作息时间抓起，并以身作则。到任后的第二天早上7点钟，巴顿按作息规定准时到食堂就餐，发现只有他的参谋长加菲来了。他当即命令厨师马上开饭，一小时后停伙，并发布命令："从明天起，全体人员准时吃饭，半小时之内完毕。"由于巴顿抓住了吃早饭这一环节，从而杜绝了军人上班迟到的现象。

接着，巴顿发布了强制性的着装令，规定：凡在战区，每个军人都必须戴钢盔，系领带，打绑腿，后勤人员亦不例外。这项命令还适用于战区的医务人员和兵器修理工。对于违反此命令者规定了罚款数额：军官50美元，士兵30美元。巴顿半开玩笑地说："当你要动一个人腰包的时候，他的反应最快。"

尽管如此，还是有些人不以为然，不断出现违纪现象。听到这一情况后，巴顿亲自带人四处巡视，把不执行命令的人强制集中起来，进行训斥，话语不免十分粗鲁："各位听着：我决不会容忍任何一个不执行命令的兔崽子。现在给你们一个选择的机会，要么罚款，要么送交军事法庭，并记入档案。你们自己看着办吧！"这些倒霉的士兵只好乖乖认罚。

尽管巴顿的这种作法招致许多人的反感和咒骂，但这样做的的确确

∧ 1943年，在阿尔及尔的盟军将领（前排左一是巴顿）。

震动了第2军，一扫过去那种松松垮垮的拖拉作风，精神面貌发生了巨大改观。对此布莱德雷写道："卡塞林战役以前舒舒服服的日子结束了，一个艰苦的新阶段已经开始……尽管改革没有使巴顿赢得众望，却在人们头脑中留下了不可置疑的印象：第2军的老板是巴顿。"

巴顿继续以他特有的方式激励他的部队。他乘着吉普车像旋风一样走遍了所有的辖区，老远就按响喇叭，显示自己的到来。他到处大哄大嚷，唾沫横飞地发表鼓动人心的演讲，向部队灌输"仇视德国鬼子的情绪"，其中夹杂着一些不三不四的脏话和下流用语。他跑遍了4个师的每一个营，督促军官，鞭策士兵，顺便还要检查军容风纪的执行情况。他的检查极为彻底，甚至连厕所也不放过，因为上厕所的人最容易忘戴钢盔。他鼓励官兵们要有攻击精神，像狮子一样残酷无情地打击敌人。号召他们"为人类进步事业而冲杀，但不是为之死亡"。虽然官兵们对巴顿这种稀奇古怪的做法一时还难以理解，但他的"高压电休克疗法"确实给他们留下了深刻的印象，并使他们与过去判若两人。

巴顿天生具有进攻精神，他最喜欢的一句军事用语是："最坚固的铁甲和最稳固的防守是不断地进攻。"因此，他对挖堑壕掩体嗤之以鼻，认为这是"胆小鬼的隐蔽所和坟墓"。为此，他在特里·艾伦师长的辖区里还干过一件蠢事，被传为笑柄。巴顿在视察艾伦部队时发现，部队为了防空需要挖了许多狭长的堑壕，因此他对艾伦十分轻蔑，一边大步走着，一边阴阳怪气地大喊："特里，哪一个掩体是你的？"当特里·艾伦把他的掩体指给他看时，巴顿走过去，掀开门帘就往里撒尿，同时还蛮横地嘲弄艾伦："你现在去享用它吧。"巴顿的这一兵痞举动使在场的人无不为之憎恨。

然而，巴顿必须残酷无情，因为时间不允许他动半点恻隐之心。只有采取非常规的、铁面无私的方式，才能将这群"乌合之众"锤炼成无坚不摧的战争机器。他的目的达到了。他已经把自己的战斗精神输入了这支部队，以自己的尚武精神激励了全体官兵。虽然有人恨他，但是官兵都很尊重他，并开始去仿效他，部队有了铁一样的纪律和秩序，士兵们恢复了自信和勇气。与此同时，他所要求的装备和物资也全部准时送到，并很快分发到各个部队。巴顿欣喜地看到，在短短的几天内，第2军的面貌已经焕然一新了，将士们装备精良，士气高涨，军纪严明。他们已被陶冶成了真正的军人，进入了他所说的"战斗竞技状态"。

1943年3月12日是巴顿值得纪念的一天，他被晋升为三星中将，他的喜悦之情溢于言表。但巴顿对此并不满足，他还有更为宏伟的人生目标。他在日记中写道："在孩提时代，我常常自称小乔治·巴顿中将，那时我还不知道有上将。

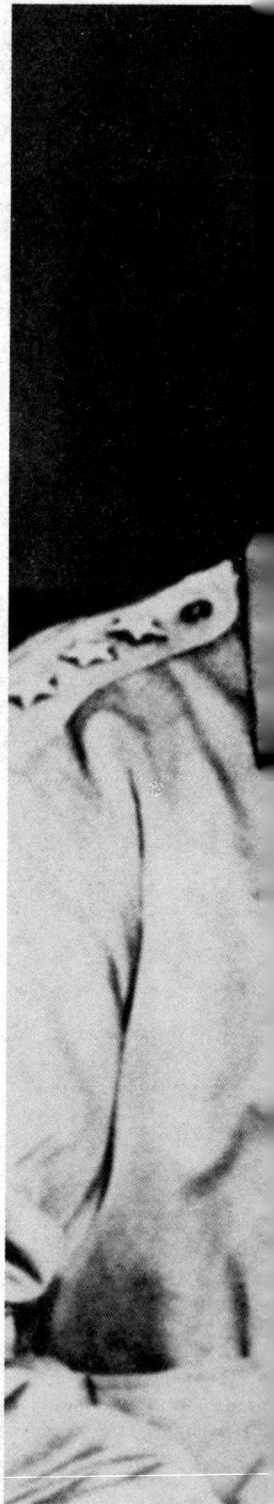

V 艾森豪威尔为巴顿别上三星中将将星。

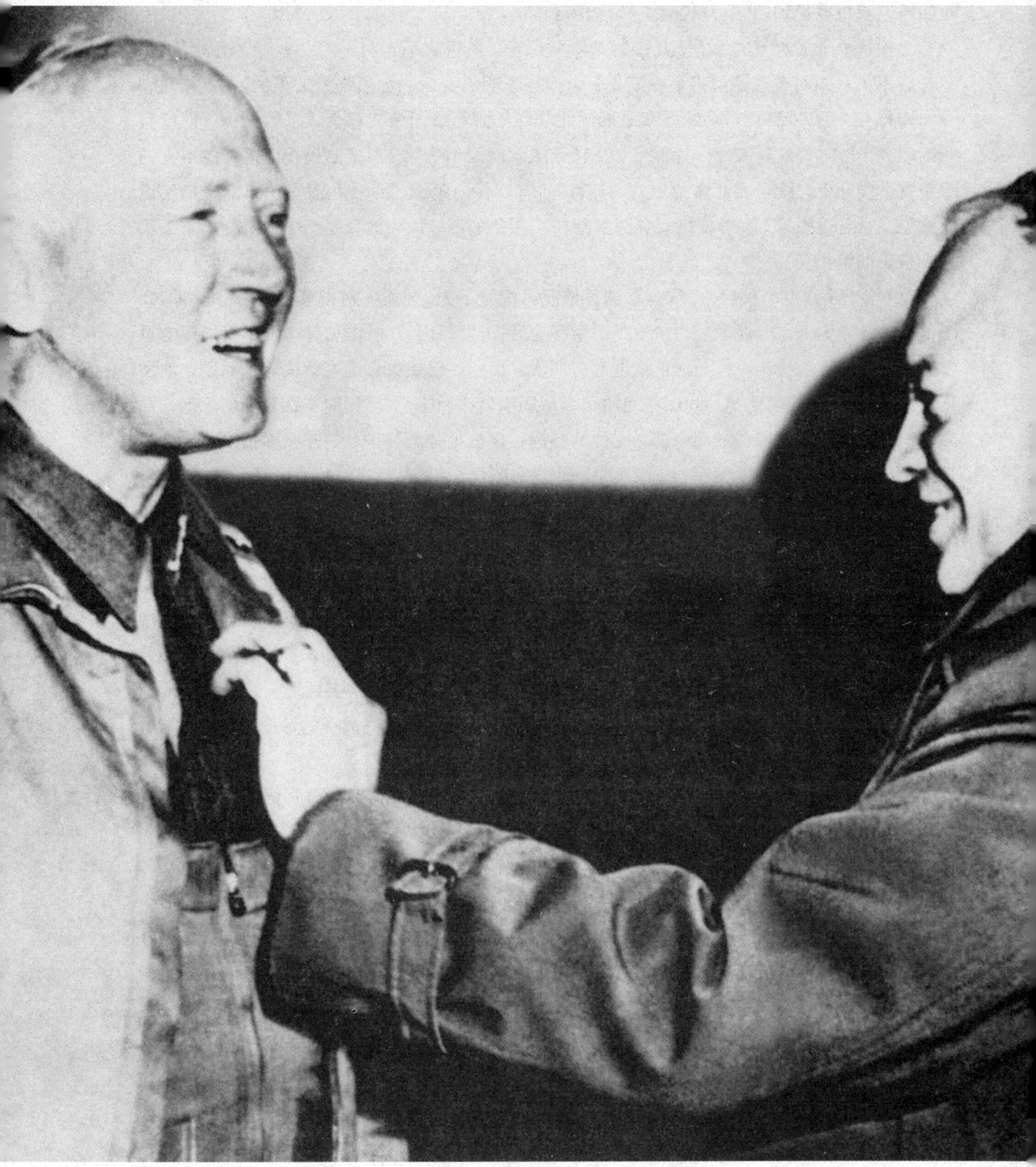

而如今，我想要得到四颗将星，我一定会得到!"

巴顿是个豪放直率的军人，凡事喜欢堂堂正正，最讨厌不光明正大之事。他就任第2军军长后不久，即对布莱德雷将军在第2军中暧昧不明的身份表示了强烈的不满。

1943年2月24日，布莱德雷奉命抵达北非，任盟军总司令艾森豪威尔的助手，但没有明确职务。当时突尼斯前线一片混乱，艾森豪威尔便派他去第2军了解情况，担任他本人的联络官。实际上，他是艾森豪威尔的"耳目"，有责任向前线司令官和盟军司令部提出建设性意见。但当时的第2军军长弗雷登德尔却并不买他的账，认为他只是一个"向总部的头头打小报告的情报员"。

巴顿继任第2军军长后，不能容忍这种情况再继续下去。他本人对布莱德雷评价很高，钦佩他的将才和为人。但他认为，在前线司令官身旁安插"耳目"的作法有悖于军事指挥的重要原则，会导致前线司令官无法正常地履行职责。因此，巴顿决心迅速解决这一问题，他发誓说："我不能让任何他妈的间谍在我的司令部周围转来转去。"巴顿向艾森豪威尔表示，要么让布莱德雷正式参加他的司令部，受他的指挥，要么把他调往别处，并明确指出，他希望布莱德雷留下来担任他的副军长，而不是一个"窃听器"。艾森豪威尔马上接受了这一建议。

从此，巴顿与布莱德雷——这两位美军最优秀的将领走到了一起，为打击万恶的法西斯强盗而并肩作战。他们两人虽然风格迥异，在具体问题的看法上经常发生分歧，但从整体来看，他们能互相取长补短，密切配合，是一对十分理想的搭档：布莱德雷是思想的机器，他沉着稳重，学识渊博，指挥若定，是一位有儒将之风的将军；巴顿则具有天赋的军人气质，豪放刚健，多才多艺，大刀阔斧，是一员力拔山兮气盖世的猛将。在第二次世界大战的关键时刻，他们同舟共济，互相鞭策，勇往直前，在世界战争史上传为佳话。

巴顿急切要参加战斗，在等待亚历山大将军下达要他投入首次战斗的命令期间，他的情绪也越来越急躁，不断地发脾气。

"为什么我们老是坐着无所事事呢？"在这段短暂的间歇期，他对布莱德雷说，"妈的，奥马尔，我们总得做点事呀!"

"耐心等一等吧，将军!"布莱德雷设法安慰他说，"你想要做什么呢？"

"随便什么都行，"巴顿解释说，"只要不是屁股不动!"

巴顿脾气大发的原因之一是，他要求获得更多更艰巨任务的希望破灭了。巴顿认为，目前第2军已经恢复了士气，战斗力也大大增强，所以亚历山大元帅应该给他一项更重要的任务。但是，在3月14日下达的命令中，亚历山大重申了巴顿部队仍担负原来的任务，并一再提醒巴顿：敌人可能对他的侧面发动反攻，在任何情况下都不要越过东多塞尔山口；行动要慢一点，切莫走得太远。巴顿对此十分恼火，尽管亚历山大三令五申，但巴顿并不打算完全照他的意思办。他暗下决心：给德意部队以毁灭性打击，取得令人瞩目的胜利，以雪卡塞林山口之耻。幸亏布莱德雷十分慎重，他一再告诫巴顿要顾全大局，处理美英间的盟友关系。

∧ 1943 年，巴顿在突尼斯。

> 蒙哥马利指挥的英军以被击毁的德军坦克作掩护伺机进攻。

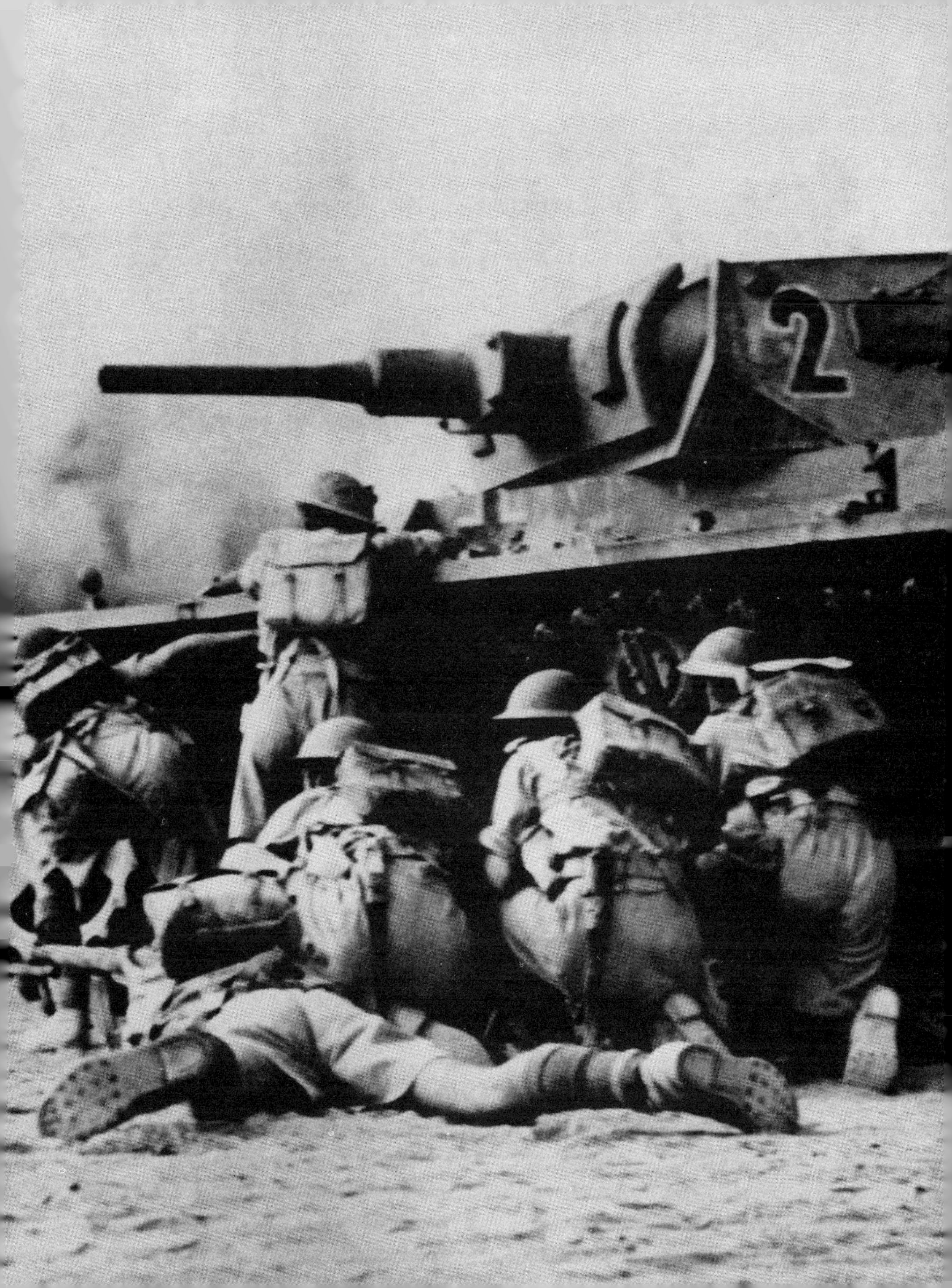
2

∧ 1943 年，巴顿（前右）与亚历山大（前中）、蒙哥马利（前左）在北非。

　　1943 年 3 月 17 日，即在蒙哥马利发动攻势的前三天，第 2 军按预定计划对敌人发动进攻。战役开始时，亚历山大和艾森豪威尔来到第 2 军指挥所督战。巴顿则亲临前线指挥，他随同第 1 步兵师一起向加夫萨推进。第一天的进展十分顺利，第 1 步兵师在滂沱大雨中行进了 72 公里，占领了加夫萨。18 日，第 1 突击营攻占了盖塔尔，敌军迅速溃退。这次胜利被美国新闻界大肆渲染，巴顿再次名声大噪。

　　但沃德的第一装甲师的进攻却遇到了麻烦，几天的大雨使地面变成了泥沼，坦克和卡车寸步难行，进展十分缓慢。巴顿大怒，用污言秽语把沃德臭骂了一通。此后，沃德的部队强行发起进攻，取得了有限的进展，夺取了斯塔欣－德塞内德。

　　3 月 20 日，经过猛烈的炮火准备之后，蒙哥马利指挥的第 30 军在海岸附近发起正面进攻。但由于地形复杂，攻击毫无建树。蒙哥马利当机立断，把左翼的佯攻变成了主攻。他命令新西兰军和第 10 军发动强大攻势，空军则用强有力的火力予以支援。蒙哥马利把这一行动称为"超级炸药"。鉴于这次行动需要五六天时间，他向亚历山大建议，让巴顿部队向海边进攻，以切断敌军从加贝斯到斯法克斯的重要通道。但亚历山大不愿让美军承担更大的风险，他交给巴顿的任务是：占领梅克纳西以东的东多塞尔山口，然后派一支轻型装甲部队摧毁东边 16 公里处的机场。巴顿此时正在为不受重用而烦恼，因而欣然接受。21 日，沃德装甲部队攻占了塞内车站，22 日，占领梅克纳西。这时，东多塞尔山口近在咫尺，只要沃德乘胜发动一次攻势，就可以一举夺下山口。但由于他优柔寡断，举棋不定，结果贻误了战机。很快，德国的第 10 装甲师开到了，挡住美军前进的道路。

与此同时，巴顿命令第 1 步兵师沿加贝斯公路向盖达尔以东快速挺进，进展顺利。但在 23 日上午，他们遭到了德军第 10 装甲师的袭击，该师在卡塞林山口战役中曾重创美军，大出了风头，这次又想重温旧梦。但美军毫不示弱，欲报这一箭之仇，战斗打得相当激烈。最后，德军无功而返。这是美军在北非战场取得的又一个胜利，它证明：第 2 军已经不是十几天前的那群"乌合之众"了。巴顿为他们的杰出表现感到十分骄傲，他自豪地指出："硝烟一散，我们看到没有一个美军士兵放弃阵地一步。"

但梅克纳西以东地区的战况颇为不利，第 1 装甲师的进展很缓慢。24 日晚，巴顿从第 1 步兵师前线返回后，发现沃德的坦克陷入岩石遍布的荒漠地带，进退两难。巴顿顿时火冒三丈，大骂沃德是个"胆小鬼""猪头"，命令他必须在明天上午率部进攻。沃德照办了，但遗憾的是火力不足，到了中午便不得不草率收兵。第 1 装甲师失去了战斗主动权。

战斗越来越激烈，部队的伤亡不断增多，士气也开始有所下降。巴顿认为，检验一个指挥官领导艺术的时刻到了。于是，他把艾森豪威尔要他注意个人安全的嘱咐置之脑后，亲自到前线指挥作战。他用各种方式鼓舞部队的士气，敦促指挥官们亲临战斗前沿，与士兵们一起战斗。他不断督促本森的突击队向前冲，直至"打到海边"。这支部队目前只有一个坦克营、一个反坦克营和一个装甲步兵连。4 月 7 日，巴顿到前线巡视，发现本森突击队被德军的地雷区挡住了去路，于是他不听部下劝阻，毅然驾驶吉普车在前面开路，穿过雷区，突击队得以继续前进。不久，本森突击队便与蒙哥马利的先头部队汇合了。

在整个战斗期间，巴顿对部队的要求比平时要严厉得多，特别是对主力部队和指挥官，他一再强调：如果哪个指挥官不能履行职责，立即撤换，决不姑息。然而真的碰到这种情况，他往往表现得优柔寡断，心慈手软。在对待人的问题上，巴顿还是相当慎重的，或者说，他缺乏高级指挥官应有的那种铁石心肠。对第1装甲师师长沃德的处理就是一例。在这次战役中，沃德的表现十分令人失望，多次贻误战机，受到巴顿的批评甚至责骂。但是当有人建议撤换沃德时，巴顿却犹豫了。他认为，无论怎么说，沃德还是一位有才干的指挥官，几次失误不能完全归咎于指挥不力，而是运气不佳，他已经尽力而为了。所以他迟迟不肯撤换沃德，希望沃德通过实际表现改变自己的形象。但第1装甲师的情况始终未能好转，自3月17日以来已经伤亡了1,500人。最后亚历山大不得不出面干预，要求巴顿解除沃德的职务。巴顿考虑再三才同意由哈蒙取代沃德，但他不愿亲自出面，把此事推给了布莱德雷。

的确，盖达尔战役取得了重大战果，它迫使德军将精锐第2装甲师调离马雷斯防线，从而大大帮助了蒙哥马利对阿卡里特河阵地展开的正面突击。决战的时刻到了。

但是，巴顿没有机会参加突尼斯战役的最后攻势了。4月14日，艾森豪威尔通知他：布莱德雷接替他出任第2军军长，他则回到摩洛哥继续负责制订进攻西西里的计划。这使得巴顿颇感失望。但他在4月16日接到马歇尔的电话后，很快就恢复了情绪，马歇尔告诉巴顿："你已经圆满地完成了任务，证明了我们对你的信任。"巴顿认为这是对他的最高奖赏，他仿佛看到命运之神又一次向他微笑了。

西西里岛位于意大利南部的地中海中，与意大利本土隔着狭窄的墨西拿海峡，最窄处相距仅4公里。岛的南面与北非的突尼斯隔着144公里的海面相望，战略地位十分重要。它扼地中海交通要冲，实际上将地中海分割为两大部分，自古以来便是兵家必争之地。突尼斯失陷后，意大利失去了西南部的重要屏障，该岛的战略意义便显得更为突出了。轴心国立即调兵遣将，加强了岛上的兵力配置。

在1943年1月卡萨布兰卡会议★结束后，关于夺取西西里岛的"赫斯基"行动计划的制订工作即在伦敦开始，但进度颇不顺利。2月，艾森豪威尔亲自负责，计划小组遂转至北非，被命名为"141"小组，计划工作开始紧锣密鼓地进行。

4月中旬，巴顿离开突尼斯前线，飞抵阿尔及尔，首先看到的就是这个计划第八次改动后的定案，他对这个计划表示十分欣赏。这时，巴顿已正式出任美国第7集团军司令一职，为了便于制订作战计划的具体细节，4月26日，他把司令部迁至阿尔及利亚的沿海城市莫斯塔加内姆。巴顿雄心勃勃，准备大干一番。

但就在这时候，"赫斯基8号"计划却被蒙哥马利推翻了。他认为，如果照这个计划行动，必定造成盟军力量的"分散使用"，一旦遭到敌人后备队的猛烈反攻，盟军将会陷入十分危险的境地。据此，蒙哥马利提出了修改方案，即美军的登陆地点不是在巴勒莫，而是在距英军登陆点不远的东南方向，即锡腊库扎和帕基诺之间。他认为，这样部署才便于双方的

∧ 英美首脑丘吉尔、罗斯福与两国高级将领在卡萨布兰卡。

*卡萨布兰卡会议

1942年底，盟军在法属北非登陆，控制了这一地区。为进一步协调盟军今后的进攻方针，英美首脑丘吉尔和罗斯福及两国军事参谋人员于1943年1月14日至23日在法属北非的卡萨布兰卡举行会议。经过反复协商讨论，于1月23日通过了题为"1943年作战方针"的最后报告。其主要内容包括全力击败德国潜艇战，在战胜德国后，立即对日本发动最猛烈的轰炸等。

协调配合，以粉碎敌人可能发动的反攻。

其实，蒙哥马利反对"赫斯基8号"计划的真正原因并不在战术上，而在于所谓"荣誉"问题。

自从美军参战以后，美英两军之间便出现了一种暗暗的竞争，双方都想在战争中获得更大的功绩和荣誉。在北非的战斗中，盟军涌现出一大批杰出将领，其中蒙哥马利是英军的佼佼者，而巴顿则是美国人的骄傲。他们两个执强执弱，不仅关系到他们个人的荣誉，也关系到两个民族的自尊心。于是，两个人开始暗中较劲，都试图在竞争中占据上风。北非战役结束后即将开始的西西里战役，被认为是双方的一场冠军争夺战。蒙哥马利是一位优秀的军事统帅，但性格古怪，傲慢自负，心胸有些褊狭，总是不遗余力地追逐荣誉。他看到，巴勒莫是一块"亮晶晶的宝石"，如果巴顿攻下了巴勒莫，就会声名大振，有可能使蒙哥马利的战绩受到影响。因此，他要阻止第7集团军夺取这个引人注目的目标。

但是，蒙哥马利的方案实际上使巴顿的第7集团军陷入了困难的境地。美军登陆的滩头十分暴露，并且有沙洲障碍，大大增加了登陆的风险。而且，美军只有一个小港可供依托，这必定给补给工作带来巨大困难。更重要的是，蒙哥马利的第8集团军所要夺取的都是著名的城市：锡腊库扎、卡塔尼亚、墨西拿。而美军只能攻占杰拉、利卡塔等无名小镇。连亚历山大也看出了其中的奥秘，他在一份报告中写道："风险没有均摊，差不多所有风险都落到了美军头上。而且，美军的任务出力大，收获小。这种分配任务的做法可能会引起某些不满情绪，这是可以理解的。"

蒙哥马利的作战方案既不公平又缺乏说服力，并且具有不可告人的目的，因此遭到广泛反对，甚至英国海军上将坎宁安、空军上将特德等人也表示了不满。但是到5月初，亚历山大、艾森豪威尔还是支持了蒙哥马利，决定按照他的方案行动。此时，突尼斯的战事刚刚结束。巴顿对此感到气愤而厌恶，他感到，这场战争似乎是在为大英帝国的利益而战，美国人的尊严被完全抛弃了。但他并没有进行抗拒，也没有像往常那样大发雷霆，而是怀着满腔怒火接受了这一事实。巴顿之所以采取了这种出人意料的克制态度，其中有许多缘故。首先，巴顿渴望参加战斗，特别是这样一场大规模战役更是他梦寐以求的，他不愿因卷入战略问题的争吵而失去这次良机。其次，巴顿十分敬重艾森豪威尔，他知道，自己的今天是与艾克的支持和扶植分不开的，因此他不愿意公开违抗艾森豪威尔的意志。他事后曾说过："我欠他的太多了，只有听从他的安排。"再者，巴顿是一个典型的军人，一般不会抗拒军令。事实也证明了这一点。亚历山大元帅向巴顿传达这一计划时的心情是窘迫不安的，他小心翼翼地询问巴顿："乔治，你能对我谈谈你对新计划的意见吗？"巴顿强压住心头的怒火，脚后跟一碰，敬礼回答道："元帅，我不搞计划，只服从命令！"

对于蒙哥马利新修改的这个计划，英国著名军事理论家利德尔·哈特曾做过如下评价，他指出："新计划失掉了在一开始就占领巴勒莫港口的机会——要不是新型水陆两栖舟车和坦克登陆艇能够解决在海滩上维持补给的话，那么这一着失势必产生严重的后果。这个重订的计划也失去了原计划中的分散敌人注意力的效果，因而倒使敌军在盟军登陆以后得以集中他们被冲散了的后备部队，并使其堵住盟军穿过岛屿山地中心地带。如果巴顿在靠近巴勒莫的西北海岸登陆的话，他就很可能早已踏上作为败军补给线或退路的墨西拿海峡的那条路——这样一来，在西西里的所有敌军便可能都被围歼。结果却是让德国的几个师逃掉了，这对盟军的下一步进展有着极坏的影响。"

5月下旬，马歇尔将军从华盛顿飞到阿尔及尔，与丘吉尔、艾森豪威尔以及英国陆军参谋长布鲁克等人，讨论了西西里战役后进攻意大利本土的问题。而后，他专程去看望了他的宠将巴顿。巴顿对马歇尔的到来十分高兴，他感到有满肚子的牢骚和委屈要向马歇尔倾诉，但又怕扫了马歇尔的兴致，甚至使马歇尔对他及他的部队放心不下。于是，巴顿把一切烦恼埋藏在心中，陪同马歇尔视察了他的部队，观看了两栖作战训练。马歇尔对巴顿部队严明的纪律和井井有序的战备工作十分满意。临走时，他深情地拍着巴顿的肩膀，说道："伙计，我没认错人，你是好样的。祝你交上好运！"马歇尔的来访对于巴顿来说无疑是一个巨大的鼓励。

根据盟军统帅部的计划，西西里登陆作战的第一步是攻占班泰雷利亚岛。该岛位于西西里岛与突尼斯海岸之间，岛上有一座飞机场，是轴心国空袭北非盟军的重要空军基地。为了摧毁敌人的这艘"不沉的航空母舰"，并使其成为支援盟军西西里作战的空军基地，盟军迫

★"喷火式"飞机

此处指的是喷火 MKXIV 型战斗机。原型机于 1944 年首次试飞。该机是喷火战斗机系列最优秀的改进型,具有速度快、载重量大的特点。该机机长 9.95 米,高 3.85 米,功率为 2,050 马力,起飞重量 3,850 千克,最大平飞速度 721 公里 / 小时。机载武器有 2 门 20 毫米机关炮、4 挺机枪,可载弹 454 千克,乘员为 1 人。第二次世界大战期间,该机在欧洲、北非等战场上空不断给德军以沉重打击。

切需要占领这个岛屿。因为当时盟军的大部分飞机是短程的英国"喷火式"飞机★和美国的 P－40 型飞机,远程飞机很少。但攻占这个小岛绝非易事。从地形上看,该岛海岸陡峭,地形复杂,不适于空降,部队只能从一个小港登陆,易守难攻。从战略上看,一旦进攻失利,将会影响整个西西里战役的实施。因此许多人不赞成采取这步行动。

但是,盟军的几位主要将领艾森豪威尔、坎宁安和特德等人坚决主张实施这一方案。他们认为,意大利军队已是强弩之末,军心浮动,都不愿困守孤岛等死,在盟军的强大压力下,

∨ 1943 年 5 月,马歇尔(左)在阿尔及尔与丘吉尔(中)、蒙哥马利(右)交换意见。

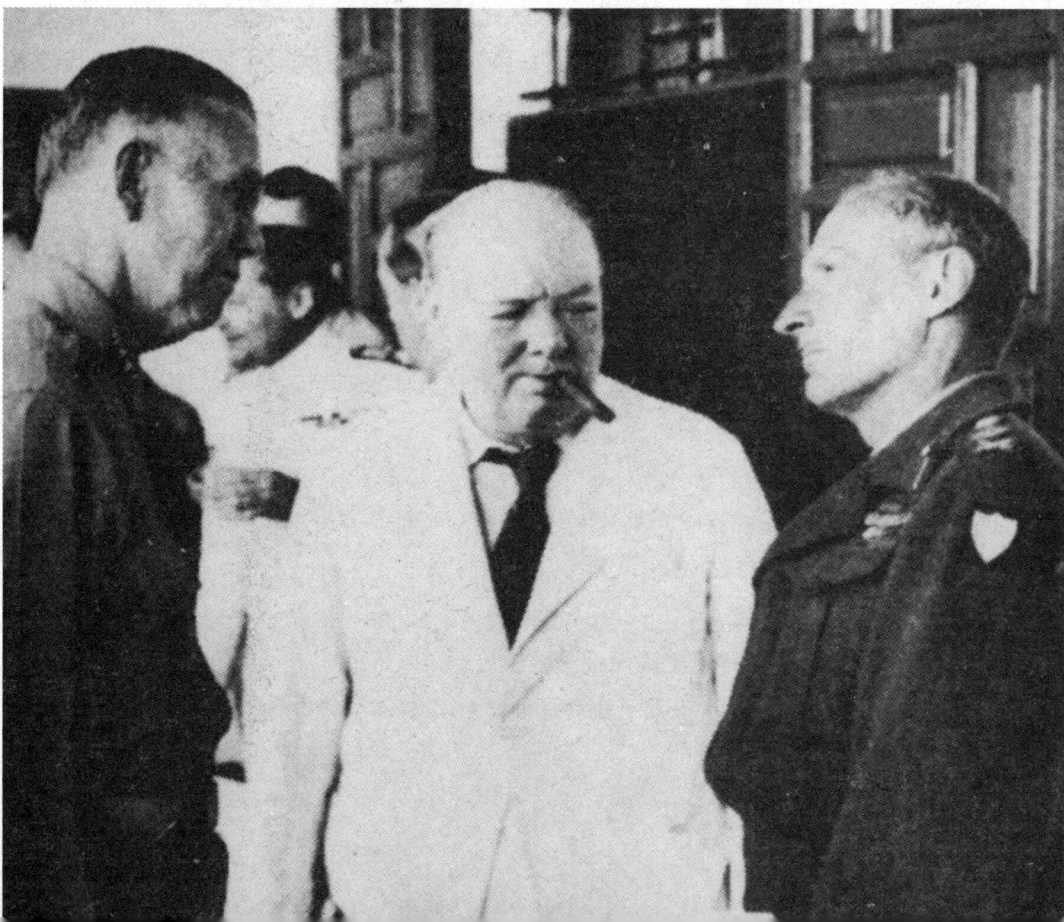

他们不可能进行有效的抵抗。艾森豪威尔在回忆录中写道："我们相信，如果连续几昼夜对该岛狂轰滥炸，不让防守部队有睡眠和休息的机会，再加上强大海上炮火的支援，这次进攻将会是比较容易的。防守部队甚至可能事先投降。"事实证明，这一判断非常准确。6月初，盟国空军连续6昼夜不间断地实施轰炸，将上万吨炸弹倾泻在该岛东部的狭小地区。这一方式果然十分奏效。11日，守军被迫投降，盟军共俘敌1.1万人。

初战告捷，军威大振，盟军立即投入下一阶段战役的准备工作。空军部队迅速进入班泰雷利亚岛，抓紧时间修整和扩建空军基地，其他部队则着手登陆作战的战前准备。

>> 西西里滩头

自1943年7月2日起，盟军开始对西西里机场进行持续、猛烈的空中轰炸，完全夺取了制空权。

巴顿率8万名士兵出海。他指挥的兵力包括步兵第1师、第3师和第45师，空降兵第82师，威廉·克比中校的突击营，步兵第9师做预备队。登陆部队的编制相当复杂，仅第2军就有151个不同的单位，从步兵团到工兵钻井队、押送战俘的宪兵队和墓地注册队，等等。

部队运输由海军三支攻击部队承担。它们的代号分别是"菩萨""角币"和"分币"。计划中的登陆海滩有111公里宽。"菩萨"运送特拉斯科特将军指挥的步兵第3师到利卡塔；"角币"运送艾伦将军指挥的步兵第1师到杰拉以及南面的三个登陆点；"分币"运送特罗伊·米德尔顿少将的步兵第45师到斯考格利蒂两侧的五个登陆点。

巴顿随"角币"攻击部队去杰拉。

7月6日清晨，一片平静和安宁，到8日傍晚部队集结准时完成时，没有发生任何意外。那天晚上，夕阳西下，红霞满天，微风徐徐。但是9日早晨，当大军集结在马耳他南面准备进发时，突然刮起了大风。9日下午，海风达到最大强度，海面上巨浪滔天，登陆受阻。

但是巴顿已经在船上安插了一个辟邪的人——气象学家斯蒂尔海军少校。

巴顿派人把斯蒂尔请来。

"我说，胡迪尼，"巴顿叫着他为斯蒂尔起的绰号，"你有什么高见？"

"将军，这是从法国南部海岸刮来的北风，"这位气象学家说道，"风势猛，来得快，我敢担保，去得也快，到晚上22时，风就会平息下来。到进攻之时，天气就会好转的，将军。"

"最好是这样。"巴顿说。

"我有把握，将军。"斯蒂尔干脆而响亮地说。

与此同时，艾森豪威尔同坎宁安正在马耳他研究马歇尔从华盛顿来的询问电：进攻是进行还是停止了？

∧ 盟军飞机对西西里机场实施轰炸。

艾森豪威尔自信地对坎宁安说："不要指望延期登陆，巴顿会顶着飓风登陆的！"

晚上10时30分，风势变了，比斯蒂尔的预测只晚30分钟。当晚风势趋于平和。临近午夜，风几乎停止了。

巴顿大显身手的时候到了。

午夜时分，巴顿在甲板上向全体随行人员发表了简短而激励人心的讲话："诸位，现在是1943年7月9日12时过1分，也就是7月10日零时1分。我荣幸地奉命指挥美国第7集团军。它是午夜投入战斗、天亮时接受战斗洗礼的历史上第一个集团军。"

他要求官兵们："你们要为被挑选参加这次行动而感到骄傲。因为你们被授予了进攻和摧毁敌人的权力，你们的手中掌握着美国陆军的光荣和世界的未来。注意，你们值得获取这种伟大的信任。"

接着，休伊特将军命令海军仪仗队向巴顿正步走来，他们举着海军赠送给巴顿的珍贵礼物——一面美国第7集团军新军旗。顿时，巴顿流出了眼泪，眼睛里闪烁着激动与自豪的光芒。此刻，他觉得自己似乎不是站在甲板上，而是站立在荣誉的巅峰。

在舰载部队登陆之前，由英美空军部队实施了第二次世界大战中的第一次大规模空降。空降行动是在7月9日夜间实施的，参加的部队有英国第1空降师和美国第82空降师。但由于盟军尚缺乏大规模空降的经验，加上又是夜间行动，大风肆虐，空降行动的效果很差。英军投放的134架滑翔机中有47架坠入大海，其余大部分偏离了方向，只有10架抵达了目的地。美国伞兵的情况也很不妙，只有少部分人抵达了目的地，大部分都散落到了西西里岛的东南部。

空降行动虽然未能实现预期的目的，但空降部队在西西里进行的活动却在敌军中引起了普遍的恐慌和混乱。

恶劣的天气虽然给盟军的行动带来了巨大的困难，但同时也使敌军丧失了警惕。自从北非战役结束以来，西西里的意大利岸防部队就一直处于戒备状态，小心翼翼地警戒着海岸线。但7月9日的狂风巨浪使他们暂时松了一口气，认为可以安安稳稳地度过一个平静的夜晚了。

坎宁安海军上将曾经生动地描述了当时的情况，他写道："狂风巨浪的天气使那些因连续几夜处于戒备状态而疲惫不堪的意军在床上辗转反侧，谢天谢地地说，'今晚他们怎么也不会来了。'但是，他们却来了。"

1943年7月10日凌晨2时45分，西西里战役开始了。

登陆战是宏伟壮观的行动，每个参战的人，从旗舰上汗流浃背的指挥官，到蹲伏在登陆艇上的士兵，都感觉到惊心动魄的紧张。

美军首批登陆的是特拉斯科特第3师的突击队，他们准时占领了预定登陆点利卡塔附近海滩。接着，艾伦的第1师、米德尔顿的第45师和加菲的第2装甲师等部队，也相继在预定地点实施登陆。6时30分，火炮和坦克等重武器开始被陆续运上海滩。在杰拉湾，美军第1师由突击队员组成的先锋部队率先登陆，当他们接近海岸时，却突然遭到敌人岸防炮火的猛烈轰击。但是，美军驱逐舰"舒布里克"号和巡洋舰"萨凡纳"号立即以强大炮火反击，很快敌人的岸防炮就变成了哑巴。突击队员登陆后，立即向杰拉城发起猛攻，没有遇到像样的抵抗，于上午8时顺利地占领了该城。第45师因风浪太大，登陆时间推迟了几小时。

上午8时左右，巴顿在"蒙罗维亚"号旗舰上获悉，各路部队进展顺利：第3师占领了利卡塔及13公里长的海岸线，正在迅速向内地推进。在杰拉湾方向，第1师控制了皮亚诺·卢波的重要交通枢纽以及杰拉城机场。缺乏实战经验的第45师虽然登陆后陷入混乱，但也向内地推进了8公里，并继续前进。与此同时，英军方面传来消息：蒙哥马利部队的登陆行动十分顺利，没有遇到顽强的抵抗就占领了锡腊库扎，但在奥古斯塔前面停了下来。

从西西里战役第一阶段的情况来看，意大利军队的防御十分脆弱，未能进行有效的抵抗，陷入一片混乱之中。对此，亚历山大元帅写道："那些防守海岸的意军简直不值一提，几乎一枪未发就瓦解了。而那些野战师遇到盟军就像迎风扬糠般四下逃命。大规模投降是常有的事。"

但是，真正的战斗在后面。

很快，意大利老将古佐尼将军开始组织反击了。最初的战斗接触已使他对盟军的进攻方向看得一清二楚，并认识到杰拉方面的美军对他构成了严重威胁。于是，他命令第15装甲师从西向东猛扑，以一个装甲旅堵住英军沿东海岸公路向北的进军路线，同时命令德国戈林师和两个精锐的意大利装甲师向杰拉的盟军发起猛攻，企图把立足未稳的巴顿部队赶下大海，首先向杰拉发起进攻的是意大利装甲师。

上午8时30分，第1师先遣部队刚刚完成对杰拉城的占领，意军的坦克部队就隆隆地开到了，随即便发起猛烈攻击。意军的坦克全部是过时的轻型坦克，但由于美军刚刚登陆，重武器还没有运到，因此美军一时手足无措，处于劣势。后来，突击队员把一门刚刚卸下船的火炮抢运到杰拉，向敌人射击，很快就把意军的第一次冲锋打下去了。

下午2时，德军"戈林"师赶到，协同意军向第1师发动强大攻势，一度摧毁了美军的前哨，冲到接近海滩的沙丘地带。在关键时刻，美国海军的炮火再度发挥了巨大威力，使敌军的几次攻势严重受挫，被迫撤退。与此同时，德军对美第45师左翼的进攻也被击退了。

但是，危险并没有真正解除。巴顿清醒地看到，美军的当务之急是把坦克和火炮卸运上岸，否则，如果第二天敌人的装甲部队发动全面进攻，后果将不堪设想。因此，巴顿在下午立即改变了计划，命令第2装甲师和第18团立即登陆，并迅速做好战斗准备。后来的事实证明，巴顿的担心不是多余的，古佐尼已经下达了命令：天一亮就对杰拉发起突击，由戈林装甲师和利沃诺师分别从东南和西北两个方向对美军进行夹击。

7月11日上午9时，巴顿准备好上岸。当他离开休伊特将军的旗舰登上在波浪中飘荡的汽艇时，他的派头显得很神气。他从头到脚都修饰得漂漂亮亮，脚穿高统皮靴，身着紧身马裤和漂亮的毛料衬衫。领带扎得很紧，领带头插在衬衫第二个纽扣下方，手枪装在敞开的皮盒子里，一副大号望远镜和一块地图板挂在脖子上，头戴钢盔，苍白的嘴唇上叼着一支大号雪茄。他独自爬下软梯，行动敏捷地登上汽艇。

一上汽艇，汽艇上立刻充满了巴顿式的严肃气氛。汽艇不能一直开到靠岸的地方，因此巴顿不得不涉水上岸。走在他前面开路的是副官斯蒂勒和一名手执冲锋枪的士兵。巴顿涉水前进，海浪拍打着他的大腿，紧跟在身后的是背着卡宾枪的盖伊将军。

巴顿兴致勃勃地径直向一名通讯兵电影摄影师走去，他衣冠楚楚，肩上挂着一支卡宾枪，照相机对准他钢盔下面的脸——正在拍摄进军西西里途中的值得纪念的镜头。

'V 巴顿（左二）在西西里登陆时，摄影记者不失时机的为其拍照。

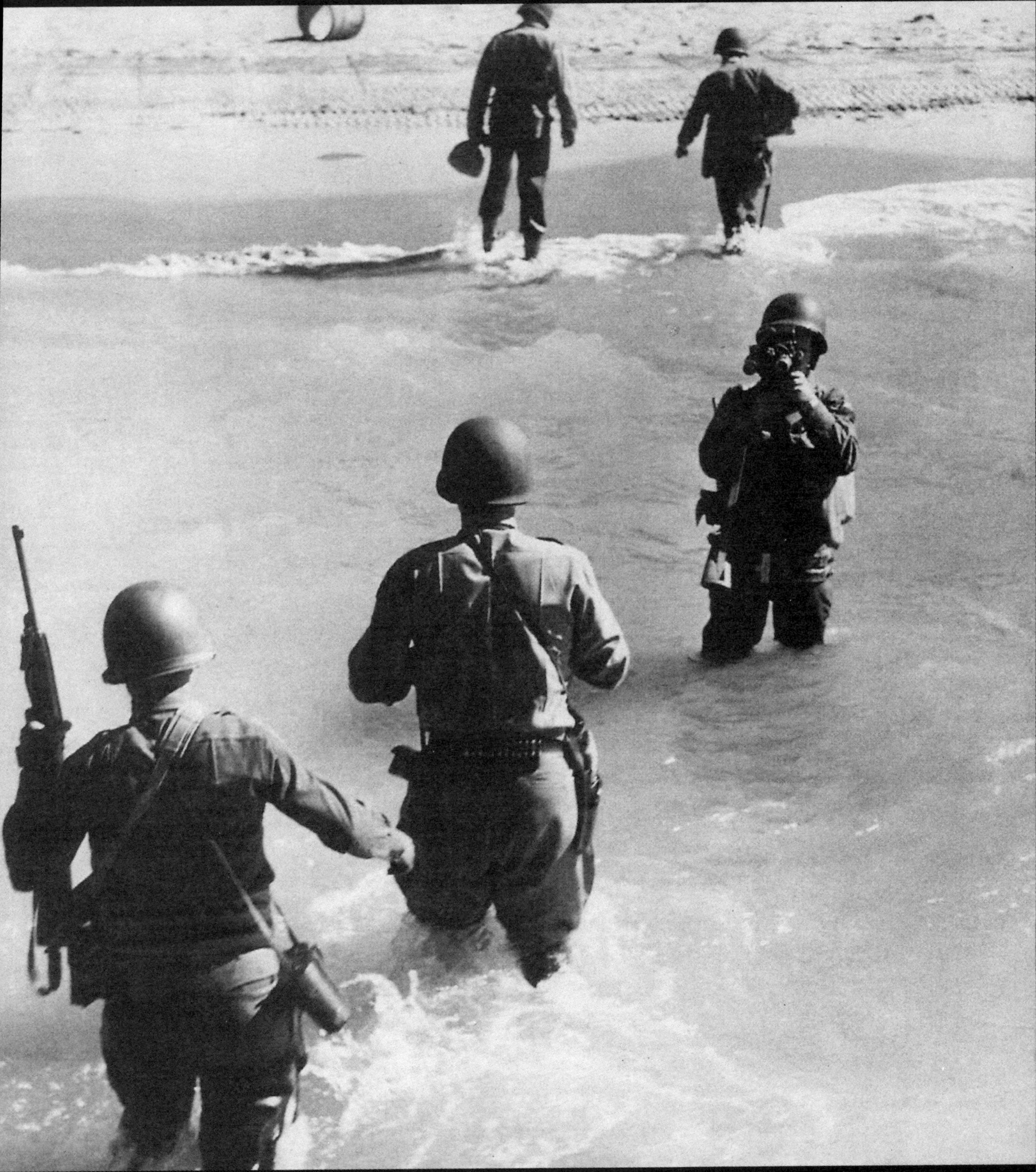

∧ 美军舰炮向轴心国军队目标轰击。

　　巴顿登岸时抬起右手，看了看汉密尔顿牌精密时表，正好是上午 9 时 30 分。他不时停下来察看留在海滩上的残骸——两辆被地雷炸毁的"舟车"和6艘搁在沙滩上的登陆艇。突然，"轰"的一声，炮弹在离巴顿背后27米的水中爆炸。

　　"没关系，哈普，"巴顿对盖伊将军说，"有前面这个城镇给我们遮蔽，杂种们是打不着咱们的。"

　　上岸后，巴顿驱车进入杰拉城。他原打算直接去艾伦的司令部，但当他看到突击队的旗帜时，临时决定下车看望他的好朋友——勇猛无畏的突击队长达比上校。幸亏他停了下来，因为恰在此时，一个意大利步兵旅和德国装甲旅向杰拉发动了进攻，如果巴顿继续前进的话，将会与 7 辆德军坦克不期而遇。

　　巴顿到达时正是战斗最激烈的时刻，达比突击队与第1师的联系已经被敌人切断，战斗在一片混乱之中进行。巴顿在91米之外目睹了杰拉城大街上惨烈的战斗，美军突击队员与德意军队短兵相接，浴血奋战。敌人出动了坦克和轰炸机加强了攻势，整座杰拉城在重炮的轰击之下摇摇欲坠。巴顿不顾部下的劝阻，冒着密集的炮火来到突击队员身边，一边指挥战斗，一边激励他们的战斗热情，他大声地呐喊道："杀死上帝诅咒的每一个私生子！"这句话竟成了他在这次战役中的名言，被广为传诵。

　　根据巴顿的命令，从利卡塔开来了10辆坦克投入战斗，"萨凡纳"号军舰用重炮猛轰敌人装甲部队。至上午11时，敌人的攻势大挫，利沃诺师受到沉重打击，残余的敌人退出了杰拉城。

　　此后，巴顿又把注意力转向了艾伦的第1师，此时的杰拉平原已成为炮弹倾泻的场所，浓烟滚滚，一片狼藉。德军康拉特坦克部队向美军海滩阵地发动了大规模进攻，曾几度突破了防线。艾伦的第1师拼死反击，不允许德军抵达海滩，他们绝不想再进行第二次登陆。

巴顿下达了死命令："坚守岗位，不准后退一步，后退就是失败。"不久，第32野炮营乘两栖舟车登陆，并立即投入战斗，向德军阵地猛轰。美国第2装甲师也艰难地离开沙滩，加入了进攻的行列，同时，海军也给予强大的炮火支援。在美军火炮、坦克及舰炮的打击下，敌军1/3的坦克被摧毁，狼狈逃窜。到上午11时，东边的战斗还在激烈进行，加文指挥的空降部队正在比亚斯山英勇地抗击敌人步兵的反攻。艾伦部队还没有到达预定目的地——蓬蒂·奥立佛机场。但巴顿长长地松了一口气：危机已经过去了，杰拉的滩头阵地总算守住，美军有了稳固的立足之地。

傍晚，几乎所有的机动预备队都上了岸，军舰也各就各位，做好了随时进行炮火支援的准备。一切工作就绪后，巴顿才回到"蒙罗维亚"号军舰，此时已是晚上7时整。尽管巴顿在战场上已经指挥了整整9个小时，浑身都被汗水和海水浸透，筋疲力尽，但他却异乎寻常地兴奋。事后，他向海军方面表示了衷心的感谢，把登陆行动的成功归功于海军炮火的有力支援。但他私下里承认，这一成功是自己"应得的回报"。

他在日记中写道："今天，上帝肯定观察了我。我的做法是正确的，干得很出色。"是的，巴顿在登陆行动中不仅指挥得当，而且他在战斗最激烈的关键时刻出现在前线，对许多战士来说，无疑是一个巨大的鼓舞。否则，战斗初期出现的混乱局面是难以克服的。

但是，巴顿很快就碰到了更大的麻烦。

>> 福兮祸倚的征服者

对于巴顿部队来说，7月12日是稳步进展的一天。

日落前，第7集团军已经占领了科米索、比斯卡和蓬蒂·奥立佛三个机场，正在向滩头阵地所规定的最后目标前进。本来，巴顿的行动会更快一些，但他受到亚历山大元帅的严格限制，亚历山大强调：巴顿的主要任务是保护蒙哥马利的左翼。

蒙哥马利的第8集团军在开战的第一天基本上没遇到什么抵抗，进展十分顺利。上午9时攻占了锡腊库扎，并占领了两座港口城市，从而建立起巩固的补给基地。但由于他行动迟缓，很快就遇到了麻烦。轴心国★调兵遣将，把德国戈林师、第1空降师和两个精锐的意大利装甲师调到埃特纳山西南，从卡塔尼亚至恩纳形成了一道截击蒙哥马利的坚固防线。这样一来，蒙哥马利不但不能实现 "快速"前进的战略，甚至对突破敌人的防线也无计可施。

为了实现英军在西西里战役中唱主角的构想，蒙哥马利突发奇想，决定进行一下冒险，把前进的重点转到了左翼的124号公路。但按计划规定，124号公路是美军的重要通道。为了防止出现意外，蒙哥马利决定先斩后奏，他在未同任何人商量的情况下，擅自命令部队于13日上午开始沿124号公路前进。此后，他才把这一新计划上报亚历山大。而亚历山大竟然毫不犹豫地同意了，并当即把这一决定亲自通知了巴顿。可以想像，美军在得知这一消息时的情绪是多么愤怒。尤其是布莱德雷，此

★轴心国
特指第二次世界大战前和大战期间结成侵略同盟的法西斯德国、意大利和日本三个国家。"轴心"一词的初次使用是墨索里尼于1936年11月1日德国和意大利签署盟约之后不久在米兰的一次讲话。1940年9月，德意日三国签署同盟条约后，有柏林－罗马－东京轴心之说。从广义上说，轴心国也指在第二次世界大战期间加入了德意日三国同盟的法西斯盟国匈牙利、保加利亚和罗马尼亚等国。

∨ 1940年9月，德意日三国在柏林签署同盟条约。

时他的第 2 军距 124 号公路已不足 900 米了。

这一做法更明确地表达了英国军方对美军作战能力的怀疑和轻蔑态度，它把美军排斥在主要作战行动之外，美军完全失去了夺取墨西拿的机会，作用仅仅是掩护英军的后方和翼侧。这对美军来说简直是一种奇耻大辱。

巴顿对此当然也十分恼火，但他却极为冷静地接受了这一既成事实。巴顿之所以如此，一方面固然是出于对亚历山大的敬重及维护盟国的团结；另一方面，他还有自己的考虑，他在这件糟糕事情的背后看到了自己的机遇：既然向北的通道丢失了，那么他就可以把主攻方向转向西线，这将有可能实现他攻占巴勒莫的愿望。而英军行动的迟缓还有可能使他获得更大的战果。所以尽管布莱德雷等将领怒火冲天，而巴顿却一声不响地点上一支大雪茄，开始考虑下一步的行动计划。他胸有成竹。

根据亚历山大的命令，美国第 2 军第 45 师被迫后撤，转到第 1 师的后面——等于从内地又退回到滩头，这纯属浪费时间。而就在这一天，希特勒做出决定：增援西西里，阻滞盟军的攻势，守住圣·斯特凡诺－埃特纳火山 1 卡塔尼亚一线。蒙哥马利的计划刚一出笼又遭到迎头一棒，轴心国利用盟军战略上的混乱调整了军队的部署，做好了防御的一切准备，而盟军坐失了良机。

巴顿的传记作家 H·埃塞姆对此评论道："得出如下结论是正常的，即在此关键时刻巴顿的战术直感是准确的，而亚历山大则是失误的，如果他现在授予巴顿而不是蒙哥马利夺取主要的公路网的重任，那么西西里战役可以缩短几周。"

而现在，蒙哥马利的右翼部队在卡塔尼亚遇到了更顽强的抵抗，恩纳方向的左翼部队也步履维艰。7 月 16 日，亚历山大发来进一步的指令，明确规定：墨西拿是蒙哥马利的进攻目标，巴顿的任务是保护其翼侧和后方，使其在任何情况下都不致出现危险。

对此，美国军事评论家做出了一致的评判："蒙哥马利将获得一等奖——墨西拿，而美国人连安慰奖（巴勒莫）也被剥夺了。"

但由于美方的强烈反应和巴顿的再三请求，为了缓和气氛，亚历山大准许巴顿夺取阿格里琴托和恩佩多克莱港。他还允诺，如果巴顿用有限的力量做到了这一点，仍可考虑让美国人承担更多的义务。这正中巴顿下怀。重新修订计划并没有给蒙哥马利带来好运，仅转变行军路线就至少耗费了两天时间。行动完毕之后，蒙哥马利发现，他在两个方向上都陷入了困境：第13军在卡塔尼亚受阻，第30军在阿拉诺地区徘徊不前。蒙哥马利不得不从北非抽调兵力投入战斗。但是，德军占据了有利地形，又利用英军行动迟缓构筑了工事，使整个防线固若金汤。

而与此相反，巴顿部队却进展神速，很快就攻占了阿格里琴托和恩佩多克莱港。

英军进攻严重受阻使整个战局发生了戏剧性的变化，东路美军的作用已经由助攻转变为主攻，巴顿认为，攻击的目标应该是巴勒莫。7月17日，巴顿亲自飞往北非亚历山大的司令部，他决心说服亚历山大，以改变整个战役的进程。

他用坚定的语气对亚历山大说："将军，鉴于形势的发展，我请求你把命令改成这样：第7集团军迅速向西北和北面挺进，攻占巴勒莫，并割裂敌军。"此时，亚历山大对战局已经有了正确的了解，他明白蒙哥马利修订计划是错误的，因此，他很有礼貌地同意了巴顿的请求，希望巴顿能够使盟军夺回主动权。

束缚美军手脚的枷锁终于打开了，巴顿立即火速进行战斗部署。

他把第3师、第82空降师和第2装甲师组成一个暂编军，由凯斯将军指挥，对巴勒莫进行决定性打击。同时，布莱德雷所属的第45师在西侧向北推进，切断海岸公路，与蒙哥马利的左翼部队保持同步。

7月19日，巴顿下令，快速挺进，5天内拿下巴勒莫。暂编军立即以惊人的速度向前推进，21日，占领了卡斯特尔维特拉诺；22日，抵达巴勒莫城下。

美军闪电般地到达使巴勒莫守军惊慌失措，根本无法组织抵抗，只好束手待毙。

巴顿到达城中心的四角广场时已经是下半夜了，他发现凯斯和加菲正在等他。于是他们前往胜利广场去凭吊往昔的征服者们。"我们接管了所谓的皇宫作为司令部，"他在回忆时写道，"并且从希腊人占领这个地方以来第一次让俘虏们把它打扫干净。"

在巴顿那熟知历史风云的头脑里，他的占领将是一个不朽的功绩。乔治·巴顿征服了世界上被征服次数最多的城市。腓尼基人、迦太基人、罗马人、东哥特人、拜占庭人、阿拉伯人、诺尔曼人、西班牙人和那不勒斯人都曾征服过这座城市，随后就是他。

他从西门进入里亚尔皇宫，穿过庭院内的文艺复兴拱廊，途经宫廷教堂和皇家天文台，来到三楼上的豪华的约哈利亚寝宫。房间宽敞，四壁镶着大理石。此后六个月，这里就将成为巴顿的住所。

23日，第45师进至泰尔米尼－伊梅雷塞以东海岸地带，从而将西西里岛一分为二，并获得了一个深水补给港。

从战术上讲，攻克巴勒莫是机动战役的一个范例。美军冒着酷暑和敌人的抵抗，在4天内推进了320公里，伤亡仅300人，却给敌人以重创，俘虏敌军5.3万人，击落敌机190架，缴获大炮67门。

∧ 英军坦克向前推进途中。

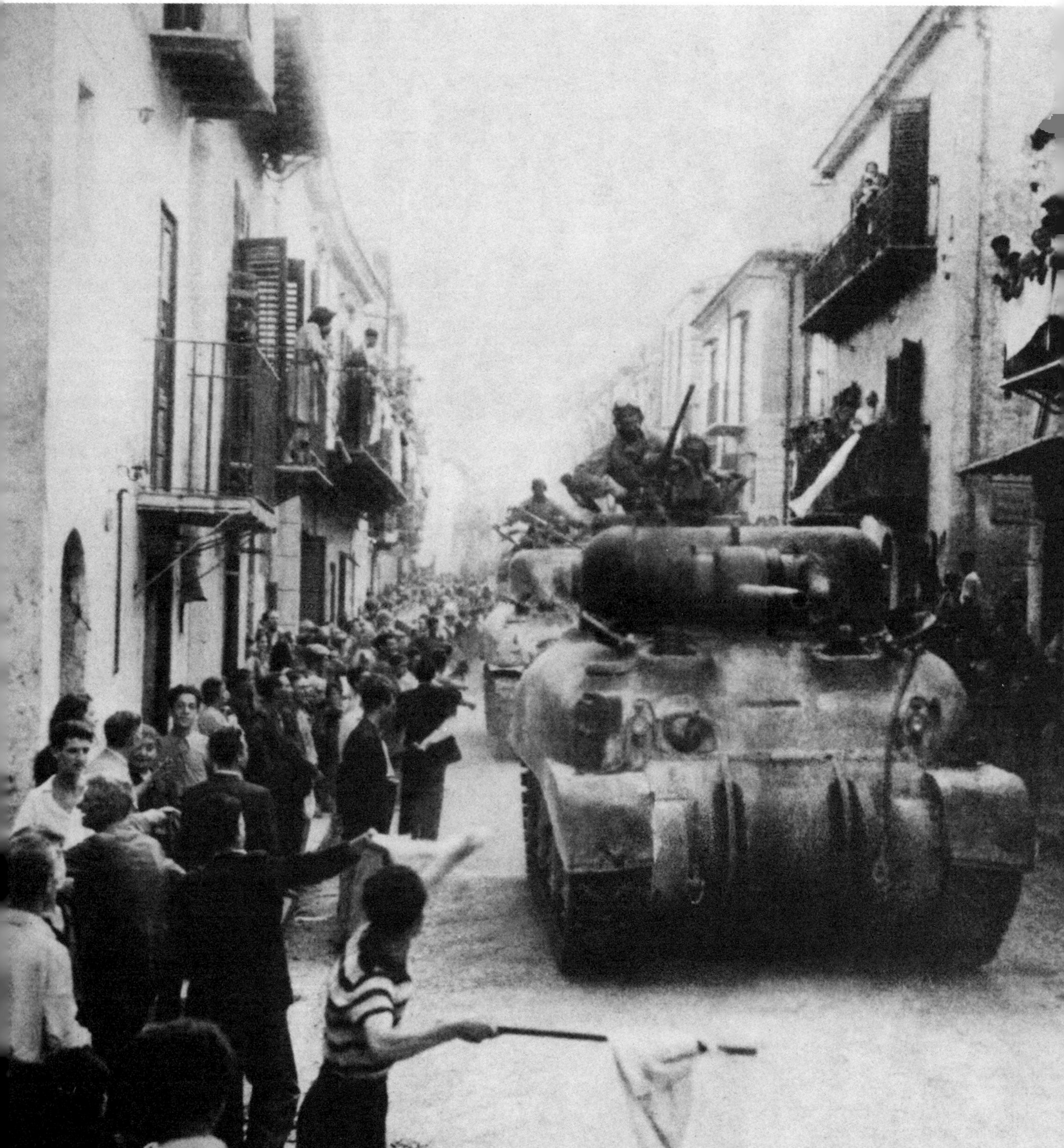

由于美军进展神速，致使巴勒莫城中的守军大部分未来得及逃跑而被俘，停泊在港口的大部分船只也被美军夺取。攻占巴勒莫具有重大的政治意义，这一胜利在国际上产生了巨大反响，极大地鼓舞了同盟国★的士气，并迫使墨索里尼于7月25日辞职。

对于巴顿在这次行动中的表现，艾森豪威尔在回忆录中评论道："他的迅速行动很快使敌人只剩下墨西拿一个港口；它挫伤了庞大的意大利军队的士气，并且使巴顿的部队能够从西部进攻，以打破东线的僵持局面。"

西西里东北部是一个多山的地区，地势崎岖不平，易守难攻。德意军队每撤退一步，战线就缩短一些，因此，只要部署少量守军就足以抵挡一阵。相反，盟军却无法发挥数量上的绝对优势。况且德军利用盟军行动上的迟缓加强了防御，更增大了盟军进攻的困难。

蒙哥马利的第8集团军被阻止在卡塔尼亚平原上，这里是瘟疫区，不少官兵因患疟疾而失去了战斗力。

8月初，盟军发动了全线进攻：巴顿的两个军在左翼，英军第30军在中央，第13军在右翼的卡塔尼亚。由于德军的顽强抵抗，盟军仅取得了有限的进展。在特罗英纳发生的战斗最为激烈，敌人在这里实施了24次反攻，布莱德雷的第45师等部队进行了殊死的抵抗。

为了减轻布莱德雷的压力，巴顿连续实施了3次小规模的两栖跃进，每次有1~2个营的兵力登陆。

在战斗中，巴顿部队的作风与英军形成了鲜明的对照。像惠林顿一样，蒙哥马利对军容风纪等小节问题不屑一顾。所以，英军官兵的穿着和行动都很随便，整个第8集团军就像一个巨大的、移动中的吉普赛人的营地或迁徙中的部落。

而巴顿则不同。不管天气多么炎热，也不管战斗多么紧张，全体官兵必须穿衬衫，打绑腿，戴钢盔，否则就以军纪论处。巴顿对军容风纪的要求毫不放松，他本人始终是一身戎装，每天在前线跑来跑去，除了指挥作战外，还随时纠正违纪现象。

★同盟国

又称"盟国"或"反法西斯盟国"。其武装部队通称为"盟军"。在狭意上，同盟国指的是苏联、美国和英国，以及中国、法国（抵抗运动）等最重要的反法西斯力量。苏美英三国之间的同盟关系是由第二次世界大战全面爆发后所签署的一系列双边或多边国际条约和协定确定的。从广义上说，参加签署1942年1月1日《联合国家宣言》的26个国家和其后至1945年5月1日为止陆续在该宣言上签字的21个国家均为同盟国成员。

< 美军攻占巴勒莫后，受到当地民众的欢迎。

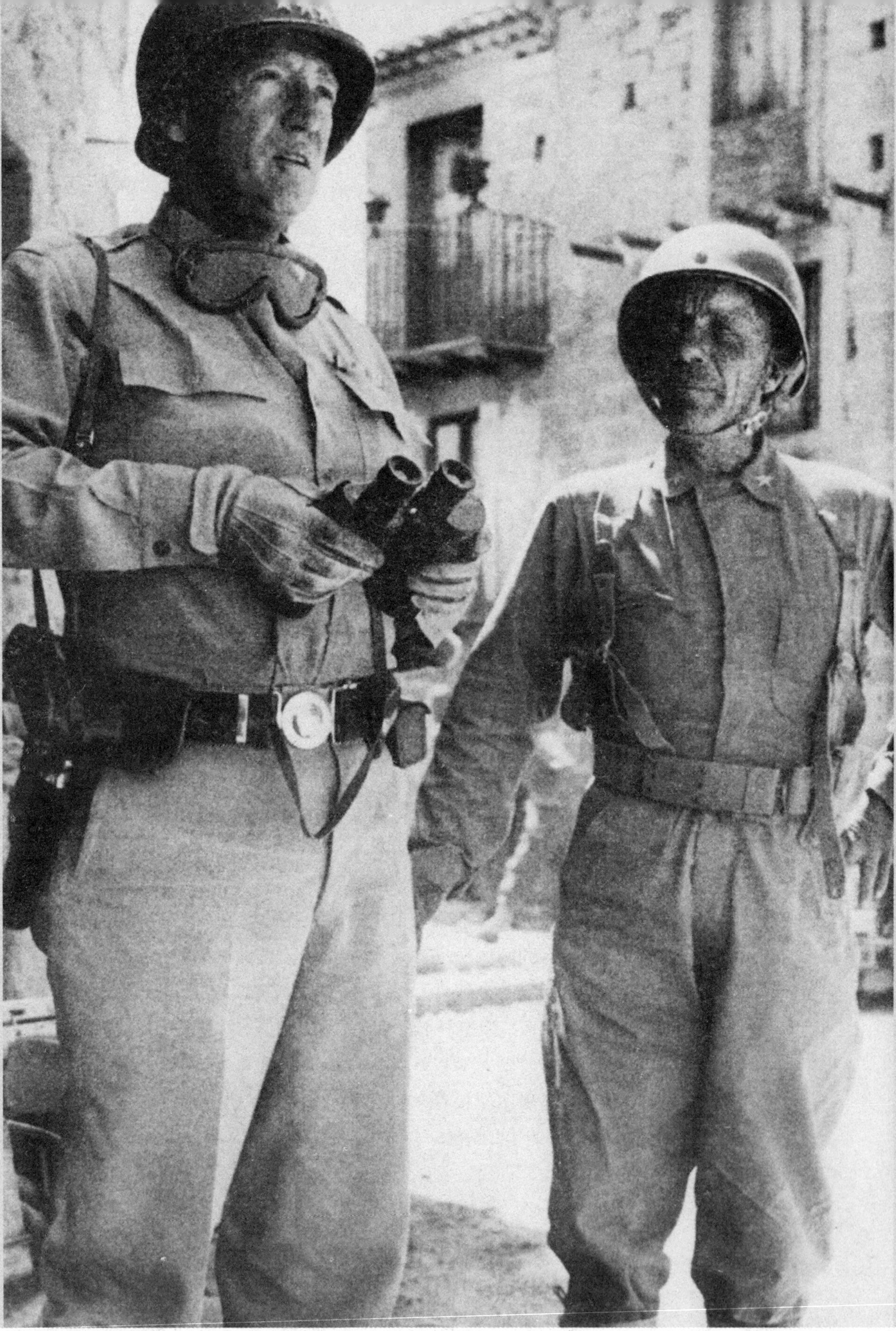

与此同时,他还利用一切场合向部队灌输勇敢无畏和坚决的进攻精神。每当看到畏惧不前的军人他就怒不可遏,用一切污言秽语大声咒骂:"狗东西,你难道活腻了吗?"因此,他手下的官兵对他既尊敬也有几分害怕。

据布莱德雷回忆:西西里时期的巴顿还没有像后来那样成为官兵心目中的偶像,但有一点是不容置疑的,在这次战役中,他已经用自己的形象创造出了一支军队——它经受了战火的洗礼,具有勇敢无畏的进攻精神,过硬的军事技术以及争取胜利的钢铁意志。

到8月17日凌晨,在盟军的强大压力下,轴心国军队全部被赶出了西西里岛。上午6时30分,美军的先遣队进入墨西拿。

从总体来看,西西里战役取得了重大胜利。打死打伤德意军队3.3万人,俘虏13.2万人,10多万人逃往意大利本土。盟军共损失3.1万人,在38天的时间里到达了目标,解放了整个西西里岛,夺取了地中海的控制权。它还把德国的一部分军队吸引过来,在一定程度上减轻了苏德战场的压力。

巴顿现在已经举世闻名了,他又打了一场大胜仗。在这次战役中,他的指挥艺术得到了充分发挥,使美军最大限度地展示了巨大的战斗潜力,美军再也不会被人看作二流军队了。

此时的巴顿豪情满怀,信心百倍,他知道,在与蒙哥马利的这场军事竞赛中,他是名副其实的胜者。因此,他已经成为全军公认的最优秀、最有经验的将军。但他并不满足,他知道,距离军事艺术的最高殿堂还有一段路程,一个伟大的军人不仅"要打赢战役,而且要赢得和平",他还要做进一步的努力。

然而,正当他连创佳绩,踌躇满志之时,却马失前蹄,陷入窘境。而造成这场个人悲剧的主要责任者,不是别人,正是他自己。

< 在前线指挥作战的巴顿。

第六章

厄运临头

1885-1945 巴顿

艾森豪威尔坐下来，以个人的名义亲自给巴顿写了一封信。在这封信中，他对这次事件表示极为憎恶，狠狠地责骂了巴顿，说巴顿的行为是"卑鄙的"。他命令巴顿去向被打了耳光的士兵道歉，并且向接收站里当时在场的所有医生和护士道歉，向接收站里每一位找得到的伤病员道歉……

>> 激情汹涌的耳光

在和平年代里，丘吉尔只能当一位历史学家、文学家或者政客；而巴顿，如同某些人所说，很可能是个"捣乱分子"。在某种意义上，巴顿与丘吉尔同属于一类人，他们都具有18世纪贵族式的正统性，缺乏保持沉默的自控力，生命与感情之火要比常人燃烧得更旺。正是这一点，决定了他们只有在战争时期才能出人头地。于是，丘吉尔在完成使命之后便被英国抛弃了。巴顿的命运则更惨，在战争刚刚取得局部胜利之时，他便开始面临厄运，起因便是所谓"打耳光"事件。当然，巴顿对此是负有责任的。

1943年8月4日晚上，巴顿把罗斯维奇中士叫到他在塞拉米附近的前线司令部的帐篷里，向他口述过去48小时里发生的事情，并载入他的日记。前一天，他离开了在巴勒莫的那个漂亮的宫殿，此时则宿营在帐篷中，紧随正在突破德军第15装甲师顽强抵抗的部队，向墨西拿前进。

在前线巡视了一整天之后，巴顿感到稍稍有些疲惫。现在他思考的问题超出了他所视察过的吃紧的战区。他的注意力落在两个方面：一是北方的德军为每一平方厘米土地拼死战斗；二是东方的蒙哥马利加速向卡塔尼亚进军。

第2军预定要根据巴顿制订的时间表，沿海岸和西西里北部山区奔向墨西拿，但是前进速度已经落后于计划。时至8月4日，特拉斯科特将军的第3师仍然未能强渡富利安诺河，而艾伦将军的第1师拼尽全力也未能突破德军阵地，占领特洛依那。然而，蒙哥马利却渡过了萨尔索河，正向北追击赫尔曼·戈林师。

尽管巴顿貌似镇静，但是罗斯维奇中士已经察觉他有着越来越大的压力，因为这位将军就像高压电线一样，一旦超过负荷，就会出现颤抖和嗡嗡之声。中士摸透了巴顿的脾气，只要巴顿眉头一皱或打一个小小的手势，他就能立即知道巴顿的心情变化。通过长期的共事，他已经能够适应巴顿情绪上的波动。一年半以来，他已经如此习惯于巴顿口述的感情激动的日记材料，因此似乎再也没有什么事情能够使他失去平静而感到震惊了。

巴顿平静地向罗斯维奇做口述，中士边听边认真记录，连头都没顾得上抬起。帐篷里稍显昏暗的灯光映照着巴顿手夹雪茄的侧影，烟雾缭绕之中，整个人变得模糊而忧郁。渐渐的，巴顿已经讲述完毕视察中的

∧ 美军登陆后沿山区向
墨西拿推进。

例行性事项，他的语气开始变得激动，用词也不太流畅起来，时而还会有间断，好像是在回看一部令人气愤的影片。随着他的讲述，罗斯维奇也开始感到吃惊，一个在巴顿看来无关紧要，实际却会产生无穷恶果的事件像画轴一样，缓缓展现在战地日记之上……根据巴顿将军自己做的口述，事情是从 8 月 3 日到特洛依那的前线巡视开始的……

"在途中，"巴顿用通常的音调接着讲，"我在一所后方医院停下，同 350 名伤病员谈了话。一个失去右臂的可怜的小伙子哭了，另一个人掉了一条腿。所有伤病员都很勇敢和乐观。第 39 步兵团第 3 连的那个上士已经是第二次负伤住院。他笑着说，如果第三次负伤，他就会要求回家了。几个月以前我就曾经对马歇尔将军说过，一个士兵负伤三次就应该送他回家了。"

"在医院里还有这样一个人，他想装成受伤的样子。我问他为什么，他回答说实在受不了。我狠狠骂了他一顿，用手套打了他耳光，把他赶出了医院。各连都应该处理这类士兵，如果他们玩忽职守，他们就应该受到审判和枪毙。明天我要为此发布一项命令。"

第二天上午，罗斯维奇带着整理好的日记返回司令部时，巴顿又亲笔增加了一句："为了使一个婴儿成长，有时要打他一个耳光。"

根据罗斯维奇的回忆，巴顿是很随便地口述了那篇日记的。当他次日上午重看一遍那篇日记时，丝毫也没有表现出懊悔和忧虑之意。他只是说："这样很好，把它交给柯德曼上校吧。"柯德曼上校是他的副官，负责日记的保管和编辑。然后他就靠在椅子上口述一份备忘录，那是由这次事件所引起的。

"致各军、师以及独立单位指挥官，"他开始口授。备忘录的全文如下：

"我注意到，有极少数军人借口神经衰弱，不能打仗，擅自去住医院。这些军人是懦夫，毁坏部队的声誉，丢指挥官的脸，他们毫无良心地让指挥官去经受战争的危险，而他们自己却把医院当作避难所。你们应该采取措施查明，凡属这类情况者，不应该送往医院，而应该在本部队处理。对那些不愿意打仗的人员，应该以临阵脱逃罪交军事法庭审判。"

以上即是巴顿一生中最可悲的一段时期的首批文字记录。他在那所不知名的医院里给了一个不知名的士兵一记耳光，只不过是他在那些日子里变得不能控制自己而极易冲动的第一次发作。正好过了一周，由于战场上遇到了出乎意料的困难，使巴顿的紧张情绪达到了难以忍受的顶点，在另外一所后方医院里又发生了同样的事件。

从表面上看，巴顿是豪迈直爽、生性粗鲁的一员猛将，一副铁石心肠。但凡是长期与他相处的人都不难发现，在公众面前的巴顿与私下里的巴顿判若两人。他善良敦厚，性格内向，很重情义，爱兵如子。

但是，巴顿之所以采取了如此粗鲁幼稚的举动，客观因素也起了重要作用。

所有的麻烦最初是从 8 月 1 日开始的。当时第 1 师果敢地推进到塞拉米和特洛依那之间的一片荒芜洼地。这是在西西里战场最后攻势中精心策划的一招，以实现巴顿直捣墨西拿的愿望。前一天，他下达了发动这次大规模战役的命令。布莱德雷指挥的第 2 军包括 1 师、3

师、9师以及增援部队从圣斯蒂芬诺－尼科西亚一线沿着113号和120号公路发动主攻。

在南翼，第1师迅速攻占了塞拉米，到达距特洛依那8公里以内的地区。特洛依那是德军抵抗的中枢。8月1日，第3师沿海岸公路东进，第1师猛攻特洛依那，先头部队已经推进到该市近郊，但接着就遇到了德军的顽强抵抗。

巴顿得到的坏消息不仅仅是这一条。米德尔顿将军的第45师，在勒尼安海边的圣斯蒂芬诺前受阻。巴顿的地面部队从埃德温·豪斯少将那里得到的空军支援很不协调，美国飞机常常轰炸自己的部队。最糟糕的是，巴顿的每个师几乎都遭到惨重减员。因为没有军官替补，军士充当排长。每伤亡一个士兵，都令人感到痛心，伤亡人数在继续增加，但得不到补充人员。

在这焦头烂额的时候，巴顿的心情开始不平静起来。虽然他曾经彻夜不眠仔细掂量他的困难，但是看起来他想不出任何圆满的解决办法。

每当巴顿感到有困惑的念头时，他总是去附近的医院看看，看到伤员就可使他获得安慰和鼓舞，因为他们的创伤就是他们英勇作战的标志。

这些伤病员更需要他去帮助减轻他们的痛苦。巴顿把看望伤病员当作他指挥工作的重要内容和最崇高的职责。他总是高兴地感到，他可以使伤病员精神振奋。

此刻在巴勒莫，为了使他的思想摆脱那些坏消息的萦绕，他通知第7集团军的军医丹尼尔·富兰克林上校带着40枚紫心勋章一道去后方医院看望伤病员。他在一张张病床前，用平易近人的语言和他们交谈。

"你什么地方受伤了，小伙子？"他向一个用被单遮着绷带的士兵问道。

"在胸部，长官。"

"好，"巴顿提高嗓门说道，因为他要让整个病房都听到他那鼓舞士气的讲话，"你听了可能会感到有趣，我最后见到的一个德国兵既没有胸腔也没有脑袋。到目前为止，你们已经俘虏或打死了8万多名狗崽子，这是官方的数字。但是，我到各处巡视了一下，依我看比这个数字要大得多，在战斗结束前将是这个数字的两倍。快养好伤吧，小伙子——你还要参加那最后的一仗呢。"他每到一间病房都发表了不同的讲话，对护士讲了一套，对医生又讲了一套。

在离开医院之前，他来到一张病床前，一名战士带着氧气面罩，呼

★布莱德雷（1893～1981）

美国五星上将，西点军校毕业，1939～1942年任步兵学校校长和步兵师师长。1943年任驻北非盟军、第2军军长。1944年任驻西欧美国第1集团军司令，参加指挥诺曼底登陆战役。1944年8月，任驻欧洲第12集团军群司令，攻占德国本土，强渡莱茵河。1947～1949年任美国陆军参谋长。1949年任美国参谋长联席会议主席和北大西洋公约组织军事委员会主席。1953年退役。

吸非常困难。当巴顿了解到这个士兵已经失去知觉时，他脱下头上的钢盔，跪下，把一枚紫心勋章别在他的枕头上，对着那个奄奄一息的士兵耳朵嘀咕了几句，然后站起来立正。如果说这是老一套的话，对病房中的护士来说并不是这样。"我担保，病房里没有一个人不掉泪。"

8月3日战况看来仍无好转趋势时，巴顿再也不能待在巴勒莫的宫殿里容忍这种僵持局面了。他离开这个城市，在紧靠塞拉米的地方建立了他的前线司令部，艾伦的第1师指挥所就设在塞拉米的一所被抛弃了的校舍里。

他在前线度过了第一天，鼓舞和激励他的部下，他认为这是他应该亲自做、而且最有资格做的事情。这就是巴顿在摩洛哥登陆前夕在他的日记中所写的一句话的意思："我觉得可以自称伟大之处在于我有领导和鼓动的能力。"现在，在西西里这个高压锅中，他说得更明确了。他对布莱德雷★说："我是美国军队里最会在别人屁股后面推一把的人。"在当时的情况下，布莱德雷对巴顿的这一套指挥技巧并不那么欣赏。

布莱德雷后来写到："在巴顿的那部分不愉快的经历中，他的戏剧性

151

行为使他极为丢脸，他的鲁莽行为激怒了他的指挥官们……在西西里，巴顿的为人与传奇人物巴顿几乎没有相同之处。"

伤亡已经使前线留下缺口，巴顿看到这和他所面临的困难有着实质的联系。更有甚者，巴顿也听说有越来越多的人只是由于厌战而泡在医院，这是一种神经官能症，对此他既不理解也不相信。这些士兵离开了争夺特洛依那的残酷战斗，给承受压力的各团带来严重影响。真实的伤亡也确实使各团大量减员。由于得不到补充，每一个人都变得必不可少了。

就在这个8月3日，对访问第1师的情况记忆犹新的巴顿在通往米斯特雷塔的路上，发现了指示到第15后方医院方向去的路标。他告诉他的司机米姆士中士："把车开到第15后方医院去。"这次去医院与其说是寻求安慰，倒不如说是去亲眼看一看那些患战争神经官能症的病例多到什么程度。

虽然巴顿的来访是出乎意料的，但当米姆士开车载着巴顿通过临时搭起的大门来到利弗中校办公的帐篷时，第15后方医院的一切都很像样，符合巴顿最严格的标准。中校陪同将军到会客帐篷，受到接待官查尔斯·魏斯顿中校的迎接。

帐篷里的一大群人欣然欢迎巴顿。巴顿从大量的绷带可以辨认出这些士兵是正当的伤员。他热情洋溢地和伤病员交谈，他特别高兴地看望了第39步兵团的一名上士，因为该团团长哈里·艾伯特·帕迪上校是他最好的朋友之一。巴顿在这位上士床边待了一会儿，谈论"帕迪"的事。

巴顿离开帐篷时，忽然看到一个二十四五岁的小伙子蹲在包扎所附近的一个箱子上面，他身上没有绷带，说明他没有受伤。他是一个从印第安纳州的米沙瓦卡来的二等兵，名叫查尔斯·赫尔曼·库尔。

巴顿后来回忆说："当时我情绪很不好，看到一名伤员的肉体被撕裂，一些伤员伤势很重，惨不忍睹。在那种情况下，我走到这个士兵面前问他怎么回事。"

"我觉得自己受不了了。"士兵答道。

"看到帐篷里的其他士兵，他们中间那么多人负伤累累，我实在是满腔怒火。"巴顿回忆道。

接着发生的事情，库尔自己给他父亲的信中作了交代："巴顿将军打了我一个耳光，他踢了我的屁股，还骂了我。"

一群被骂声吸引过来的士兵扶起了库尔。他们把库尔送到一间病房，

> 巴顿与蒙哥马利在西西里。

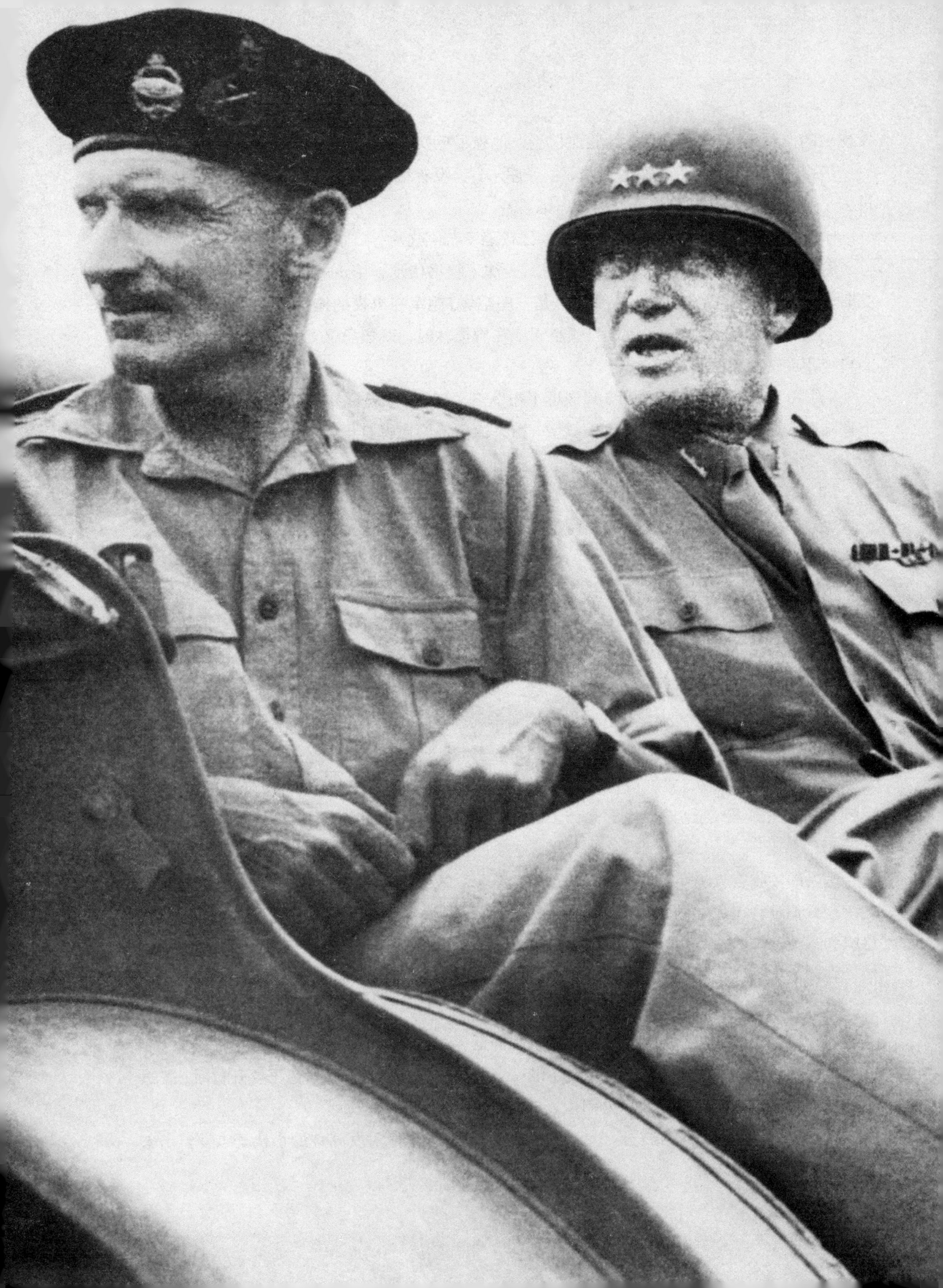

发现他的体温高达39摄氏度。经验血检测，他患了疟疾。

值得庆幸的是，无论是医务人员，还是库尔，都没有继续追究这件事，仿佛事情就这样过去了。巴顿也从自己的脑子里把它忘记了。

一时间，前线的战斗仍然没有起色，巴顿陷于苦闷之中。

8月4日，豪斯将军派出72架战斗机，轰炸了特洛依那，留下一片灰烬。8月6日天刚亮时，第1师的侦察兵发现特洛依那已经是一座空城。德军在黑夜的掩护下已经偷偷撤走了。

8月9日，情况又是一团糟。巴顿整天守在橄榄林时，既焦急又苦恼，只好写写信，克制自己不在这节骨眼上发脾气。

8月10日，特拉斯科特的第3师接近了布罗洛，第3师预定在布罗洛同伯纳德中校的海上登陆队会合。但是，前进的速度不够快，布莱德雷又给巴顿打电话，向他恳求推迟一天登陆。巴顿仍固执己见。

"不行，"他叫喊着，"不要再跟我争辩了。"

"我从来没有这样恼火过。"布莱德雷写道。

巴顿也是如此。

布莱德雷的电话给巴顿留下了一肚子气。有时候，他还是不免要怀疑他手下的指挥官中，有不执行那些不称他们心的决定的人。现在他担心，布莱德雷和特拉斯科特可能就在搞小动作，以拖延登陆。他丢下一切事情，把米姆士中士找来，驱车前往第2军指挥所，准备发现一些问题。

巴顿在行车途中心急火燎，迫切想赶忙到布莱德雷那里。但是，当他看到位于圣阿加塔附近山谷里的第93后方医院的路标时，巴顿命令米姆士中士一起到那里去。他不声不响地走到接收帐篷，医院院长唐纳德·柯里尔上校匆忙中得知巴顿将军的光临，便赶上来欢迎他。巴顿亲切地向柯里致意。这位军医是波士顿人，是他家的一位朋友。视察就这样无中生有地开始了。

医院的接收官查尔斯·埃特少校在接收帐篷的入口处等候，接着便开始了一趟巡回视察。他和士兵们进行了通常的闲谈，但是，今天的巴顿显得神情紧张，举止不像平时那样诙谐、悠闲和亲热。当他在一名既没戴夹板又没系绷带的士兵的担架前停下时，他几乎变得冷酷无情，在他看来，这个士兵显然是在装病开小差。

"什么病把你弄到这儿来了，小伙子？"他问。

"我在发烧，长官。"那个士兵回答。医生插话说："是的，长官，39摄氏度多一点儿。"

巴顿皱起眉头，显然认为他的体温还没有高到需要住院的地步。当他正要开口时，忽然看到另一个年轻的士兵蹲在出口处附近，颤抖的手指捏着一支香烟。

"你又是怎么了？"巴顿对这个小伙子疾言厉色地说，他对发高烧的小伙子未发泄出来的恼怒变成了无名之火。

小伙子缩成一团在那里哆嗦，"我的神经有病。"说完便开始哭泣。

"你说什么？"将军对他大叫。

"我的神经有病，我再也忍受不了炮击。"他仍然在抽泣。

巴顿开始大声训斥："他妈的，你的神经有病，你完全是一个胆小鬼，你这个狗娘养的。"接着，巴顿打了他的耳光，并且说："别他妈的哭了。我不能让在这儿的这些负伤的勇敢战士看着一条狗杂种坐在这儿哭哭啼啼。"说着巴顿又打了这个士兵，还把他的钢盔打落在地。

"你回前方去，也许你会负伤或被打死，但是你要打仗。要是你不去，我就让你站在墙跟前，叫行刑队枪毙你，"巴顿一边说，一边伸手去摸手枪，"实际上，我应该亲手毙了你。你这个不要脸的哭鼻子的胆小鬼!"

当巴顿走出那间病房时，他还在向那个接收官叫嚷，要他把那个"狗杂种"送回前线。

对于巴顿来说，大发雷霆的一天还没有过去。

他已经下了决心要撵走艾伦，这一天看来是下手的好时机。他对艾伦从未有过好感，但是，他尊敬艾伦的勇敢和能力。在突尼斯战役中，看到他勇敢机智地指挥第1师的辉煌战绩，他说服了艾森豪威尔把艾伦调给他用于西西里战役，虽然艾伦以从杰拉到特洛依那的节节胜利报答了巴顿对他的信任，但是，他的个性，他那慢吞吞的指挥方法和喜欢顶嘴的脾气常常使巴顿生气。

第1师的领导层中间还存在着另一个问题。副师长罗斯福将军是另一位个性很强的军人，他那平易近人的作风深得战士们的好感。艾伦和罗斯福之间加重了纠葛，如巴顿所担心的，它加剧了混乱现象在全师中蔓延。他不能赶走其中一个而留下另一个。正如布莱德雷将军所说的："罗斯福应该和艾伦一起调走，因为罗斯福的毛病也在于过分宠爱这个师。"

布莱德雷衷心同意巴顿对两位将军的忧虑，当巴顿现在授权他调走两人时，他确实感到宽慰。这个决定命运的8月10日上午，正当巴顿在第93后方医院"忙碌"时，布莱德雷就在尼科西亚的指挥所里把两人解职了。

巴顿看来暂时控制了自己，所以当他到达布莱德雷的指挥所时，几乎是轻松愉快的。他偶然向布莱德雷提到刚刚发生的事件，并不觉得自己做错了什么。"抱歉，我来晚了，布莱德雷，"他说，"途中我在一所医院停了一下，那里有两个假病号。我打了其中一个的耳光，让他清醒一下，恢复点儿斗志。"看来他在医院里的发作是他的一种感情的发泄。出了气，巴顿的神志也就镇静下来了。

巴顿和布莱德雷讨论登陆的问题，再一次以不容置疑的语气告诉他，必须按预定日期发动登陆。布莱德雷屈服了，只有服从他的命令。

后来，丘吉尔★和坎宁安始终认为，在征服西西里岛的战役中，巴顿显示了异乎寻常的才能。西西里战役的最后阶段使巴顿忙得不可开交，他一心要抢在蒙哥马利之前到达墨西拿，因而把两次"打耳光"事件丢在脑后。由于战事频繁，也没有别人再向他提起那些事件。

的确曾经有一份关于这一事件的报告交给了布莱德雷，但被他束之高阁。布莱德雷虽然对巴顿的鲁莽很反感，但他对他那傲慢而又庸俗的上司会干出极其野蛮粗暴的事情，认为是在意料之中的，因此他对这种粗暴地打骂一名士兵的事件并不感到惊奇。一般来说，布莱德雷应该

∨ 盟军进入轰炸过后的特洛依那城。

★丘吉尔 （1874～1965）

英国政治家、军事家，生于英格兰，1894年毕业于桑赫斯特皇家军事学院，1904年加入自由党。1911～1915年任海军大臣，因为一战中的惨败辞去了海军大臣职务。英国参加第二次世界大战后，又出任海军大臣，反对绥靖政策，呼吁全国进行武装，准备战争。1940年任首相，组成联合政府。1941年德国对苏联发动进攻后，迅速声明援助苏联，曾出席德黑兰、雅尔塔和波茨坦等重要会议，为世界反法西斯同盟的建立和反法西斯战争的胜利做出了贡献。

有责任将报告送给集团军群司令亚历山大，或者越过他的顶头上司巴顿，直接交给艾森豪威尔，但是布莱德雷并没有这样考虑，他在巴顿手下工作，他忠于巴顿，决定不告发巴顿。

确实也有一份报告到了亚历山大将军手里，但他也对此事没有过问。他非常敏感地察觉到，处于一个英国人的微妙地位，没有必要去卷入他认为是美国人的事。当这个案件提到他们的一次会议上讨论时，他对巴顿说："乔治，这是你们家的事！"于是，他将此案交给另一个美国人——艾森豪威尔去处理。

以后由于攻占墨西拿这个极其光辉的事件而掩盖了这个案件。特拉斯科于当地8月17日上午10时25分到达市中心正式占领了市府大厦，墨西拿正式被攻克。几分钟后，一个气喘吁吁的英国中校坐着一辆满是尘土的坦克跑来了，他是英国第8集团军的一名先行官，事后赶来为蒙哥马利抢胜利果实。

上午10时30分，巴顿凯旋进入该城。他胸前佩戴着第二枚优异服务十字勋章，这是艾森豪威尔将军前一天授予他的。如果他需要什么确证的话，这就是确证，证明打耳光并没有给他带来什么不利。

< 时任美军第 1 步兵师师长的艾伦被布莱德雷解职。

 　　巴顿显得非常高兴,那天晚上,他带着倦意在日记上写道:

 　　"我感到失望,从紧张的脑力活动一下子转弯到无所作为的状态是很艰巨的……我感到上帝十分慷慨。如果我能把这场战役重打一次,我将完全照搬我的老一套,历史上没有几个将军能够那样说。"

>> 大失颜面的道歉

 　　巴顿将军如果在第 15 后方医院的接收站里第一次打人之后,能够控制住自己暴躁脾气的话,他打了一名显然是生病的士兵一事决不会闹得尽人皆知。那次打人事件并没有引起轩然大波,它只在医院里有些一般的议论,并且从来没有传到外面去。医务人员也没有把此事报告上级机关。

 　　但是,在另一所医院里发生的第二次打人事件可能不同了。

 　　此后,一份关于这起打人事件的详尽报告被送到驻在阿尔及尔的艾森豪威尔将军的司令部。这是阿内斯上校的备忘录,是由第 7 集团军军医富兰克林上校转递的。

 　　乍一看,艾森豪威尔并没有感到过分吃惊。他对布莱塞说:"我想我不得不把巴顿将军骂一顿了。"他把军医主任留在办公室里闲聊了一会,艾森豪威尔称赞了巴顿在西西里"干得漂亮"。但是他不同意巴顿的论点,巴顿认为在第 7 集团军存在一些落后分子,就这一点说,艾森豪威尔认为在美军的任何部队里都不存在。

 　　然后他坐下来,以个人的名义亲自给巴顿写了一封信。在这封信中,艾森豪威尔对这次

∨ 美军占领墨西拿后在城内搜索残敌。

< 艾森豪威尔力保巴顿，让其感激不尽。

事件表示极为憎恶，他狠狠地责骂了巴顿，说他的行为是"卑鄙的"。他命令巴顿去向被他打耳光的士兵道歉，这是一次具有历史意义的空前的做法，并且向接收站里当时在场的所有医生和护士们道歉，向接收站里每一位找得到的伤病员道歉。对巴顿这样一位趾高气扬、骄傲自大的将军来说，这无疑是一次严厉的处分。艾森豪威尔意识到，他正在冒一次严重的风险，巴顿可能宁愿辞职也不肯接受这样的处分。但他还是冒了这次风险，把信封好，让布莱塞将军交给巴顿。同时，他把他本人与巴顿共同的好友卢卡斯将军找来，派他到西西里去再进行一次调查，这一次完全是调查士兵们对这次事件的看法。

艾森豪威尔希望至此了结这个事件，但是后来形势的发展急转直下，开始引起他最深切的不安，他担心他最终没法把事情限制在内部范围里。驻第7集团军的记者们已经知道了这件事，他们对于一位美国将军在前线的医院里打一个士兵，都非常反感。总司令的乐观情绪起了变化，他心情低落地对他的朋友、参谋长沃尔特·史密斯将军说："恐怕最终我不得不把巴顿不体面地遣送回国。"

事情发生不到24小时就传到了新闻界。它是由新闻发布处的一个上尉泄露出去的。他把此事告诉了一些记者，这些记者每天发稿都是他审查的。这位不让透露姓名的上尉出于义愤而首先接触的三位记者是：《新闻周刊》的艾尔·纽曼，全国广播公司的梅里尔·红米勒，《星期六晚邮报》的德马雷·贝斯。

其他的记者闻讯后都涌进了那所医院。这件事和它的影响使舆论哗然。他们是带着偏见的眼光看待巴顿的，强烈反对巴顿的那种不民主的作风和那种暴跳如雷的那种性格。现在他们回想起巴顿如何下令开枪打一位贫穷的西西里农民的几匹骡子，因为这些骡子阻挡了他过

160

★艾森豪威尔（1890～1969）

美国五星上将，先后毕业于西点军校、指挥参谋学院和陆军学院。二战前，担任坦克参谋、陆军助理参谋长等职。第二次世界大战初期，任美国陆军参谋部军事计划局局长和作战局长。1942年11月起任驻北非和地中海地区盟军总司令。1943～1945年任驻欧洲盟军最高统帅，组织指挥了诺曼底登陆战役和进军德国的战役。法西斯德国投降后，任美国驻德国占领军总司令。1945年任美国陆军参谋长。1953～1961年任美国总统。

桥的通路。他们还记得，因为一位士兵没有打绑腿，巴顿就罚了他25美元，根本不让这个士兵进行解释，他的腿是由于染上了一种莫名其妙的病而肿得打不了绑腿。

记者们议论了这件事，他们决定在报道之前把此事直接报告给艾森豪威尔将军。于是，8月19日，他们把控告巴顿的材料交给史密斯，其中准确地描述了在第93后方医院所发生的事。

布彻在8月21日的日记中写道："所有的新闻界，虽然没有登出这条消息，但都十分恼火。"

在这种压力下，艾森豪威尔★开始感到此事不容乐观。他把记者们请到他的办公室，对他们说，他正尽可能保住巴顿的职位。

艾森豪威尔解释说："正是巴顿的紧张和容易冲动的情绪，使得他在动荡不定的局势中成为一名杰出的军事将领。在追击和打开局面的事业中，需要有一往无前精神的指挥官，他对士兵们要求越是苛刻，就越能保全这些士兵的生命。他一定会不知疲倦地，无情地要求部下使出自己最后的一点儿力量。巴顿就是这样一位将领。因此，我觉得，为了迎接欧洲战场上的各大战役，应当保住巴顿。"

他恳求记者们不要把这一事件传到外面去。史密斯将军也向驻阿尔及尔司令部的记者们提出了类似的恳求。报纸和电台的记者无不为艾克的真诚的态度，对这一问题的处理方式以及他对巴顿的殷切的需要所感动，因此都同意"忘掉"这一事件。他们和盟军最高司令达成一项君子协定，即不在报纸上也不在电台上透露这一事件。

此时，巴顿也意识到，他的鲁莽行为已经引起反响，艾森豪威尔的信和布莱塞将军的到来，使他意识到问题的严重性。但是，他对自己所做过的事仍然持有一种矛盾的心情。一会儿，他确实感到懊悔，为自己的轻率行为而感到内疚；一会儿，他又自我安慰，认为自己是对的，所作所为是正当的，只是有点"不太讲究方式"。

他用第7集团军总部的公用信笺规规矩矩地写道："亲爱的艾森豪威尔将军，在答复你1943年8月17日的来信时，首先让我向你表示感谢，因为你用你个人的名义写信给我，再次说明了你的公正和宽厚。"

"我无法用语言来表达我的悔恨和痛心，因为我使你感到不快，而你给了我一切，为了你，我将万死不辞。"

"我向你保证，在对待那两位士兵的问题上，我绝无苛刻或残忍之意，我唯一的目的，就是设法使他们能够认识他们作为男子汉和战士的天职。"

"在第一次世界大战期间，我有一位好朋友，他是我以前的同学，他几乎一模一样地得了神经错乱病，经过几年精神上的折磨，终于自杀。"

"我的这位朋友的情况以及同我讨论过他的病情的医务人员都使我确信，如果在他精神病状刚刚出现的时候，便及时予以有力的制止，他很可能会恢复正常状态。"

"很自然地，我不适当地试图使用上述的疗法……每次事件之后，我都对一些军官说，我觉得我也许又拯救了一个不朽的灵魂……"

至此，这件事很快就要结束了，看起来它将以巴顿被迫做出可怜的姿态而告一段落。艾森豪威尔将军在信中明确地指示他，要向被他侮辱的士兵和当时碰巧在场的所有医护人员道歉。第2军军医接到命令，把有关人员集合到巴勒莫王宫，参加8月22日上午1点举行的道歉仪式。

那是一个星期天。上午10点，为了出席仪式，巴顿穿着整齐、眉头紧锁，悄悄来到了宫中的一座皇家教堂，这是一座建于1132年的豪华建筑，室内镶嵌有工艺精细的装饰和壁画。巴顿跪在教堂当中一座大型拜占庭式的大理石烛台前，身上沐浴着从教堂的八面窗户射进来的阳光，他祈祷了将近一个小时，然后郑重其事地走进二楼宏伟的大厅，参加仪式的人早已等在那里。

作为目击者的埃特少校，对这次丢人事件的描述是最富有戏剧性的。

"我们立正站着，他对我们说，第一次世界大战期间，一个好朋友，由于精神一度消沉而自杀。他感到，如果有人'粗暴地对待他'，或者'打他几个耳光使他清醒一下'，他的生命可能就会得救。他解释说，他认为他的行为是为了士兵好。他觉得，我们应当理解这一点，理解他这位将军的本意，我们应该尽到我们做军官的责任，要关心遇到困难的人。"

"他对他的行为作了这样的解释之后，就劝我们'忘掉'这件事，然后就让我们走了。"

这次令人厌恶的事件正在人们的记忆中逐渐消逝。在那次道歉仪式后的几个星期里，巴顿在巴勒莫王宫的官邸里闭门不出，在富丽堂皇的宫殿内坐享他已得的荣誉，他认为这样

∧ 1943年，艾森豪威尔与巴顿在西西

做，对于一个胜利者是很适当的，对一个忏悔者来说则是谨慎的。

10月1日，在打耳光事件发生仅仅7个星期后，巴顿就在华盛顿被提名晋升为陆军少将的正式军阶。然而，早在当年3月，巴顿就已经被授予临时陆军中将衔，他早就应该得到晋升了，因为在美军的正式军衔名单上，他还仅仅是一名骑兵上校。

尽管艾森豪威尔尽了最大的努力想使这一丑闻保密，但是这个事件在1943年11月21日还是突然在社会上公开了。德鲁·皮尔逊不受君子协定的约束，在美国广播公司的例行星期日广播节目中，"揭露"了其中一次事件。这绝不是什么特快消息，因为数以百计的新闻工作者已经完全知道这个事件，但是为了国家的复兴，大家同意不加报道。皮尔逊在他煞有介事并带有威胁口吻的冗长的描述中，所能拿出来的只有断章取义的第三手材料，再加上他自己的解释。但是，他所发表的这一过时的故事，却如同一枚重型炸弹，在全国引起了震惊，特别是因为艾森豪威尔显然有意捂住事件的真相。

国会议员们马上就开始源源不断地收到来信，这些信件大多数是一些被激怒的记者们写的。

盟军司令部新闻处举行了一次记者招待会，向驻阿尔及尔的记者发表了一篇声明，反而把事情弄得更糟了。这篇声明证实了这一事件，但又声称德鲁·皮尔逊关于艾森豪威尔将军处分了巴顿的说法是错误的。这实际上是断然说明巴顿并没有受到处分。

11月24日，艾森豪威尔用电报向华盛顿发出了"关于美国第7集团军司令小乔治·巴顿中将行为的报告"。这份报告是从有关这一事件的厚厚的一叠档案里摘录出来的综合材料，它还包含了一份说明，对艾森豪威尔将军第一次给马歇尔将军转呈史汀生部长的报告中看来不够充分的地方作了补充。

12月3日，史汀生部长将一份有关两次打人事件的报告送交雷诺兹主席。史汀生然后暗示，对这一事件的处理有着严肃的军事考虑，并且直截了当地说："保留巴顿的指挥职务是符合战争的最高利益的。"

马歇尔求助于陆军部长史汀生，史汀生向总统提出此事，以"加强马歇尔的推荐"。罗斯福先生当然对巴顿"应该受到申斥的行为"感到生气，但他仍然十分钦佩巴顿，他同意马歇尔和史汀生的看法，即认为巴顿是夺取胜利必不可少的人。他把巴顿的名字留在名单上，但对史汀生说："如果这件缺德事公开了，我可就要挨骂了。"

现在"这件缺德的事"公开化了。史汀生不得不出面为他一个最好的朋友，也是美国最勇敢的作战将领辩护。他在备忘录中写道："这件事可真不像样，但我完全同意艾森豪威尔的意见，我们决不能失去巴顿。"

征服西西里之后，巴顿的军旅生涯正如日中天，他满怀信心，准备迎接更严峻的挑战。但是，"打耳光"事件几乎葬送了他的锦绣前程。在随后的日子里，巴顿似乎被打入了冷宫，是在痛苦和期盼之中度过的。此时，意大利战役正打得如火如荼，横渡英吉利海峡赴欧作战

★拿破仑 （1769～1821）
杰出的军事统帅，法兰西共和国第一执政，法兰西皇帝。1769年生于科西嘉岛一个破落贵族家庭，1779年入香槟的布列讷军校，攻读炮兵专业。1784年进巴黎皇家军事学校深造，接受启蒙主义思想。1799年11月9日，发动"雾月政变"，成立临时执政府，任第一执政。此后，他与反法联盟间进行拿破仑战争，成为欧洲大陆霸主。1812年发动法俄战争，几乎全军覆没，1815年6月在滑铁卢之战中再遭失败，被囚禁在大西洋的圣赫勒拿岛，直至去世。

的"霸王"行动的筹备工作也在紧锣密鼓之中，而战场上的常胜将军巴顿却似乎成了局外人，被圈在巴勒莫王宫这座金碧辉煌的牢笼之中，无所事事，身旁只有一群同样百无聊赖的参谋人员。这对于巴顿来说简直是一种嘲弄和侮辱，他愤愤不平，感到命运是多么不公平。他十分嫉妒克拉克将军，甚至希望他出一点什么差错，以便能够取而代之。

其实，盟军司令部把巴顿留在西西里是出于一种特殊的"军事需要"。由于巴顿在北非和西西里两大战役中表现出色，已经引起了德军对他的恐惧和关注，德军统帅部称他"以精干而著称"，把他当作战场上最危险的对手，认为他是"美军中的隆美尔"。无论巴顿在哪里出现，都会引起德军的密切注意，因为他们认为，巴顿出现的地方很可能就是盟军的主攻方向。因此，德国情报部门对巴顿的行踪很感兴趣，希望通过刺探他的活动了解盟军的战略意图和动向。根据这一点，盟军司令部决定让巴顿虚张声势地周游地中海，以转移敌人的视线。

对于巴顿来说，这是一次带着"光荣使命"的"痛苦的旅游"。他奉命带着10名参谋在地中海地区巡游，到处招摇过市，似乎身负某种重要使命。他先后到过阿尔及尔、突尼斯、科西嘉、开罗、耶路撒冷和马耳他等地，名义上是视察港口和机场，为巴顿接管这些地区做准备，并不断地把消息泄露出去。实际上，这是一次真正的游山玩水。从某种意义上讲，巴顿很欣赏这次旅游，它给了巴顿一生中唯一一次游览地中海地区名胜古迹的机会，古老的城堡、拿破仑★的诞生地和埃及的金字塔，令他流连忘返，难以忘怀。尽管如此，巴顿仍然不能心安理得，他的心始终没有离开硝烟弥漫的战场。

1943年11月11日那天，屡遭厄运的巴顿迎来了自己58岁的生日，他十分伤感，但仍然表现出不屈服于命运的刚毅性格和职业军人的风采。他在战士公墓参加了纪念仪式，并发表了简短的讲话，说道："我认为，为我们的国家而死，死得其所。我们并不为他们的牺牲而感到遗憾，我们到这里来是为了感谢上帝，因为这些人仍然活着。"大约一个月以后，他在一篇日记中写道："我希望在1944年参加规模更大、战绩更佳的战斗……命运之神将继续保佑我沿着命运之河漂流。"

第七章

角斗士置身场外

1885-1945 巴顿

在"坚韧"战役中，巴顿是主要的"部件"。德国人已经懂得尊敬他、甚至怕他。事实上，他是唯一能使他们注目的美国将领，而且在这个阶段唯有巴顿的名字能对他们起到作用。他们推测在主攻方向的美军将由他指挥，因而他出现的方向就是盟军的主攻方向……

★德黑兰会议

第二次世界大战期间，苏美英三国首脑斯大林、罗斯福、丘吉尔在伊朗首都德黑兰所举行的一次重要国际会议。会议于1943年11月28日召开，12月1日闭幕。会议的主要议题是盟军消灭德国武装力量的各项计划以及安排战后和平与合作。会议最为重要的成果是：三国领导人就关于1945年5月在法国开辟第二战场的问题达成了协议，对于第二次世界大战战局产生了极为重要的影响。

∧ 德黑兰会议期间，斯大林、罗斯福、丘吉尔在一起。

>> 没有起奏的乐曲

1943年8月，美英两国政府首脑在魁北克会议上通过了"霸王"作战行动，决定美英部队大约于1944年5月在法国登陆，进攻德国腹地。同年11月28日至12月1日，美英苏三国首脑又召开了德黑兰会议★，进一步讨论了"霸王"行动问题，罗斯福向斯大林保证，"霸王"行动一定会按预定时间进行。会后，盟军最高领导层决定，任命艾森豪威尔将军指挥这一伟大的军事行动。

很快，巴顿就得知了这一消息，他立即从西西里给在阿尔及尔的艾森豪威尔送去两只火鸡。这是一个很有礼貌的暗示，他提醒艾森豪威尔：巴顿近在咫尺，招之即来。巴顿知道，进行"霸王"战役必须组织一个集团军群，这就需要物色适当的指挥人选，而巴顿早就盯住了这一位置。

但出乎巴顿的意料，艾森豪威尔大胆地采取了一个任用新人的方案。艾森豪威尔在决定参与"霸王"战役指挥工作的人选时，当然也考虑过巴顿。巴顿在北非和西西里的战斗表现都证明，他是美军中最优秀的"进攻型"指挥官。所以，尽管反对巴顿的呼声仍很强大，艾森豪威尔仍早已决定要启用巴顿。但他也清楚地知道，巴顿性情急躁，易于冲动，有时会像孩子似的蛮干，这一致命的弱点使他没有资格担任更高级的领导职务。

经过再三考虑，并征得马歇尔的同意，艾森豪威尔最终任命了更为谨慎和年轻的布莱德雷当此重任。但同时他认为，诺曼底登陆将是一场空前惨烈的战斗，美军不能没有巴顿这样一位敢于打硬仗的进攻型将领和战术天才。因此他决定任命巴顿为集团军司令。同时艾森豪威尔也考虑到，不久前巴顿与布莱德雷之间的那种上下级关系现在要颠倒过来，这是否会引起两个人的摩擦。经过慎重考虑后，他认为巴顿在受到严厉处分的情况下，最害怕的是坐失参战的机会，因此只要能参加战斗，他是会接受这一安排的。

艾森豪威尔不愧为知人善任的帅才，他已经完全把握住了巴顿的脉搏。

1944年1月18日，巴顿得知布莱德雷即将去英国指挥所有的美国地面部队。这对于巴顿来说不亚于晴天霹雳，显然，他的梦想完全破碎了，集团军群司令的职务即将落入布莱德雷之手。尽管他尽力安慰自己，还是无法抹去心中的不平，他开始抱怨和贬低布莱德雷，说他"胆小怕事"，是个"谨小慎微的平庸之辈"。但他心里不得不承认，布莱德雷是美军中最优秀的将军之一。

1月22日，巴顿又接到了一个令他气馁的报告：他被免去了西西里战区的职务，调往英国待命。4天后，巴顿抵达英国，面临着捉摸不定的命运。

对于外界，巴顿的这次赴英之行是"保密"的。而这并不是由于纯粹的军事原因，实际上，他到英国一事最不需要向敌人隐瞒。只是由于巴顿在国内仍然是一个涉嫌很大的人物，艾森豪威尔觉得在这个时候公布他的新的任命，将会引起"不仅是美国、而且还有英国的新闻界的批评"。最高司令官的新闻助理和心理战"专家"，一个名叫罗伯特·麦克卢尔准将的卖劲讨好上司的人，给最高司令官施加了相当大的压力。麦克卢尔是前美国驻伦敦大使馆的陆军武官，自命熟悉周围情况并了解公众舆论。他极力劝告艾克不要让巴顿指挥一个集团军。他说："英国人对巴顿在西西里的作为非常恼火，一些美国记者甚至认为任命巴顿会毁了你。"

∧ 1943 年时的巴顿。

这种说法显然是一个强有力的论点，它准确地触及了艾克个人十分敏感的问题。但是，最高司令官不准备按表面价值接受麦克卢尔的悲观论调。他知道巴顿的战术天才对眼前这场战争意味着什么，对他个人来说，有巴顿在他麾下是多么重要。然而，他还是很不放心，并当艾伯特·魏德迈少将从中－印－缅战区指挥部回华盛顿途中在伦敦拜访他时，向他倾吐了这方面的忧虑。但是，魏德迈却悄悄地对他说，"你要清醒些，艾克。是你更需要乔治，而不是乔治需要你。"

在美国本土，反对巴顿的潮流仍很强大。直至1944年3月，史汀生部长才宣布，国防部认为这次打耳光的事件已告结束。

1944年1月26日，一个寒冷多雾的星期三，巴顿直接去向艾森豪威尔报到。

"乔治，我猜想你知道你要干什么。"艾克带点开玩笑的口气对他说。

"艾克，我确实不知道。"巴顿说。

就年龄和正式军衔来说，艾森豪威尔都低于巴顿，他对这一点是很清楚的。他同情而又严峻地望着他的朋友说："我想，乔治，我们应该聊一聊。"巴顿一边把身子移到椅子边上，一边说："说吧，艾克，可是要客气点，老伙计。我的伤疤还没长好呢。""我这儿有你的信，乔治，"艾森豪威尔接着说，"就是你从西西里给我寄来的那封。我要告诉你，我珍爱这封信，特别是其中的一段话，你说：'我无法用语言来表达我的悔恨和痛心，因为我使你感到不快，而你给了我一切，为了你，我将万死不辞。'"

"我说的句句都是实话，艾克。"

"我相信，乔治。你经常认为每个人都是反对你的，但在世界上你只有一个敌人，那就是你自己。我并不想当一个唠里唠叨训人的人，可是我不知跟你讲过多少次，要你三思而行。你却总不听从我的劝告，现在我的话已经不再仅仅是劝告了。从现在起，它就是命令。要暴跳之前先思考一下，乔治，不然对于你的鲁莽所引起的后果，只能怪你自己，不能责怪别人。我希望你珍惜我们的友谊，并在这个问题上把我的处境也考虑在内。"

巴顿深受感动。他喜欢艾森豪威尔，他对于这个比他年轻的人凌驾于他之上并无怨言。现在巴顿开口回答艾克的一番严词斥责，尽管巴顿讲的话是真心实意的，艾克却认为这些话纯属过分的恭维。

巴顿保证今后将步步小心，并说："艾克，我们遭遇的历史事件简直是惊天动地的。我真诚地相信，你即将成为历代最伟大的将领，包括拿破仑在内。"

艾森豪威尔脸红了，坐在椅子上有点局促不安，但是巴顿很快就消除了他的困窘。巴顿诡秘地向他挤了一下眼，对最高司令官说："艾克，拿我来说，我是一个糊涂的老傻瓜，真该死，我常常给自己招来麻烦。但是你不用担心，艾克。以后我要发脾气的时候，一定要更加小心，肯定决不会再在医院里发脾气了。”

艾克发出了他那含有原谅意思的大笑，然后转向巴顿，似乎表明谈话中不愉快的部分已告结束，他问道：

“顺便问一句，乔治。今晚请你吃饭，有空吗？”

暂时，巴顿成为伦敦“霸王”计划制订班子中的一员，在这里，艾森豪威尔将军像是公司的老板一样权威地主持着工作。

自然，巴顿觉得在英国比在巴勒莫的小窝棚里要强，但他对艾森豪威尔将为他准备的差事却很不满意。他将要指挥的第3集团军仍远在8,000多公里以外，待在得克萨斯州圣安东尼奥附近的萨姆休斯顿堡，由一个行将退休的将军担任参谋长，据巴顿所了解的情况，他对这位参谋长没有什么信心。巴顿变成了布莱德雷称之为“艾克的卫兵”式人物，一个光杆司令。分配给他的指挥部异乎常规地在英国中部地区，远离英格兰南部的反攻军事集结中心，离制订“霸王”作战计划的伦敦也有288公里。

他一直等到1月28日很晚，才见到当时他手下的全部第3集团军的成员——由炮兵专家爱德华·威廉斯上校领队的13名军官和26名士兵组成的一个小组。威廉斯上校率领他们渡海前来，这批精选的第3集团军的官兵，是最先得知巴顿代替霍奇斯担任他们司令官的消息的。

在2月的一个寒冷的下午，当米姆斯中士开车把巴顿将军送到蒙特街22号时，天已经黑了。这所房子坐落在庞大的美国大使馆后面的格罗夫纳广场，就是后来的“艾森豪威尔广场”。帕卡德大轿车驶到一所低矮的褐色石头砌成的房子前面停下来，过于矮小的前门通往一间窄小阴暗的前厅。

巴顿跳下车，用古怪的眼光瞧着这所破旧的小房，然后对着把他带到新寓所的科德曼上校说：“不管是谁选的这鬼地方，这人可真有搞特务活动的天才。对于我这样一个他们竭力要保密的人物，这里似乎是理想的藏身之处。”

他的寓所在二层。巴顿和科德曼从黑乎乎的楼梯摸上了楼，在门口按了电铃，门铃声柔和而悦耳，像是一伙调皮的

∧ 艾森豪威尔知人善任，安排巴顿在“霸王”行动中扮演了一个别人都无法替代的角色。

171

安琪儿的咯咯笑声。一个美军下士迅速把门打开，他显然是被派来看管这所住宅的。

当他看到新房客时，直挺挺地立正站好，在那里向巴顿敬礼。这时巴顿一动不动，一声不响地站在门槛上环视着这所今后要成为他的所的寓所。在暗淡的间接灯光下，巴顿看到一间镶板的休息室通往优雅的起居室，里面摆着现代的家具，铺着厚厚的地毯，挂着异国情调的版画。

巴顿思想上还有更坏的准备，他对着那位下士吼道：

"他妈的，给我看看我的卧室！"

这是一间花花绿绿的女人卧室，四周的墙和窗帘都是粉红色的，到处镶有大型的镜子——甚至在天花板上也有。在镶木地板上铺着一块舒适的白熊毛小地毯。一张特大的床架得很低，占了卧室的大部分地盘，正如科德曼所描绘的，在一床绣花绸罩下富有淫荡诱惑之感。

"老天爷，"巴顿讨厌地说，"一所英国妓院！"

接着，他喘了一口气，转向科德曼："究竟是谁给我选的这个鬼窝子？"

"是李将军，长官。"科德曼答道。

"他这是存心侮辱我，狗娘养的。"他破口大骂。

这是为最有男子气概的武将所能找到的最娇艳的环境，而且这还不是什么一般的闺阁。这里曾是伦敦一位最红、最富的名妓的寓所，直到她最近被赶走之前，她就在这漂亮的公馆里送往迎来，更具体地说就是在天花板上闪闪发光的镜子下面的大床上。

巴顿感到窒息。等帕奇一到，巴顿马上对他说："桑迪，让我们离开这该死的小破房子。我宁愿被枪毙在街上，也不愿坐在这罪恶的阴沟里度过一个晚上。"

他们去伦敦西区海马基特剧院看阿尔弗雷德·伦特和林恩·方坦主演的名剧《没有夜晚》。看完演出后，他们到后台向伦特夫妇表示祝贺，然后又同他们一起去萨沃伊参加一个即兴晚会。到米姆斯送巴顿回家时，巴顿已经筋疲力尽，不再介意他睡的这张床的前一位主人是谁了。

"霸王"计划日益膨胀的班子和它的繁忙活动在伦敦开始形成一种自成体系的社交季节，巴顿也迅速卷进去了。他是个名副其实的知名人士——凭他在西西里的所作所为，他既美名远扬又臭名昭著——现在在科德曼的引导下，他花一部分时间同伦敦当地的知名人士周旋。

这些时候大部分是鸡毛蒜皮的琐事。但是，随着2月6日伦敦来的一次电话，事态的发展就开始加速了。

"长官，我是约翰·波斯顿少校，"巴顿从电话里听到一个年轻人的响亮声音。"我是伯纳德·蒙哥马利★爵士将军的副官。我的将军向你致意，并请你于2月11日上午10时到他的司令部报到。"

蒙特终于来电话了！

巴顿正如饥似渴地盼望着这次会面，因而比约定的时间提前一天就去了伦敦。这使他有

★蒙哥马利（1887～1976）

英国军事家，元帅，参加过第一次世界大战。1939～1940年任英国第3步兵师师长，参加了在法国和比利时的战斗。1940～1942年先后任第5军和第12军军长，在英国本土训练部队。1942年8月，被任命为驻埃及英国第8集团军司令。10月，以优势兵力大败德意军队。1944年1月任盟军集团军司令。6月，指挥诺曼底登陆。1945年5月，接受西北欧德军的投降。之后，被任命为驻德国英国占领军司令。

机会同那天比他早些时候到达的老朋友见面。在此之前，他已经哄得帕奇同意把他的大部分参谋人员交给他，这些人正在一个接一个地到来——盖伊、卡明斯、奥多姆、科克、哈蒙德、马多克斯和马勒。

旧日的时光又回来了。纳兹福德不久就会像老家一样。

2月11日早晨，巴顿在西区布莱昂斯顿广场把布莱德雷从他的办公室里接上车，同他驱车到西肯辛顿的圣保罗学校，蒙哥马利选择了该学校作他的司令部。在途中，布莱德雷向他介绍了情况。

蒙哥马利身材瘦小结实，身姿挺直，他像往常一样从容不迫，在一间光线暗淡、高大霉臭的房间里接待他们，他已从这间屋子赶走了从前的高级主人。他两边站着迈尔斯·邓普西将军和德吉恩甘德，前者将在反攻中指挥一个集团军，后者是他的参谋长。

"你已看过计划了吧，巴顿。"蒙哥马利说。

"看是看过了，但还未来得及研究。"巴顿回答。

"你喜欢看过的计划吗？"蒙哥马利问道。

"不喜欢，"巴顿说着咧嘴一笑，"按照计划，我没有任何事情可做。"

"当首相几星期前在马拉喀什第一次把计划给我看时，那计划根本不好。"蒙哥马利说道，他没有细究巴顿以诙谐的语气说出的强烈反对意见。蒙哥马利又说："我告诉首相，最初登陆的正面太窄并被限制在过于狭小的一块地区。最初登陆必须有一个尽可能宽的正面，而且必须把英国和美国的登陆区完全分开。我还坚持必须在战斗发起前取得空战的胜利。"

"艾克看到这个计划，他也自行得出了同样的结论，"布莱德雷以一片忠诚急忙插话说，

∧ 1943 年，巴顿与蒙哥马利在意大利境内交谈。

"摩根将军现在正在进行修改。"

"是的。"蒙特微笑着说。在这微笑后面，布莱德雷感觉到一层更深的含义。

诺福克大厦周围的人开始看出布鲁克和蒙哥马利由于不得不在一位美国最高司令官手下工作而感到有些懊恼，因为他们觉得艾森豪威尔并没有多少战略家的才干。原计划的要害缺陷是由蒙哥马利在除夕夜晚路过马拉喀什研究该计划时发现的，也是由艾森豪威尔于1 月 16 日第一次看到计划时发现的。那时，蒙哥马利的反对意见已是众所周知，一些与布鲁克接近的英国人士竟想指责艾森豪威尔剽窃蒙哥马利的建议，而不愿意承认这是两家伟大思想的巧合。

蒙哥马利进一步提到计划的细节。他以他那惯常的概括一切的口气和绝对权威的架势对巴顿说："我们必须以行动迅猛来取得地面作战的成功。"

巴顿喜欢这些话中的坚定精神，可又觉得虽然这些话可能反映了蒙特当时的情绪，但与蒙特的作战方法格格不入。然而，蒙哥马利的几项切合实际的建议使他印象很深。他特别喜欢蒙哥马利在发动攻击方面的变动。计划人把进攻搞得过于复杂，他们设想了各式各样的小

★大西洋屏障

第二次世界大战期间，德军为防止盟军进攻欧洲大陆而沿从丹麦至
西班牙的大西洋海岸构筑的战略防线，又称"大西洋墙"。该防线
北至丹麦，经德、荷、比、法等国，南至西班牙，被德国军方称为
"大西洋壁垒"。防线于1942年8月由德军工程兵部队开始修建，至
1944年，全部工程并未如期完工，而其防御系统也并不完善。1944
年6月，盟军成功地突破"大西洋壁垒"，攻入欧洲腹地。

∧ 德军在大西洋防线的一处阵地。

动作，认为这是在登陆开始日突破大西洋屏障★的各种工事和隆美尔设在水中保护海滩的各
种障碍所需要的。

　　蒙哥马利认为这些小动作是不必要的，很可能起不到多大援助的作用，反而拖累了强行
登陆的部队。一年前他曾制止过那些别出心裁的发明家为此目的而专门建立的一支试验性装
甲师，尽管这支装甲师是由他的妹夫菲利普斯·霍巴特少将指挥的。

　　总的说来，这是一次精神振奋和非常友好的初次会面。巴顿这次完全是洗耳恭听。他
对蒙哥马利的说明非常感兴趣，他自己则由于对计划还没有足够的了解，因而无法提供什
么意见。

　　突然间，在短暂的一瞬，意大利方向的安齐奥闯进巴顿将军的生活中，这是在他的战争
生涯中出现的比较神秘和令人沮丧的一支插曲。2月16日凌晨1时30分，科德曼上校拿着
一封急电在波维尔厅把巴顿叫醒。

　　"将军，对不起，打扰你了，"他对巴顿说，"布彻中校刚从伦敦打来电话。艾森豪威尔
将军要你马上到他那里去报到。"

"你说马上是什么意思？"巴顿问道。

"长官，布彻说非常紧急。"

在那个浓雾弥漫、一片漆黑的冬天早晨，巴顿于6时动身，上午10时45分到达格罗夫纳广场。他立即被带去见艾森豪威尔，他发现艾克神色阴郁。艾克一本正经地对巴顿说：

"乔治，恐怕你又得受一会儿委屈。"

巴顿感觉一阵不安，这种感觉直透他的心窝。

"我又做了什么鬼事情？"他忸怩地问道。

"安齐奥的形势非常不妙，"艾森豪威尔说，"看起来卢卡斯应付不了局面。我们不愿放弃这个滩头堡——因为那将使纳粹极为得意，对于我们则将是较沉重的一次心理上的打击，而目前我们正需要为'霸王'作战计划鼓足信心。"

为了引起注意，他稍停了一下，然后庄重地说：

"乔治，你必须担任意大利滩头堡的指挥，解决那里的问题。"

"老天爷，艾克，"巴顿叫道，"这哪里是受委屈！先生，这是对我很大的器重。你知道，他妈的，为了打仗我愿意去指挥排以上的任何一支部队！"

巴顿不可能知道安齐奥进攻的想法，是由于他向墨西拿的进军采取在西西里两次两栖作战获得成功而向英国首相展示的。这两次成功的作战给首相留下了不可磨灭的印象，因此巴顿就作为一个特别优异的、美国最好的作战指挥官深深铭记在首相的心中。

1944年1月，由于德军在卡西诺和海面之间80公里的前线阵地上进行顽抗，意大利的战争形势出现僵局，丘吉尔想起了巴顿的大胆进攻。他认为，如能"找到一个巴顿"在意大利进行一次两栖翼侧进攻，就可以使形势好转，更快地到达罗马。

"在我们的任何一次沙漠进攻中，我从未能成功地把运用海上接应这一策略纳入进攻计划，"丘吉尔写道，他颇有感触地回忆起布鲁克和蒙哥马利在与隆美尔作战中，如何执意拒绝接受他的建议。"然而，在西西里，巴顿将军沿着该岛北岸推进时，却曾两次卓有成效地运用了海上翼侧的威力。"

1943年12月，丘吉尔在马拉喀什因患流行性感冒而卧病在床。他曾利用和战区靠得很近这一条件，向艾森豪威尔和亚历山大兜售他的主张。艾森豪威尔正在准备"霸王"战役，因此没有插手这件事情，但他原则上同意首相的意见，认为这是一个有希望的想法。亚历山大热切地接受了这项建议。他立刻认识到这是一个利用两个手的力量在钳形运动中扼制德军以夺取罗马的机会。1月22日，第5集团军第6军在强大的英国分遣舰队的支援下，在安齐奥地区的三个地点同时开始登陆。英国的步兵第1师也同时登陆，特拉斯科特将军的步兵第3师在内图诺东边的海滩上了岸。德军完全没有想到。进攻部队在登陆发起日的中午就到达了他们的预定目标，并继续向内陆约11公里的最初的桥头堡阵线进军。

这一登陆使得希特勒大发雷霆。他决心要以他在斯大林格勒所表现的顽强精神来保卫罗马。德军的反扑是在预料之中的，但是当反扑开始时，德军的强大和凶猛仍使盟军措手不及。德军使用了4个师，在450门大炮的支援下发起进攻，他们在英美阵线上打了一个深深的、危险的缺口，几乎迫使英美军队退回到最初的滩头堡。"一切都成败未定，"丘吉尔写道，"不能后退……我对此不抱任何幻想。这是生死攸关的时刻。"

尽管这场战斗规模有限，但这是战争中最紧急的事件之一。在这危急的时刻，盟军领导人都想起了巴顿将军。亚历山大将军尤其渴望巴顿去扭转局势。他认为这种局势主要是现场战术指挥极端无能所造成的。从战役一开始，亚历山大就以相当不信任的心情看待卢卡斯，一再试图说服克拉克将军"停止卢卡斯将军的职务"，这是他温和地表达这项意见的说法。但是克拉克却拒绝了。

当现在灾难临头时，亚历山大去克拉克那里，用他认为克拉克不致误解的或忽视的语言迫使对方考虑这个问题。"你知道局势是严重的，"亚历山大对他说，"我们可能被赶回大海。这对我们两人都将是非常糟糕的——你肯定要被解除指挥权。"

这个好心的告诫产生了预期的效果。在克拉克的赞同下，亚历山大给布鲁克发了一封电报，最终告诉布鲁克，他"对卢卡斯任罗马以南的军长不满意"，要求帝国总参谋长"与艾森豪威尔磋商"。他没有费很多笔墨要求将巴顿调给他，但是他明显地暗示想要巴顿。"如果你不能给我一个像乔治·巴顿那样猛打猛冲的人，"亚历山大写道，"那么我建议请一位英国将军来指挥。我已经派了一名英国少将到第6军司令部去给他们鼓鼓气。"

布鲁克元帅给首相打电话，并把亚历山大的电报转给艾森豪威尔。"派巴顿将军去怎么样？"他问道。

布鲁克同意了。他非常敬重巴顿，非常钦佩巴顿在西西里的猛打猛冲，钦佩他对巴勒莫的攻占和向墨西拿的快速进军。丘吉尔轻而易举地使布鲁克信服，只要派巴顿去代替卢卡斯，安齐奥-内图诺的局势实际上可以在一夜之间就扭转过来。而且，他在桥头堡的胜利，加上他的猛打猛冲，可以使盟军直捣罗马。

命运开始转变。两架飞机——一架C-54和一架B-25，奉命启动待发，准备送巴顿去意大利。巴顿给波维尔厅挂电话，命令他的作战副官斯蒂勒上尉到伦敦来和他一起前往，然后和米克斯中士通话，指示他前来并带上他的"作战装备"。

< 盟军舰船前往安齐奥准备实施登陆计划。

　　他利用这一天剩下的时间为安齐奥组织了一个特别参谋班子。加菲将军将同他一道前往，担任参谋长，而盖伊将军将留在纳兹福德以"保持第3集团军正常工作"，威廉上校作为炮兵指挥也一同前往。

　　第二天早上破晓时巴顿就起床，做最后的安排。他计划下午起飞。他命令他的参谋人员于中午12时45分在蒙特街寓所和他会合。然后，他开车去米德尔赛克斯医院，他已同魏德海姆教授预约好在该院用X光检查一下他唇上的一块斑点。巴顿对那块斑有点担心，但是医生———一位杰出的癌症专家向他担保，他根本无须担心。

　　当巴顿正在医院接受检查时，他被叫去接电话，是艾克办公室打来的，说有急事。来电话的是最高统帅的一位侍从参谋特克斯·李中校。"将军，我们在全城到处找你。"他气喘吁吁地说。

　　"嗯，该死的，"巴顿说，"我在这里，你有什么事情？"

　　"艾森豪威尔将军指示我告诉你，长官，你可以在你方便的时候返回纳兹福德。"

　　就这样，安齐奥之行被取消了。显然，这是这场战争中莫须有的一次旅行。

　　2月17日，卢卡斯将军被特拉斯科特将军替换，丘吉尔称特拉斯科特为"一个人人都高度赞扬的年轻美军师长"。巴顿被卷入危机之中，接着又被断然排除在危机之外，他觉得自己像是一位被领到神坛上任人摆布的新娘一样。

　　尽管巴顿认为这桩稀奇的事已告结束，他还是试图寻根究底，究竟是什么原因使得他殷切盼望的使命突然被取消了。然而，他在伦敦所能听说的就是："此时形势有了变化，因而不再需要你去了。"

　　他到1945年春才弄明白，克拉克将军使他去安齐奥之行成为泡影。任务取消是因为克拉克斩钉截铁地反对巴顿的任命，据说他在卡塞塔接到艾森豪威尔2月16日的那份电报时曾大鸣不平，说"这不行。在我的战区不需要巴顿"。他通过亚历山大同伦敦取得联系，并提出了后来打破僵局的一个办法，这就是任命特拉斯科特而不是巴顿担任指挥官。

　　巴顿对于他任务告吹的最后反应就是耸耸肩膀。

∨ 盟军在安齐奥地区登陆。

∨ 盟军占领了安齐奥，一队士兵正穿过千疮百孔的一条街道。

>> 麻烦不断的将军

巴顿将军的嘴唇仍未痊愈，他不时地回到米德尔赛克斯医院进行 X 光治疗。魏德海姆教授再次向他担保说，那块不祥的白斑只是一种无害的疼痛，是由于在突尼斯和西西里日晒过多引起的，但是巴顿已经做出了自己的诊断。

"我在这儿不得已干了这么多舔屁股的事情，"他说，"我的嘴唇疼痛就不足为奇了。"

巴顿现在落脚在英国中西部柴郡纳兹福德附近富饶的平原上，驻地是在曼彻斯特和利物浦之间的一个约有 6,500 人的市镇。司令部分为两处，在英国从前的两个军事设施波维尔军营和托夫特军营。巴顿的办公室和寓所设在波维尔厅，这是一所常春藤覆盖的、黑白木结构的庄园主的住宅，八百年来曾经是曼瓦林家族的宅邸，曼瓦林家庭衰败后便落入纳兹福德贵族的手中。巴顿在那里居住的时候，波维尔厅已归曼彻斯特的一位商人所有。

巴顿像往常一样生活豪华，同四邻有地产的贵族交往甚密，并在大厅里设宴招待他们，照例是以放映美国电影结束聚会。然而，他是波维尔厅里最孤独的人，正如所有的指挥官都必然如此。他对他的参谋人员满怀深情，但是他在他的随行人员中没有朋友。他的最亲密的伙伴是米克斯中士和威利。威利是一只英国牛头犬，当它的主人，一位英国皇家空军飞行员在执行轰炸德国的任务时牺牲后，它就成了"孤儿"。巴顿在伦敦的一所养狗场发现了威利并把它买了下来，主要是因为狗的凶猛的外貌吸引了他。然而，当他和威利进一步熟悉之后，发现威利是很温顺的，他为此感到泄气。他立即着手训练它掌握进攻能力，但是，当威利在 3 月 10 日碰到一辆指挥侦察车并与之比赛获得第二时，他放弃了这方面的尝试。

巴顿对他的狗百般钟爱，甚至让威利高坐在椅子上，同他一道进餐。这只狗也很忠实和活泼，巴顿在兴高采烈的时候和他的貌似凶猛实则温顺的爱犬一起扭打的景象，还是相当动人的。

在波维尔厅，巴顿现在实际上已配齐了他的全部富有经验的参谋人员。他的情报处长科克上校于 2 月下旬到达之后，马上在波维尔厅设立了作战室，巴顿也开始了由他主持的日常活动——参谋会议，会上他亲自作报告，并向他的参谋人员介绍自己的经验。

∧ 巴顿与其手下将领在一起，爱犬威利待在他脚边。

★ "海王星"战役

第二次世界大战期间，盟军诺曼底登陆战役海上作战行动的密语代号。为了彻底消灭德国法西斯，履行在国际会议中开辟第二战场的诺言，确立自己国家在战后世界和欧洲的地位及发挥应有的作用，英美两国政府决定于1944年实施在法国沿海登陆的"霸王"战役。"海王星"战役计划是"霸王"计划的重要组成部分。"霸王"计划的实施、第二战场的开辟，给德军以毁灭性的打击，加速了德国法西斯崩溃的进程。

　　在波维尔厅，从来没人怀疑过谁是头头，因为每一件事都是巴顿出主意并适应他神经紧张、精力充沛的状况。但是在伦敦，情况就不同了。在那儿，他显得卑恭谨慎，按他的说法，由于要拍马奉承，把嘴唇都磨痛了。他虽已摆脱了蒙受耻辱的境地，但还没有完全脱离困境。所有其他人似乎都更接近于"霸王"战役的计划工作，更接近于艾克，更接近于迅速发展的事态。

　　巴顿将指挥在法国的一个美国集团军。至少这一点看来是确定无疑的了，同时他强烈地希望，在此期间他的所作所为——或者别人对他的所作所为，都不会使他失掉第3集团军。但是，该集团军并未内定用于"海王星"战役★，这是整个战役的发动进攻阶段。在这个阶段里，布莱德雷只把美国第1集团军划归蒙哥马利全盘指挥。巴顿对于他的第3集团军在"海王星"战役之后应承担什么任务，仍旧只有一个大概的轮廓。眼下，他突出考虑的只是在一种消极的战役中——旨在迷惑敌人的一种精心设计的佯攻中发挥作用。

　　为了对德军隐瞒"霸王"作战计划，摩根将军设计了一个叫作"保镖"的计划以假乱真，把盟军在欧洲的真正战略掩蔽起来，引诱德军统帅部对于他们称之为"霸王"的大举进攻做出错误的部署。拟订出来一个叫作"坚韧"的"掩护计划"，并付诸实施以造成这样的印象，即主攻地点不在诺曼底，而在英伦海峡较窄水域对面的加莱地区。

　　"坚韧"战役是一种虚构，即战役将以7月中旬从苏格兰各港口对挪威南部发起进攻揭开序幕，大概比最初制定的真正的进攻发起日迟45天。为准备进攻挪威所作的模拟安排包括组成一支不存在的所谓"第4集团军"的英国部队，表面上由安德鲁·索恩爵士指挥。同时，还用虚构的部队组成一支 12 个师的假想的美国部队，设置了无线电通信，并进行假演习，作为佯攻加莱海峡的战役准备。

在"坚韧"战役中，巴顿是主要的"部件"。德国人已懂得尊敬他，甚至怕他。事实上，他是唯一能使他们注目的美国将领，而且在这个阶段惟有巴顿的名字能对他们起到作用。他们推测在主攻方面的美军将由他指挥，因而他出现的地方就是盟军的主攻方向。

巴顿懂得这个骗局的重要意义，但不喜欢他在里面所扮演的角色。他感到特别懊恼的是，他在"霸王"战役中所担任的明显的次要——事实上是虚构的角色，使他不能参与计划，只能由布莱德雷率领美国部队参加战役。作为一个极度好奇、秉性多疑的人，他把他的触角伸向各方，决心尽他的所能收集一切情况，不论是真实情报还是小道消息。

但是，他获悉的每件事都是间接听到的。当魏德迈将军在伦敦时，他到蒙特街来看望巴顿，把最新的消息告诉巴顿，对于这些消息，魏德迈比这位第 3 集团军的新司令官更容易听到。正是魏德迈在 2 月 17 日下午首先告诉巴顿，特拉斯科特已被任命负责在安齐奥滩头堡的任务。而仅在一天前，艾森豪威尔曾把这项任务交给巴顿。接着，赫尔将军在伦敦出现，他作为马歇尔将军的眼睛去"查明未能攻克罗马的原因"，正在去意大利的途中，他给巴顿介绍了华盛顿的情况。赫尔还让巴顿放心，他同马歇尔将军的关系一如既往，十分牢固，即使突击登陆将由布莱德雷来指挥，参谋长仍对巴顿寄予巨大的希望。

巴顿处在暧昧的立足不稳的境地，不是干预登陆战略计划的理想人物，而且他自己也明白这一点。因此，他开始集中精力搞他自己第 3 集团军的计划，第 3 集团的人马在 3 月已开始到达。尽管巴顿整天忙着组织和训练第 3 集团军，但是他仍处于被留用察看的阶段。还算巴顿有运气，3 月 23 日，陆军部长史汀生发布了一项有希望的声明，宣布"打士兵耳光事件已告结束"，但是巴顿并不能理所当然就可以参加"霸王"战役，这还要取决于他能否继续保持安分守己。

即使在这样的时候，巴顿又差一点出大漏子。他在有可能发展成另一起"打耳光事件"的危险怪事中居于显要的地位，而这件事含有更多的不祥之兆，因为它涉及"谋害"罪——屠杀了两批德国战俘。

这件事要追溯到西西里战役。1943 年 6 月 23 日，在"赫斯基"战役计划最后拍板定案的同时，巴顿用了 4 天的时间来欢迎一批直接从美国来的部队，并在奥兰附近的阿尔措观看一系列登陆演习。当时离进攻西

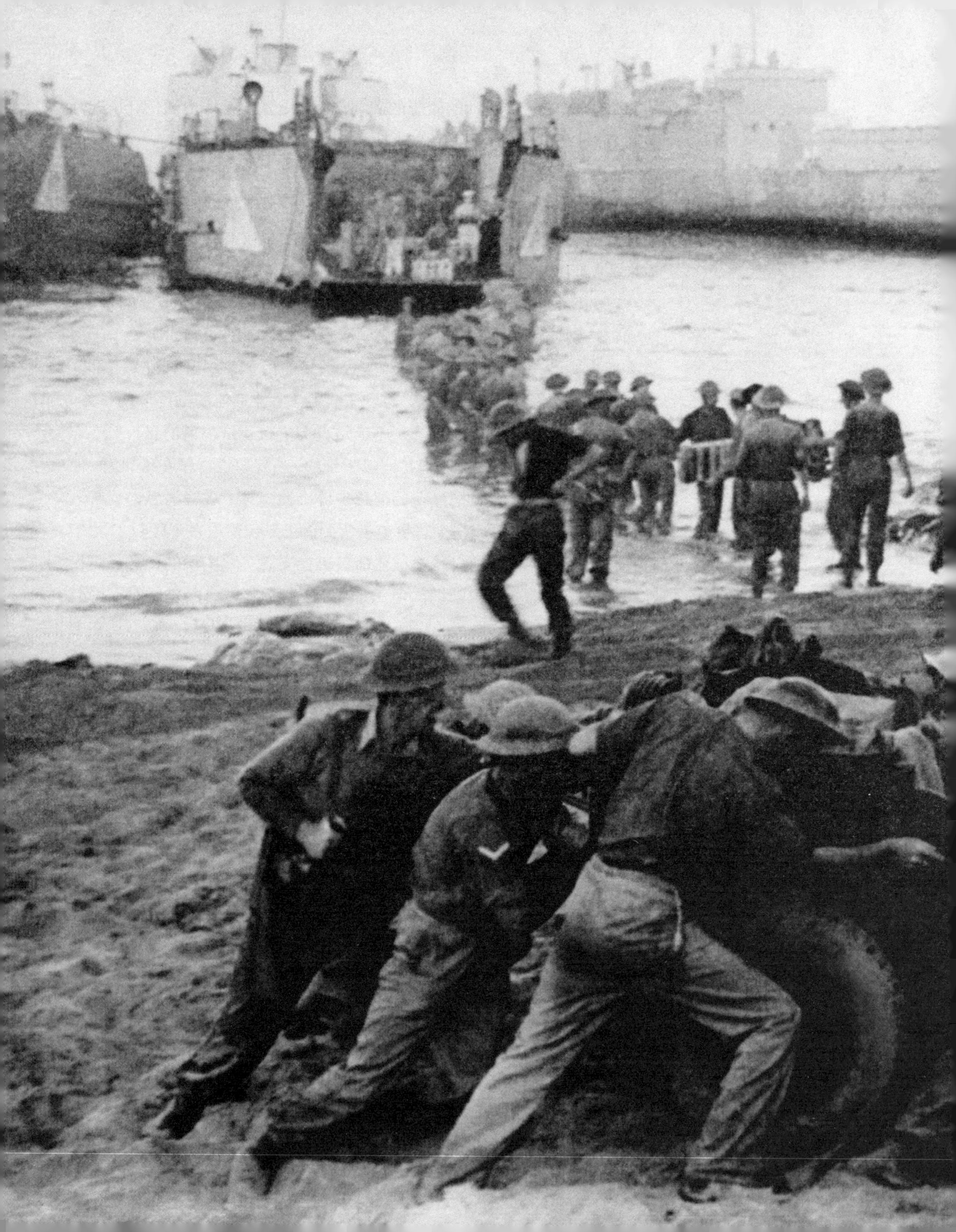

∧ 准备在西西里进行登陆的盟军士兵正在演习中。

西里的时间已不到三周了，巴顿担心士兵们在训练方面和精神上都还没有充分的准备。

当时他所看到的一切证实了他的担忧。在奥兰，他视察了从美国把第45步兵师运来的全部护航运输舰队。

然后他又去观看久经沙场的第1师的登陆演习。他热切希望一切都会顺利地进行，因为同他一道观看演习的还有一些最高级的军官。马歇尔将军来了，陪同他的有艾森豪威尔将军、布莱德雷将军和卢卡斯将军。可是海军却拆了他的台，把第1师的一支作战部队运到岸边时迟到了50分钟，而且还偏离预定海滩6公里。尽管这次出师不利并没有搅乱部队的阵脚，而且表现得"很出色"，但是巴顿却预感到一种不祥之兆。他想：如果在西西里战斗中海军也偏离海滩这么远，那将会出现什么情况呢？

巴顿气急败坏，反应强烈，似乎失去了对自己言谈举止的控制。他向第1师发泄怒火，大肆斥责师长特里·艾伦。接着，当第一批士兵跌跌撞撞从水中走出时，巴顿在海滩上大发雷霆。

巴顿冲着那些惊呆了的步兵们咆哮着："他妈的，你们的刺刀都到哪里去了？"他不停地"用恶语责骂他们"。此时此刻马歇尔和艾森豪威尔就近在咫尺。布莱德雷说他们是"尴尬而沉默地"看着这一切。

据布莱德雷说，"艾森豪威尔手下的一名参谋哈罗德·布尔少将对着马歇尔将军点了一下头，对我悄声说，'哎，巴顿这回可没有升官的机会了。他那种脾气毁了他。'"

巴顿对于是这一切潜在的后果是无所谓的。他笑嘻嘻地向人们走过来，他说："要狠狠地骂他们一顿，他们才会记住。"他知道不必为第1师担心。他主要是担心第45师。尽管第45师的指挥是陆军中最精干的一名步兵将领特罗伊·米德尔顿少将，他在第一次世界大战中骁勇善战，但这个师仍有许多不足之处。这支部队是所有参加"赫斯基"战役的部队中最无战斗经验的一支，但是它的任务却很艰巨，要守住24公里的开阔海滩，并要在进攻开始日后两天之内占领关键性的比斯卡里机场。从美国远涉重洋之后立即在阿尔措进行的这些登陆演习，将是这些部队"真打起来"之前需要进行的全部训练。

6月25日，演习分两部分进行，海军在演习中犯了比以前更严重的错误。由于海军方面的错误，第180团迟到了三个小时，而第179团被运至远离登陆地几公里的东北方。然而从部队显然做好战备的状态可以清楚看出，米德尔顿是位经验丰富的指挥员。

尽管第45师的表现使巴顿将军放心了，但是他仍然认为士兵们都是初次参战，因此需要给他们讲一席激动人心的话，给他们打打气，让他们了解战斗的情况。于是巴顿起草了一份讲稿，准备要给他在海上的部队讲话。这是一篇不朽的、高质量的讲稿，因为它揭示了巴顿思想的几个方面，其中有一些是批评他的人和毁谤者们拒绝承认或赞赏的。"你们中间有许多人有德国和意大利血统，"他说，"但是要记住，你们的祖先非常热爱自己，因此他们离弃了自己的家园和国土，远涉重洋去寻求自己。然而，我们将要去杀的那些人的祖先，却缺少做出这种牺牲的勇气，因而他们仍然是奴隶。"

巴顿一方面提到"自己"和"解放"，另一方面又直截了当地提到"我们要去杀的人"，这是很有典型性的。他意识到，激励部下的两个形成鲜明对照的动机是自相矛盾的———一方面是潜伏在他们身上的微妙的思想意识，另一方面是必须向这些美国小伙子灌输的不屈不挠的坚强意志。巴顿相信，如能把这二者牢固地结合起来，这些士兵就可以所向无敌。他会对战士们说，"我们将要在敌国的土地上作战，但我们不可忘记尊重私人财产、尊重非战斗人员和妇女的美国传统"，紧接着他告诫他们要"迅速而不留情地、凶狠和不停息地"进攻，甚至要"杀死"那些"愚蠢到胆敢和我们对抗的老百姓"。

巴顿对第45师这番鼓励士气的讲话究竟在多大程度上能使这些自由自在、经常在家乡杂货店柜台闲逛的年轻人转变成在异国他乡勇猛杀敌的战士，这当然是无法衡量的。但是，数月之后，他的讲话所引起的反响又使他经历了一段极不愉快的时刻。

7月10日上午6时30分，第45师从两翼向登陆地区斯考格利蒂发起攻击。这是一个小渔村。巴顿将军认为这是"美国三个登陆点中最重要的一个，因为此地离科米索和比斯卡里机场最近"。他们很快就遇到了麻烦。第180团战斗队打得极不顺手，在滩头地区遇上了劲敌的阻挡，然而它冲破了德国人的防线，接着开始奔赴它的目标——两座飞机场。在第115号公路上，美国兵称该公路为"阿道夫胡同"，因为大约就在那里，意大利人开始崩溃，增援的德国军队补了进去，加强该地的防线，第180团遇到了赫尔曼·戈林师的部队，受到了创伤。

正与巴顿所预料的一样，这次战斗打得既顽强又激烈。德国佬那种冷酷无情的狠劲，使这群毫无经验的士兵感到震惊。部队里开始到处流传起有关德国人的暴行，说是德国人正在枪杀意大利士兵，不让他们投降。

"德国人的暴行猖獗，"乔治·阿佩尔中尉回忆道，"我们在报复的时候也是如此。我的司机被俘了，戈林师的士兵们把他绑在一棵树上枪毙了。接着德国人又耍了一个诡计。他们赤手空拳站起来，挥舞着双手，口里喊着'投降'！当我们去围捕他们时，他们立即匍匐在地，藏在他们身后的其他德国兵就向我们开火。这样，我们的很多士兵都牺牲了，伤亡惨重。双方都抛弃了抓俘虏的常规。"

7月14日，由年轻的上尉康普顿率领的第180团第1连的一支小分队遭到伏击，德国人

∨ 美军士兵登陆后向德军阵地发起进攻。

从巧妙伪装的阵地上向他们开火。这些无经验的士兵拿出全部勇气，使出全部本领才用烟把敌人从躲藏的洞穴中薰出来。这场激烈的战斗持续了3个小时，德国的狙击手被打哑了，43个德国人手举过头，从洞里钻了出来。其中有5个人穿着普通百姓的衣服，或临时代用的军服。

这场艰巨的战斗使康普顿上尉手下的好几名战士牺牲了。这使他恼火极了。他一看到几名德国人穿着便衣，就命令他们列队站在一座谷仓前边，用机枪把他们扫射死了。

几乎是在同时同地，第3连的韦斯特中士正把这36名德国人押送到后方的战俘营去。他们远离战区以后，韦斯特中士就命令他们站住，在路旁把他们枪毙了。

这两起惨案迅速上报了巴顿将军。巴顿将军命令把康普顿和韦斯特送交军事法庭。

巴顿下令把这两个人送交军事法庭审判之后，就认为事情已经完结，至少对他来说是如此。

巴顿结束西西里战役之后，坐在巴勒莫那座豪华的牢笼里受完"处分"。然后，他前往英国去指挥第3集团军，准备参加"霸王"战役。3月29日，他离开英国前往北爱尔兰，去视察他的一些正在韦德·汉普顿·海斯利普少将指挥下受训的部队，对他所看到的一切都感到满意。接着，巴顿又去观看由威廉·麦克马洪少将指挥的第8师一个加强营的演习。巴顿十分感动，他写道："这是我所看到的最精彩的演习。"在这次实弹演习中，有两个士兵受伤了，一个被击中小腿，一个被打伤手臂。但是他们都不肯下火线，那个手臂受伤的战士又继续前进了两公里，而且还投掷手榴弹。

于是巴顿兴致勃勃地回到了波维尔厅，迎接他的新参谋长加菲将军却给他带来了一些不祥的消息，是同在西西里枪杀德国战俘之事有关，因为陆军部的一位监察官已从华盛顿来这里调查此事了。

与此同时，巴顿本人已被牵连进这一惨案之中，但他还蒙在鼓里。在审判康普顿和韦斯特的时候，辩护律师提出的问题同巴顿的朋友们估计的完全一样。巴顿的朋友们曾劝他不要把事情交给军事法庭。律师们争辩说，被告人是无罪的，因为他们正是按照巴顿在西西里登陆前夕对第45师的讲话去做的，而这次讲话就等于是巴顿本人的命令。

根据辩护词，巴顿曾对战士们说："如果我们离敌人只有180米了，敌人还在抵抗，那他就丧失了生存的权利。"讲到德国的狙击手，巴顿还

< 正在进行演习的美军。

对战士们说："当你们受到狙击，特别是从背后受到狙击时，你们就必须歼灭这些狙击手。"

巴顿惊慌地意识到了这一案件的严重性，有可能影响到他继续指挥第3集团军。巴顿煞费苦心地准备了他的辩护词，然后再同华盛顿派来调查此案的官员威廉斯中校讨论这一案件。

4月5日，巴顿在科德曼上校和奥多姆上校的陪同下前往伦敦去应付调查。他注意到要有法律助手，因为威廉斯中校曾告诫他说，无论他讲什么话，别人都可能利用他的话来攻击他。

"当然，"他说，"在我的讲话中，我从来没有设想过要屠杀那些已经投降的士兵。"他说，姑且不谈别的考虑，他本人的女婿约翰·沃特斯已被德国人俘虏，这也促使他十分谨慎，不做任何会引起德国人报复的错事。

这一案件的调查使监察长确信，康普顿和韦斯特在辩护词中把巴顿牵涉进来，仅仅是为了混淆是非，而且是通过"凭空捏造证据"，使用了"非常不道德的手法"。尽管如此，这件事还是引起了艾森豪威尔将军的注意。这位最高司令官命令休斯将军悄悄地了解这件案子，看一看巴顿是否出了问题。同时，还给华盛顿的陆军新闻发布负责人亚力山大·瑟里斯少将送去一份有关案件的报告，"以便一旦有哪位不择手段的记者风闻此案，瑟里斯就可以立即出来说明事实真相。"

尽管起初这一案件看来对巴顿那么不利，但它却以艾森豪威尔友好地会见巴顿而告结束。艾森豪威尔对巴顿说："乔治，你讲话太多了。"

此案就此了结。

巴顿是在4月7日见到艾森豪威尔的。18天之后，英国和美国的每家报纸都用醒目的大标题刊登了一个新的事件，巴顿又成了争议的中心。在巴顿所遇到的一系列麻烦中，这件事被称为"纳兹福德事件"。

4月底，巴顿开始搞一些他称之为"冗长的吹风"，向军长、师长和参谋人员讲解"霸王"作战计划的细节。4月25日，他抽出时间，去参加纳兹福德地区人民为款待日益增多的美国军人而组织的欢迎俱乐部的开幕式。支持这一俱乐部的群众组织的领导人康斯坦丁·史密斯夫人，请巴顿在开幕式上做主要发言。但是巴顿婉拒了，他对史密斯夫人说，他不想"过于显眼"。然而，他同意以完全非正式的身份去参加开幕典礼。

　　晚6时，巴顿在他的民政顾问坎帕诺尔上校和斯蒂勒少校的陪同下，乘车来到纳兹福德。他故意迟到了15分钟，想乘人不注意悄悄溜进人群。但是他的防范措施却是枉费心机，因为巴顿没有来，开幕式迟迟没有开始。巴顿吃惊地发现，他一来院子里的人就给他拍照，于是他向史密斯夫人提出规劝。史密斯夫人去找摄影者们交涉，他们同意不发表任何有巴顿形象的照片。史密斯夫人还向巴顿保证，开幕典礼上没有记者出席。

　　出席开幕式的约有60人，大部分都是妇女。史密斯夫人宣布了开会程序，然后介绍了妇女志愿服务社的地区管理人福斯特·杰弗里小姐。杰弗里讲了一席话，宣布俱乐部成立了，然后请巴顿来讲几句话。巴顿认为他应该表示他的谢意，因为这个俱乐部毕竟是为他的士兵们成立的。但是他提醒史密斯夫人注意，务必不要公开他来出席开幕式的消息。接着史密斯夫人在介绍巴顿时说道："巴顿将军不是以官员身份来出席的。他将以纯粹朋友的方式对你们讲话，但他的讲话切不可引用。"

　　巴顿即兴发表简短讲话，讲了英、美团结的重要性。他说："我感到像这样的俱乐部确实很有意义，因为我相信萧伯纳的话，我想他曾说过，英、美两国人民是被一种共同的语言联系在一起的，既然英国人和美国人注定要主宰世界，那么我们越是相互了解，我们的事就会办得越好。

　　"像这样的俱乐部是彼此结识和促进相互了解的理想场所。而且，一旦我们的士兵遇到并结识了英国的女士们，他们就会写信回国，告诉我们美国的妇女们说，人们是多么的可爱。于是美国的妇女们一接到信就会产生嫉妒心，就会迫使这场战争迅速结束。我就可以有机会去打日本人了。"

　　巴顿尽量把话讲得无关痛痒。他的简短讲话完毕之后，纳兹福德市区委员会主席约翰逊先生提议向巴顿鼓掌致谢。最后，开幕式在《上帝保佑吾主》和《星条旗永不落》的乐声中宣告结束。

　　一阵寒暄过后，巴顿被邀请留下来进餐。但是他婉言谢绝了，因为他觉得他"不想引起过多的注意"。

GEORGES PATTON

∧ 1943年，马歇尔（左二）与其他几名军官正在检查行动计划。

巴顿的这次活动又出问题的第一个信号是，4月26日午饭前，盟国远征军最高司令部新闻处长托马斯·戴维斯准将给巴顿的副参谋长盖伊将军打来电话。戴维斯在电话中对盖伊说，各家晨报都报道了巴顿在纳兹福德的讲话，让盖伊了解一下巴顿将军讲了些什么。这次麻烦似乎是由于一些报纸说巴顿在讲话中没有提到俄国人而引起的。尽管今天看起来注意到这种疏忽是很奇怪的，但是在1944年就被看成是严重的失礼。

　　戴维斯将军不得不急急忙忙地调查这件事，是因为艾森豪威尔将军在早晨收到了马歇尔★将军发来的一封愤怒的电报。马歇尔告诉艾森豪威尔说，所传巴顿对苏联的有意冒犯以及他那篇政治色彩浓厚的讲话，正引起美国新闻界和国会的强烈反响。巴顿本来就是某些议员最喜欢抨击的对象和公众舆论乱加指责的受害者，现在他的简短讲话又受到攻击，而且他讲话的要旨也被歪曲得面目全非了。保守派和自由派人士都攻击他，共和党人指责他站在罗斯福政府一边干预了政治。南达科他州的卡尔·蒙特众议员在众议院里忿怒地批评他是"国务院的助手"。与此同时，左翼分子利用他所谓疏忽了苏联这件事，把他说成是污蔑了俄国盟友的反对赤色分子的反动派。

　　人们的愤怒完全出乎马歇尔之所料，而且一系列特殊的原因也使他感到不安。正如最高司令部的陆军史学家福雷斯特·波格在描述这件"丑闻"的原因时说："马歇尔将军正在想方设法获得国会批准包括巴顿将军在内的陆军永久晋升名单，纳兹福德事件使他感到十分沮丧。这一事件使人们怀疑第3集团军的这位指挥官是否称职，并使全体晋升人员面临被否决的危险。"

∧ 盟军司令部参谋长史密斯将军。

当马歇尔的第一次愤怒质询传到怀德温的盟国远征军最高司令部时，艾森豪威尔不在司令部，无法施展他所惯用的那种外交策略来处理这件事。他正在普利茅斯附近的斯拉普顿沙滩观看第4师的两栖登陆演习，电报就交给了他的参谋长比特尔·史密斯将军。这位史密斯的名字正好也在那份有被否决危险的晋级名单上，因此，史密斯感到惊惶失措。他没有征求艾克的意见，就急急忙忙问马歇尔"继续留用巴顿将军是否会有损公众和政府对陆军部的信任"。他还表示，倘若如此，就"需要采取严厉的纪律措施"。他立即给波维厅的巴顿打电话，以艾森豪威尔的名义命令他"不得再作任何公开的发言"。

艾森豪威尔于4月29日回到怀德温，他发现司令部里的气氛很紧张。艾克不是就案情本身考虑，而是想到巴顿显然不能约束自己的言论，于是他似乎准备采取行动了。他通知马歇尔将军说："根据我所掌握的情况，我准备解除（巴顿的）职务，遣送他回国，"但是他话中又留有余地，补充道，"除非案件中又出现某些新的没有预见到的情况。"他坦率地对马歇尔说他不愿采取这一行动，因为如他所说："尽管巴顿性情不稳，但战争中常常会出现需要由他首当其冲的局面。"巴顿只不过是犯下了个区区小错，而且战事的发展事关重大，考虑到这一切，把巴顿是否"适于担任指挥"同国会批准晋升人员名单这两件事纠缠在一起，如果不是荒谬的，也是不恰当的。但是晋升对职业军人来说，却事关重大。正如布彻中校所说，"只有正规军军官才能充分理解"这类事的意义。

在巴顿完全了解他参战的前途已经危在旦夕之前，马歇尔和艾森豪威尔已经通过电报，多次议论过他的命运了。从4月27日到5月3日，在华盛顿的参谋总长同在伦敦的最高司令官之间，已就这件区区小事进行了6次十分激烈的电报交锋，这件小事却威胁到使盟军丧失一位最精干的指挥官。

从巴顿这方面来说，他已经习惯于用一种泰然自若的沉着态度来应付别人对他的处置。别人把他看成一个惹是生非的孩子，他却并不为此感到恼火反而觉得好笑。实际上，他感到满意的是，要打仗就离不开他，所以他被当成一名古怪的天才而得到他人的容忍。然而，这次的轩然大波却刺伤了巴顿，他认为这些攻击是他人策划的，不公正的。

　　"你可能已经对我感到厌烦了，"他在给艾森豪威尔再次派来调查的休斯将军的一封信中写道，"但是我最近一次的所谓越轨行为颇有诬陷的味道，因为当时曾告诉我讲话不会公布，而且开幕式是在新闻部的主持下进行的，它的代表也在场。"

　　巴顿还是竭力以达观态度对待这场喧嚣，并且用长远的观点来看待这件事。他说："战争结束之后，我就不再有什么军事上的雄心壮志了。因此，除了一笔退休金的问题之外，我是否能晋升为终身少将军阶对我来说不是攸关重要的。因此我授权你向最高司令官讲明——如果你认为这样做是明智的话，我完全愿意把我的名字从终身将军的名单中除掉，这样就不会妨碍其他军官的晋升了。

　　"当然，你知道我的抱负是什么，就是要指挥一支军队去杀德国人和日本人。我不相信我的所作所为竟然会对我在这一方面的效能有什么影响。"

　　然而，纳兹福德事件却愈演愈烈。

　　4月30日，巴顿接到艾森豪威尔的一封"训斥信"。信中，艾森豪威尔要他"彻底交代清楚，并警告他注意这次讲话的潜在严重后果"。这时巴顿才意识到这一事件的严重性。这是一个星期天，巴顿正在教堂做礼拜。史密斯将军打来电话，命令他于第二天"11时或15时"向艾森豪威尔报到。

　　上午11时，巴顿来到最高司令部报到。他发现艾森豪威尔的态度"十分亲切，而且在当时的状况下是很体贴的"。但是问题还远没有定下来。艾森豪威尔直截了当地告诉巴顿，他这次可能非要把巴顿送回美国了，尽管他本人对这道命令是感到多么遗憾和痛惜。这次会见使巴顿感到绝望，这件事使他感到他已经走到穷途末路。"我觉得像死去了似的，但是我还没有完全绝望，"他写道，"如果他们让我上战场，我就去，但是如果不让我去，我就辞职，这样我就可以讲话了。到那时，我要讲出事实真相，这样也许会对国家更有好处。"

　　在驱车返回波维尔厅的五小时旅途中，巴顿默默无言地思考着他的命运，并不断自言自语地吟诵诗句。

　　回到波维尔厅之后，巴顿把米克斯中士叫来，让他给自己收拾行李。他辛酸地说："这一回我们将不得不回美国了。"

　　艾森豪威尔和马歇尔仍然在进行着联系，但是趋势开始对巴顿有利了。有两个因素促使艾森豪威尔拿定了主意。他判定，这一事件只不过是区区小事，不足以按那些仇视巴顿的人们的要求来处分巴顿。此外，同往常一样，陆军部长史汀生介入了这场争执，他为老朋友的利益，明智而有分寸地从中进行了调解。

巴顿似乎已经做了最坏的打算,他的部下也都是忧心忡忡。就在这时,5月3日,艾森豪威尔决定了结此案。他告诉马歇尔将军说,他认为"巴顿解职会使我们失去他指挥部队的经验,以及他所显示的进攻中唤起士兵战斗力的才能",于是他决定让巴顿继续担任第3集团军的指挥官。艾森豪威尔写信给巴顿说,"尽管(巴顿)个人的轻率造成了一些很坏的反应",但他还是做出了对巴顿有利的这一决定。他还严肃地补充说:"我这样做,完全是因为我相信你是一个好的指挥员,绝无其他动机。"

　　但是在艾森豪威尔的正式信函到达波维尔厅之前,他就已经给他的老朋友巴顿发去一封私人电报,把这一好消息告诉了他。巴顿读完这份电报后,对着盖伊将军大声叫道:"战争结束了。"他提议去喝一杯。巴顿的一位青年副官乔治·小默南上尉当时正巧就在附近,听到此话,以为他的上司就要退出战争了。巴顿、盖伊和其他人的明显欢乐情绪使他感到诧异。事后默南笑着说:"过了一些时候,我才发现我搞错了。"

　　巴顿又全神贯注地投入了紧张的军事训练和修改作战计划的工作。他知道,时间已经不多了,他必须全力以赴,做最后的冲刺。他经常驱车去各个部队视察,组织针对性训练和小规模实战演习。每到一个部队总少不了发表一通纯粹巴顿风格的激动人心的演说。

　　在登陆前的最后一次视察中,他对士兵们说:"在我的讲话中,我总是强调战斗和杀人,以及每个人各尽其责。那些胡说八道的记者们对真枪实弹一窍不通。军队中的每一个人都起了重要的作用……即使炊事员也不例外,甚至那些烧水让我们洗干净屁股的家伙也是如此!让那些混蛋来调查吧,这就是巴顿的第3集团军,我们要把一切敌人赶进地狱去!这样,20年后,当我们的孙子问你在战斗中做了些什么的时候,你就不会羞愧了。"

∧ 正在进行登陆演习的
美军部队。

第八章

终显身手

1885-1945 巴顿

全军上下，从军长到普通士兵，都被巴顿的干劲带动起来。甚至他的上司也被情

不自禁地拖入了这个人的磁场。原来在高一级的司令部冷清的气氛中只准备拿下

一个桥头堡的作战计划，大有可能发展成为席卷整个欧洲大陆的一场赛跑……

★第二战场

指的是第二次世界大战后期，英国、美国军队在西欧所开辟的反法西斯德国的
战场。苏德战争爆发后不久，斯大林即代表苏联政府于1941年7月向英国政府
正式提出了在欧洲大陆开辟第二战场。此后，苏联同英国和美国展开了一系列
的外交活动，就开辟第二战场的时间、地点等一系列具体问题进行磋商。经过
长时间的准备，英美盟军于1944年6月6日在法国诺曼底登陆，正式开辟了反
法西斯第二战场。

>> 战场观察员

1944年6月6日凌晨，反法西斯各国人民期盼已久的开辟第二战场★
的战役——诺曼底登陆战役终于打响了。

诺曼底海岸炮声隆隆，战事正酣，但美军的头号猛将巴顿却仍然呆
在远离战场的英国中部地区，连一点火药味都闻不到。巴顿的心情万分
焦急。但不幸的是，7月1日清晨，巴顿的脚被一块沉重的防空帘砸伤，
肿痛难忍，最后不得不拔掉了指甲。接着他又获悉，他房东的儿媳被他
部队的一辆卡车活活撞死了。最沮丧的是他听到了一个传言：第3集团
军在7月底至8月初不会投入战斗。

哈金斯送来的情报是个沉重的打击。"霸王"战役的最后计划部署要
求在进攻发起后的6月21日至第8月5日之间，把第3集团军用于科唐
坦半岛上，巴顿一直希望尽早实现这一计划。然而6月份已过去，尽管
他感到迫切需要他去法国，但是，关于他的集团军在何时何地投入行动，
依然没有任何风声。

德国人在加莱海峡留下了大量部队，他们估计在反攻的第二攻击波
中巴顿会在那里登陆。巴顿欣赏德国人的这种担心。此次战役的最终目
标是直捣德国心脏和摧毁纳粹帝国，因而他相信，作为这次战役的出发
点，加莱地区要比瑟堡半岛可取。"在两栖作战中，"他写道，"我们应当
尽可能地靠近目标登陆。加莱比瑟堡更靠近目标。"

但是诡计越来越难奏效。甚至连德国人都越来越看清，盟军已致力

于开辟诺曼底战场。巴顿的烦躁不安既有主观原因，也有客观原因。作为美军中一位最骁勇的将军，正当他的同僚们都在鏖战之际，他却被置于一边空让岁月蹉跎，这种焦急等待的滋味实在难受。"我有一种可怕的感觉，"他在进攻发起日说道，"在我投入战斗之前，战斗就会结束。"他开始在流动指挥车中睡觉，经常挎着枪套，用他自己的话来说，这是为了使自己进入正常的精神状态。

"时间的拖延对我很不利。"他抱怨说。在这些艰难的日子里关爱地注意着他的科德曼说道："自进攻发起日以来，将军的脑子里一直担心战争可能会突然结束。他心情急躁，坐立不安。现在他变得沉默寡言，几乎悲观失望。"

但是，巴顿内心的焦躁绝非完全出于个人因素。至少总有某些间接的实际原因，在他看来是与他的命运有关的。现在他已确切了解那些原因究竟是什么。他认为，蒙哥马利正在诺曼底把事情搞得一团糟。

几天来，他一直在他喜爱的地图———一幅比例为一百万分之一的米什林普通法国游览图上密切地注视着战斗的进展。他相信，他所看到的迹象显然表明，战役正不可抗拒地陷入僵局。当然，并不是事事都不好。比如，他已查看了瑟堡。该地已于6月27日由劳顿·柯林斯少将率领的美国第7军占领；而且他预计布莱德雷现在会改变他的第1集团军西线各部队的方向，向南发动总攻。但是他不满意在奥马哈战区和东部各点，特别是在卡昂周围英军地区所看到的局势。

这恰恰正是巴顿对布莱德雷说过将会发生的情况。巴顿早在2月18日以及尔后多次提醒，蒙哥马利尽管承认速度的重要性，但他行动迟缓，在拿下卡昂之前就会陷入困境；然后他就会临时提出一个作战计划，很可能牺牲美军的利益。他在西西里，甚至在突尼斯昂菲达维尔战役后就是那么干的。

现在当巴顿试图从战报发表的官样文章——他认识到蒙哥马利紧紧地控制着战报的发表中，判明真实情况时，巴顿担心自己的预测会变成现实。蒙哥马利用乐观的模棱两可的欺人之谈来掩饰他的困难，把他所受的挫折说成是原先设想的计划中的预期结果。他用娓娓动听的词语甚至欺骗了他的上司。6月13日，他比预定计划晚一个星期抵达卡昂，却向帝国参谋长报告说："我对战斗的进展十分满意。"15日，他报告布鲁克说："我们英国第2集团军的处境很不错。"然而又补充说，"美军的形势不大美妙。"

鉴于蒙哥马利未能抵达他的目标，艾森豪威尔无法赞赏这种乐观精神，于是布鲁克和蒙哥马利两人都对他嗤之以鼻，硬说"艾克对战略一窍不通"，"艾克对战争只有极其粗略的概念"。甚至连丘吉尔的怀疑也使他们不满。有一次丘吉尔冒昧地查问一下蒙哥马利的说法，但布鲁克却粗暴地阻止了他。"我勃然大怒，"布鲁克于7月6日写道，"我质问他，他能不能信赖他的将军们那怕五分钟也好，而不是小看他们。"

但是蒙哥马利对巴顿却既恐吓不了，也愚弄不了。

根据他在西西里的经验，巴顿认为蒙哥马利是个机会主义者，对他来说，战斗阶段线和出击目标只有在他真正抵达时才有点意义。然而，当他发现不能完成目标时，他就会制定自己的计划，随机应变，以后就宣称，他的出色战果是因为他从一开始就胸有成竹。他倒不一定是拙劣的将才——但行动却缓慢得够呛。

巴顿现在以他敏锐的感觉设想蒙哥马利可能采取的下一步行动。当时想像中的情况实在使他感到吃惊。他猜想蒙哥马利会派遣美国第1集团军下辖的4个军向南推到第二阶段线，而他却仅仅在卡昂调遣他的英国部队，以期把德军从美军那里吸引过来。

∧ 蒙哥马利率部诺曼底登陆后，对战局发展显然估计不足。这是他与布鲁克在一起。

6月26日，巴顿有一次机会来检验他的预见。这一天，他在英国的埃克塞特附近会见了艾森豪威尔和布莱德雷。布莱德雷告诉他，甚至在那个时候，蒙哥马利的参谋人员还正忙于为第1集团军草拟一个指示，完全沿着巴顿所猜想到的路线前进。按照该计划，第1集团军将要——用布莱德雷富有诗意的话来说，"从芳草如茵的诺曼底牧场迅速推进到塞纳河沉睡的两岸"。布莱德雷不仅全力赞成这一计划，而且还声称这是他最早想出来的妙计，这使巴顿感到震惊。

好一个"迅速推进……芳草如茵的牧场"！

在布莱德雷看来，第1集团军由于处在一个较小的拥挤的滩头占领区，需要有回旋的余

> 布莱德雷在处理美英将领间的矛盾时左右逢源。

地，到南面找一块较好的地盘，以便最充分地使用日益扩大的力量，打一场运动战。取得一块适合进攻的有利地形已成为关键。当第1集团军以单枪匹马的密集队形从拉埃伊迪皮伊沿科唐坦公路，一直推进到西边的库坦塞斯并从卡朗坦推进到东边的圣洛时，蒙哥马利将围着卡昂兜圈子。

布莱德雷对于第21集团军群赞同这一计划似乎感到满意，而不同意巴顿对蒙哥马利的保留意见，事实上，他只是赞扬蒙哥马利的"智慧、耐性和克制"，他向巴顿保证，集团军群司令给了他（布莱德雷）"独立自主作战的自由"。

艾森豪威尔赞同布莱德雷的意见，批准了这一计划。巴顿却忧心忡忡地回到了自己的司令部。接着蒙哥马利于6月30日发布指示，命令美国第1集团军发动突破进攻，而英国第2集团军则继续努力夺取卡昂，牵制卡昂和维莱博卡日之间的敌人。

后来，当这次代价高昂的攻势所遇到的令人痛心的困难被人忘却之后，蒙哥马利大言不惭地把这一计划的全部功劳归于他自己，只字不提布莱德雷在制订计划中的作用。

以后几天，巴顿忙得不亦乐乎，这是他在波维尔厅的最后几天。他就要把他的司令部迁往汉普郡的布雷摩大厦。在离开之前，他视察了部署在索尔兹伯里的第20军和在赫尔的法国第2装甲师。他向在纳兹福德五个月期间结交的朋友作了一系列的辞行拜会。

尽管"霸王"战役的进展远远落后于计划，但艾森豪威尔回到伦敦时总的来说还是怀有信心的。这是7月4日下午巴顿看到他时的情况——心情愉快，但对蒙哥马利的"缺乏冲劲"稍有点生气。

1944年7月6日是乔治·巴顿的进攻发起日，他已一切准备就绪，犹如一位腰缠万贯的游客前往法国去旅游一样投入战斗。清晨在布雷摩大厦听取形势汇报以后，他与科德曼、斯蒂勒，还有米克斯中士，以及他宠爱的猎犬威利驱车前往机场。他们登上一架C－47型飞机，带上一辆吉普车，塞住轮子后，装在飞机的后部。

→

★**奥运会**

1893年，根据"奥运之父"顾拜旦的建议，在巴黎举行了讨论复兴奥运会问题的国际性体育会议。1894年1月，顾拜旦草拟了复兴奥运会的具体步骤和需要探讨的10个问题，致函各国体育组织和团体。6月16日，"国际体育运动代表大会"在巴黎索邦神学院开幕，大会通过了《复兴奥林匹克运动》的决议。6月23日成立了国际奥林匹克委员会。国际奥林匹克委员会的成立，标志着奥林匹克运动的诞生。1896年，现代奥运会才得以在希腊首都雅典重新举行。

巴顿挺着胸脯、生气勃勃，略皱的眉头露出一副喜气洋洋的神色，这是专门为这个场合表露出来的。像一般游客一样，他带了一本书，以备途中阅读。这是牛津大学学者爱德华·奥古斯塔斯·弗里曼的六卷巨著《诺曼人的征服史》中的一卷，他感兴趣的是书中描写征服英国的征服者威廉，在诺曼底和布列塔尼作战时曾跋涉的道路。

巴顿将军舒适地坐在前排的一个位子上，系好了安全带。驾驶员前来报告：

"将军，在到达海峡之前，我们要同空中掩护我们的P－47战斗机会合。"他说。

"那好。"巴顿不大愉快地说。当他出征时，他是不喜欢受到娇宠的。

"是否允许开始起飞，将军？"

"起飞吧。"

飞机一离地面，巴顿看了看手表。

"现在是10时25分，"他说，"一年以前，恰恰就在这个时刻，我们离开阿尔及尔前往西西里。"

"这一回不知道我们会不会像上次一样，也能有个好的开头。"斯蒂勒说。

"是的，艾尔，"巴顿说，"搞两栖登陆就不是件容易的事。"

巴顿的C－47飞机在4架P－47战斗机的护航下穿云破雾，直往法国海岸飞去。

天空晴朗，万里无云，飞机很快就飞临英吉利海峡。从3,000多米的高空看去，深蓝色的海水在起伏涌动，闪耀着粼粼的波光。接着，诺曼底海岸映入眼帘，巴顿的心情十分激动。

时光如梭，自从他在奥运会★返美途中第一次经过这里以来，整整32年已经过去了，当年那片宁静的海滩如今已变得满目疮痍，令人触目惊心：浅海处，横七竖八地躺着各种被摧毁的舰艇，海滩上弹坑累累，被连根拔起的滩头障碍物，被炸毁的防御工事和各种军车比比皆是，整个海滩没有一点生气，仿佛是一个被历史遗忘了的古战场。再往内地飞去才看到了盟军的部队，一批一批的登陆部队正在向前行进，运送弹药和给养的军车像一条长长的巨龙，穿过沙丘，向远方驶去。

现在，他朝思夜盼的伟大时刻已展现在眼前。飞机朝奥马哈海滩后面一个狭窄的简易机场飞去。几分钟后，飞机在跑道上滑行。在跑道的尽头，有位年轻的军官正在向驾驶员挥手示意。他是布莱德雷将军的副官切斯特·汉森中校。在机门打开之前，巴顿又看了看手表。

"11时25分，"他说，"从诺福克到卡萨布兰卡，花了我们18天的时间。从阿尔及尔到杰拉花了5天，现在只花了一个小时就到了法国。好吧，我们下飞机吧。我不知道战争是否还在继续进行。"

他们驱车前往几公里外布莱德雷的司令部。司令部设在伊西格尼南边的一片树林里。但是他们在拥挤的公路上只能缓慢地前进，乘车的时间也足足花了一个钟头，和从英国来法国的时间一样。

"我们驱车沿海滩行驶了几公里，"巴顿写道，"沿途的景象触目惊心，几百艘船只遭到毁坏。大部分的毁坏不是由于敌人的炮火，而是由于登陆后所遭遇到的几天风暴。"

"德军构筑的一些碉堡十分坚固，但已被占领，这证明精良的美国军队攻无不克，只要认真攻打，任何海滩都是拿得下来的。"

布莱德雷伸出双臂真诚热情地欢迎他，但巴顿很快意识到，他在诺曼底不过是个多余的人。

布莱德雷指挥所里繁忙的气氛打动和激励了巴顿的心，但同时也使他不胜妒羡。整个下午，布莱德雷同霍奇斯将军和柯林斯将军共商军计，巴顿却只好在一旁乱出主意。他们正讨论即将来临的战斗计划，而这些战斗同巴顿毫不相干。

战斗马上就要打响，但对巴顿来说又显得那么遥远，他只能站在同僚将领们的一边，冷眼旁观，犹如有人在地下铁道的车上借看别人的报纸一样。这不是他所想的战争，绝对不是他自己在战争中应起的作用。他的充沛精力就像天然气中的氦一样白白地浪费，因而他的情绪也像钟摆一样从悲观摆动到坚决果断。他描绘那段"不愉快"的时间说，"我当时总是以为，在我参战之前，战争就会结束。我确信，我们攻得越猛，就会前进越快。"

布莱德雷安排他在第1集团军指挥所过夜，但没有让他睡觉。他下令在夜里万炮齐发。对于这种炮击的意义和价值，巴顿不以为然。

"在我看来，这种倒霉的轰击徒劳无益，是白白的浪费，"他在就寝前对斯蒂勒说，"你在第一次世界大战中听到过这么多炮声没有？"

"没有，长官，"斯蒂勒说，"但是，将军，这至少可以提醒你，你无须担心会错过这场战争。"

出于礼节，巴顿于第二天正式拜会在贝叶以西的第21集团军群的司令官。蒙哥马利把他的值班司令部和参谋部设在一地，把他私人清静的指挥所设在另一处十分雅致的地方。这天上午，他两处都不在。巴顿正要来看望他时，蒙哥马利已出发去访问第1集团军，于是巴顿又跟着返回。

< 布莱德雷与手下将领在一起研究作战计划。

　　根据"霸王"作战计划的原先安排，蒙哥马利将指挥第21集团军群，直至第3集团军在需要的时候能够投入战斗时为止。然后，霍奇斯将军接管第1集团军，布莱德雷接管全部由美军组成的新编第12集团军群。整个8月份，蒙哥马利将继续负责全面指挥。此后，艾森豪威尔将军也将亲自负责指挥。

　　心急如火的巴顿现在认为，不仅蒙哥马利，而且连布莱德雷也醉心于拖延时间。就在前一天，巴顿还得到通知说，第3集团军最后将于8月1日正午可以投入战斗，但巴顿的疑虑仍没有消除。6月27日，布尔将军向他担保，不仅丝毫没有把他排除在外的意图，恰恰相反，人人都渴望让第3集团军进入战斗状态。

　　就第3集团军而言，它正处在集结过程之中。其中有许多部队还在英国整装待发。将要由它接管的第8军，对第1集团军来说仍是非常需要的。巴顿这支部队的前途取决于在诺曼底的全局形势，而不是取决于巴顿所怀疑的什么蒙哥马利的心血来潮或布莱德雷的瞻前顾后。

　　但是，正当巴顿被迫在诺曼底空等时，布莱德雷的攻势情况如何呢？

　　在艰苦卓绝的15天中，攻势取得缓慢而吃力的进展。以3个师在西部揭开攻势序幕的第8军只能一寸一寸地向前推进，三天中只前进了5,500米。经过12天最激烈的战斗，它只前进了12.8公里。它打得精疲力竭、百孔千疮。7月15日，在离开自己的目标库坦塞斯高地19公里远的地方，该军被迫停止前进。

　　该军的艰苦经历在全线的战斗中是具有代表性的。圣洛于7月18日被攻克，但第29步兵师攻占圣洛标志着攻势的结束。一位军史学家写道，"圣洛的攻克结束了美军迄今为止所经历的最艰难的战斗阶段。敌军凭借无边无际的一行行诺曼底特有的灌木天然屏障，加上几乎天天下雨，使盟军的空中战术支援无济于事，能见度也降低了，因此尽管敌军在数量上处于劣势，供应和装备不足，但实际上却能够寸土必争。对美军来说，这一段时期弹药的消耗和步兵的伤亡是很大的。"

巴顿就地密切注视局势的发展，感到痛心疾首。他对攻势付出高昂的代价而仍遭失败感到悲痛，原因是多方面的。"我对进展的缓慢感到相当失望，"他于7月14日写道，"我确信，如果由我来指挥，我可以在两天之内突破。只需要利用空中轰炸在前面开道，率领几个装甲师突击前进。这样的进攻只须集中于一小段战线，而目前我们却要全线出击。"7月13日，他直接接到蒙哥马利的一项命令，说是在到达阿弗朗什之前，第3集团军不能投入战斗，这就使他更加泄气。但布莱德雷断言他从未看到过这份命令，并力图使巴顿放心。

"请不要担心，乔治，"他说，"我将尽快让第3集团军投入战斗。"

后来，巴顿有理由猜想，他毕竟还是要投入战斗的，而且很可能就在下两个星期之内。因为布莱德雷正在完成他自己的宏伟计划，7月12日，当布莱德雷意识到他的攻势在科唐坦半岛中部地区打不下去时，便毅然决定取消这一攻势，代之以一个更大胆、更坚定和更精心制定的计划——最后突破敌阵攻向阿弗朗什。这个代号为"眼镜蛇"的重大作战计划，将集中地面力量，再加上空中优势轰炸的联合行动来突破德军的防御工事。布莱德雷对"眼镜蛇"作战计划的构思同他发动七月攻势的动机基本上是一样的，目标保持不变——攻占布列塔尼半岛是最终目标，突破库坦塞斯-科蒙防线是第一步。布莱德雷从最后的经验中汲取了教训，尽管他的抱负直冲云天，订的战役目标却脚踏实地。"如果战役能按计划发展，"他在发起进攻前一星期对柯林斯将军说，"我们在一周之内就应当能够抵达阿弗朗什。"在第1集团军公布"眼镜蛇"计划前两天，他对集团军的空军少将刘易斯·布里尔顿说："此次进攻旨在从科唐坦突围，解放法兰西。"

在进攻之前，巴顿则对"眼镜蛇"计划持怀疑的态度。但是当他逐渐看出"眼镜蛇"计划时，便改变了主意。

毫无疑问，巴顿的利益与该计划的成败密切攸关。假如"眼镜蛇"战役能带来布莱德雷热切希望的效果，在德军防线中冲开一个缺口，第3集团军就可以投入战斗，利用打开的缺口进一步向内陆突进。虽然巴顿此时胜利在望，但有两点美中不足之处，对巴顿的满腔热情泼了冷水。第一，他认为交给他的任务十分有限，即占领布列塔尼，有否进入布列塔尼又取决于第1集团军能否抵达科唐坦半岛的底部。第二，没有把"眼镜蛇"计划的全部内容向他"交底"，因为布莱德雷似乎有点不相信巴顿会审时度势。

这是使布莱德雷不安的一个小小"漏洞"，因为他担心他精心策划和严格保密的计划会被德国人知道。7月12日，他把"眼镜蛇"计划的全部内容告诉了巴顿。他说，"此事必须英勇果敢。"

巴顿全心全意地赞成，特别是因为他很快察觉到，布莱德雷的新计划中恰恰包含了他自己的思想，这些思想他曾于6月26日向布莱德雷谈到过，也由于该计划毕竟对他自己的前途息息相关，因而巴顿决定于7月16日向他的高级参谋中少数指定的骨干传达这次作战计划。

在那个平静而不祥的星期日，在例行参谋会议结束之后，巴顿把各部门负责人留在帐篷里，让他的作战处处长马多克斯上校向他们详细介绍了"眼镜蛇"作战计划。盖伊将军强调指出，这次临时吹风会上所讲的一切都属绝密。整个会议期间，巴顿坐着没吭一声，只是在会议结束时提醒与会的少数人，对这次迫在眉睫的战役要守口如瓶。

此时大概是巴顿一生中最难熬的一段时间，因为他现在万事俱备，但一事无成。就拿位于小杜弗河附近，坐落在恬静的内乌地方一片苹果园内的所谓第3集团军司令部的地点来说，也体现了他的处境多么矛盾。该地已于6月16日被曼顿·埃迪少将指挥的第9师攻占，他们原是巴顿自己的第3集团军的人员，在向瑟堡挺进中编入柯林斯将军的第7军。战争已把内乌抛在后面。现在只有零星的德国地雷和过去战争遗留下来的一堆堆废钢烂铁，被推土机推到公路两旁，才使巴顿想起他毕竟身处战斗一线地区。

在内乌，巴顿拥有一个重要司令部机构的全部人员配备和设备，不仅有集团军的，而且还有他在战斗中将负责指挥的4个军中3个军的配备。尽管这个地方充满着从他身上引发出来的活力，但实际上只是一个有名无实的机构。

巴顿再度担心会错过在这次战争中拼搏的机会——显然这是他的最后一次机会了。他已快59岁了，是战争中年纪最大的将军之一，而战争已经培养出一大批年轻得多的将领。在诺曼底的高级将领中，唯有考特尼·霍奇斯将军与他是同代人。

7月20日，有消息说，德国国防军的一些军官曾企图暗杀希特勒，战争似乎会在由此而引起的一场混乱中突然结束。消息传来巴顿急得快疯了。他丢开一切，慌忙赶到设在科隆比埃尔的第1集团军指挥部，他这次下决心，要求布莱德雷非让他立即投入战斗不可。

但布莱德雷已去伦敦，商讨空军预定进行的饱和轰炸问题，作为"眼镜蛇"战役的序幕。过了三天，巴顿才第一次有机会见到他。正当布莱德雷为这一重大行动忙得不可开交时，巴顿却又无所事事。他恳求说："看在上帝的面上，布雷德，你得在这场战争结束之前让我投入战斗。我现在含垢忍辱，除非能抓住什么惊人的东西把我解救出来，要不我非死在这里不可。"

∧ 美军向法国南部挺进。

∨ 美军在登陆后向法国纵深推进途中与德军展开激战。

"我常常感到惊奇，"布莱德雷后来谈论说，"这种不顾一切的精神有多么大的力量！它激励巴顿驰骋在辽阔的法国疆土。没有任何其他将领可以与他的雷厉风行和大无畏精神相匹敌。"然而，如果说巴顿是被他的受压抑的感情和维护自己权益的欲望所驱使，那么他是以高度的事业心去干的。

到 7 月 21 日，计划已相当成熟，巴顿可望随时投入战斗。除了"眼镜蛇"战役外，他脑子里别的什么也没有，每天都到布莱德雷的指挥所去献计献策，而件件主意都旨在扩大第 3 集团军作用的范围和规模。由于它们远远超出了布莱德雷为此次战役规定的范围，因此巴顿的建议和要求没有获得任何反应。

接着于 7 月 23 日，在布莱德雷对"眼镜蛇"战役的乐观情绪鼓舞下，巴顿开始认真地进行工作。他召开一系列的会议来策划战争的进程，不遗余力地企图迫使布莱德雷就范。布莱德雷向巴顿保证说，他将安排巴顿在"眼镜蛇"战役之后立刻投入战斗。所以巴顿现在变得十分严肃认真。但是，到了"眼镜蛇"战役的前夕，眼见得巴顿的良机已到时，布莱德雷的态度却暧昧起来，这是出乎意料的。

按布莱德雷当时设想"眼镜蛇"战役的最好结果，第 1 集团军负有双重任务——消灭库坦塞斯以北的德军残部，并追击向南撤退的德军，但只追到科唐坦的底部为止。巴顿所预见的大规模和决定性突进的极大可能性，在布莱德雷的筹划中似乎没有受到应有的重视。

巴顿建议把"追击"的任务交给第 3 集团军。巴顿心中想的"追击"就意味着"向内陆突进"。他恳求布莱德雷让第 3 集团军投入战斗，并且以后勤供应为理由建议把战区扩大至海滩。

布莱德雷拒绝了他。

"船到桥头自然直。"布莱德雷说。

巴顿毫无收获地离开了会议。

7 月 25 日，诺曼底一片火海。在第 8 和第 9 航空兵部队用 4,000 多吨高爆力炸弹进行饱和轰炸，把敌人打得惊魂落魄，大乱阵脚之后，布莱德雷在柯林斯将军的第 7 军战区发动了"眼镜蛇"战役。黄昏时分，德军被迫后撤 3 公里到拉比特至埃贝克雷冯一线。

7 月 26 日是个战果辉煌的日子。柯林斯的第 7 军在马里格尼——圣吉尔地区实现突破并正在扩大其战果。米德尔顿的第 8 军也投入了战斗，正以第 8、第 90 和第 83 这三个步兵师在西翼发动进攻。第 8 军正在切断莱赛——佩里埃公路，在赛夫勒河上建立一个桥头堡。

7 月 27 日，战事继续迅速发展。"眼镜蛇"战役正以排山倒海之势朝着预定的目标前进。就在两天之前，布莱德雷还担心"眼镜蛇"战役也会失败，但现在他开始明白，该战役正给敌人以"我们任何人都不敢想像的致命打击"。"如果说……我们今晚神气十足，那还是婉转的说法，"他致函艾森豪威尔说，"我们战线上的形势确实不错。"

攻占库坦塞斯之后，"眼镜蛇"战役的基本目标就已大部完成。到 7 月 27 日晚，形势的

> 美军轰炸机对诺曼底地区的德军目标实施饱和轰炸。
> "眼镜蛇"战役中，美军向瑟堡德军进攻。

发展足以使布莱德雷将军得出结论说，盟军已经取得突破敌人防御的胜利。

但是，巴顿却又过了沉闷而无聊的一天。在发动"眼镜蛇"战役之前的日子里，巴顿曾抱着希望制定计划，然而他现在继续无事可做，感到灰心丧气。没有一点迹象表明他会很快接到任务。没有他，布莱德雷一切都很顺利。巴顿再次怀疑，在他有机会参战之前，战争就会结束。当他于 7 月 23 日回到内乌时，他对盖伊说："恐怕蒙哥马利不想要我，因为他害怕我会抢他的功劳。而布莱德雷不想要第 3 集团军，因为他怕负责指挥集团军群。"他的话又对又不对。

然而，反对巴顿本人参加这次战役的并非蒙哥马利，真正在幕后拖延的人是布莱德雷。但布莱德雷并非像巴顿所怀疑的那样"怕"负责指挥集团军群，他怕的是巴顿。

"我自己对巴顿的感情是错综复杂的，"布莱德雷写道，"他不是我挑选的集团军司令人选。他是否能通情达理地接受我们两人职位的颠倒，对此我仍是有顾虑的。"

他以业务上的理由来文饰他个人的意图。"尽管巴顿热切希望在'眼镜蛇'战役中助我们一臂之力，"布莱德雷承认说，"为了便于控制，我渴望把此战只限于第 1 集团军。"甚至当艾森豪威尔催促他让第 3 集团军投入战斗，充分利用巴顿的本事和闯劲，以保障"眼镜蛇"战役取得胜利时，布莱德雷仍然作梗。他写道，"我向艾森豪威尔担保，与其由集团军群指挥部召集两个集团军来开会解决问题，还不如由第 1 集团军指挥部单独解决问题容易得多。"

  局势确实是很奇怪的。第3集团军只是个名义上的集团军，但事实上它已经在战斗了。它的主要部队——包括整个第8军，在西翼担负了进攻的重任。尽管如此，当巴顿的部队将要参加惊心动魄的"眼镜蛇"战役时，巴顿本人却被排除在外。毫无疑问，指挥权的迫切问题确实同布莱德雷的决策有关，他一方面用上了第3集团军的大部分力量，但另一方面又不让其成立。但是起决定性影响的是个人的感情因素。"我对巴顿加入我的指挥部是有顾虑的，"他承认说，"因为我担心，为了约束他的急躁脾气，可能要花费太多的时间。"

  然而，布莱德雷现在面临下一步该怎么办的问题。在他制订原计划时，他对丛林地区不愉快的战斗仍心有余悸，未敢展望"眼镜蛇"战役会有何种结局。他宁愿根据"眼镜蛇"战役的实际结果来确定下一步的行动。现在就需要他做出决定了，他意识到他最终需要巴顿来扩大突破的战果。但他进退维谷，仍在进行思想斗争——到底让巴顿参加指挥，还是撤开巴顿，自己来干。两种办法均不理想。他无法断定何者为好。接着，形势替他做出了裁决。"眼镜蛇"战役惊人的辉煌胜利使他处于没有选择的余地。时到如今，没有巴顿不行了。

  于是7月28日，他向内乌挂电话。

  那天上午，巴顿正忙于日常杂务，如视察第101后方医院、一处浴室、一座废弃物品工厂、一处后方面包房和一个汽油储存库，所有这些都在内乌附近他自己的后方，远离战火纷飞的前线。

< 巴顿面带笑容地步出指挥部，又到了他大显身手的时候了。

PATTON

下午3时30分，盖伊将军的副官埃利奥特·泰勒上尉闯到在汽油储存库的巴顿面前，他兴奋得几乎说不出话来。

"将军，长官，"他气喘吁吁地说，"司令部的保密电话找你。是布莱德雷将军来的电话！我们四处都把你找遍了，长官。"

巴顿三步并作两步地跑回他恬静的苹果园，下午4时45分到达后，他以最快的速度给布莱德雷打电话。

"乔治，"布莱德雷说了一句老的套话，"现在是时候了。"

巴顿深深地吸一口气。他首先想到的是"第3集团军"，布莱德雷正式打电话给他，叫他把第3集团军组织起来投入战斗！但布莱德雷为他所作的安排又不完全是这样。

"你将在第8军战区督战，"布莱德雷说，"身份是集团军副司令，还要尽快使第15军投入战斗。"布莱德雷还告诉他，他仍将是"霸王"战役中的神秘人物，甚至连他的新使命也是个高度机密——"使德国人捉摸不定。"

这是什么意思？布莱德雷为什么还要把他加以保密？而第3集团军又怎么样呢？

布莱德雷解释说，这个安排是行政上的权宜之计。按第3集团军原来的组建，它配有4个军，13个师。目前一部分部队正在海运前来途中，已经在诺曼底的其他部队借调给了第1集团军。米德尔顿将军的第8军已经过训练和装备起来，准备参加第3集团军的进攻，但目前正随同第1集团军作战。

布莱德雷指示巴顿"监督第8军扩大'眼镜蛇'战役的战果",并指出"巴顿愈快使第8军打开布列塔尼的大门,他就能愈早率领他的集团军投入战斗",以此来引诱巴顿接受这一任务。

但是这一任务还有一个小小的附加条件。按照布莱德雷的设想,巴顿——只有在第3集团军投入战斗后,他才能负责第8军——只能"跟着米德尔顿的各部队,并在该军一旦陷入危难时加以解救"。布莱德雷的图谋是不让巴顿担任该军的指挥或积极影响战斗的进程。

巴顿已是兴奋不已,哪里还顾得上去争辩细枝末节的事。他不过问动机便接受了这模棱两可和秘密的委任。但是,他的参谋人员却气得暴跳如雷,因为他们认为那位"上司"是在对他们的老板耍手腕。而且毫无疑问,即使戴上了集团军副司令这顶大帽子,巴顿的地位也不正常,甚至有点丢脸。

长期以来,他的属下就看得很清楚,"统帅部"是在对巴顿耍着某种花招。他们感到,艾森豪威尔和布莱德雷——他们把这两人看做是从未听到过激烈枪声的战争中的年轻暴发户,正在利用巴顿的天真和求战心切,从他身上榨取最大的油水,但同时又把他压在下面。现在,他们把委任巴顿当集团军副司令视作布莱德雷的一个诀窍,通过巴顿亲自参加战斗来确保扩大战果,而同时又掩护和保护布莱德雷自己,注意不让巴顿抢去功劳。

但是,就巴顿的"急躁脾性"而言,布莱德雷的估计是大错特错。在他仍然忧心忡忡的时候,巴顿已经完全适应了指挥职位的变化,而且心情很愉快。在这种情况下,人们不妨猜测:布莱德雷器量狭小的担忧,对诺曼底的战局究竟起了多大的不利影响?假如布莱德雷允许巴顿在第一阶段结束后马上就参加他的指挥,"霸王"战役会不会快得多?是不是可以避免丛林地带战役所造成的惨重损失,于7月初就突围,而不是迟至几个星期之后?要是从一开始就允许巴顿参加这些战斗,他会不会在7月份就如同他在8月和9月那样,把攻势大大地推向前进,促使对德战争更接近于定局?

谁知道呢?但是我们却从布莱德雷本人那里确知他的疑虑是莫须有的。正如他所承认的,"乔治不久就使我对这些苛刻的留一手的做法感到悔恨,因为他不仅对我没有任何恶意,而且以无限的忠诚和热情为第12集团军群冲锋陷阵。"

>> 急不可耐的突进

对于巴顿中将此时的境地，有人曾经作出过生动的比喻，说巴顿头上现在有四顶帽子：一是第3集团军司令，可是这个集团军还未投入战斗；二是第1集团军的副司令，但他对该集团军既不能控制，也不能在其中施加影响，他的第三顶帽子是在第8军中督战，而该军的实际指挥官却是另一位将军；第四顶帽子是一顶笨伯帽那是学习成绩差的孩子被迫戴的一种圆锥形纸帽。

但是，至少布莱德雷还让巴顿个人"投入战斗"了。

巴顿把海斯利普将军找来。海斯利普有一副圆圆的脸膛，和蔼可亲，却是一位"铁石心肠"的西点军校★毕业生。在第3集团军打起自己的旗号进入战斗以后，海斯利普的第15军预定将进入第7和第8军之间的战线。接着，巴顿又找来了加菲将军、马多克斯上校和哈蒙德上校。巴顿与四人一起驱车前往第8军司令部——不是去监督，而是去接管。

前往第8军的一路上旅途坎坷，弹痕遍地，尚未爆炸的地雷比比皆是。巴顿抵达第8军指挥所时天色已晚，实行灯火管制的作战帐篷里却灯光通明，米德尔顿将军及其参谋人员正在里面恭候巴顿，准备向他作形势报告。

尽管科唐坦的德军显得士气极低，混乱不堪，但还没有被彻底消灭。有相当大的一支部队在混乱中逃跑了。造成这种混乱局面的部分原因是"眼镜蛇"战役的巨大胜利出乎意料，使第1集团军不知所措，自己也陷于混乱。

★西点军校

即美国陆军学院，因其校址设在纽约附近的西点（West Point）而得名。该校成立于1802年7月4日，是美国的第一所军事学院。学员毕业后即可获得理学学士学位和中尉军衔，学制4年。该校曾为美国培养了大批陆军中高级指挥官。该校校训为"国家、荣誉、责任"。西点军校因其在二战中对盟国胜利进程所做的贡献而使自己的名望达到顶峰。

> 巴顿手下的猛将约翰·格罗少将。

布莱德雷命令米德尔顿将军继续向南挺进，但命令是含糊的——布莱德雷只是告诉他，不给敌人以"重整旗鼓的时间""对德军始终保持压力。"

根据种种估计，现在德军有可能立足的地点，或者说向南推进不可避免的目标是阿弗朗什。对于巴顿，他此时感到沾沾自喜。监督单独的一个军同指挥一个集团军是大相径庭的事，但巴顿已是相当满意，因为他看出第8军可以成为奏出他的战争前奏的理想乐器，曲子的乐谱正在他的脑子里形成。

调用米德尔顿的第8军的本来目的，是在科唐坦西部牵制德军，形成"直接威胁"，以支援第7军对敌军的包围，现在第8军已开始履行自己的职责。该军暂时由4个步兵师组成，还增加了两个装甲师，即第4和第6装甲师。

巴顿全神贯注地倾听第8军作战处长里基上校的情况介绍，里基在地图上指出了步兵师的位置——第79师在莱塞，第8师在佩里埃，第83师在托特河彼岸，第90师在赛弗勒河的一个桥头堡。

"你们的装甲部队在哪里？"巴顿问道，就好像他什么也不知道。

装甲部队在第8军的前进中没有起多大的作用。第4装甲师从卡朗坦－佩里埃地峡西部出发，于7月15日被抛在那里，后来就作为该军的预备队。第6装甲师到了7月25日才调拨给该军，尚在勒梅斯尼尔－圣马丹一带集结。

"我要伍德和格罗来担任前锋。"他说。

伍德即约翰·伍德少将，他原是善骑烈马的骑兵，后转为坦克手，大有巴顿那种鲁莽作风和生来的闯劲。格罗即罗伯特·格罗少将，是朴实的衣阿华州人，于1916年从明尼苏达州大学和明尼苏达州国民警卫队参军，第一次世界大战期间曾在野战炮兵和骑兵服役。第4

215

装甲师从一开始就属于第3集团军。格罗的装甲师于3月8日交给巴顿。巴顿已把他们两人训练成完全适合于这样一种战争，如何进行作战的轮廓开始在米德尔顿将军的指挥所里迅速浮现出来。

虽然巴顿从不想对手下亲疏有别，但他原是坦克兵出身，自然对装甲兵比较亲近，对第4装甲师尤为如此，大概是因为他与该师天不怕地不怕的指挥官有某种精神上的共鸣。这支部队是他到达英国之后最早划归他统辖的部队，他在2月1日，即抵英国后六天，就去看望了他们。

巴顿武断地要用装甲兵代替步兵，米德尔顿将军对此并不感到奇怪或惊慌失措。他熟悉巴顿对此问题的看法，事实上，他对巴顿的基本方案至少还出过部分主意。4月13日，正当巴顿在制定"使用装甲师"的方案时，他碰巧前往波维尔厅，详谈了同步兵一道使用独立坦克营的问题。

这个即将在战斗中放出异彩的思想，超出了由坦克在步兵前面开道的基本程序，它涉及在遭遇抵抗的情况下使用分散的坦克部队为步兵的前进铺平道路。敌人稍作抵抗，坦克和装甲车便赶紧绕到翼侧进行攻击。这种游动的不断行动会使敌人顾此失彼，应接不暇，阵脚大乱。这种作战方法不久就将创造奇迹。

现在米德尔顿按照巴顿的指点，立即让他的坦克开动起来。他的行动计划是以两个装甲师分两路超过两个步兵师齐头并进，进行强攻。对此，巴顿咧着嘴笑嘻嘻地表示赞扬：

"特罗依，你也知道，这样的作战办法在利文沃思堡指挥与参谋学院肯定是得不到好分数的，可是这是战争！"

翌日凌晨，两个装甲师出动担任追击的先锋。第6装甲师第一战斗群在詹姆斯·泰勒准将的率领下从西侧向南挺进，穿过第79师，直抵库坦塞斯以南的阵地。第4装甲师的第二战斗群在霍姆斯·戴格尔准将的率领下穿过第90师，沿佩里埃-库坦塞斯公路南下并占领了库坦塞斯。

这一胜利本身是辉煌的，但对巴顿来说却具有讽刺意味，因为库坦塞斯的陷落标志着"眼镜蛇"战役的正式结束。

巴顿不用步兵，而改用装甲兵来打头阵，不仅加速了第8军的前进速度，而且使整个战局大为改观，使敌人更加混乱和溃不成军。在第4装甲师开向塞朗斯的同时，第6装甲师在24小时之内就抵达第8军西翼西埃纳河上的罗克桥附近。巴顿与阿弗朗什之间的距离每分钟都在缩短，现在他只需再消磨两天时间就够了。

布莱德雷捎话来说，第3集团军可望于8月1日正午进入交战。

巴顿的性格颇像个伊丽莎白时代的人，尤其在说的和做的不一致方面。他总是宣称不应该当着下级谴责上级军官，但是做起来老是与此相反。他在士兵面前大声斥责军官，哪怕只是很小的过失。他挖苦布莱德雷专心致志地考虑步兵战术，斩钉截铁地扬言中校以上的军官

∧ 在法国南部作战的美军坦克。

根本不需要考虑那类问题。

　　然而他自己却事事干预，往往在战术细节上比大的战役管得还多。有时是借口检查命令的执行情况；有时又因为自信自己的主张和想法比别人高明；还有时只不过因为控制不了自己充沛而冲动的精力。

　　但是在第8军以惊人的高速展开一场大攻势的时候，巴顿却比较放心让米德尔顿去干。他已按自己的思想重新订出计划，并以立即投入装甲师对作战程序进行了革命，还借用了400辆运送军需品的卡车运载步兵使一部分步兵摩托化，所以他把作战指挥权交到米德尔顿这个可靠将领的手里。

　　此时巴顿对这位第8军军长有一切理由充满信心。米德尔顿作战英勇，筹划细致，尽管他对巴顿随心所欲的指挥作风和不合正统的作战思想有所保留，但他对巴顿唯命是从，于是便成为巴顿的花名册上一位完美无缺的军长。

巴顿现已"投入了战斗"，并掌握了第8军，但他还要消磨两天的时间之后，才能自己全部掌握第3集团军。他在勤奋的工作中度过这几天时间，他一人所完成的工作量需要5名别的将军才能完成。

　　7月30日是一个星期天。

　　就战争而言，形势大好，正向高潮发展，第6装甲师的第二战斗群通过泰勒将军的第一战斗群拿下的桥头堡发动进攻，向通往格朗维尔的公路前进了约5公里。更重要的是，第4装甲师的第二战斗群冲进了阿弗朗什，夺取了塞厄河上的两座桥。

　　对阿弗朗什的占领暂时还不稳固。午夜前两个小时，德军开始涌进该市，其中有一个车辆纵队标着红十字符号。看来德军当真要保卫该市，于是美军在阿弗朗什的坦克连连长认为，即使在这样激烈的形势下，有勇更需有谋。他下令撤退。

　　但这仅仅是拉锯战中的暂时挫折，因为阿弗朗什已是一只成熟待摘的果子，米德尔顿将军意识到了这一点。他下令格罗"加紧追击"，以车轮所能行驶的最快速度向该市挺进。接着他又对伍德说，攻占阿弗朗什还不够。他命令第4装甲师在该市以南开辟一条道路，占领河流渡口，实际上是砸开通向布列塔尼的大门。

　　巴顿决定让坦克做开路先锋，使得这场战役真是变成了一场各显身手的角逐。难以置信的进攻速度和变幻不定的进攻方向，使德军不知所措。但是，美军自己也被剥夺了有计划和真正有目的的行动，尽管他们的心目中有牢固的目标。

　　流窜的敌人出没于这一拥挤地区，由坦克向前推进很快就完成了步兵前进所不能完成的任务，德军被打得晕头转向。装甲部队来得如此神速和出其不意，以至德军还未弄清情况，不知进攻的高潮已经到来，德军第7集团军的几个主要指挥所就已陷入"敌人的防线之后"。

　　在阿弗朗什以北约5公里的地方，第4装甲师第二战斗群的一支部队在戴格尔将军的率领下，从离德军第7集团军前进指挥所几百米的地方经过，当时那支迅速瓦解的德军的高级将领保罗·豪泽将军、冯·格斯多夫准将及其全体参谋人员就在指挥所里。他们为了逃命，没让戴格尔发现便从第二战斗群各路纵队的间隔落荒而逃，起先是步行，后来乘夺取的车辆，向东一直逃到莫尔坦。

　　在这场混战中，米德尔顿不能确切掌握情况的发展以及向内陆突进地点还有多远。巴顿正在计算着钟点，以极不平常的耐心等待着他的盘算见分晓的关键时刻。巴顿甚至还稍稍放慢了一点前进的速度来亲切地接待布莱德雷将军。布莱德雷从科隆比埃尔来到内乌同巴顿商讨突进的问题，获悉胜利消息高兴得直要跳起来。他的一切疑虑顷刻化为乌有，现在他似乎觉得非有巴顿不可了。两人的关系从此变得融洽和非常密切，这种关系一直保持到战争结束，不仅双方都有所获益，而且对盟军的整个作战也带来了巨大的好处。

　　到7月31日下午，显然德军将不再坚守阿弗朗什，因为他们已无法站稳脚跟了。第8军司令部不断获得的点滴战况表明，德军正在尽快放弃这一宝贵地区。空中侦察看到从格朗维

> 诺曼底地区一处被摧毁的桥梁。
> 美军在阿弗朗什作战。

尔到维尔迪厄－莱波埃尔的沿途，法国人都在挥舞着法国三色旗，这表明敌军已撤退到该线以南。法国抵抗运动的人员报告说，撤退的德军打听去马延的方向——该地位于南方足有40公里远的地方。

戴格尔将军与第4装甲师的第二战斗群在阿弗朗什站稳了脚跟，指挥着第一战斗群去夺取位于蓬托博尔的桥梁。第6装甲师正在不断向阿弗朗什靠拢。

巴顿在第8军指挥作战的帐篷里一支接一支地抽着雪茄烟，由于从前线送来的消息很少，因此而感到索然无味。

"他妈的，"巴顿好像忽然想起什么似的，狠狠地吐了口烟，"戴格尔有没有说起那座水坝？"

此时水坝已具有头等重大的意义。假如德军在这最后时刻炸毁水闸，使塞鲁河洪水泛滥，那就不可能立刻前进。

就在布雷亚尔，巴顿终于收到了使他当晚兴奋得难以入睡的两条消息。

晚上10时，格罗传来消息："正在阿弗朗什从第4装甲师手中接防。"

差不多同时，戴格尔将军发来信号："刚刚占领塞鲁河上的两座水坝。"

巴顿已没有什么可担忧的了——至少这一夜可以高枕无忧了。

>> 猛虎出山

1944 年 7 月 31 日晚，艾森豪威尔将军与温斯顿·丘吉尔共进晚餐。丘吉尔首相感到左右为难，8 月 2 日他将要向下议院发表演说，他的讲话需要有力的内容，他自然迫切希望"向本国人民突出英国参战的情况"。在雄心勃勃的"霸王"战役中对蒙哥马利寄予了很大的希望，但是蒙哥马利却迟迟拿不出战果来。在诺曼底的所有辉煌战绩都是美军的成就。

艾森豪威尔花了一整天的时间，来口授一份给马歇尔将军的报告，是关于当前和今后的作战计划。从那么远的距离要把法国的事态进展说清楚，并为今后得出明确的结论，是不容易的。"他刚批准给马歇尔将军的报告的最后定稿，"布彻在作战日志中写道，"从作战室回来便得到令人兴奋的消息说，我军不仅已经突破进入布列塔尼半岛，而且从阿弗朗什向东，把土崩瓦解的德军分割成几段。"

艾森豪威尔对现场的详细情况了解不多，对巴顿将军在这些惊人的事态发展中所做出的卓越贡献一无所知，倾向于把胜利全部归功于布莱德雷一个人。甚至到今天，人们还普遍地认为巴顿只不过是在阿弗朗什突进中的受益者。实际上，他是这次突进战役的主要缔造者。艾森豪威尔在给马歇尔的电报末尾却建议授予布莱德雷终身少将军衔，他只字未提巴顿在这次胜利中的作用。

7 月 31 日深夜，巴顿将军已经从米德尔顿在布雷亚尔的指挥所回到自己的司令部，这个不寻常的夜晚，他想在自己的司令部里度过。在第 3 集团军即将投入战斗的前夕，他感到历史在戏弄他，他仍然还有 12 个小时的时间要消磨，他意图克制这几个难熬的小时带给他的尴尬的忐忑不安的心情。

尽管巴顿心潮澎湃，但他还是相当镇定自若。他有上面给他的命令，也为此做出了自己的部署。上级的命令和他的部署总不是完全协调的。因为巴顿通常认为他的部署要比上级的命令实用得多。在这孤独无人的夜晚，他知道他该怎么做。他决心做起来就要雷厉风行，斩钉截铁，使那些盘旋在他上面的"胆小鬼"无法阻止他或者改变既成事实。

巴顿有一种天生的神秘感，他总需要某种"预兆"来表明他是在正确的轨道上，这样自己才能放心。现在这种"预兆"也有了，当他又闯进第 8 军司令部时，米德尔顿将军看到他便宽慰地叹了口气。

"很高兴见到你，乔治，"米德尔顿说，"因为我们这里还有不少未了的事情，我不知该怎么办。我一直在找布莱德雷，就是找不到他。他给我的命令是夺取塞鲁河一线，现在我们已经拿下来了。可是下一步该怎么办呢？"

"你们过河了没有？"巴顿问。

"没有，"米德尔顿说，"布莱德雷没有叫我们过河。"

"有史以来，"巴顿说，"停留在河流一边的错误会造成致命的后果。我告诉你下一步怎么做，立即过河。"

"没有布莱德雷的同意，我不能擅自行事。"米德尔顿说。

"我正式接管是要到明天中午，"巴顿说，"但实际上我已经于28日就接管了。所以我是根据授权要你立即过河。"

正在此时，犹如巴顿事先安排好的一样，电话中传来了一条消息说，蓬托博尔桥梁虽然已经遭到破坏，但仍然可以使用。"我把此看做是未来胜利的预兆，"巴顿后来写道，"我指示第8军当晚即开始过河。第8军过去了……要不是我们于当晚夺取了一个桥头堡，整个战斗将会遭到破坏。"

巴顿所说的"整个战斗"是指他已经胸有成竹的、准备以自己的方式来展开的大规模战役。"霸王"战役的原来指示只是把布列塔尼半岛分配给第3集团军的战斗部署，哪怕这意味着逾越命令，而巴顿还是叫米德尔顿率领第6装甲师和第79步兵师向布雷斯特挺进。接着他又派第4装甲师和第8步兵师指向布列塔尼的首府雷恩，进攻矛头直指昂热和更远的地方。

1944年8月1日正午。

美国第3集团军全部投入了战斗，这意味着巴顿已经能够完全独立作战了。

这一天，美国第12集团军群正式成立，布莱德雷出任司令官，下辖第1和第3两个集团军。布莱德雷把第1集团军的指挥权交给了霍奇斯将军。同一天，巴顿的第3集团军也正式成立，下辖米德尔顿的第8军、韦德·海斯利普的第15军、沃尔顿·沃克的第20军和吉尔伯特·库克的第12军。

在这片拥挤不堪的战区内，人员和机器都汇集在阿弗朗什以南不远的交通阻塞的地区，都按照精力充沛而有远见卓识的巴顿的钢铁意志开始行动。

当天，第3集团军司令部迁到了库汤斯东南的宾加德，大家都非常激动。但司令部里仍像往常一样平静，大家都目标明确，秩序井然地忙碌着。巴顿也很兴奋，他穿上干净整洁的呢子制服，大步流星地走着，显得潇洒干练，充满自信。他的联络官华莱士后来写道："巴顿就像一只刚因为打败对手的骄傲的斗鸡，准备迎接下一个挑战。"

中午，哈金斯拿出一瓶他珍藏的白兰地酒，与大家一同庆贺第3集团军的诞生。碰杯之前，巴顿高举着醇香四溢的酒杯，发表了简短的祝

＜ 艾森豪威尔与布莱德等人一起商讨作战计划。

酒辞："先生们，今天我们正站在十字路口。伟大的事件即将到来，部队马上就要出发投入战斗，我们必须沿着正确的路线全速前进，这可能会导致战争比人们预料的更早地结束。"说罢，一饮而尽。

巴顿祝酒辞中的含义实际上正中当前战事的要害。从"霸王"计划实施，盟军在诺曼底★站稳脚跟的那一刻起，德军便已注定了失败的命运。现在问题的关键在于，如果盟军的战术运用得当，主攻方向选得正确，就会加速战争的结束，减少重大的损失。否则，就会延误时机，付出巨大的代价。所以，第12集团军群成立后面临的首要问题，是根据当前的战场形势，及

＜ 在诺曼底登陆的盟军构筑滩头阵地。

★诺曼底登陆

为了彻底消灭德国法西斯，履行在国际会议中开辟第二战场的诺言，确立自己国家在战后世界和欧洲的地位及发挥应有的作用，英美两国政府决定于1944年实施在法国登陆的"霸王"战役。1944年6月6日，盟军2,395架运输机和847架滑翔机，载着3个伞兵师，在法国境内实施空降。至清晨6时半，盟军先后在法国诺曼底的5个滩头登陆。1944年8月25日，参加盟军的法国第2装甲师进入巴黎。至此，诺曼底登陆战役胜利结束。

时对既定的战术计划进行必要的修订。

在第3集团军进入交战的那天，诺曼底的战局究竟如何呢？

一星期内战斗所造成的变化简直让人无法理解。敌人在空中和地面的毁灭性打击下溃不成军，留下了越来越大的缺口。到7月31日，敌军左翼陷入崩溃，通向布列塔尼的大门打开了。

德军虽然节节败退，但在美国第1集团军的前面设法组织起有相互连贯的防御。他们甚至在维尔周围成功地进行了顽强地抵抗，但不过是如此而已。他们在塞鲁河以南的防御已经被粉碎。那里的绝大多数部队都仓皇逃遁了。只有分散的小块地带继续有零星的抵抗，而这些也只是一些死硬的德军指挥官个人发起的。

∨ 1944年7月，被俘的德军士兵在诺曼底海滩上等待被运到英国的战俘营。

通过对战局的深入考察，巴顿认识到，战场的形势已经发生了重大变化。从双方力量对比来看，盟军驻扎在诺曼底的军队有10个军，大约100万人，部署在从阿弗朗什至卡昂东北侧一线，另外还有3个师即将开赴大陆。而德国只有7个军，部署在长达数百公里的防线上。

很显然，战役的重点此时已转移到科唐坦以南、西南和东南的广阔地域，布列塔尼实际上已失去了其战略意义，降到了次要地位。而且，随着战线迅速向前推移，布列塔尼沿海港口的意义已不像"霸王"作战计划所预料的那么关键了。

尽管局势发生了根本性的变化，但任务仍然坚定不变，要巴顿夺取布列塔尼的最新指令是由蒙哥马利将军于7月27日下达的，8月1日又口头重复了一遍。书面命令是由新任集团军群司令布莱德雷发出，4天之后到达巴顿手中。

8月1日下午3时，布莱德雷为第3集团军的首战赶到巴顿的指挥部。看起来巴顿的行动将会受到进一步的限制。在这时，他的军长海斯利普将军和沃尔顿·沃克少将——一个模仿巴顿生活方式、恪守军纪的小个子，悄悄走进来参加一次会议。在这次会议上，布莱德雷准备向他们指明部队的作战范围。

从巴顿雷厉风行的行动的第一天起，布莱德雷小心翼翼的影子，加上变化莫测的战争形势，或多或少地挫伤着巴顿的热情，不过这并没有使他气馁。"布莱德雷将军只不过是想要在塞鲁河上取得一个桥头堡，"巴顿对他的参谋长加菲将军说，"而我想要的则是布雷斯特和昂热。"

的确，此时此刻，巴顿的目光早已越过了布列塔尼，指向了昂热。

昂热是一座千年古城，坐落在阿弗朗什以南近160公里处，是法国首都巴黎的南大门，战略地位十分重要。夺取它就等于掌握了通向巴黎的门户。

巴顿原来的战略意图十分大胆：置布列塔尼于不顾，第3集团军全速正面推进，摧毁德军主力，直逼昂热。但考虑到这一点与原定计划相去甚远，而且有违于军事常规，布莱德雷和艾森豪威尔根本不可能接受。于是，经过与艾森豪威尔、布莱德雷和蒙哥马利协商，巴顿决定采取一个折衷的方案：减少参加布列塔尼战役的兵力，只派米德尔顿的第8军进入布列塔尼，其余部队投入东线作战。

巴顿指出："布列塔尼之敌已如风前残烛，不堪一击，可以迅速解决战斗。"

为了证明自己的这一预测，更重要的是为了使自己的方案得以顺利通过，他还与蒙哥马利打了一个赌：第8军要在星期六晚上到达布列塔尼半岛顶端的布雷斯特，赌注是5英镑。这是一场十分冒险的赌博，因为此时已经是星期一了，巴顿的时间只有短短的5天。

在新方案被认可之前，巴顿大军已经开始迅速行动起来。但不久，部队就在阿弗朗什缺口处受阻。这个缺口只有13公里宽，遍地是弹坑、报废的车辆、敌人布下的地雷以及堆积如山的房屋废墟，给庞大的装甲部队的行进带来巨大困难。再加上不断有敌机前来骚扰，部队每前进一步都要付出巨大代价。在这种情况下，如果交通阻塞的情况进一步恶化，大批部

∧ 从空中拍摄的美军坦克向前线开进的画面。

队拥挤在这一狭小地区上，万一德军实施反攻，必将导致极其严重的后果。眼下，美军的当务之急是尽快通过阿弗朗什缺口。

巴顿现在是正得其所，他照例在前线巡视，从一个部队飞快地到另一个部队，常常突然出现在人们面前，速度快得好像他有分身术一般。

"这老头子简直是着了魔，"巴顿的副官兼随从科德曼上校在给他妻子的信中写道，"他在那极狭窄的地带来来往往、上上下下地跑来跑去。先头装甲部队的车辆一辆接一辆地日以继夜地从那里通过。后头跟着摩托化步兵……他又是推，又是拉，又是鼓劲，又是诱哄，又吼又嚷，非常热闹……他的日子还真是过得有意思！"

"我确实愿意相信欧洲战区还会有别的指挥官在技术交通方面能与我们自己的指挥官相媲美，可是巴顿将军具有一种惊人的天赋，这种天赋能推动人们投入他们不相信自己能够做到的，或者是不真心想做，实际是不愿做的事情。只有在这位独一无二的，不仅熟悉自己非凡事业并且热爱自己本职的军人的人格和魅力的直接影响下，人们才能这样做。在这方面，我还没有见过或者听说有谁能赶上巴顿一个零头。"

这又像是重演了西西里的情景。科德曼写道："全军上下，从军长到普通士兵，都被一个人的巨大干劲带动起来。甚至他的上司也被情不自禁地拖入了他的磁场。原来在高一级司令部冷清的气氛中只准备拿下一个桥头堡的作战计划，大有可能发展成为席卷整个欧洲大陆的一场赛跑。"

"巴顿坐着由米姆斯中士驾驶的吉普车出去巡视，后面跟着一辆装甲车。他不时地在最意想不到的地方向米姆斯吼叫说：'停车！'，然后跳下车来干预他喜欢或是不喜欢的局面。在阿弗朗什，看到装甲兵和步兵在过分拥挤的主要街道上吃力地行进时，他爬上广场中央一个有伞遮盖的岗亭，指挥交通整整一个半小时……

"他继续驱车向阿弗朗什以东驶去，穿过了纷扰零乱的乡村。乡村的上空还飘荡着刺鼻的三碘甲烷气味，这主要是由于不久前一个野战医院遭到了袭击……在塞厄河和塞鲁河之间，巴顿赶上了由兰德勒姆将军慢腾腾指挥的第90步兵师。巴顿对所看到的一切感到不快。他认为这个师不够标准，士兵邋里邋遢，军纪显得也很差。

"巴顿跳下吉普车，在队列中步行了几公里，前后左右跑来跑去，一个接一个地跟士兵谈话。他得出结论，这个师并不像看起来那么糟糕。'这些小伙子们很正常，'他满意地对自己的副官说，'但他们的体质差，领导得不好。'那天晚些时候，第90步兵师徒有了一位新的指挥官——雷蒙德·麦克莱恩少将。他曾经在国民警卫队干过，在巴顿的指教下，扶摇直上。在麦克莱恩的指挥下，第90步兵师徒一跃成为这个集团军最令人自豪的精锐师之一。

"巴顿还不时地遇到他喜欢的法国人，即法国国内武装力量的抵抗战士。在巴顿的装甲部队经过后，他们正在对付剩下被打得焦头烂额的小股德军。巴顿每次碰上这样一帮大部分人身着便衣，外衣上挂着三色袖章作为标记的非正规军，他都要停下来用他不太标准但表达有力的法语同他们热情交谈。"正如科德曼所说："这些兴高采烈的法国人满腔热情地向巴顿叙述他们与德国佬打遭遇战的毛骨悚然的故事，这些战斗往往是短促的，但一下子就解决问题。啊，老天爷，巴顿听得是多么津津有味呵！"

巴顿遇到过轰炸、扫射、炮火轰击，却都活了过来，而且活得很好。一条拥挤不堪的公路通向一座小山的顶部，巴顿在山顶停下来，遥望那千疮百孔、狼烟四起的战争场面。这里以前是农庄的土地，现在是一片焦土，田野里的草还在燃烧，躺着数以百计的四腿朝天的死牲口。巴顿伸出双臂，他似乎要拥抱这个世界。突然，巴顿仰起头，面对苍天大声喊道："难道还有什么别的东西比这更加壮观吗？！"一刹那，远处响起了一阵隆隆的炮声，巴顿不由得进一步提高嗓音，接着喊道："与战争相比，人类的一切奋斗都相形见绌！上帝，我多么热爱战争！"

在布列塔尼之战中，巴顿与第8军军长米德尔顿将军在战术运用问题上发生了矛盾。米德尔顿是一位步兵出身的优秀指挥官，行动谨慎稳健，喜欢稳扎稳打，步步为营，缺乏风险精神和创新意识。而巴顿则十分重视部队的机动性和速度，喜欢不间断地进攻和冒险。他一再告诉他的下属：先头部队推进得越快，效果就越好，如果能尽快拿下最终目标布雷斯特，就算大功告成，肃清残余之敌是易如反掌的事情。

巴顿的大胆构想是米德尔顿所不能理解，也不愿意接受的；而布莱德雷则支持米德尔顿的主张，他认为，先锋部队一味长途奔袭，会使它的翼侧和后方暴露挨打，甚至会被敌人分割孤立，围而歼之。

其实，巴顿也不是没考虑到敌人可能会攻击他的前锋部队的翼侧，但他认为，这种攻击可能会暂时把他的部队切断，但他可以很容易地扭转这种局面，因为敌军已经不可能有很大的冲击力了。而且巴顿已对可能出现的这种情况有了对策，他与第19战术空军部队的奥托·韦兰将军商定，一旦出现类似情况，空军立即出动掩护巴顿部队的翼侧。

根据自己的作战原则，米德尔顿决定步兵在前面推进，装甲兵尾随其后予以支援。所以在部队出发之前，他命令第6装甲师师长格罗将军原地待命。8月1日凌晨，巴顿进行了强有力的干预，他把米德尔顿的部署全部颠倒过来：由装甲部队在前面推进，步兵紧随其后，巩固和扩张战果。他命令，第6装甲师立即出发，向迪南挺进，进入布列塔尼。下午，巴顿

∨ 美军部队在推进途中受到法国百姓的欢迎。

亲临格罗的指挥所，命令他绕过敌人的抵抗，以最快的速度向前推进，争取在星期六晚之前到达布雷斯特。

格罗在战术思想上属于巴顿作战学派，当然乐于接受巴顿的命令。但这意味着一个师要孤军深入敌人腹地 320 公里，单枪匹马夺取敌人兵力不明的一个军事重镇，因此米德尔顿和布莱德雷都不赞成这样做。布莱德雷认为，巴顿不是依靠整体配合，而是"一个人抱着球往前冲"，他生气地指出："是明天还是 10 天之后拿下布雷斯特，我不介意，但我们不能铤而走险，暴露自己的翼侧。"

于是，在布莱德雷的支持下，米德尔顿开始干预格罗的行动。

此时，格罗部队正奉巴顿之命全力前进。当部队通过蓬托博附近时，遭到德军的顽强抵抗，直至夜幕降临时才将其歼灭。8 月 2 日，部队进展十分顺利，一鼓作气推进了 56 公里。但他抵达迪南市郊时，又遭到了敌人有组织的猛烈抵抗。侦察部队发现，敌人的防御工事十分坚固，于是格罗按巴顿交代的原则，命令部队绕过迪南，继续前进。第二天，部队在莫龙与敌人发生小规模冲突后，又推进了 48 公里，先头部队已经抵达卢代阿克，离布雷斯特只有 160 公里了。

就在这时，格罗接到了米德尔顿的命令：部队立即集结，原路返回，攻占迪南，以便为全军大规模地进攻圣马洛创造条件。接到这道命令，格罗简直气呆了，现在已经是星期三，如果他不再继续前进，怎么能在星期六赶到布雷斯特呢？格罗愤愤不平地向军部提出抗议，但无济于事，只好奉命行事。

第二天上午，当格罗及其参谋人员正在全神贯注地研究进攻迪南的计划时，巴顿突然出现在他的指挥部里，怒不可遏地大声吼道："你在这里搞什么鬼名堂？我不是叫你去布雷斯特吗？"格罗无可奈何，只好如实道来。巴顿气得脸色铁青，不无讥讽地说："米德尔顿真是个优秀的步兵呀！"然后，他强压下怒火，平静地对格罗说："我去找米德尔顿，你马上开路，向布雷斯特前进！"

巴顿刚刚离去，格罗就迅速下达命令："全速向布雷斯特推进！"尽管格罗日夜兼程，以最快的速度行进，但由于米德尔顿的干预，他失去了整整 24 小时的宝贵时间。而在此刻，时间不仅是取胜的关键，而且简直就是生命；由于第 6 装甲师晚到了一天，使德军抓住时机，把布列塔尼西部的海岸守备部队全部撤进布雷斯特城，大大加强了防御，给美军的

∧ 美军部队正在搜索一个刚刚被攻占的法国小镇。

攻城战斗造成了巨大困难。后来，美军整整耗费了10天时间，付出伤亡1万人的代价才攻占该城。

约翰·伍德率领的第4装甲师也遇到了类似的情况。他按照巴顿的方案快速推进，8月4日夺取了雷恩。正当他要按巴顿的计划南下攻打抄托布里扬的时候，却接到米德尔顿的命令，要他向西进军，攻占基伯龙，以保证部队的翼侧安全。伍德起初想以未接到命令为幌子，拒不执行。但米德尔顿立即出面干预，迫使伍德不得不改变了行进路线。幸亏巴顿及时得到消息，制止了这一错误行动。巴顿在电话里向米德尔顿大声咆哮："你是怎么搞的，我真搞不懂你为什么这么蠢，不要让恐惧左右了自己。"遵照巴顿的方案，伍德部队很快就推进到瓦调和洛里昂，从南面截断了敌人的退路，为全歼布列塔尼之敌创造了有利条件。

战役进行到此时，巴顿曾在战役初期就预见到的事情现在开始为艾森豪威尔等盟军高级指挥官所理解："霸王"计划已经过时了，必须进行全面的修改。他们认为，美军只需派少量部队进入布列塔尼，主力的基本任务是向东推进，扩大在欧洲大陆的占领区。对作战计划的这一重大修正，在布莱德雷的第二封"指令信"中得以充分体现。布莱德雷在信中命令霍奇斯的第1集团军继续在维尔—莫尔坦地区推进，并在马耶河－栋夫龙地区建立基地，以便向东发展进攻。同时命令巴顿"尽可能少地用一部分兵力扫荡布列塔尼，夺占沿海港口，主力部队向南推进至卢瓦尔河"，准备"用强大的装甲力量向东和东南实施进一步的行动"。很明显，这个指令改变了巴顿部队的任务，使第1集团军和第3集团军的主攻方向都指向了法国的腹地。

领导层的战略和战术意图明确了，部队的作战积极性和指挥员的创造性也被充分调动起来。很快，混乱的局面得到了扭转，整个战役开始变得紧凑有序、颇有章法起来。巴顿也如鱼得水，开始充分发挥自己的能量和特长。

第1集团军对莫尔坦地区发动了强大攻势，德军精锐的第11空降军、第84军和第47装甲军进行拼死的抵抗，战斗打得异常艰苦。但在英国第2集团军发动的翼侧攻势的有力配合下，德军的右翼开始溃退，出现了一个巨大的缺口。巴顿立即发挥装甲部队的机动性和攻击性，迅速插进，长驱直入。很快，第15军抵达马延河一线，第20军向南挺进至卢瓦尔河。下一步进军的目标是哪里呢？由于布莱德雷对巴顿的行动做了种种限制，使他不好明确向下属阐明自己的意图。但是，巴顿对第15军军长海斯利

> 美军在布列塔尼地区作战中,将俘获的德军官兵押往后方。

普说:"如果你得到向东北、甚至向北进军的命令,请不要感到惊奇。"很明显,巴顿是在暗示,第3集团军将越过拉瓦勒,攻取勒芒。如果这一行动成功,那么美军就可以配合占领了法莱兹的英军,包围德国的埃伯巴赫装甲集群和第7集团军,随之而来的将是一场大规模的歼灭战。

尽管布列塔尼在战略上已降至次要地位,尽管由于布莱德雷和米德尔顿的干预,巴顿属下的部队未能在预定时间内拿下布雷斯特,但任何人都不得不承认这一事实:第六装备师向布雷斯特发起的闪电般的推进是一个空前的创举,取得了引人注目的成就。他们以阵亡130人、伤400人的微小代价在不到一个星期的时间内,在敌人腹地长驱直入320公里,到达了预定地点。如果不是那些不明智的干预,他们本来可以一举拿下布雷斯特,取得更伟大的战绩。

虽然在与蒙哥马利的这场赌博中,巴顿最终成了输家,但是,他成功地把布列塔尼的一大批极其顽固的敌军赶进包围圈之中,为大规模的围歼做好了充分准备。同样,按照巴顿意图行事的伍德的第4装甲师扫荡铁路线和南部海岸的作战也给人留下深刻印象,他们以同样的速度和勇气攻占了洛里昂和南特,完成了预定的任务。而这一切都说明,在布列塔尼之战以及随之而来的欧洲大角逐中,巴顿的战略意图已经得到事实的确认,他那气壮山河、大刀阔斧的战术风格也必将再创佳绩,大放异彩。正如马歇尔将军公开指出的那样:"布莱德雷将领导这次登陆。但他是个只着眼于有限目标的将领。我们一旦行动起来,巴顿才是那种有魄力、有创造性、迅速果断、敢于迎着危险上的人。"

在短短的时间里,德国人有组织的抵抗已经不复存在了。布列塔尼大部分地区获得了解放,残余之敌犹如过街老鼠,仓皇逃进几座孤立的海港城市。此时,布列塔尼的海港已经失去了战略意义,巴顿把肃清残敌的任务交付给别人,他的目光已经指向了更为遥远的西欧腹地。

德国鲁尔工业区遭到轰炸

1943 年 3 月至 7 月，盟国空军对德国的鲁尔工业区展开了猛烈的空袭。在此期间，英国空军共出动 18,506 架次的轰炸机，对该地区进行了 43 次空中突击，轰炸了鲁尔区的工业城市杜伊斯堡、科隆等地，破坏了德国的工业生产，并炸毁了水坝。在这次空袭中，英国空军还使用了新式轰炸导航装置，并首次使用了每枚 3,630 千克重的重型炸弹。

05

> 遭盟军轰炸后的德国城市。

墨索里尼下台

西西里战役使意大利的溃败已成定局，意大利处于山穷水尽的境地，法西斯政权摇摇欲坠。意大利国内的几股军事和政治势力都企图动手推翻墨索里尼。1943 年 7 月 24 日，意大利法西斯大议会举行会议，要求国王收回墨索里尼的军队指挥权。7 月 25 日，国王下令解除墨索里尼的一切职务，并将其逮捕。至此，统治意大利长达 21 年的墨索里尼法西斯政权终于垮台，这使得盟国获得了道义上和政治上的巨大胜利。

意大利投降

1943 年 7 月 25 日，墨索里尼被拘禁。同日晚，意大利组织新内阁。而后，新政府一面公开扬言继续追随德国作战，一面与盟国谈判。8 月中旬，英美首脑在魁北克举行会议，授权盟军总司令艾森豪威尔接受意大利投降。9 月 3 日，双方在西西里岛附近举行签字仪式，意大利向盟军投降。墨索里尼的垮台和意大利的投降，标志着法西斯轴心国的解体和反法西斯联盟的一次重大胜利。

第一次魁北克会议

1943年夏季，英美在意大利战场上的作战行动进展顺利，同年7月25日，墨索里尼政权垮台，意大利政局动荡。英美两国首脑认为有必要再次举行会晤，以研究地中海地区作战方针和加速准备"霸王"战役，并就欧洲战场与太平洋和印度洋战场的关系问题尽快达成协议。1943年8月14日至24日，会议以"四分仪"为代号在加拿大魁北克举行。与会者除丘吉尔和罗斯福外，还有英美两国的高级军政人员。会议达成了多项协议。

> 1943年，希特勒与外长里宾特洛甫在一起。

希特勒关于南线作战的命令

1943年10月4日，德国最高领导人希特勒签发了一项重要命令电。在该命令电中，希特勒命令德国南线总司令凯塞林元帅以5个师的兵力坚守意大利的加埃塔、奥托纳一线；同时命令德国B集团军群以重兵镇压南斯拉夫伊斯特拉半岛和斯洛文尼亚一带的人民起义运动，以加强意大利北部的防御。

英国向苏联赠送荣誉宝剑

1943年11月29日，苏联、美国和英国三国首脑在德黑兰会议期间举行了一次隆重的赠剑仪式。英国首相丘吉尔代表英国国王在仪式上将一把荣誉宝剑赠与苏联斯大林格勒的居民，以表彰他们对德国进攻的顽强抵抗。宝剑是由英国的许多能工巧匠制造的，在剑刃上镌刻着赠言："赠给斯大林格勒公民——具有钢铁般意志的人们"。赠者署名为："英国国王乔治六世及英国国民"。

07 *retrieval*

盟国与匈牙利停战事件

1944年5月12日，苏美英三国政府发表宣言，要求包括匈牙利在内的四个轴心仆从国退出战争，停止与法西斯德国合作。1944年9月苏军进入匈牙利境内，10月末苏军逼近布达佩斯。同年12月22日，包括匈牙利共产党在内的独立阵线各政党的代表正式组成了匈牙利临时国民政府。1945年1月20日，同盟国与匈牙利签署了《苏美英与匈牙利停战协定》。协定的签署标志着匈牙利正式退出战争。

盟军进占罗马

1944年6月3日夜，德军西南线总司令凯塞林元帅因盟军对其关于宣布罗马为"不设防城市"的建议没有答复，遂下令德军第14集团军右翼开始撤离罗马。6月4日上午，美军第5集团军的部队开始顺利进入罗马。14时15分，美军到达罗马市中心。随即控制了整个罗马城并对北撤的德军发动追击战。

罗斯福再次连任美国总统

1944年，罗斯福再次连任美国总统，至此，他已成为美国历史上唯一的一位连任四届的总统。1933年3月4日，罗斯福发表了"只有恐惧本身才是我们感到恐惧的东西"的著名就职演说，就任美国第32任总统。1936年，获得连任。1940年，他破例第三次当选总统，任期内使国会通过"租借法案"，与丘吉尔签署《大西洋宪章》，决定给苏联以战时援助。在珍珠港事件后，对日宣战，使有孤立主义传统的美国成为世界反法西斯联盟的支柱之一。

奥马哈海滩登陆战

第二次世界大战时期盟军诺曼底登陆时的战斗之一。1944年6月6日晨，盟军发动诺曼底登陆战役，分别在朱诺滩、剑滩、金滩、奥马哈滩、犹他滩实施登陆。美国步兵第1师奉命执行在奥马哈滩登陆的任务。奥马哈滩地形复杂，驻守德军训练有素，抵抗顽强，美国步兵第1师拼死冲锋，于下午1时突破德军海滩防线，牢牢控制了登陆场。仅这一天，美军在奥马哈滩就伤亡2,500人。

美国轰炸日本本土

1944年6月15日，美国B－29型"超级堡垒"轰炸了日本，开始了对日本本土的全面空战。日本主要岛屿的最南端的工业中心九州岛遭到了美军飞机的严重轰炸。这次袭击突出表明：太平洋战争进入了一个新的阶段。美国陆军总参谋长马歇尔称这次空袭为"一种新式的对敌攻势"。这次空袭对铺平进攻日本的道路、推进战争的进程起到了重大作用，就像大规模的空战削弱了德国的力量进而占领德国一样。

东条英机内阁倒台

随着日本在太平洋战场上的节节失利，盟军反攻逼近日本本土，曾发动了太平洋战争的日本东条英机内阁处于内外交困的境地。1944年7月18日，东条英机提出辞去内阁总理职务，东条英机内阁垮台。7月22日，由小矶国昭、米内光政联合组阁：内阁总理为小矶国昭，外务及大东亚大臣为重光葵，内务大臣为大达茂雄。

∧ 在奥马哈海滩登陆的美军士兵正在救治伤员。

< 轰炸过后的东京。

08

235

第九章

咆哮的勇将

1885-1945 巴顿

在巴顿看来，此事不仅是对艾森豪威尔领导才能的严峻考验，也是对他们两人之间友谊的严峻考验。几天以前，由于艾森豪威尔没有允许巴顿去指挥解放巴黎的部队，巴顿曾经陷入了极度苦闷的境地之中。但是现在，他的沮丧情绪已经一扫而空……

∧ 德军部队在阿弗朗什一带集结,准备向盟军发起反击。

>> 永远的战史之谜

　　1944年8月7日,上午8时30分,加菲和科克把一位满身泥泞的美国空军军官带进巴顿的指挥部来。来者由一名中尉和法国国内武装部队的一名军官陪同。这位空军中校名叫霍华德·科菲,他刚刚经历了一场不幸的遭遇。三个星期前,他的飞机在昂热附近被击落,得到法国国内武装部队的搭救,并被藏在昂热城附近。战斗打响后,法国国内武装部队的向导驱车把他从昂热送到夏托布里昂,途中又捎上了那位中尉。他们花了三天时间才走完160多公里的路程。

　　科菲中校给巴顿带来了惊人的情报。

　　"将军,我们来的时候走的是偏僻的小路,但一路上我们注意观察,并没有发现大股成建制的德军部队,"他继续兴奋地说,"我们所能看到的,只有德军通信兵小分队,他们似乎是正在收起电话线,向东转移。"

　　"昂热的大桥怎么样了?"巴顿急切地问。

　　"完好无损,将军。"科菲说道。那个法国人也点头称是。

　　这可是件天大的喜讯。

　　不知怎的,昂热就像磁铁一样吸引着巴顿的注意力。当布莱德雷命令他夺取塞鲁河上的桥头堡,随即停止前进时,他就准备最远推进到昂热。此后又发生了很多情况,但昂热仍然是个有吸引力的目标。

　　巴顿略一思索,然后转向他的参谋长。

　　"加菲,你带上卡特上校到维特雷去,从第5师调一支战斗小队、一个坦克营和一个侦察队,拿下昂热。"他又指着以怀疑的眼光听着他这番话的法国国内武装部队军官说,"这位

★希特勒 (1889～1945)

纳粹德国元首,发动第二次世界大战的首要战犯。第一次世界大战时是一个普通的上等兵。1919年组织德国国家社会主义工人党,自任党魁。1923年组织了"啤酒馆暴动"。1934年,兴登堡死后,自封为总理,集党政大权于一身,实行法西斯独裁,同时积极准备发动对外侵略战争。1939年,发动对波兰的入侵,挑起了第二次世界大战。1945年4月30日,在苏军攻克柏林的情况下,自杀毙命。

先生会给你们带路。呵,对了,命令欧文派一个营到南特,别让德国佬儿干扰。哈蒙德!"

"到!将军!"参谋哈蒙德响亮地应道。

"传令伍德,命令第4装甲师派出作战分队向南朝南特出发,支援欧文。"

这一切听起来很简单,似乎巴顿是在敌人毫无抵抗的情况下理所当然地利用了一个天赐良机,但实际情况却远非如此。昂热城距离巴顿8月1日占领的阿弗朗什160多公里。巴顿袭击昂热的时候,正值德军蜂拥而至,并且正在策划一场全面的反攻。这是希特勒★手上的一张王牌。

面对占绝对优势的盟军的大举进攻,德军即使不全面撤退,至少也要收缩战线,这是再简单不过的军事常规。而刚愎自用的希特勒已经有些丧失了理智,他此时就像一个输掉了血本的赌徒一样,制订了一个疯狂的全面反攻计划。他命令德军发起一场大规模反攻,第7集团军突破莫尔坦与阿弗朗什之间的美军战线,一举推进到海边,对布列塔尼的美军围而歼之。

就在美军与德国进攻部队的战斗进行得最激烈,盟军领导人都在关注莫尔坦战役的时候,如同往常一样,巴顿的目光早已越过了莫尔坦,他正在构思着一个更加大胆的作战方案。

巴顿第一次提出围歼德军的计划是在8月4日。这一天,他命令海斯利普率第15军直插马延河与贡提耶堡之间的河岸,命令沃克将军率第20军南奔卢瓦尔河。巴顿嘱咐他们:"绕过一切敌人的抵抗,马不停蹄地前进,准备迎接更大的战斗!"

在巴顿精神的鼓舞下,部队行进得非常迅速,只用了两天时间,第15军就越过马延河,8月8日先后攻克拉瓦勒和勒芒,第20军也到达了卢瓦尔河。这时,巴顿又下达了一道新命

> 英军部队在推进途中，道路一旁是一处德军士兵的坟墓。

令：改变进攻路线，挥师北上。巴顿的作战意图非常明确：利用德军发动正面进攻之机，对敌实施翼侧迂回，歼灭德军主力。

当然，巴顿并不是唯一看到这一良机的人。在稍晚一点的时候，除了巴顿之外，至少还有两个人也意识到了这个问题，他们是蒙哥马利和布莱德雷。

蒙哥马利也制订了一个"大纵深包围歼敌"的计划，那是在莫尔坦战役爆发之后，计划利用正面的盟军牵制法莱兹和莫尔坦的敌军，盟军主力对敌两翼实施迂回包围。巴顿的第15军作为追击的先锋，占领勒芒后向北推进，在左翼推进的加拿大部队此时向南朝法莱兹和阿尔让当推进，与巴顿的第15军会合，封闭德军的退路。蒙哥马利认为，如果德国人僵死地执行希特勒的反攻计划，在原地待上3天，巴顿就能与加拿大部队在法莱兹和阿尔让当对接，那么德军大部被歼的命运就不可避免了。

布莱德雷是在8月7日意识到这一机会的，一向以稳健著称的他通过研究战局变化得出结论说："德军由于发起这场进攻，反而招致了从南北两方遭到包围的危险。"但布莱德雷反对巴顿和蒙哥马利的远距离迂回包围计划，主张采取更为简捷的"近距离合围"战术。后来通过交涉和近一步研究，他基本接受了蒙哥马利和巴顿的方案，决定"由正面部队继续牵制德国进攻部队，由左翼的加拿大部队推进到法莱兹，并抵达阿尔让当，再命令攻占勒芒的海斯利普调头北上，与加拿大部队在阿让震会合，以形成瓮中捉鳖之势"。

事隔多年之后，在关于美军掉头向北，包围德军这一行动计划应该归功于谁的问题上，人们发生了争论。蒙哥马利在一系列著作中宣称：全部荣誉非他莫属。布莱德雷则坦率而坚定地指出，计划出自他的手笔。只有巴顿保持了沉默，因为此时他早已作古了。

但历史记录表明，早在蒙哥马利和布莱德雷意识到这个问题之前，巴顿已经在战场上实施这一作战意图了。但巴顿确实没有制订过这样一份作战计划，因为这不是他的职责。

战役结束后，当一位战地记者向巴顿提出"法莱兹围歼战计划到底是谁制订的"这一问题时，巴顿的回答既简要又肯定："是布莱德雷，他是我的上司。"为了使盟军更好地协同作战，贯彻实施围歼德军的计划，8月8日，艾森豪威尔将盟军司令部迁往诺曼底，直接参与战役的指挥工作。

按布莱德雷制定的作战方案，巴顿所辖的第15军是钳形攻势南翼的先锋。布莱德雷命令他，将第15军从勒芒调头北向，沿阿朗松－塞厄斯轴线向塞厄斯－卡鲁热一线挺进，准备朝阿尔让当方向推进，在敌军翼侧和后方展开进一步的战斗。

巴顿是8月9日接到这一命令的，他当时的心情十分复杂。使他感到高兴的是，布莱德雷终于下命令打一场大规模围歼战了。但同时他心里也有几分不快。在前一天上午，巴顿向布莱德雷大讲特讲他的这一战略意图时，布莱德雷采取了不置可否的态度，而今天，这一计划却是以布莱德雷的名义下达的，计划显然完全出自巴顿的主意。这使巴顿的自尊心受到一定的打击。同时，巴顿认为布莱德雷的计划过于保守，由于包围圈过小，很可能使战场拥挤不堪，使坦克部队失去回旋的余地。但不管怎样，使巴顿聊以自慰的是，布莱德雷总算向前迈进了一大步，自己的作战意图终于可以实现了。

巴顿立即给海斯利普的第15军下了一道具有重要意义的命令：

"沿勒芒－阿朗松－塞厄斯轴线进行的下一阶段战斗的目的是：将迄今在沿英吉利海峡一线与盟军对峙的敌军赶至巴黎和鲁昂之间的塞纳河边。根据此计划，你部要沿勒芒－阿朗松－塞厄斯轴线前进，目的是首先夺取塞厄斯－卡鲁热一线，包括塞厄斯和卡鲁热两城；现将第5装甲师和第79、第90步兵师徒及法国第2装甲师划归于你部，供你部准备向纵深推进之用。你的使命现在是，将来也仍然是歼灭德军于你的前沿。"

这一命令忠实地执行了布莱德雷的作战方案，但在两个主要方面超越了原计划，而这些巴顿式的语言中所暗含的意思，只有他的亲密部属们才能听得懂。"准备向纵深推进"这句话是暗示，部队到达阿朗松－塞厄斯地区后，不要停止前进，要继续向阿尔让当挺进，挥师法莱兹，与来自北面的加拿大部队会合。"歼灭德军于你的前沿"的意思是"围而歼之"。巴顿正在巧妙地利用他独特的指挥艺术，为德军布下一个天罗地网。

接到巴顿的指令后，海斯利普心领神会，当天就开始进军。

巴顿亲自随军前进，准备痛痛快快大干一番，他对参谋长加菲说："哦，加菲，用个什么词来形容才好呢，那就叫如愿以偿吧！"

巴顿确实相信形势喜人。在他看来，德国第7集团军的彻底毁灭已经指日可待。

在这次行动中，盟军最高司令部把勒克莱尔将军指挥的法国第2装甲师编入巴顿的第3

★ "谢尔曼"式坦克

美国制造。1942年开始装备美军。该坦克有多种型号。发动机采用8缸直列水冷汽油机，功率为500马力，最大速度为42公里／小时，最大行程为160公里。防护装甲厚度为15~100毫米。武器装备为1门75毫米火炮，另有3挺机枪，并配有1门50.8毫米发烟迫击炮。第二次世界大战期间，盟国许多国家军队都曾广泛使用过该型坦克。

集团军，使巴顿如虎添翼。法国人急于参战的勇气使巴顿为之兴奋。

法军第2装甲师是用清一色的美国装备重新武装的，经过北非战火的考验后，又在英国进行了严格的整训，具有较高的军事素质和战斗力。如今，他们回到阔别多年的祖国作战，受到家乡父老同胞们狂热的欢迎和鼓励，从而士气大振，急切地寻找杀敌复仇的机会，以恢复法兰西往日的光荣。在盟军反攻欧陆的战役中，该师与美军并肩作战，表现得相当出色。

7月30日，这支装甲部队潜入法国，那里人不多，大多是妇女和老人。他们对于军队突然出现在村里的广场上漠然视之。最近几个星期以来，他们看到的部队太多了，这支装甲部队没有引起他们的特别注意。但是，从领队的"谢尔曼"式坦克★的舱口里突然伸出一个坦克手的脑袋，用地地道道的巴黎土话朝路旁的一个少女喊道：

∨ 法军部队沿途受到法国民众的欢迎。

< 美军士兵查看一辆被击毁的德军坦克。
< 向法莱斯进军的英军坦克。

"嘿！我的小宝贝儿，带你去巴拿马，怎么样？"

"那个少女惊愕得嘴巴张得大大的，"亲眼目睹这一场面的科德曼写道，"当其他的村民看到坦克车上喷印的三色小旗时，他们的眼睛一下子瞪得大大的。"等到他们醒悟过来时，在沦陷了的法国土地上登陆的第一支法国作战部队，早已离开这个小村子走远了。但是，这支坦克部队还没开进第二个村镇，"法军登陆"的消息便早已传到了那里，那里的男女老少，像迎接亲人一样地对他们报以夹道欢迎。

勒克莱尔的第2装甲师开到之后。巴顿把他分配给第15军，还没有过24小时，海斯利普就报告说：该师斗志昂扬，势如破竹，正在痛歼德军。巴顿这时正要到前线去，他想起应该前去看望法国坦克手。

"科德曼，"他命令他的副官，"千万记住给勒克莱尔手下的小伙子们捎上一口袋铜星勋章。"

8月11日，在巴顿的亲自指挥下，美法军队推进了24公里，离阿尔让当只有一半的路程了。战斗的特点是激烈的坦克战和袭击性的炮战。12日，装甲部队越过佩尔塞思森林，快速推进，把道路两侧的敌军留给后面跟进的步兵去清除。这时，敌人的炮火越来越猛烈，装甲部队前进的速度开始减慢。尽管如此,第5装甲师在天黑时已经抵达萨尔特河,并在阿尔让当东北处渡过河;法国第2装甲师也抵达阿尔让当城南6公里处,并派出侦察部队侦察前沿敌情。

直到这时,德军统帅部才如梦初醒,意识到他们有可能被两翼迂回的盟军围歼,于是命令克鲁格将军暂停莫尔坦作战行动,调伊伯巴赫装甲集群向阿尔让当推进,以便对美第15军的翼侧发动进攻,但为时已晚。下午,伊伯巴赫装甲集群进入阿尔让当城,发现城内一片混乱,到处是被盟军飞机炸毁的车辆和坦克,德军第9装甲师在盟军的连续打击下,仅剩下一个步兵营、一个炮兵营和十几辆坦克。

8月12日清晨,美第5装甲师强行穿过马梅尔。此时,敌军已经乱成一锅粥,失去了抵抗能力。巴顿及时抓住战机,宣布当天的进攻目标是阿朗松。他命令第5装甲师向西北方向进攻,攻占阿朗松,法国第2装甲师则进攻卡伦吉斯。巴顿认为,在控制阿朗松和阿尔让当一侧的美国第79、第90师的支援下,这两个装甲师与法莱兹南面的加拿大部队迎头对进,很快就能完成合围德军的计划。

但天有不测风云,首先是勒克莱尔给巴顿带来的麻烦。

美第15军进军的路线是穿过阿朗松西南8公里的埃库沃森林。海斯利普给勒克莱尔的指示非常明确:通过森林的西部,把从阿尔让当至阿朗松的公路干线留给第5装甲师使用。可是他拒不服从命令,把部队分成三路,从森林的西侧及中间穿过。这一进军方式确实使他加快了速度,成功地推进到埃库谢附近。勒克莱尔特立独行的个性的确与巴顿有些相似,但不幸的是,这一回他的计划考虑得并不成熟。他的部队完全阻塞了通向阿朗松的公路,使第5装甲师向阿尔让当的进攻被迫推迟了整整6个小时。正是在这一时间内,德军封闭了突破口。等美军发动进攻时,德军已经建立起了牢固的防线,美军的进展十分艰难。

第5装甲师师长奥利弗将军对这件事极其恼火。而巴顿却没有像往常那样发脾气,当海斯利普冲着勒克莱尔大发雷霆时,巴顿制止了他。

"我的天,别发这么大的火吧,韦德,"他说,"他还是个娃娃。"

在13日的战斗中,第5装甲师共摧毁敌人100辆坦克,俘获1,500余人,但对阿尔让当的进攻受阻。海斯利普准备在第二天发动全面进攻。他命令勒克莱尔第二天占领阿朗松,第5装甲师从该城东南越过法国人,直扑法莱兹,与加拿大人会师。海斯利普把自己的作战计划向巴顿做了汇报,并要求派其他部队控制阿尔让当以北的公路。巴顿给了他满意的答复。13日拂晓，进攻开始了。勒克莱尔首先从伊科谢森林打开一条通道，然后向卡伦吉斯和埃库谢推进，并扫清了通向阿朗松的道路。第5装甲师也向阿朗松以北的高地发动进攻。

此时，形势对盟军极其有利。在敌人的左翼，伊伯巴赫部队总共才有70辆坦克，步兵经过长期战斗和屡遭轰炸已经疲惫不堪了，在阿朗松的防御力量已经脆弱到了极点。而与之对阵的美国第15军拥有300余辆坦克、22个炮兵营和两个步兵师，在经验丰富、朝气蓬勃的指挥官巴顿、海斯利普、勒克莱尔和奥立弗等人的领导下，全军将士士气正盛，杀敌心切。

在敌人的右翼，由于加拿大装甲部队的指挥官缺乏指挥经验，攻势暂时受阻。但蒙哥马利立即组织了一次代号"温顺"的大规模攻势，已经使敌人的防线出现了缺口。另外，盟军方面还占有巨大的空中优势，法国的抵抗运动和人民群众也积极行动起来，给盟军的军事行动以有力配合。

尽管困难还很多，但德军的防御力量已经消耗殆尽，行将崩溃。然而，就在盟军部队即将对德军进行合围的关键时刻，发生了一件意想不到的事情，使德军免遭歼灭——美军突然停止了进攻。

1944年8月13日中午11时30分，设在圣詹姆士的巴顿司令部的电话响了。加菲将军拿起电话，布莱德雷的参谋长利文·艾伦少将通知他："布莱德雷命令，你部在任何情况下不得越过英、美在法莱兹－阿尔让当地区的战区界线，第15军必须在阿尔让当－塞厄斯一线止步。"加菲立即将这一命令转告巴顿。

这一消息对巴顿来说好似晴空霹雳，他似乎有些不相信自己的耳朵，他脸色苍白地问："这是开玩笑吗？""不是，"加菲认真地说，"这是艾伦将军替布莱德雷传达的命令。"

事关重大，巴顿立即给设在库坦塞斯的第12集团军群司令部挂电话，与布莱德雷交涉。两人在电话中进行了激烈的争论，巴顿坚持要向法莱兹进军，布莱德雷则寸步不让，坚决予以拒绝："绝对不行，你不能越过阿尔让当，必须停止前进！"说罢，布莱德雷便挂断了电话。放下电话，巴顿的脸色难看极了，他沉痛地对加菲说："为什么第15军要在穿过阿尔让当的这条东西线上停止前进？这必将成为一个具有重大历史意义的问题。"12时15分，巴顿又给艾森豪威尔挂了电话。

"听着，"他的尖声表明他的情绪异常激动，"海斯利普现在已经遵照指示到达阿尔让当－塞厄斯一线。他作了越线侦察，第15军继续追击是完全没有问题的，你跟布莱德雷说过吗？"

"说过了，乔治，"艾森豪威尔回答道，"不过回答仍然是否定的。"

接着，他又重复了命令，海斯利普的部队必须在阿尔让当－塞厄斯一线停止前进，巩固防线！

曾经被海斯利普将军认为是将在"整个西欧战役中起决定性作用的"行动，就这样被一道停止前进的命令止住了。盟军计划在1944年打败德军的机会首次受挫。

∧ 盟军占领了法莱斯,城内到处都是废墟。

　　果然不出巴顿所料,就在第 15 军停止前进两天以后,大批溃不成军的德军从法莱兹以北的一个十几公里的缺口仓皇逃走,一个百年不遇的围歼敌军的良机就这样被白白断送掉了。

　　导致了布莱德雷下达这样一个错误命令的因素是极其复杂的,造成决策失误的主要因素来自主观上的错误判断,对此,布莱德雷应该承担主要责任。对于他的这一致命弱点,巴顿一针见血地指出:"布莱德雷的座右铭是'有疑即停'。"

　　对于这次失误,事后布莱德雷感到了深深的内疚和自责,好几天不能入睡。他知道,如果不是他下了两道错误的命令,美英部队早已实现了合围,法莱兹－阿尔让当口袋中的敌人定会成为瓮中之鳖,遭到覆灭的命运。可以试想,如果这一情况真的实现了的话,那么战争在 1944 年结束也许并不是天方夜谭。

　　事后,勒克莱尔在给戴高乐将军的一封信中愤怒地指出:"我有个感觉,1940 年的情况现在要倒过来了——敌人完全陷入混乱,各个部队惊慌失措。在阿尔让当－法莱兹的法国人的战绩将达到辉煌的顶点。但最高统帅部却做了另一种决定,历史将谴责他们。"

　　巴顿后来对法莱兹－阿尔让当围歼这样写道:"这次停止前进是个极大的错误,因为我确信我们是能够进入法莱兹的,至于英军是否能够进入,我却没有把握。"在跟他的参谋人员以及其他部属交谈中,他甚至说得更为直率。美军专家看来是同意巴顿的这个意见的,即"把第 15 军制止在阿尔让当是一个战术上的错误,一次未能充分利用德军弱点的失策"。布鲁门森为此最为谨慎地回顾了这个事件,当布莱德雷成为众矢之的的时候,布鲁门森则认为,归根结底,应该由艾森豪威尔对合围的失败承担责任。布鲁门森写道:"就算巴顿居人麾下,敢怒而不敢言,就算布莱德雷怕得罪敏感的蒙哥马利,那么正在法国注视着战局的艾森豪威尔是可以力挽难局的,只要他认为有必要的话。然而艾森豪威尔将军没有出面进行任何干预,这不是艾森豪威尔行使指挥权的方式。事隔很久以后,艾森豪威尔将军暗示说,缺口本来是可以堵住的。他认为,'如果能做到这一点,本可以使我们赢得一场不折不扣的歼灭战'。"

无论怎样，第3集团军的8月进军是具有历史意义的，就连德国人都对它也进行了高度的赞扬，"有时它在相距800公里的两条战线上同时作战，并防卫卢瓦河一线778公里的翼侧，它在26天里前进了640公里，解放了124,355平方公里的法国土地"。

　　有一个重要的统计数字提醒人们对这次胜利的评价要谨慎。到8月26日，第3集团军使德军遭到的伤亡总数是：阵亡16,000人，伤55,000人，被俘65,000人。在整个战争期间的八次重大战役中，第3集团军共击毙德军47,500名，伤115,000名。在八九月间，第3集团军平均每天俘获德军1,713人，该集团军最终俘虏的人数高达惊人的130万。

∧　法第2装甲师指挥官勒克莱尔在前线指挥作战。
＞　美军向夏尔特尔城内的德军进攻。

>> 巴黎城下的烦恼

　　1944年8月14日，这一天是巴顿及其第3集团军在法国参战两个星期的日子，在例行的参谋会议结束时，巴顿作了一个演讲以纪念这个日子。他站在一幅地图前面，总结了第3集团军在前一阶段战斗中的功绩，指出："自8月1日参战以来，我们从阿弗朗什向东推进了240公里，解放了法国大片土地。迄今为止，第3集团军比有史以来的任何其他军队都前进得更快、更远。"他要求部下在下一阶段战斗中大力发扬这一作风，创造出更加惊人的成绩。

　　就在这一天，艾森豪威尔正式同意结束巴顿及第3集团军"秘密状态"。这件事无疑对巴顿是一个巨大的鼓舞。很快，报纸和广播中充满了巴顿及其部队胜利进军的消息和对他们辉煌业绩的颂扬，美英两国各界人士都高声为巴顿喝彩叫好。各个报刊、电台的记者纷纷前来采访巴顿，使他应接不暇，用巴顿自己的话说，他再一次成了"公共财产"。他在给比阿特丽丝的信中兴奋地写道："现在我真高兴。我知道，我没有辜负你一直以来对我的爱与信任。"

8月14日，根据布莱德雷的命令，巴顿让勒克莱尔的法国装甲师和另一个步兵师留守阿尔让当，其余部队向东推进，目标是奥尔良、夏尔特尔和德勒。巴顿对这道命令颇感兴趣，因为他看到：第3集团军将会在一个96公里宽的正面向前快速推进，直通巴黎，而攻占巴黎正是他梦寐以求的愿望。

对盟军来说，战局此时的前景似乎充满了光明和希望。但实际上，盟军仍然面临巨大困难，胜负还在未定之中。

在布列塔尼，由于布莱德雷阻止了巴顿以迅雷不及掩耳之势横扫德军，致使这里的敌军全部龟缩进了布雷斯特等几座港口城市，负隅顽抗，巴顿一支实力强大的部队即米德尔顿的第8军被牵制在这里。但所有这些都不能阻止巴顿部队滚滚向前的铁轮。1944年8月的西欧战局以巴顿的胜利进军而载入史册。

由于部队行进得太快，以及缺少地图和对敌情的详细了解，第12军在吉尔伯特·库克少将的指挥下，兵分两路缓慢前进。一路径直向前推进，另一路经过沙托丹向奥尔良猛扑。日落之前，他们来到奥尔良机场，但遭到敌人反坦克分队和炮火的猛烈阻击。经过短暂的战斗，部队乘夜色攻入奥尔良市郊。第二天清晨，两个装甲团和一个步兵团分别从北面和西面破城而入，守敌仓皇逃窜。战斗刚一结束，奥尔良全城的居民便涌上街头，迎接解放者的到来。他们载歌载舞，张灯结彩，使这座刚刚摆脱德寇魔爪的城市呈现出一派节日气氛。是夜，当地的无线电台向全世界宣布：圣女贞德的城市被巴顿及其第3集团军解放了！

正在第3集团军阔步猛进的时候，战场上力挽风云的勇将巴顿却自寻烦恼，陷入了一场小小的人际关系麻烦之中。第12军军长库克将军是第一次世界大战时期的老兵，他不仅是一位优秀的军人，而且是巴顿的老朋友，深得巴顿的器重和信任。攻陷奥尔良之后，由于过度疲劳，库克突然病倒了，血压高得惊人，难以继续承担指挥任务。若在平日，巴顿对这类事情用不着多操心。但此时，巴顿将心比心，认为库克刚刚建立了功绩，军事生涯正处在巅峰时期，在此刻剥夺他的指挥权对于一个军人来说肯定是十分痛苦的。忠实于朋友和体谅军人的尊严是巴顿的重要品格之一，他要尽其所能减轻对库克的这一打击。他利用战斗间歇，亲自与艾森豪威尔交涉，请求授予库克"优异服务十字勋章"，在此之后他才宣布免去库克的职务，任命第9师师长曼顿·埃迪将军为第12军军长。

第20军向夏尔特尔的进军同样快速有力。驻守夏尔特尔的德国第1集团军司令谢瓦勒里将军把从诺曼底退下来的第148师和从南部来的第338师组成战斗集群，与第1集团军一道加强了该市的防御，利用牢固的工事和强大的炮火支援，准备决一死战。鉴于这种情况，美第20军于16日也增加了进攻兵力，并调集炮兵部队支援。

17日，双方展开激烈的争夺战。由于夏尔特尔是一座文明古城，为保护城内的名胜古迹，盟军统帅部命令炮击时需格外小心，从而影响了炮火力量的发挥。直到18日，步兵和坦克部队才进占该城，俘敌2,000余人，并占领了一个完好无损的机场。此时，第20军距巴黎只有80公里了。

与此同时，左翼的第15军也在大踏步前进，在厄尔河对岸建立了坚固的桥头阵地。

这时候，通向巴黎的道路已经打通了，巴顿部队在厄尔河上占据了5座桥梁，他下属的3个军对巴黎已形成了半圆形包围圈，最近处距巴黎只有48公里。巴黎近在咫尺，指日可下。巴顿按捺不住心头的兴奋，他已经跃跃欲试了。对于巴顿来说，这既是一个事关他个人荣誉的问题，又是一个触动他感情的问题。他早就盼望着亲自解放这座他所热爱的千年古城，完成这个令世人瞩目的神圣使命。在他心目中，征服巴黎是他军事生涯中的一个重要里程碑。

但是艾森豪威尔和布莱德雷却不这样认为，基于种种考虑，他们想尽量推迟进攻巴黎的时间。他们认为，从战略上看，巴黎对于盟军进攻德国已经毫无意义，德军已经把巴黎抛弃了，盟军在追歼德军时，应该绕过巴黎而行，孤立城内守军，待消灭德军主力后再返回头收拾这座孤城。否则，如果盟军分兵进攻巴黎，只能使放慢进攻速度，再一次失去歼灭德军主力的良机。而从政治角度来考虑，巴黎解放后，美英两国将会与戴高乐★将军在许多现实问题上产生矛盾和麻烦，这一问题的先兆早已出现了，戴高乐与盟军之间的关系一直疙疙瘩瘩，不十分理想。从后勤保障方面看，问题就更突出了。一旦巴黎获得解放，盟军需要每天供给400万巴黎居民4,000吨粮食以及大量燃料和其他生活必需品，这必定会给运输造成巨大压力。况且，由于巴顿史无前例地快速推进，已经使盟军的供给系统感到无法忍受了，在不到4个星期的时间里，盟军的供给线从诺曼底几乎延伸到塞纳河。同时，布列塔尼的围歼战仍在继续。由于德军的破坏和空袭，法国境内的几条铁路已无法正常运转，虽租用了英国4个卡车公司的车辆保障巴顿装甲部队的推进，但汽油紧缺等问题仍时时困扰着巴顿，盟军不得不动用空军紧急空运，而这样一来又影响了空降部队的行动。

　　鉴于上述原因，艾森豪威尔和布莱德雷都主张暂时置巴黎于不顾，快速向东追击敌军，争取把德军主力部队歼灭在法国。据此，布莱德雷命令巴顿的第3集团军继续向塞纳河全速推进，粉碎德军逃跑的企图。

> "二战"期间，戴高乐在解放后的巴黎凯旋门前。

★戴高乐（1890～1970）

法国总统、将军、政治家、军事家，参加过第一次世界大战。"二战"爆发后，在第5集团军服役。1940年7月，组建成第一支"自由法国"部队。10月在非洲建立"保卫帝国委员会"。1942年，将自由法国改为战斗法国。1943年任全国解放委员会主席，领导了在北非的战役。1944年6月将全国解放委员会改名为法兰西共和国政府，8月进驻巴黎。1946年1月辞职退出政府。1958年当选为法兰西第五共和国总统，1965年连任，1969年4月离职。

∧ 盟军飞机对德军目标实施轰炸。

8月17日，巴顿的第15军从德勒向塞纳河推进了40公里，强占了芒特。在西欧一望无际的原野上，巴顿的装甲部队好像插上了双翅，风驰电掣般地向前狂奔。为了抓住有利时机，实现对德军的最后包围，布莱德雷果断地下令：巴顿的第5装甲师立即沿塞纳河左岸调头向北，直奔卢维耶，第19军则冲向埃尔本夫。

当夜，心急如火的巴顿在恶劣的气候下乘飞机来到布莱德雷的司令部，请求允许他在芒特渡过塞纳河，并在河对岸建立纵深6～10公里的桥头阵地，以便使车辆、坦克和重型装备渡过塞纳河。布莱德雷当即表示同意，命令他以最快的速度在芒特、默伦、枫丹白露和特鲁瓦等地渡过塞纳河。巴顿立即开始行动。

此时，德国人已经意识到了他们又一次面临着被围歼的危险，在整个8月下旬，他们拼命地往东撤退，潮水般地向塞纳河对岸涌去。但由于巴顿的迅速出击，占领了塞纳河上的大部分渡口，使德军重武器、车辆的撤退严重受阻。结果，在奎恩的南面和西南面的两个大转弯处，挤满了等待过河的德军和车辆，盟国空军乘机对这两个地区实施大规模空袭，给德国人造成了灾难性的损失，炸死炸伤敌军数万人，击毁各种军车4,000余辆，其中包括200辆坦克。但由于布莱德雷的总体作战部署出现了小的偏差，使奎恩的缺口未能完全封闭，结果，约有2～3万德军又一次逃脱了覆灭的命运。

总体来说，这次围歼战仍然打得干净利落，十分精彩，巴顿的果断指挥和第3集团军的神速推进对战役的胜利起了至关重要的作用，赢得了军事专家和各国舆论界的一致赞扬。但此时，巴顿并没有丝毫的轻松感，他仿佛觉得，另一个更为重要的使命又要降临到他的身上，塞纳河以东广阔无限的大战场正在等待着他一展身手，从此地直捣德国心脏的伟大道路也在等待着巴顿大步向前。巴顿的目光又一次远远地超过了其他人。

21日，巴顿命令埃迪的第12军"放开手脚，大踏步前进"。第4装甲师一马当先，绕过了德军固守的穆塔吉斯，直扑桑斯，迅速占领了该城。由于部队进展神速，使桑斯的敌军毫无察觉，以致当美军进城时，竟然遇到了许多身穿假日礼服前来参观圣艾蒂安大教堂的德国军官。次日清晨，第4装甲师在约油河对岸建立了一个桥头堡。几天以后，穆塔吉斯的德军就被全部肃清了。25日，第4装甲师又推进了64公里，抵达特鲁瓦市郊。

∧ 巴黎地下抵抗组织在巴黎与德军作战。

∧ 戴高乐将军在检阅法军装甲部队。其身旁为勒克莱尔。

在左翼，第20军以压倒一切的气势快速向默伦至蒙特罗一线推进。于23日抵达塞纳河畔的蒙特罗，并占领了渡口。在其左侧，第7装甲师正在以排山倒海之势向默伦推进。

至25日，第3集团军在巴黎以南塞纳河的上游和特鲁瓦河段上占据了4个桥头阵地，并将芒特的桥头阵地交给了第1集团军。由于他们的进军非常之快，以致把大批疲惫不堪的德国人甩在了身后。

在解放法国的令人振奋的日子里，对于巴顿的第3集团军来说，已经没有什么不能做到的事情了。胜利的喜悦激发出了更高昂的士气，他们以前所未有的速度前进，再前进，一路上势如破竹，所向无敌。8月19日，在法国警察的支持下，巴黎爆发了自发性的暴动，法国爱国人士用武力夺取了巴黎的一些要害部门。德国占领军司令迪特里希·冯·肖里茨将军为了使巴黎免遭破坏和流血，同意与抵抗力量停火。但法国抵抗力量人士却担心，这很可能是德军的权宜之计，遂派遣使节于8月23日潜出巴黎，要求盟军火速驰援。

面对这种情况，艾森豪威尔和布莱德雷不得不重新考虑进驻巴黎的问题。

如果从当时战场上的形势来看，指挥进入巴黎行动的最好人选非巴顿莫属。此时，巴顿的几路大军已经形成了对巴黎的半月形包围圈，他的军队距巴黎城最近处只有48公里。而且巴顿又是整个盟军高层指挥员中唯一能流利地讲法语的人，他对法国和法国人民的热爱之情，对解放巴黎的急切心情是众所周知的，他被法国人认为是法国最好的朋友。巴顿麾下的勒克莱尔第2装甲师是一支英勇善战的法国部队，由它来完成对巴黎的解放，无论在军事上还是政治上都是十分适宜的。此前，在戴高乐将军的干预下，盟军最高司令部已经决定：第一支进入巴黎的盟军部队必须是具有一个师兵力的法国部队。

然而，艾森豪威尔和布莱德雷却不想让巴顿介入解放巴黎，在这一点上，他们早已达成了一致，主要考虑以下几个原因：第一，巴顿及其第3集团军是盟军强有力的先锋部队，任何人都无法替代这一位置，他必须集中全力继续向前快速推进，以完成盟军的战略计划；第二，他们对巴顿在摩洛哥时期的所作所为记忆犹新，而巴黎已远非摩洛哥所比，因此他们不愿意让巴顿再一次卷入大都市的政治漩涡；第三，巴顿的一些法国朋友很不受罗斯福总统和丘吉尔首相的欢迎。总之，艾森豪威尔和布莱德雷首先是从军事角度考虑问题的，他们都不愿意卷入政治斗争之中去。当然，从某种不便启齿的方面来讲，他们也不愿过分突出巴顿的地位和作用，在他们看来，巴顿得到的荣誉"已经够多的了"。

其实，巴顿早已从艾森豪威尔和布莱德雷的接触中得到了这一信息。

8月15日，布莱德雷以某种托辞，尽可能委婉地向巴顿解释了决定，他谈到有情报警告，敌人有5个装甲师将进攻阿尔让当。谈到这个威胁时，布莱德雷命令巴顿的第20军在夏尔特尔、第15军在德勒、第12军在夏特敦一线停止前进。巴顿立即意识到这其中的含义，然而他仍然寄予一线希望。

但是他的希望破灭了，他开始看到了事情的真相。此时，布莱德雷决定，把他本人在伊格尔·塔克的前线指挥所从靠近拉瓦尔的地方，移至东面184公里的夏尔特尔附近，离巴黎近在咫尺。他向巴顿重申原地待命不得前进的命令。

接着于8月19日，他又告知巴顿，艾森豪威尔决定只让"法国师"进入巴黎，并暗示巴顿，解放巴黎的任务已经交给了第1集团军。

巴顿听闻后大失所望。他的部下对此事都感到十分震惊，认为这是艾森豪威尔和布莱德雷意图把巴顿从光荣的道路上排挤出去的最后一招。

艾森豪威尔将军挑选了杰罗将军执行这一本该属于巴顿的任务。杰罗的第5军自从8月19日晚7点30分帮助完成了法莱兹－阿尔让当的合围之后，便驻扎在离巴黎160公里的尚布瓦附近闲待着。为了让第5军准备执行这项意想不到的任务，还需要做一番工作和调整。

这样一来又引起了一些麻烦。

8月17日，勒克莱尔的第2装甲师，这支勇敢的法国军队被从巴顿那里调出来，归属于杰罗。盟军司令部解释说，勒克莱尔将军必须调归于更为强硬的领导之下，因为他在巴顿手下"一向不守规矩"，而对法国的一切都喜爱的巴顿对他"太过放纵"，他对勒克莱尔不服从军纪这种不利于作战的行为也"不加过问"。

勒克莱尔确实是越来越难以管理和很不安分。他风度翩翩，做事干练而且骁勇善战。可以说是一个完美无缺的军人，也是一个很让巴顿满意的训练有素的坦克手。这是他参战的第五年，前四年他过的是艰难屈辱的生活，现在法兰西的甜蜜芳香、脚下的祖国大地、卡尔瓦多斯令人陶醉的夏天、遥遥在望的巴黎和他所肩负的历史使命，这一切都使他如醉如痴，跃跃欲试。

8月14日，他曾经请海斯利普将军请示巴顿，何时派第2装甲师从阿尔让当东进去解放巴黎。他不等答复，就自作主张整装上路，开始向巴黎进发。加菲立即赶去，他命令勒克莱尔就地待命。

第二天，勒克莱尔给巴顿写了一封未加署名的信，威胁说，如果不让他立即向巴黎进发，他就要辞职，并且闹出一场"难以收拾的政治事件"。当天晚上，勒克莱尔去见了巴顿，巴顿亲切地款待了他，并且向他保证，他一定会得到解放巴黎的荣誉。

这样才使勒克莱尔的情绪平息下来。"说来也怪，"巴顿说，"我们分手时交上了朋友。"在这次情绪激烈的会见中，伍德将军碰巧在场，他看到了激动的勒克莱尔挥动手势，以法国人的善辩申诉自己的观点。巴顿对伍德说："约翰，你瞧，发起火来他比你还要难办。"

之后，勒克莱尔对第1集团军越来越感到失望，他与霍奇斯和杰罗的关系都很紧张，这两位美国将军不像巴顿那样同情法国的一切，他们对这位法国人的放荡不羁深感恼火，因而对待他的态度是很苛刻，甚至是轻蔑的。勒克莱尔则指责这几位美国将军有反法情绪。他拒不接受调动命令，继续把自己当成第3集团军的一员。

8月22日，第5军为解放巴黎这一重大事件做好了准备，勒克莱尔的装甲师为执行这一任务而处于待命状态。为了支援他，巴尔登将军的第4步兵师从第7军调入第5军，并且尽速由南向巴黎进发，只留下一支后备战斗队在塞纳河边，执行原来掩护渡河的任务。

对于这一切，巴顿一直是沉默的，至少可以说，他是以妒忌的眼光注视着事态的发展。

8月25日，勒克莱尔的第2装甲师威风八面地开进了法国的古都巴黎，随即便被淹没在欢迎人群的鲜花、彩带和气球的海洋之中。下午3时15分，在蒙特帕纳斯车站举行了盛大仪式，德守军司令冯·肖里茨正式向勒克莱尔交出了这座受尽磨难的历史名城。

∧ 德巴黎守军司令肖里茨签署投降书。

这是一个历史性的时刻，巴顿为它的到来做好了一切准备，而当它到来之际，巴顿却被完全排除在外了。这不能不说是一个极大的讽刺。巴顿心中的不平和痛苦是不言而喻的。但时隔不久，巴顿却从这三件被他称为"善有善报"的事上得到了自我安慰和补偿。

第一件事情是：戴高乐任命法国国内部队司令官皮埃尔·约瑟夫·柯尼希将军为巴黎军事长官，他在赴巴黎就任途中绕道专门拜访了巴顿，表达了法国人对他为解放巴黎所做贡献的感谢，这把牢骚满腹的巴顿感动得热泪盈眶。第二件事使巴顿失去平衡的心理基本得以恢复。第5军军长杰罗将军以征服者自居，他进驻在拿破仑长眠的残老军人院，并傲慢地通知戴高乐，他准备把这座城市转交给法国人。一向以自尊和骄傲闻名的法国人立即反唇相讥，柯尼希将军告诉他："请你不必费心了，自解放之日起，这座城市就已完全回归法国人之手。"杰罗讨了个没趣，悻悻而返。巴顿颇有些幸灾乐祸，连声大叫："老柯尼希干得好！"

最令巴顿满意的是第三件事。杰罗不像巴顿那样热爱和同情法国，他对勒克莱尔★十分轻蔑和苛刻，引起了勒克莱尔的厌恶。勒克莱尔十分怀念巴顿，进入巴黎后他们逢人便讲："我们是巴顿的第3集团军。"因此，英国BBC广播电台把巴黎解放的功劳完全归于巴顿和第3集团军，这使巴顿感到了极大的安慰和满足，他颇有感慨地说："善有善报。如果不是有人阻止，我确实可以拿下这座城市。"

虽然韦尔农和鲁昂渡口附近的战斗直到8月底才最后结束，但巴黎的解放实际上标志着诺曼底战役正式结束了。在1944年8月的战斗中，巴顿及其第3集团军向前推进了800公里，解放了12.4万平方公里土地，打死打伤和俘虏敌军

★勒克莱尔（1902～1947）

法国元帅，1940年6月在法国本土与入侵的德军作战，7月到伦敦加入戴高乐组建的法国志愿军队，8月前往非洲，参加"自由法国"的行动，并被任命为乍得军事指挥官，带领部队在北非作战，历时两年。1943年在的黎波里与蒙哥马利军队会师后，前往突尼斯作战，并统一指挥在非洲的法国军队。1944年随巴顿的第3集团军参加了诺曼底登陆战役。1945年攻占了斯特拉斯堡。当年，任驻远东法国总司令。1949年被授予元帅军衔。

10万余人，摧毁和缴获敌坦克500余辆、火炮200多门，而他们所付出的伤亡代价仅仅为1.6万人。

>> 渴求进攻

从细雨绵绵的小型机场，到拉瓦尔附近的布莱德雷将军的前线指挥所，驱车行驶只要20分钟的路程，但是这短短的20分钟在第二次世界大战的战争史上却有着十分重要的地位，就像是一位斗牛士在一场比赛中对准鲜血淋漓的公牛完成决定命运的最后一刺。

此时此刻，巴顿中将坐在一辆租用来的红十字会吉普车里，随着车身的起伏上下颤动，与其说这是由于道路的崎岖不平，倒不如说是因为扑扑心跳引起的。他的心情和紧张的确是有关系的。就在前一天的晚上，他突然想出一个绝好的主意，其规模之庞大和内容之大胆，连他本人都感到吃惊。他断定有可能在十天之内通过齐格菲防线直捣德国，也许在1944年的夏天，在秋雨把战场变成无法通过的沼泽之前，就有可能在欧洲赢得战争的胜利。在他的脑子里已经拟就了一个完美的作战计划，只等他的部下把它书写出来。

巴顿告诉他最亲密的心腹，副参谋长盖伊将军："现在正是时候，简直是唾手可得，如果我们迟延了，就得付出血的代价。"

巴顿略微思索了一下又补充道："这确实是一个必胜的计划，但我担心会有人加以阻挠。"

事实证明，巴顿的担心不无道理。

诺曼底战役结束后，下一步该怎么办？

早在诺曼底登陆之前盟军最高司令部就预料到，德军在诺曼底失败后，必定会退到塞纳河另一侧组织防御。他们估计，盟军需要几个星期的时间进行休整，以补充兵员、弹药、汽油和装备，并建立从瑟堡和布列塔尼半岛上的各个港口到塞纳河畔的后勤补给线。而后渡过塞纳河，兵分两路向德国进军，占领德国的钢铁基地——鲁尔工业区。

但是，由于战局的进展之快出乎任何人的意料，盟军领导人面临着许多新情况：首先，希特勒在诺曼底战役中败得很惨，德军仓皇逃过塞纳河，一片混乱。再者，德军用 V 型导弹猛烈袭击英国，造成了巨大损失，情报部门预料，到 9 月中旬，德军还将部署 1,000 多枚 V－2 导弹。

据此，盟军领导人认为，在塞纳河畔与德军对峙的计划已经不合时宜了，尽管受到后勤供应的限制，盟军还是应该快速跨过塞纳河，义无反顾地穷追猛打。

8月17日，艾森豪威尔将军坐下来口述给马歇尔将军的信，谈了他的"看法"，他认为盟军对德国人的打击将使这次休整没有什么必要了。但是，他仍然在拼命思考下一步做什么这个关键的问题，究竟是在塞纳河边停止前进，还是越过河去。不几天以后，他做出了决定。他写信给马歇尔说，盟军要"冲过塞纳河去"。塞纳河已经失去了吸引力，他的注意力已经转向东面400公里德国境内的莱茵河。

8月19日，艾森豪威尔将他的决策告诉了蒙哥马利和布莱德雷，他们听了都极为高兴，一致同意最高司令官的意见，即趁敌人立脚未稳，一鼓作气地追击下去。但是后来两人产生了分歧。

蒙哥马利建议由他指挥三个集团军向鲁尔河方向阿登以北实行一路出击，歼灭加莱地区的德国守军，在比利时建立庞大的机场网，夺取安特卫普和鹿特丹，摧毁德国的导弹发射场，占领鲁尔工业区，直捣柏林。蒙哥马利认为，只要把盟军全部地面部队调归他指挥，战争可望在10月份结束。这样一来，第四个集团军，也许就是巴顿的第3集团军，实际上将被留在默兹河边坚守阵地。不管蒙哥马利存心如何，看来很明显，他不愿意让巴顿参与最后阶段的战事。

布莱德雷对这一计划十分反感，认为这是战争史上最险恶的计划之一，要害问题是蒙哥马利想全权指挥盟国的全部地面部队，架空艾森豪威尔。布莱德雷一贯的作风是稳扎稳打，力争万无一失。他认为，德军必将在齐格菲防线死守，这是一场艰难的硬仗。所以他主张采取"两路突击"的战略，按照他的计划，只能从第1集团军抽调一个军给蒙哥马利，而不是蒙哥马利要的整个集团军，来支援他进攻鲁尔区的主要任务。与此同时，第3集团军将发动进攻，由第1集团军剩下的几个军支援，越过莱茵河，到达曼海姆、卡尔斯鲁厄和威斯巴登。两军在莱茵河会合后，继续向德国腹地发起最后的总攻。

∧ 蒙哥马利（左）与布莱德雷（中）等人在一起。
< 德军部署的 V－2 导弹。

这两种截然对立的主张立刻引起激烈的争执，双方互不相让。

蒙哥马利毫不示弱。他纠集盟友支持他的意见，甚至还把丘吉尔首相也卷进了这场争执。

8月22日这天，天气阴暗而潮湿。巴顿已经准备把自己精心构思的"必胜的计划"送给布莱德雷，希望能说服这位集团军群司令并赢得他的支持，以便争取艾森豪威尔将军的批准。

像往常一样，巴顿全力以赴地投入这一计划，全心全意地致力于这项工作，用盖伊的话说，巴顿的全部希望、抱负和梦想都同这个计划联结在一起了。

他总是把他得意的计划完全看成是个人的事，赞成他的计划的人就是朋友，反对的就是敌人。在巴顿看来，此事不仅是对艾森豪威尔领导才能的严峻考验，也是对他们两人之间友谊的严峻考验。几天以前，由于艾森豪威尔没有允许巴顿去指挥解放巴黎的部队，巴顿已经陷入了极度苦闷的境地之中。但是，现在他的沮丧情绪已经一扫而空，他把酝酿而出的"必胜计划"上呈给布莱德雷，他又变得轻松愉快，充满活力和干劲。

8月快要结束了，而随着8月的结束，最高统帅部的领导成员也将有根本的变动。已经内定要艾森豪威尔将军亲自指挥在法国的盟军。巴顿天天在计算日子，等待这一变动的到来。就像是圣诞节前数着日子期盼圣诞老人送来礼物的孩子。对于他所遇到的困难，特别是封锁阿尔让当－法莱兹缺口的大规模行动的失败，使他越来越多地责怪蒙哥马利。他对一些亲密的参谋人员说："一旦蒙特不再指挥美国军队，我们就应当感谢上帝。"

8月23日，布莱德雷在简易机场用很短的时间会见了巴顿。他要赶赴谢尔柏斯特，在那里同艾森豪威尔和蒙哥马利将有一场激烈的争论。

他告诉巴顿，他要迫使艾森豪威尔在蒙哥马利和他的计划中作出抉择，实际上牵涉的问题远不止这点，正如布莱德雷所说的，必须在两个国家之间进行选择，"一个计划主要是由美国出力，另一个计划基本上是由英国来承担的。"

布莱德雷牢骚满腹，他说："说老实话，乔治，我很担忧。我深感艾克不会反对蒙哥马利的意见，美国的集团军将不得不全部或者部分地向北方前进。"

没有足够的时间讨论"必胜的计划"了，布莱德雷飞往谢尔柏斯特的飞机正在准备起飞。巴顿在绵绵细雨中目送着飞机远去的影子，他此刻愁绪满怀，他不可能知道布莱德雷动身去参加的会议将使他失掉他心爱的计划，却使他在后来的战争岁月里得到了一位宝贵的挚友。

从某种意义上讲，巴顿的主张与蒙哥马利的想法有不谋而合之处，他也主张毫不停顿地渡过塞纳河，大刀阔斧地实行"一路突破"战略。但不同的是，蒙哥马利主张由他来指挥盟军所有的地面部队，而巴顿则从自己的实际地位出发，希望能从第1集团军得到一个军的兵力支援，由第3集团军在南翼实施主攻。但在后来讨论战役计划的过程中，巴顿实际上是站在布莱德雷一边的，根据以往的经验，巴顿原以为布莱德雷会按原计划在塞纳河边休整，不会同意他的连续进攻的主张，但实际上布莱德雷完全支持他的这一主张，这使他有些喜出望外。为了迫使盟军统帅部同意布莱德雷的计划，巴顿甚至考虑要以辞职相要挟。马歇尔将军完全放手让艾森豪威尔自己做出决定。在"下一步该怎么办？"这个具体问题上，布莱德雷的意见对司令官起的作用很有限，而巴顿则对他不起丝毫影响。巴顿已经几个星期没有见到艾森豪威尔了，也听不到他的消息，甚至对于巴顿的进攻，连一个"干得漂亮"的评语都没有听到。而且还有那神圣不可侵犯的指挥系统，巴顿不得不通过布莱德雷进行工作。巴顿的个性极为鲜明，他可能不通过同布莱德雷商量就自作主张地采取军事进攻，但他从来不会背着布莱德雷直接去找艾森豪威尔或者马歇尔，"越级"这种事情在巴顿这个纯粹的军人的字典里是没有的。

当布莱德雷乘飞机到艾森豪威尔那里去听取最后决定的时候，巴顿则驱车去伊格尔·塔克参加供应会议。后勤处长马勒上校觉得他机智的上司表现得异常随和，其实巴顿不过是在绞尽脑汁地想问题。每当巴顿全神贯注地考虑某个疑难问题时，他总是沉默不语，似乎忘记了身处何地。他有条不紊地思考，而供思考所需要的一切，诸如地图、参考资料、数字、战斗命令、历史上的先例，甚至赞成和反对的论据，都从他敏锐的头脑中源源不断地涌现出来。

同布莱德雷的会面使巴顿十分不安，在他乐观的计划上投下了一层阴影。很明显，为了东进，他不能指望从第7军那里得到一兵一卒来充实他已经减员的部队。现在看来，由于艾森豪威尔的决定很可能使他打到莱茵河的大规模计划搁浅。巴顿预料最高司令官会对蒙哥马利妥协，会让蒙哥马利担负进攻的大任，并将他所需要的美军交给他指挥。

这种可能性很大的想法令巴顿感到前途暗淡，可是接着他又豁然开朗，他的冥思苦想产生了结果。他好像从梦中惊醒一样，于是他转向了马勒上校。他用一种少见的亲切语调对他的后勤处长说："嗨，记住 8 月 23 日这个日子。我刚刚想出一个我从未想到过的最好的战略计划。这也许会成为一个重要的日子。"

巴顿急不可待，恨不得马上就到第 12 集团军群司令部去。他不是得不到第 7 军吗？不是不得首先北进去援助蒙哥马利吗？这些已经无关紧要了，他有了一个替代计划，他认为这个计划是很了不起的。

在指挥部，巴顿径直冲进了参谋长的帐篷找到艾伦。

他对艾伦说："利文，如果艾克命令我北上援助蒙哥马利，那么第 20 军就从默伦和蒙特罗去，第 12 军可以从桑城去，这比任何其他部队都更快速。我们向博韦前进，中途可与第 4 师会合，他们明天就可以到达巴黎南部，然后得到第 79 师，也许还有第 5 装甲师不同程度的支援，让他们在芒特渡河。我们到达博韦之后，可以沿河平行前进，使塞纳河向英国和加拿大的军队开放。而且，我们在芒特渡河运送供应物资，可以减少现有运输量的一半。"

艾伦将军将巴顿的话记录下来，在地图上查对了巴顿所提到的几处地点，说道："将军，我看你的意见很好。"细瘦而友好的艾伦发表意见时总是不拘礼节但又很谨慎，这句话在巴顿听来是很热情的。

但是，巴顿实在太急于求成了。

第二天上午他收到伊格尔·塔克来的电报，电报命令巴顿原地待命。后来，在 8 月 25 日一早，即巴黎解放的那一天，当巴顿正准备把他的指挥所移到皮蒂维埃以南 16 公里的一个地方，他接到了布莱德雷将军的电话，要他上午 11 点到夏尔特尔。与此同时，伊格尔·塔克的人员也已经迁移到那里。

巴顿驱车到达时，他看到霍奇斯将军在那里，布莱德雷很快就向他通报了情况。艾森豪威尔已经决定马上越过塞纳河。

作为盟国远征军最高统帅的艾森豪威尔从实战和维护盟军团结的目的出发，对两种激烈对立的主张做了调和。一方面，他充分肯定了"两路突进"方案的稳妥性和可行性，另一方面又满足了蒙哥马利的部分要求：派美国第 1 集团军和李奇微★的第 18 空降军支援他向东北

★李奇微（1895～1993）

美国上将，毕业于西点军校、指挥参谋学院和陆军军事学院。第二次世界大战初期在英国陆军部任职。1942 年任空降兵第 82 师师长，曾参加西西里和诺曼底空降作战。1944 年至 1945 年任空降兵第 18 军军长，率部在荷兰、比利时、法国和德国作战。1945 年 3 月进行跨越莱茵河的作战，4 月进行强渡易北河作战，并在波罗的海沿岸与东线苏军会师。1950 年到 1953 年，在朝鲜战争中任美国第 8 集团军司令。1955 年退役。

∧ 美军在巴黎香榭丽舍大街举行阅兵式。

★枫丹白露

枫丹白露意为"蓝色美泉"。1137年，法王路易六世修建了一座宏伟的、供打猎时休息用的城堡，那就是著名的枫丹白露宫。枫丹白露宫面积0.84平方公里。以文艺复兴和法国传统交融的建筑式样而闻名于世，是法国古典建筑的杰作之一。从1528年弗朗索瓦一世起，亨利二世、路易十六和拿破仑等历代君主根据各自的需要，不断加以改建和扩建，使之日臻豪华富丽。

突击，并在燃料等方面给以优先供应，巴顿的第3集团军在南路进军的目的是对蒙哥马利的配合策应。虽然蒙哥马利、布莱德雷和巴顿都对这一折衷方案不满，但问题总算有了最终结论，盟军各部队立即开始行动。

巴顿希望自己能够转入高速进攻，他又收回了第15军和勒克莱尔的第2装甲师，这使他的部队增加到7个师：3个装甲师、4个步兵师。他奉命运用第15、20和12军这三个军，于翌日从塞纳河边的桥头阵地出发，沿巴黎向东的两条公路干线继续追击，目标是梅斯－斯特拉斯堡一线。这离巴顿"必胜的计划"有很大的距离，但是巴顿对分配给他的任务还是比较满意的。他显得充满自信，情绪十分高涨，他确信：自己有机会在战役中起更大的作用。他对盖伊将军说："这个方向是我计划中的一部分。"

26日拂晓，巴顿驱车来到设在枫丹白露★的第20军司令部。随行的有一批通信部门的摄影记者，他们的任务是要拍摄一部名为"同巴顿将军在一起的一天"的影片，他们奔前跑后，忙得不亦乐乎。对此，巴顿感到十分好奇和有趣。随后，巴顿又前往驻在蒙特罗西南的第5步兵师，向师长欧文将军祝贺他新近在塞纳河畔取得的成就，并向几十位战斗英雄授予"优异服务十字勋章"，表彰他们在8月23日同德军的激烈战斗中的英勇表现。

而后巴顿原路折回，在默伦渡过塞纳河。当时，第7装甲师正在这一地区艰难地推进。将士们老远就认出了巴顿，许多人站上坦克向他欢呼致意。然而巴顿对此并不以为然，此时，他需要的是快速进军。在第七装甲师指挥部中，他说了一些十分尖刻的话，表示对部队的表现和推进速度都不够满意，必须立即纠正。

巴顿很快就返回枫丹白露，换乘飞机视察了从桑斯到特鲁瓦的进军路线。第4装甲师师长伍德向他报告说，该师的突击队在特鲁瓦遭到德军的顽强抵抗，炮火十分猛烈。但在美军一个中型坦克连的冲击下，德军防御很快就土崩瓦解了，接着，两个装甲步兵连一个有力的

∧ 德军士兵向盟军举手投降。

冲锋便占领了该地。

　　尽管第3集团军在第一天的进攻中大踏步前进，但巴顿仍不能满意，他甚至对敌人的抵抗不顽强而感到没劲，觉得这样的战斗缺少刺激，他的部队攻占了第一次世界大战中著名的蒂埃丽堡，然后又向维特里勒弗朗索瓦、马恩河畔的夏龙和兰斯突进。8月28日，第3集团军到达阿弗朗什以东400公里的地方，离德国边境的苏尔兹巴赫还不到240公里。

　　到目前为止，巴顿的军队伤亡总数为18,239人，其中1,930人死亡，5,414人是非战斗减员。虽然巴顿为每一位伤病员落泪，为每一位死者哀悼，但取得了这样的战绩，付出的代价并不算太高。

　　28日，巴顿部队在蒂耶里堡和沙隆渡过马恩河，大踏步地进入一览无遗的平原地区。但就在这时，他遇到了两个严重的问题，使他极为恼火。首先，由于蒙哥马利的部队要在图尔奈实施空降，这一行动占用了为巴顿运送物资的所有飞机，使第3集团军的燃料和物资供应日益吃紧。第二，由于战线日益拉长，巴顿部队的右翼充分暴露，而原来确定保护右翼的法国第2装甲师的官兵们，此时还在巴黎大街小巷的酒吧和妓院中寻欢作乐，迟迟不能归队。

　　有人说，战争是充满恐惧的人间地狱。但第3集团军向德国的挺进却是在胜利和喜悦的气氛中进行的。沿途的德军已成为惊弓之鸟，失去了有组织的抵抗能力，有些人甚至主动向美军缴械投降。但他们决不愿落入法国人之手，因为此时，许许多多法国人正怀着切齿的仇恨追杀那些失散的德国兵。德国人的零星抵抗主要是在河流的重要渡口处，但都

∧ 一名法国人正在哀悼阵亡的美军士兵。

极为薄弱，一般只有一两辆坦克、几门火炮、百十名步兵。在汪洋潮水般涌来的盟国大军面前，他们就像几株漂浮的小草，很快就被吞噬掉了。除了齐格菲防线之外，德国人似乎已经放弃了积极的抵抗，陷入空前的混乱之中。为了保持高速前进并节省燃油，巴顿甚至把许多坦克装上了火车，从巴黎向东行进。直至几十年后，当年的老兵们回忆起1944年夏天跟着"咆哮的乔治"在西欧大陆的胜利大进军，仍感到由衷的兴奋和骄傲。

到这时，巴顿完全看清楚了：德军的防线已经崩溃，必须抓住这一有利时机继续前进。此时兵贵神速。

28日上午10时30分，布莱德雷赶到巴顿司令部，同他商讨第3集团军的进军路线。从某种意义上说，他澄清了巴顿的问题。布莱德雷毫不含糊地命令巴顿，应当忘掉再进行一次包围并向博韦进军的想法，而要他向东朝莱茵河上游挺进。这就是说，在适当的时候，再向博韦挺进，因为这个目标还在400公里以外。

巴顿讨价还价地说："默兹路线如何？"布莱德雷说："我认为你不应当把你的路线向东延伸得那么远，你最好还是向马恩挺进。"

但是在巴顿的坚持下，布莱德雷同意了向默兹河上的凡尔登－康麦斯一线挺进。根据一两天之后发生的情况来看，布莱德雷究竟是真正想同意巴顿的要求，还是想以赞成来打消巴顿的要求，是很值得怀疑的。

巴顿没有存侥幸心理，他担心布莱德雷会改变主意，便立即行动。他派盖伊将军到沃克将军那里，命令第20军向凡尔登进军。然后他到埃迪将军那里，命令第12军向康麦斯进发。

当他同埃迪在一起的时候，接到一份电报。这是马勒发来的急电，电报说，不知什么缘故，配给第3集团军的63.6万多升汽油不翼而飞。

"真该死！"巴顿震惊之余大发雷霆。正在这时，伍德将军走进来，巴顿对他说："我不知道这倒霉的事情意味着什么，约翰。也许是阻止我们行动的一个小动作。"停顿了一下，他又低声说："我很怀疑。"

他的第一个反应是要打电话给布莱德雷，但他又打消了这个念头。指挥所与第12集团军群只有电话进行联系，巴顿担心德国人会监听到。"我不想让德国人知道我们的汽油短缺！"他对伍德和埃迪说。

现在，蒙哥马利和布莱德雷两个对立的计划已经到了爆发危机的关头，而巴顿的"必胜的计划"逐渐被遗忘。他平添了新的痛苦，这使巴顿肝胆欲裂。但是，他在布莱德雷的总计划中认出了有自己的神机妙算，从中得到了鼓励。因为他期望布莱德雷对艾森豪威尔的影响会有助于实现他的计划。这是一个直截了当的计划，基本上没有什么不切实际的。按照布莱德雷自己的说法，这个计划的重点是要求直捣德国，穿过法国中部到达萨尔河再越过萨尔河到达法兰克福附近的莱茵河。布莱德雷计算，为此要把他的两个集团军的兵力都用上，他希望，与此同时英国和加拿大的军队能沿英吉利海峡岸边向安特卫普发动一次他称之为"助攻"

的攻势，以示配合。

然而，蒙哥马利却坚持要所有的盟军部队集中力量，穿过亚眠和布鲁塞尔到达鲁尔。它的路线几乎是布莱德雷提议的进军路程的两倍。蒙哥马利正在向艾森豪威尔施加压力，要他批准，正如布莱德雷所说的，即使全部放弃美军向萨尔的进军，蒙哥马利也在所不惜。

这就是问题的关键。

不管巴顿开始对艾森豪威尔是多么的不信任，但事实上，在这个具体问题上，最高司令官是站在巴顿一边的。当8月23日蒙哥马利提出他"雄心勃勃的计划"时，并打算指派巴顿的第3集团军"在英国第2集团军和美国第1集团军进军鲁尔期间，担任保护翼侧的防御角色"时，艾森豪威尔对他说：

"美国公众对阻止巴顿全力追击德国人的做法绝对不会赞成。而舆论足以赢得战争。"

"无稽之谈，"蒙哥马利气势汹汹地反驳道，"靠打胜仗赢得战争。把胜利交给人民，他

们不会在乎是谁赢得了胜利。"

艾森豪威尔仍然认为，阻止巴顿前进"在政治上是不可以的"，这千钧一发关系着在这场联合作战中第3集团军的前途。

做出决定的时间不能拖延太久了。8月30日开始出现了阴影。

艾森豪威尔将军受到了简直难以忍受的压力。蒙哥马利坚持，如果最高统帅能以现有的全部供应支持他的第21集团军群，他就可以直捣柏林，结束战争。艾森豪威尔后来写道："蒙哥马利在前一个星期所取得的迅速进展，使他的积极性大大提高。既然他深信敌人的士气已经完全瓦解，所以他就激烈地宣称，他只要有充足的后勤供应，便可以直接打到柏林。"

在巴顿的心头有一种怀疑的想法，因为他认为蒙哥马利的那个决定的矛头是针对他的。但是他拒不认输。8月30日，他飞往夏尔特尔，因为他听说艾森豪威尔的作战部长哈罗德·布尔少将要到那里去，他迫切需要赢得此人的支持。当他们在布莱德雷的流动汽车指挥室里

< 英军士兵在法国境内作战。
< 艾森豪威尔与蒙哥马利在一起。

★莫德尔（1891～1945）

德国陆军元帅，参加过第一次世界大战。第二次世界大战初期，曾任德国驻波兰和法国占领军参谋长。1940年任第3装甲师师长，1941年参加对苏联作战，10月，任第41装甲军军长，1942～1944年出任第9集团军司令，之后任北乌克兰集团军群司令和中央集团军群司令。1944年8月调任西线德军司令，9月任驻德B集团军群司令，抗击诺曼底登陆后盟军的进攻。1945年4月在鲁尔战役中被围，开枪自杀。

见面时，巴顿要求允许他提出立即东进的方案，用他的话说，要在德军重整旗鼓之前突破齐格菲防线。巴顿争辩说，他能以极少的代价在几天之内突破这条防线。他说："但如果我们允许德国人在那些巨大的工事里部署好兵力，我们就要多花费几周的时间和成千上万的伤亡。"

巴顿的话不无道理。显然，如果想要通过希特勒在德国边境构筑的庞大工事去进攻德国，那是很艰巨的，并且要付出重大的牺牲。这些工事是1939年希特勒进攻波兰时为了遏制英法联军而构筑的。然而它的装备因别处需要都已经搬走，守军已经从这轻闲的地方调到其他吃紧的战线。甚至在8月份，希特勒还指望在法国的某地，也许是索姆－马恩防线稳住阵脚。他一直认为，齐格菲防线已经过时而无用了，直到后来险些丧失良机。

通过对战俘的仔细审问和对缴获的文件认真研究，特别是根据通讯情报处所截获的无线电文的情报，巴顿对被遗弃的齐格菲防线的状况了如指掌。巴顿的情报处长罗伯特·艾伦上校写道："根据确切了解，这些阵地不仅没有准备用于防守，而且野战军指挥官连阵地的确切位置在哪里都不知道。他们拼命叫嚷，要联络官告诉他们在什么位置部署队伍。"

巴顿意识到，他的"必胜计划"要做到确有把握，只有立刻利用敌人的弱点。真正使这些难以对付的地下工事处于无人照管的空虚状态，趁敌人没有任何武器弹药储备的情况下，去夺取"西壁"。在第3集团军发动进攻的情况下，他估计德国人不会把"西壁"丢弃太久，不会让他将要进攻的这一地区继续处于无人防守的可悲状态。

巴顿的确是对的。正在巴顿请求布尔让他火速攻占"西壁"时，德军元帅莫德尔正在重新组织他从塞纳河溃败中搜罗来的各师残部，并把他们派到夏龙－兰斯－苏瓦松，以便抗击第3集团军。这意味着，正当即将从凡尔登的阵地冲杀出来时，巴顿把唯一能够阻止英军前进的德军机动部队吸引到东线时，希特勒迅速下令德国各地的卫戍部队、闲置的要塞驻军、各训练团、军官预备学校、甚至军舰上的深海潜水小组、后勤部队、劳工组织等紧急集中起来，即刻开赴"西壁"。

希特勒不久就拼凑了135,000人，为炮台掩蔽部、地堡和坑道重新配备了兵力。

就在8月30日巴顿恳求布尔将军这一天，德军元帅莫德尔★的部队还在零零星星地朝夏龙－苏瓦松一线前进，"西壁"仍然是一片空虚，这一地区居住着的只有从遭到狂轰滥炸的德国城市中逃出来的难民。在布莱德雷漂亮的流动汽车指挥室里召开的会议上，人们看来同意巴顿的请求，但布尔的意见听起来却令人失望。巴顿离开会议室神情极为沮丧。他最为担心的事情眼看就要成为现实。他在8月21就曾经说过："这确实是一项必胜的计划，我担心会有人加以阻挠。"这种情况很快就要出现了。

>> 无奈的步伐

巴顿将军8月30日在夏尔特尔准备与布尔将军会面时，布莱德雷将军把他拉到一边，颇为尴尬地告诉他，从今以后配发给他的汽油将会很少，而且在最近几个星期里可能一滴也没有。布莱德雷举出了好几条理由，说明对第3集团军实行甲类配给，而巴顿所计划的行动却需要有比不受限制的丙类配给需要更多的汽油。

在这前一天，艾森豪威尔将军做出一项极其令人吃惊的决定，他终于满足了蒙哥马利的要求，尽管他在一段时期内曾经让巴顿产生希望，以为他的计划会获得优先考虑。然而，根据最高司令官8月29日的指示，第3集团军将被允许尽一切可能向默兹河挺进，但主攻是由英国人在北部进行。

蒙哥马利已经开始进攻并以强大的攻势向亚眠的索姆挺进。他由美国第1集团军的第19

军和第 5 军协助，这两个军已经从塞纳河转向东北并正在迅速向比利时进军。他们需要一切所能搞到的汽油，后勤部搜索每一滴汽油，使所有运输设施都紧张到崩溃的边缘。

当布莱德雷把这种情况告诉巴顿，特别是当他谈到运输卡车短缺时，他几乎是带着歉意的。看来他不仅对蒙哥马利，而且对后勤部长约翰·李将军也感到恼怒。在存油极其匮乏的情况下，李似乎已经决定把他自己那豪华庞大的司令部从瑟堡迁到巴黎。为这次搬家，他消耗了113,750升宝贵的汽油，使数百辆卡车无法调度周转。

布莱德雷还坦率地批评艾森豪威尔将军屈服于蒙哥马利的固执要求，蒙哥马利所要求的汽油量远远超过了布莱德雷所认为第21集团军群合理的需要量。蒙哥马利最初开了一张他所需要采购的各类物资清单，这些物资从他自己的供应部门是搞不到手的。接着他又声称，如果不拨给他一个美军卡车车队来运送这些物资，他就不能维持他的攻势。

> 正向德国边境进发的美军部队。
> 1944年，布莱德雷（左）、艾森豪威尔（中）、蒙哥马利（右）合影。

GEORGES PATTON

盟国远征军最高司令部指示第 12 集团军群拨给蒙哥马利所要的卡车，于是布莱德雷只得从第 1 集团军抽调了一批。但是接着第 1 集团军奉命与蒙哥马利一起向北进军，因而需要这些抽调的卡车。不得已，布莱德雷又从第 3 集团军抽调卡车，并把这种诈取美军车辆的作法称之为"劫持可怜的巴顿的卡车"。

对蒙哥马利坚持要求大大超过他明显需要物资供应的作法，布莱德雷和巴顿都感到震惊。布莱德雷坚信，蒙哥马利对每样东西都少要一些仍然可以发动攻势。"如果蒙哥马利当初削减他的弹药要求，"他写道，

"并反过来集中解决汽油问题，巴顿也许可以挺进得更远更深……我就蒙哥马利对运输吨位的过高要求同艾森豪威尔激烈争辩过，但毫无成效，因为我无法打动他。同时，巴顿也是关键，后来随着军需卡车日益短缺引起他的汽油供应的减少，巴顿牢骚满腹并大发脾气。"

布莱德雷和巴顿是否都是蒙哥马利的诡计、艾森豪威尔的推诿和领导的受害者呢？还是布莱德雷本人暗中就是他们的一个同伙？在那些风雷激荡的日子里，巴顿自然不得而知。因为这场争夺欧洲的真正战斗是在盟军将领中进行的。巴顿目瞪口呆地看着他的"必胜的计划"随着库存汽油迅速的挥发而成为泡影，他不知道该如何理解布莱德雷所表示的同情和抗争。巴顿对这位集团军群司令官的态度感到莫名其妙。布莱德雷欣然默许把配给巴顿的汽油实际上降到了零，如果这种作法能够捆住巴顿的手脚，那他们就大错特错了。

巴顿在这一关键时刻没有为其军队所面临的令人痛心的危机找替罪羊。他没有拿这一危机来一味地指责艾森豪威尔和布莱德雷，甚至包括蒙哥马利。相反，他冲出布莱德雷的指挥所，奔回自己的司令部，以最快的速度对这一震惊的消息采取行动。

在拉肖姆，巴顿发现夏尔特尔的混乱在那里造成了非常复杂的局面。马勒上校一见面就向他报告一项情况：他在每天的例行电报中为8月30日所要求的182万升汽油仅仅被送来14.56万升。接着，加菲报告来自埃迪将军的消息，埃迪的第12军本应该急速进军康麦斯，但他打电话给指挥所，提醒加菲说如果他一直推进到康麦斯，那么他到达那里时将耗尽他的全部汽油。加菲趁巴顿不在，准许埃迪的队伍于中途在圣迪齐埃停止前进。

埃迪正在圣迪齐埃眼巴巴地坐等汽油，巴顿突然打来电话。埃迪刚拿起听筒，就感觉像是凑近了一头咆哮的狮子，巴顿在电话那头大发雷霆："你必须尽快动身，继续前进，直到发动机不剩一滴油，然后步行前进，真他妈的！我们能够，而且也必须拿下默兹河的渡口！在上次战争中，我把坦克中3/4的汽油集起来供给那1/4的坦克，让它们继续前进，你也可以照办！"

整个指挥所都随着巴顿的激动情绪而颤动。集团军司令一回到他的指挥所，忧郁绝望的情绪便顷刻间烟消云散。巴顿竭尽全力投入行动，去实现他那寄予很大希望的攻势。他告诫他的参谋人员："不！我们一分钟也不能耽搁！"他以最明白无误的语言告诉他的下属军官们，他们要对付两个敌人——德国鬼子和他们自己的上司！他丝毫不怀疑他能对付德国人，但是至于能否说服自己的上司，他就不那么有把握了。

巴顿的这种困境部分是由于指挥机构的奇特组成所引起的。马歇尔将军把布莱德雷置于艾森豪威尔和巴顿之间，以抑制巴顿的所谓轻举妄动和不顾一切的行为。自从令人失望的阿尔让当事件发生之后，布莱德雷和巴顿之间的关系大大改善了，而且在巴顿的冲突和争辩中，布莱德雷变得越来越倾向于巴顿这一边。然而，他的态度是左右为难和模棱两可的。他不能完全加入巴顿旷日持久地对抗盟国远征军最高司令部的宫廷革命，但与此同时，他已经不再那么决意要压制巴顿了。很快，在一个星期之后，已经被艾森豪威尔和蒙哥马利的向前长传球彻底激怒了的布莱德雷，开始放松对巴顿的"控制"，让巴顿放手大干，这也是他俩都渴求的权利。

8月30日，巴顿的先头部队计划推进至南锡附近地区，这里距萨尔河120公里，距莱茵河不到160公里，离梅斯只有56公里。实际上，这一天"西壁"防线无人防守。但此时，装甲部队已快没油了。

巴顿对布莱德雷愤怒地咆哮："真该死！只要你给我40万加仑汽油，我在两天内就可以让你进入德国。"但在布莱德雷看来，一切都是不可更改的，图尔奈的空降作战已在实施之中，蒙哥马利北路军的主攻角色已使巴顿的行动变得无足轻重了。埃迪气愤地在日记中写道："真令我不可思议，我们竟要在这里坐下来聊天……我确信如果我们能够得到足够多的汽油，战争本来是可以在几个星期内结束的。"

的确，德国人已经危在旦夕了，盟军已处于绝对优势，牢牢掌握了战场主动权。德军能用于作战的坦克只有100辆，而盟军，仅前锋部队的坦克就有2,000多辆。作战飞机方面的差距则更大：德军为570架盟军则为1.4万架。由于东线吃紧，大批德军机动预备队被吸引过去，致使西线的防御更加空虚，指挥系统陷入空前的混乱。巴顿深深地了解这一点，他知道：时机已经成熟了，他的部队只要单枪匹马闯入德国腹地，就可给敌人以致命打击。

等待上级的配给看来是毫无希望了，如何解决汽油问题呢？此时巴顿想起了一个人——后勤处长马勒。

蒙哥马利出名的贪婪，一部分原因是由于他有依赖于他的负责行政和后勤供应的有力的助手——迈尔斯准将和林纳上校。他们最善于捷足先登，对"贪婪的主子"忠心耿耿，在算计他们的需要时毫不客气，抢夺物资时也绝不留情。

巴顿却不同。他认为得到军需是理所当然的。他并不贪得无厌，也不抓住物资不放，但是他希望，凡是为执行他的计划所需的一切物资在需要时应当全部到位。于是，他把物资需求的重任完全交给了他的后勤处长。

在巴顿手下担任负责后勤的助理参谋长绝非易事。自从参加第二次世界大战以来，由于战斗激烈，部队调动频繁，巴顿的部下换了一茬又一茬。但是从1941年本宁堡集训一直到

∧ 巴顿的部队在缺乏燃料的困扰下进展十分缓慢。

战争结束，巴顿的后勤处长始终是一个人——沃勒尔·马勒，一个坚毅而机敏的后勤军官。

在第3集团军里，马勒"兀鹰觅食"一样的工作作风使人们赞叹不已，使他成为一名传奇式的人物，这在默默无闻的后勤工作中是不小的成绩。

早在战役开始之初，马勒就预见到部队的用油量将会剧增，因此在大量收集各种物资的同时，他想尽一切办法，尽量多地收集和储备汽油。8月7日至16日，后勤部每天供应第5集团军约6,000吨物资，而给第3集团军则多达1.3万吨，其中半数以上是汽油。但由于部队马不停蹄地快速推进，汽油仍时时感到供不应求。特别是当部队渡过塞纳河，巴顿正要放开手脚大干一番的时候，汽油等物资的供应却急剧减少，使巴顿的处境变得极为艰难。对此，马勒感到愤怒不已。但他并没有像巴顿那样大声咆哮；而是绞尽脑汁，尽最大努力搜刮汽油，不管是通过什么样的渠道和手段。对此，巴顿采取了默许甚至纵容的态度。

汽油的来源之一便是战场上的缴获。例如，在攻占桑斯时，第3集团军缴获了德军46万升汽油；在夏龙又获得40多万升；9月3日，在利格尼－昂－巴洛瓦，又缴获了45.5万升汽油。对些战利品，马勒采取了特殊处理方式，既不上报，也不记录，而是尽快地发到部队手中，以解燃眉之急。汽油的另一个来源是：马勒鼓励部队利用一切方式和途径摄取汽油。在他的鼓动下，有的部队把开入巴黎的卡车连同车上的汽油一同掠走。有的士兵甚至偷偷地用管子把别人油库里的油抽走。还有一些人员则冒充第1集团军的人，去油库冒领了不少汽油。巴顿也经常鼓动下属这样做，只不过不像马勒那样露骨而已。为了引起别人的同情和关注，巴顿还常常乘坐着油箱里只剩下一点汽油的吉普车来到布莱德雷的司令部，临走时总忘不了加满他的油箱。

9月初，第3集团军的前锋已经前进到马恩河畔夏龙附近的一个树木葱茏的小山谷。这是巴顿在不到两个月时间内的第十个指挥所。对那些有闲情雅致的人来说，这里的环境真是美不胜收。这个变化莫测的山谷处在出产香槟的地区中心，到处洋溢着醉人的酒香。

第3集团军一向是欧洲战区说笑的对象，自从战士们在兰斯的仓库里以及在埃佩尔内四周无穷无尽的迷宫似的山洞中找到大批的美酒之后，大家把第3集团军的英勇气概挖苦地归因于每个人都因为喝了美酒而在肚中产生了强大的内燃力。

这批缴获的好酒数量非常之多——有上等的白兰地、烈性酒、葡萄酒和香槟，还包括1937年的佳酿葡萄酒。更令人激动的是，大多数酒瓶上都印有"德国国防军成员专用"的字样。

巴顿灵机一动，立即吩咐部队给每一位为他们运送汽油和物资的飞机驾驶员送上一份厚厚的礼品。这一措施产生了意想不到的效果，空军部队的飞行员都争先恐后地为第3集团军运送物资，这当然正中巴顿下怀。

就这样，巴顿在艰难的情况下奋力挣扎着前进。无论形势多么严峻，始终有一点巴顿从未动摇过："我们一分钟也不能耽搁，速度就是胜利！"

在巴顿的鼓舞下，第3集团军全体将士士气高昂，斗志旺盛，每一个人都强烈地渴望向莱茵河进军，他们的直觉告诉自己：假若他们继续前进的话，没有任何力量可以阻止住他们。巴顿手下的许多参谋人员和指挥官来自骑兵部队，与巴顿一样，他们继承了骑兵部队快速、勇猛的传统，内部关系融洽，是一个办事效率高而具有献身精神的整体。第3集团军的大部分士兵自跟随巴顿作战以来，很少遭受过失败。对他们来说，跟着巴顿作战是一个令人愉快的快速运动和辉煌胜利的经历，总是处在胜利进军的兴奋之中，法国人对他们热烈欢迎的情景，新闻媒介对他们的赞美和表彰，更进一步鼓舞了他们的情绪。

尽管这样，在最高司令部的限制和缺乏燃料的困扰下，巴顿部队在9月份的头5天中进展十分缓慢，从而失去了大踏步前进、一举击溃敌人的良机。巴顿的传记作家H·埃塞姆这样评论道："上帝赐予了艾森豪威尔最优秀的骑兵将领和美国有史以来造就的最优秀的军队，但在决定性的时刻，他却没有使用他们。"

这不能不说是一个巨大的遗憾。

第十章

艰苦的挺进

通过长久的共同战斗，布莱德雷此时已经成了巴顿最坚定的支持者和盟友。他越来越理解巴顿了，他希望能运用自己的权力来减轻一下巴顿的痛苦。于是，他授权巴顿"对战线进行一些小的改动"。对于这个军事术语，巴顿马上心领神会……

∧ 盟军装甲部队向前线挺进。

>> 又一个战史之谜

1944 年 9 月 2 日，艾森豪威尔召集布莱德雷、霍奇斯和巴顿等美军高级将领开会。艾森豪威尔讲话的主要内容是解释他为什么支持蒙哥马利的计划，以安抚人心，同时下达作战任务。他命令：第 1 集团军的两个军仍留在蒙哥马利的北路行动；在第 5 军的支援下，第 3 集团军向东挺进。但艾森豪威尔对第 3 集团军的进攻做了限制：这一攻势必须取决于蒙哥马利进攻的胜利，因为英国人拥有物资供应方面的优先权。很明显，艾森豪威尔的计划没有丝毫改变，巴顿的行动受到严格的束缚，仍不得不在极其艰难的条件下战斗。布莱德雷和巴顿一再据理力争，艾森豪威尔毫不退让，最后只是口头应允，第 3 集团军可以得到新的汽油配给。

9 月 4 日上午，布莱德雷将军来到夏龙附近巴顿的新指挥所，带来了给第 3 集团军的命令。巴顿马上把他的三位军长，第 20 军军长沃克将军、第 15 军军长海斯利普将军和第 12 军军长埃迪将军召来。布莱德雷随即说明作战计划。北部的局势已经稳定，第 3 集团军将开始得到现有全部供应物资的一半，又可以开始行动越过默兹河了。

布莱德雷对巴顿不再有任何保留。现在他是巴顿的头号狂热支持者，一个理想的上司。而且他在夏龙对巴顿充满了钦佩之情。"一个不如巴顿那样敢作敢为的指挥官，就可能会把他所能得到的少量'施舍'储存起来，在默兹河前面停下来安全过冬。但是乔治却勇敢地越过默兹河，向摩泽尔河方向前进了48公里，在那里，他迅速抢占了要塞梅斯城以南的一个桥头堡。"

过去一周来的沉闷景象已经烟消云散。巴顿如鱼得水，像一个演员在中场休息之后，又能有心情表演了。

他对布莱德雷的命令加以发挥并大胆地重写了命令，他指示将要在最前面打冲锋的第12军越过摩泽尔河，占领南希并准备继续进军到曼海姆和莱茵河。

接着，他开始了布莱德雷满怀希望地称之为欧洲大陆之战中最令人兴奋和喜悦的进军。这种热情有很大的感染力，第3集团军沉浸在一种胜利在望的感觉之中。战士们期望这场战争将很快结束。向前疾进的各部队都风传说，他们不久将被调防到中－缅－印战区★。"这种乐观情绪，甚至蔓延到各级司令部，参谋人员都屏声静气地清点物资，并谈论起回家过圣诞节了。"

9月5日拂晓，巴顿发出信号，蛰伏已久的整个前线顿时沸腾起来。

第80师的第317步兵团最先发起进攻，准备从帕格尼和布雷诺－穆松桥地区越过摩泽尔河。但是发生了新的情况，那里忽然出现敌人阻止他们过河。

第317团发起新的进攻，经过一天一夜战斗之后，才设法使一个营的兵力从穆松桥渡过了摩泽尔河。第80师的官兵还是头一回遇到这种事，他们已经不再能随心所欲地前进了。

第318步兵团在进攻马尔巴什面前的326高地时也遇到了困难。第319团正在拼命设法把图尔桥头堡扩展到贡德勒维尔堡，但是却不能在途中攻克维雷勒塞克堡。

第二天，随着第7装甲师打响了第20军强渡摩泽尔河的战斗，攻势扩大了。四支战斗侦察部队于凌晨3时开始向摩泽尔河进军，以寻找合适的渡口。部队在下午2时发动进攻，以两支战斗部队为先锋，预备队在后。他们没有推进多远就停下来了。在北边，第一支战斗部队在圣玛丽亚－谢纳受阻；接着第二支战斗部队被拦阻在勒宗维尔和戈尔兹附近。

★中－缅－印战区

1942年3月美国陆军在中国重庆组建的负责中国、缅甸、印度战事的战区。该战区分别在中国重庆、缅甸和印度新德里设有司令部。主要部队包括美国陆军第10航空队、第14航空队和第5307暂编团等。历任战区司令为史迪威、惠勒和史迪威。该战区组织实施的主要战役有两次缅甸战役、对日空中战役等。该战区于1944年10月被划分为中国战区和缅甸－印度战区。

< 美军与德军在齐格菲防线一带展开激战。

< 美军坦克正准备通过浮桥驶向对岸。

更糟糕的是，敌军从四面八方蜂拥而来，攻占了得来不易的桥头堡，第317团不得不放弃横渡摩泽尔河的努力。这一天的唯一胜利是夺取了326高地，第319团对维雷勒塞克堡的进攻仍未能奏效。

巴顿大为震惊。

这是巴顿在这次战争中第一次的严重受挫。而让他备感痛心的是，这种挫折本来是可以避免的。

9月8日，情况似乎还要进一步恶化。

德军现在转而采取了攻势。

拂晓，在奥梅兹，一支新的从德国本土开来的党卫军部队忽然插入美第9师的第359和358团之间。一支小分队深入到该师司令部的所在地，麦克莱恩将军被从18米远的地方向他的住所射来的枪声惊醒，德军小分队闯入师部的机密档案室，缴获了大量文件，造成一片混乱，然后撤回，加入正在进攻的装甲主力部队。

纳粹分子眼看就要取得这次战役以来德军难能可贵的第一个胜利时，第3集团军终于清醒过来了。一次快速的反击战斗摧毁了德军的这支小分队。它损失了30辆坦克、60辆半履带式车辆和大约900名战斗人员。

9月9日，这种拉锯式战斗仍在进行，但是前景并不完全是漆黑一团的。布莱德雷将军满怀希望地指望第3集团军能够消耗这支力量软弱的德军部队的抵抗力，并把他们吸引在该集团军的战区，这样就可以为第5军向齐格菲防线发动正面进攻打开道路。

9月11日，布莱德雷下令第1集团军突破齐格菲防线，并在科布伦茨附近占领莱茵河的渡口。根据同一命令，第3集团军要占领曼海姆一带的渡口。发起这场伟大的攻势的日期定为14日。

齐格菲防线，又称"西壁"，像一条巨大的蠕虫盘踞在德国边界，从克莱弗一直蜿蜒延伸到巴塞尔以北的瑞士边界。从第20军的战区来看，这条防线对巴顿来说是近在咫尺，唾手可得；从第12军的角度来看，它是十分遥远的，遥远得令人恼火；而对他的第15军来说，似乎更是鞭长莫及。

1944年9月11日是一个有些历史意义的日子。这一天反常地寒冷和多雨，在第3集团军整个战线上，战斗在泥泞中艰苦地进行，但没有取得什么实质性的成果。

装甲部队根据巴顿最拿手的办法，采取插入敌后的战术，却遭到了挫折。第4装甲师在摩泽尔，伍德将军把他的指挥部保持在实际战线以内。但是它缺乏渡河的架桥器材。第35师设法在克勒弗尚渡过了河，但被很快牵制在它的不稳的立足点上……到处都遭到抵抗，在班维奥米尔、在巴荣、在俯视布雷芒库的群山上以及在纳夫夏附近。在圣文森桥，德国人竟然成功地把美军两个连打退到摩泽尔河西岸。

最让巴顿怨恨的并不是敌人拼死地企图扭转乾坤。如他后来所说："那时我就确信，后来发现我是正确的，即除了同我们正在作战的德军之外，前面再没有敌人了。换句话说，敌人并无纵深防御。"他已经再下定决心要越过"西壁"向莱茵河挺进。

但是巴顿的内心很不舒畅，因为最高司令部明显地是在挫伤第3集团军的士气。根据最新的风传，计划又要改变，要让第1集团军在突破"西壁"的战斗中担任更重要的任务。当这种说法传到巴顿那里时，他对起草作战计划的参谋说："我希望人们不再朝三暮四，尤其是因为他们一改变主意就要牺牲我们。"

"西壁"对第1集团军来说同样也是一个吸引力极大的目标。该集团军的第5军在杰罗将军的指挥下，已经把第5装甲师的先头部队开到了德国边界上的奥尔河附近。该师的巡逻队对防线进行了十分仔细的观察，那是由一个个陈旧的碉堡和较新的掩体组成的奇怪的混和体。

进攻已经变成一种竞赛，巴顿觉得有一种难言的苦衷，他是在抢时间进行战斗。他获悉重点将再次被转移到北部，蒙哥马利正在那里穿过比利时向德国边境全线前进。英国部队将得到新的补充，这意味着又要殃及第3集团军。他将要留在原地不动，在摩泽尔河西岸保持守势。当布莱德雷把这些前景告诉巴顿时，巴顿央求道："别让我们停下来啦，布雷德，我和你做一笔交易，如果我在14日晚之前还不能在摩泽尔东岸占领几个有利的桥头堡的话，我就二话不说，甘心充当防守阵地的倒霉角色。"

布莱德雷给巴顿宽限了时间，巴顿却超额完成了任务。

9月12日，第5师面对敌人的联合反攻加强了它在阿纳维尔的桥头阵地。中午，工程兵完成了摩泽尔河上的架桥任务，第7装甲师的坦克和反坦克部队过河进入桥头阵地。在第12军的战区，第80师在迪厄卢阿冲过河，接着武器和车辆也开始过河。傍晚时分，桥头阵地已经扩大到圣热内维埃弗、卢瓦齐、贝佐蒙和拉科特开。第4装甲师扩大了南希以南的洛雷桥头阵地；再往南，第79师肃清了夏梅的敌军并派出一个营过河夺得了一个新的据点。如果说因为德军的继续拼命抵抗，这一切成果仍不太稳固的话，巴顿却显得并不过分忧虑。他告诉埃迪将军不要着急，"喝一杯烈性酒，再准备去冲破德国佬"。

但是，这些狂热的准备突然变得毫无意义了。第3集团军在竞赛中失败了。9月11日下午5时55分，第1集团军到达并突破了"西壁"，尽管规模很小，但仍不失为一次蔚为壮观的战斗。

从"眼镜蛇"战役结束，到阿弗朗什突进，至目前为止，盟军所进行的战役都是追击性的，德军在节节败退。除第3集团军外，盟军的推进在9月1日至11日到达了顶峰。但是因为运输力量的不足和汽油枯竭，第3集团军却在此被阻达五天之久。

从8月下旬至9月2日，艾森豪威尔一再对巴顿的行动进行约束，并且在物资供应上加以严格控制。尽管到9月4日，艾森豪威尔突然改变了主意，给巴顿开了绿灯，命令他恢复对萨尔河"西壁"的进攻，但不幸的是他的反应慢了大半拍，战场形势此时已发生了重大变化，德军充分利用了第3集团军停顿的5天时间，重新部署了防御体系。

依照9月初战斗形势的估计，巴顿觉得德国人在西线战场的力量和实力都已经到了最低点，预计一次协同作战就可以使敌人一蹶不振，但德国人却奇迹般地忽然又获得了新生。这是阿尔让当－法莱兹形势在一个规模大得多的战场上的重演，这次同样还是盟军没能利用极其有利的战机，从而使敌军得以继续战斗了8个月。

还在8月末的时候，由于对盟军在德国边境的迅速进军感到震惊，希特勒发出了一道他亲自签署的统帅第77295/44GkChef号指令，命令在沿整个摩泽尔河的西部战线上，从特里尔到埃皮纳尔立即布防。在巴顿第3集团军因缺乏燃料停止前进的5天中，德国人在"西壁"一线部署了63个师，其中有15个装甲师和装甲步兵师，在过去无人防守的地带出现了一条

< 盟军部队向德国边境开进。
> 德军的一处高射炮阵地。

连亘不断的长达 290 公里的防线。希特勒还特别指定梅斯－蒂翁维尔地区为坚固设防战区，
并指示立即配备部队，不惜一切代价死守。这正在沃克将军进攻的前方。

希特勒的命令得到了快速有效的贯彻执行，这表明敌人仍有能力进行自卫和反击。到 9
月 3 日，这一地区已经布满了蝗虫一样的德国人。如果沃克当初能够马不停蹄地前进的话，
他本来可以发现一个真空地带，然而，现在这里已经有了两个军的敌人兵力。

更重要的是，梅斯已经进入紧张的战备状态，市区已经重新部署了卫戍部队，工事里
进驻了临时赶来的德国部队，有第 559 民兵警卫师和有奇怪番号的 462 师。这个 462 师是一
支临时组成的队伍，由瓦尔特·克劳泽中将指挥，有梅斯的各军事院校教职员充当军官，士
兵则由优秀的军校学生组成，这些学生是被挑出来进行军官和士官训练的。尽管这支部队
的人数未逾 4,000，但该师在梅斯之战中却表现得很是疯狂。

1944 年的 9 月上旬，法国正处在一个混乱不堪、动荡不定的局面中。巴顿称它为"不可
饶恕的一个时期"，布莱德雷则把它说成"惨痛的失败"，而对于蒙哥马利来说，它则是"一
次触礁"。

虽然"这一重大的错误"没有酿成什么极为严重的后果和丑闻，它还是形成了一个有争议
的历史性的问题，从此之后一直是艾森豪威尔"圣战"的辉煌光芒中时隐时现的一片不浓不淡
的阴影。从一定意义上讲，它超越国界，刺伤民族和个人的感情，危害在战火中凝成的友谊。

巴顿本人，无论是在他深居的司令部里，还是在他死后出版的《我所知道的战争》★一
书中，在议论这个问题时，他都是痛心疾首和心怀怨恨的。在巴顿的事后调查分析中，曾经

花费了不少笔墨声明，如果被允许全力以赴地投入战争，战争完全可以提前结束并可以使更多的人免于丧命。巴顿为此写道："……我认为这一点特别适用于9月上旬这段时间，当时由于艾森豪威尔将军希望或认为有必要支持蒙哥马利在北部的行动，我们被迫停止不前……"他提出的主张和后来得出的结论是很尖锐的，他曾经宣称在9月"毫无疑问，我们能够在十天内突破并越过莱茵河继续前进"，结论是："这将可以使成千上万的人免遭牺牲。"

>> 力克梅斯

巴顿在这场混乱的局面中略显疲惫，但仍旧干劲十足，满怀希望。他的巨大的英雄主义精神总是在这样的时刻迸发出难以抑制的热情。他对埃迪将军说："准备向曼海姆和莱茵河挺进吧！"接着他便像一台轰轰作响的马达，嗓音洪亮地对沃克说，"梅斯见！"

沃克于9月6日凌晨3时开始向摩泽尔河快速推进。他对梅斯的攻击一直持续到16日还没有取得进展。这时，沃克便坦白告诉巴顿："我认为我无法攻克这座城市。"

也就是在16日这天，布莱德雷打来电话向巴顿透露说，蒙哥马利元帅正在做艾森豪威尔将军的工作，要他停止"所有美军的行动……这样蒙哥马利自己就可以用第21集团军群这把尖刀刺向德国的心脏地带"。此时此刻，当然不能让各地的美军放慢速度，也不能以放慢巴顿进攻的节奏来使蒙哥马利如愿以偿。布莱德雷的电话不但没有让巴顿停步，反而促使巴顿加紧行动，连上级指挥部也无法阻止他。

9月19日，第3集团军发起强大攻势，尽管受到德军的顽强阻击，但还是取得了稳步的进展。至25日，左翼的第20军越过了摩泽尔河，距梅斯仅8公里；右翼的第12军也已经占领了南希，并向河的东岸推进。

但就在第3集团军又一次要大步前进的时候，最高司令部下了一道新的命令，给他们的战斗热情泼了一大盆冷水。鉴于战局的迅速发展，艾森豪威尔认为：部队正面临着后勤系统完全崩溃的危险，无法再发动全面的攻势了。因此他决定：在安特卫普港启用之前，物资优先供应给北路的第21集团军群和第1集团军，第3集团军则转入防御，直至供应条件许可时再发动新的攻势。接到这一命令后，巴顿沮丧地对部下说："蒙哥马利又赢了。我接到了命令，我们的供应又被削减了。"

此时，第3集团军的各个部队都在各自的战斗位置上，与德军进行着殊死的搏斗，正在一步一步地向前推进。而巴顿则又要因后勤供应的问题而迫使他们停止战斗，他的懊恼心情是可以想像的，巴顿和他的部队就像被困在笼子中的猛兽一样焦躁不安。

通过长期的共同战斗，布莱德雷此时已经成了巴顿最坚定的支持者和盟友，他越来越理解巴顿了，他希望能运用自己的权力减轻一下巴顿的痛苦。于是，他授权巴顿可以"对战线进行一些小的改动"。对于这个军事术语，巴顿马上心领神会，立即加以大胆的发挥，把它解释为：可以"立即进行一些小规模作战，以便获得有利的出发阵地，一旦最高司令部命令恢复攻势，我们就可以迅速地推进"。为了使自己的作战命令与最高司令部的战斗部署相吻合，以比较隐蔽稳妥的方式贯彻自己的作战意图，巴顿在许多场合对艾森豪威尔的命令做了广义的解释，尽可能在守势中采取攻势。

巴顿接受了沃克的大胆建议：向梅斯发动强大攻势。但此时的梅斯已呈易守难攻之势，德军在该地区布置了重兵，防御工事极其坚固：外围有层次复杂、极为坚固的堡垒群，要塞内部壕沟纵横，铁丝网密布，到处都是混凝土机枪掩体和装甲瞭望所，分散设有5个炮

∧ 德军利用战斗间隙进行休整。

兵阵地，地下还有长达数十公里的交通坑道，把各个阵地连成一片。

攻势的第一阶段是德里安特堡垒，这是梅斯周围堡垒中最大的一个，守卫着进入梅斯城的西南通道。由于德里安特是攻占梅斯要塞的主要障碍，因此它对巴顿和第20军的指挥官具有相当大的吸引力，它对曾经在岌岌可危的多尔诺桥头堡阵地受到沉重打击的第十一团团长查尔斯·尤尔上校的吸引力格外的大。

尤尔上校把德里安作为主攻的目标，这就意味着他选择了一个最艰巨的任务。德里安不仅是整个城防系统中建造最精心的工事，同时也是德国人维护最好的堡垒。尤尔只凭手头掌握的并不确切的情报，便着手拟订他的计划。他制订了一个攻击方案：先用一千磅的炸弹从空中对堡垒实施饱和式轰炸，并投掷凝固汽油弹，然后再投掷高爆炸弹并对堡垒群的中心阵地进行扫射，最后以两个步兵连和一个反坦克炮兵连展开正面的强攻。这确实是一个大胆的计划！

很快，沃克将军就成为尤尔这一计划的最热情支持者，紧接着，计划也得到了巴顿的批准。他认为，此役虽无全胜的把握，但至少应达到两个目的：其一，对梅斯的防御体系进行武装侦察；其二，摧毁敌防御体系的主要设施。沃克同意让尤尔先使用一个营的兵力对堡垒群进行预演式的强攻，以试探德里安防御系统的实力，同时也检验另一个计划是否可行。

　　攻击是于9月27日午后2时15分发起的。战斗一直到下午6时30分，尤尔才撤出了他的小股部队。在这场战斗中，尤尔付出的代价是，两个步兵连的伤亡总共才不过18人，反坦克炮连始终未能投入战斗，但他获得了他认为是堡垒攻坚战的宝贵经验，而这正是第3集团军的各个部队在过去训练中所缺少的东西。然而，这些经验都是反面教训，攻击发起之前进行的各种炮击轰炸和扫射，只收到了微乎其微的效果，不但没有摧毁什么工事，反而使守军的气势大涨，因为他们信服地看到德里安的钢筋混凝土工事为他们提供了充分的保护。地面部队的攻击由于堡垒群周围的密集的铁丝网障碍和暗堡火力的封锁而严重受阻。

　　在这次持续了四个小时的进攻结束后的第二天上午，尤尔和沃克带着作战计划去见巴顿，请求他批准发起一场全面进攻，作为攻占梅斯的战斗序幕。而师长欧文将军却对此计划持保留意见。他尖锐地指出，这次试验性的攻击只能证明德里安防御系统的复杂性和实力出乎意料，这场攻击虽然时间很短，规模有限，但暴露了不少问题。沃克对欧文的指责坚决反对，他象征性地批评尤尔及其手下的指挥官在这次战斗中进攻不够猛烈，但同时向巴顿保证说，如果再发动一场攻击，只要指挥得更坚决一些，就可以拿下这个要塞。

　　欧文将军此时的处境十分尴尬，他既不能过分地顶撞他的军长，但另一方面又深信沃克在这件事上过于乐观，这一冒险行动应当放弃。他相信自己的看法是正确的，并以令人钦佩的勇气直率地对巴顿说："将军，我的部下需要休息，也需要进行这类战斗的一些特殊训练，我认为应采取包围的方法夺取这个要塞，但要这样做，我们又没有机动的作战部队。"很快，欧文争取到了盖伊将军和作战处长马多克斯上校的支持。

　　经过几乎长达一天的争论，9月28日，巴顿最后听取了尤尔对攻击计划的说明，初步同意了分步骤攻克德里安堡垒的方案，只是提出了一个条件。恰好艾森豪威尔第二天来第3集团军司令部的所在地埃唐，巴顿说，他要同艾克商量一下这个作战计划，以便了解最高司令官的看法。

　　9月29日，艾森豪威尔便看到了这个作为局部行动的作战计划，并且批准了它。不用说，艾森豪威尔的批准立即把当时对这个冒险行动仍然存在的所有反对意见统统压了下去。

　　攻占德里安堡垒的最后命令便这样下达了。

　　第5师接到的命令是，在其他部队进行作战准备的同时，也动手准备，以便随后向梅斯的其他堡垒包括摩泽尔河东岸的大型坚固堡垒群"凡尔登"发起进攻。

　　10月3日，战斗在极其不利的情况下打响了。按原定计划，进攻应该在清晨发动，但由于空中支援没有按时赶上，因此进攻时间不得不一再推迟。当时气候条件十分恶劣，以致不

> 德军向盟军发起反攻。

V 美军士兵在坦克掩护下进攻。

得不取消事前的空军轰炸。地面部队在炮兵进行了短暂而无力的轰击之后于接近晌午时分才进入战斗，但是炮击并没有给步兵带来任何好处，反而促使守军警觉起来，作好充分的战斗准备。第11团的2连虽冲进了堡垒群阵地，但是战斗仍然未分胜负。天时地利似乎都对德军有利。到了傍晚时分，第一次进攻显然已告失败。德军纷纷钻出坑道，渗透到攻击部队的背后，猛烈地扫射，迫使他们退下去。更糟糕的是，那一整个夜晚，德军的小股部队不断对美军阵地进行袭击。到了第二天拂晓，仍留在堡垒群阵地之内的美军已经溃不成军。

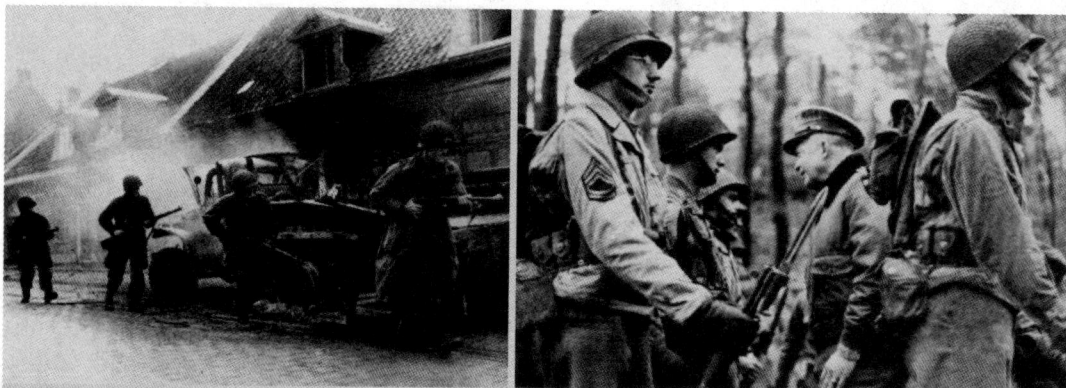

∧ 美军与德军在亚琛进行巷战。

∧ 1944年秋，艾森豪威尔亲往前线部队视察。

如果说欧文希望停止这场战斗的话，那么沃克则比以往任何时候都要坚决地想打下去。他要欧文"坚持下去，并且扩大对堡垒群阵地制高点的控制区域"。这位师长把这一命令传达给尤尔。这时巴顿也不合时宜地介入其中，他下了一道后来看是荒唐绝顶的命令，指示沃克"即便第20军战斗到最后一个人，也要给我拿下德里安"。接着，他又补充了一句不吉利的话："我不允许这支部队的进攻遭受失败！"

无论沃克怎样要求将士们"顶住"，但是这次战斗还是失败了。到10月9日这天，局势已经乱得不像样子。这时巴顿才醒悟他批准这一作战计划是犯了一个错误。他派盖伊将军去第20军把第5师从困境中解脱出来。然而，沃克还要求盖伊允许他沿着坑道发动最后一次进攻。盖伊虽然对此持怀疑态度，但最终同意了。进攻仍没有奏效。沃克的拼死攻击又告失利。

这次失败使巴顿受到了极大的震动。他后来回忆说，这是他犯错误的两次战斗中的一次。使他尤其感到不安的是，正当他遭受这一挫折时，马歇尔将军就要到第3集团军前线来督战，巴顿原本希望用攻占德里安堡垒的辉煌战果，作为欢迎这位参谋长到来的见面礼。

在巴顿梅斯受阻的同时，盟军其他战线上的成绩也并不尽如人意。10月13日，第1集团军在亚琛市里进行巷战，但是在德军锐利的反攻下，美军的地面攻击只向前推进了900米，迫使身经百战的第1师不得不中止进攻，从而使得封锁亚琛这个缺口的行动逐步停顿了下来。

1944年10月18日，欧洲盟军最高司令部在布鲁塞尔召开了军事会议，艾森豪威尔将军在会上传达了下一步的作战任务：第1集团军于11月初从亚琛发起进攻，突破敌莱茵河防御；新投入战场的第9集团军保护其右翼，向北发展，与从奈梅亨向东南推进的蒙哥马利的集团军群汇合；而后，第9集团军向北，第1集团军向南，包围鲁尔；第3集团军的任务是在后勤条件许可的情况下，从沃尔姆斯和美因兹之间渡过莱茵河。从整个计划来看，第3集团军的任务仍然是辅助性的。

但事情的发展很快就打乱了艾森豪威尔的军事部署。

由于第一、第9集团军和英国部队的战斗准备不够充分，加上敌人的拼死抵抗，他们的攻势从一开始就严重受挫，进展十分缓慢。而巴顿从9月份起就为这次战役做了周密的准备工作，即便在这一段被迫中止行动的期间，第3集团军也不是完全闲待着的。它加固了摩泽尔河畔的各个分散的桥头堡阵地，以便为今后创造最好的出击位置。它派出的巡逻部队常常对敌军进行袭击，而且袭击的规模相当大。与此同时，它在加紧储存汽油、弹药和冬季服装的补给。最重要的工作大概要算是拟定恢复进攻的计划。

10月19日，巴顿给布莱德雷将军写了一封私信，向这位集团军群司令介绍了他这个尽早恢复攻势的计划。他以肯定的口吻对布莱德雷说，他前面的这些德军部队是敌人用以对付第3集团军的全部兵力。他还重复了他在8月份不同的情况下所说的那些话："一旦把这些敌军消灭掉或活捉到，第3集团军就有可能突破'西壁'，向莱茵河疾进。"

巴顿极其小心谨慎地让布莱德雷对他表示信任。他解释道，这样一次战斗行动并不会使第3集团军偏离所担负的"从属性职责"。而这样一场战斗的时间将会安排在布莱德雷的任何其他集团军发起攻势之前或者之后，而且其任务就是要"瓦解德军的防御计划"。但是，巴顿还是对布莱德雷说，倘若他能得到所需的补给和允许他采取这样的行动，他可以"在进攻开始后的两天之内"打到"西壁"。

在这种情况下，布莱德雷只能表示含糊的、有条件的同意，但是巴顿却认为布莱德雷的同意意见是肯定的、最后的决定。他的作战计划已经就绪，便像往常一样投入战前的准备工作中去，并一一视察他的部队。"尽管道路泥泞，阴雨连绵，加之被迫停止活动产生了一种沉闷的气氛"，整个第3集团军的士气仍然是高昂的。

这段时间似乎漫长得令人难以忍受，但是11月5日这一天终于来到了。然而，恶劣的天气迫使进攻突然间推迟了72个小时，更增添了巴顿的恼怒。甚至到了11月7日，仍然下了一整天的雨。这是他一生中"日子最长"的一天，好像全世界所有的时钟都停止了走动。这天，巴顿是在沉寂中度过的，他边读圣经边向上帝祈祷，一直到晚上7时，埃迪将军和格罗将军匆匆忙忙闯进巴顿的指挥部。他们是来请求巴顿取消这次进攻，因为瓢泼大雨下个不停，而且河水也上涨了。

"攻击仍要进行，"巴顿斩钉截铁地对他们说，"不管下雨不下雨，我这次攻击一定会成功。"

当埃迪和格罗再三要求推迟进攻时，巴顿声色俱厉地对他们说："我看你们最好推荐一下你们所希望的接班人来。"

巴顿和衣上床入睡，时醒时眠，睡到11月8日凌晨3时突然醒来，看看"上帝是否对他的祈祷已经有所答复"，可是此刻雨下得更大了。

巴顿心里开始忐忑不安起来。他取出隆美尔所著的《步兵进攻》一书，恰好翻到隆美尔描述1914年9月法国所下的大雨以及德军不顾恶劣的气候继续前进的那一页。他读了将近半个小时，觉得心里较前有了着落，便回到床上安然入睡。

5时50分，巴顿被他的炮兵开始预射的声音所惊醒。此时，400门大炮轰击时发出断断续续、震耳欲聋的巨响，这场炮击是巴顿在发起进攻前削弱德军抵抗力的唯一手段。他原指望能够得到2,000架飞机的空中支援，但是他透过窗户看到阴沉沉的拂晓天气时，便意识到在这种恶劣的气候条件下，飞机是无法起飞的。他心里默默地说道："嗯，只好在没有空中支援的情况下行动了。上帝的意愿会实现的！"

他走出指挥部来观看这一壮观的场面。雨已经停了，几颗无所畏惧的晨星忽隐忽现地在高空中闪烁着微光。然而就在这恬静的天空之下，他脚下的大地正在不停地颤动。大炮发射时迸出的火光映红了东方的天际。巴顿后来对斯蒂勒少校说："我在想，德国人这些天来一直为之而担惊受怕的时刻终于到来了，此时此刻不知他们有何感想。"

巴顿正在观察和思考时，攻击开始了。天刚拂晓，担任主攻的第90师已经悄悄接近目标，并且打过了摩泽尔河，突破了工事坚固的柯尼希斯马克尔地区和马奇诺防线★。第10装甲师紧紧跟随着步兵的先头突击部队，在泥泞的道路上向北推进。一个工兵支队正在河的东岸进行着清理障碍的工作，以便步兵能够从乌坎格南面乘坐攻击舟渡过河去。

现在已经是清晨6时，第12军也开始向萨尔直接挺进，

★马奇诺防线

法国于第二次世界大战前构筑的一整套永备筑城工事配系，位于法国与德国、卢森堡和比利时毗连的边境线一带。防线于1929年开始兴建，1936年竣工，以后又不断加以改进。防线以当时的法国陆军部长马奇诺的名字命名，其总长度为400公里，纵深6~8公里，配置5,600个永备发射工事。在第二世界大战中，德国军队于1940年在该防线尚未完成的北翼突破法军正面，进抵防线后方。战后，马奇诺防线的大多工事被改作军事仓库。

第80师在北翼齐头并进，一马当先。此时，惊慌失措的德军手忙脚乱地投入了战斗。他们用准确而又猛烈的火力，使第337步兵团的一个连无法架桥。就在第320步兵团快要接近莫尔汉格高地上的第一个目标时，敌军的有效火力压制住了该团的攻击。

但是从战场总的形势来看，这次进攻虽然没有空中支援，但开头还是打得很漂亮，而且进展得十分顺利。

上午8时，布莱德雷打来了电话。

"你们的计划是什么，乔治？"他问道。

"我正在进攻，布莱雷德，"巴顿沾沾自喜地说，"难道你没有听到我们的炮声吗？"

"什么？！"布莱德雷似乎不相信地说，"没有空中支援，你就进攻啦？！"

巴顿事先没有告诉布莱德雷，他已经决定不管天气情况如何，不管有无空中支援，都要发起进攻，但是这时布莱德雷的口气很缓和。"好极了，乔治，"他鼓励说，"不要挂电话，乔治，艾克在这里，他要和你讲话。"

"乔治，"巴顿听见一个熟悉的比平常更为柔和的声音，"我是艾克，你的最高司令官，我感到很激动，伙计！我对你寄予很大的希望，你要一鼓作气，坚持不懈！"

"谢谢你，将军，"巴顿的声音中虽然夹着几丝笑意，但还是以平时与最高司令官谈论正经事时那种严肃的口气说，"我们会这样做的，将军，我们一定会这样做的！"

接近傍晚时分，埃迪将军报告说，他的部队几乎全部都抵达了各自的目的地。沃克将军也从第20军发回了"请放心"的消息，接着天又下起雨来。

吃晚饭的时候，巴顿又恢复了他那轻松而又健谈的老样子。这是几个星期以来他第一次如此心情愉快。他谈到了埃迪是如何请求推迟进攻的，又谈到了他自己是如何决心坚持下去而绝不退让的，"要进行这样的一次进攻，需要有相当大的勇气，"他说，"埃迪软下来了，因为他疲倦了。我向来认为疲倦的指挥官要比疲倦的士兵多。但是，我知道仗一打起来，他立即就会好起来的。"

这是第3集团军自8月1日以来的第三次战役。

第20军以坚定的决心和勇猛的作风包围了梅斯。第12军按照命令，在萨尔河对岸建立了桥头堡阵地。这可不是一件容易事，因为连绵不断的大雨使大地变得泥泞难行，河水上涨到了空前的高度。工兵部队需要付出艰苦卓绝的大量工作才能把桥架起来。

德军主要靠了天气的帮助，才阻止了巴顿所指望的大突破。但德军还是放弃了整个马奇诺防线，慢慢地撤入了他们的"西壁"防御工事。尽管进行了拼死的抵抗，梅斯还是在11月18日被攻克了，这是自415年来它第一次被攻克。同时，梅斯周围的各堡垒群也被一个一个地攻占。12月6日，圣康坦堡垒投降。7日普拉帕维尔堡垒投降。8日，令人生畏的德里安堡垒也投降了。最后一个大堡垒——易守难攻的圣女贞德堡垒在13日被攻克。

11月25日，巴顿将军开进梅斯。他的乐队演奏着震耳欲聋的乐曲，迎接巴顿的到来。巴

∧ 美军坦克部队支援步
兵进攻。

顿检阅了攻占该城的英雄们——担任主攻的欧文将军的第5师的疲惫不堪的官兵们。这是一个充满欢乐的场面，举行了典型的巴顿式仪式——颁发勋章的过程中夹带着粗野的逗趣。

>> 徘徊摩泽尔河

还在1944年10月中旬，正当巴顿筹备攻占梅斯的同时，加莫和盖伊将军已经将"萨尔战役"计划的草本摆在了巴顿的办公桌上。就计划本身而言，这是个十分周密和完善的计划，但在经过巴顿的修改润色之后，便成为另一个大胆而又出色的作战计划。

巴顿一直在寻找9月初失去的战机，因此在萨尔战役的计划中纳入了新的内容：若有可能，便在第20军的作战区域打开一个突破口，进而向莱茵河强行突进。这样一来，第20军的任务不仅仅是消灭梅斯的德国部队，而且还要悄悄地"把前进的轴线迅速转向东北"。这个第二阶段的战斗需要在萨尔堡附近的萨尔河建立一个坚固的桥头堡阵地，以便部队能够从这个桥头堡阵地，沿着梅斯至萨尔劳滕这条轴心线继续向莱茵河进攻。

巴顿认为，第20军有足够的力量完成这一雄心勃勃的任务，另外，第95师和第10装甲师的到来又加强了第20军的力量。进行这次战斗，沃克总共有3个步兵师和1个装甲师。但是，巴顿还是想从第1集团军的第8军借调出罗伯特·梅少将指挥的第83步兵师，以进一步加强沃克的力量。

根据最后拟定的作战计划，第83师要担任一项打开突破口的关键性任务。巴顿的计划是"派第83步兵师跟随第10装甲师通过第9师的桥头堡阵地，然后向北发动攻击，扫清萨尔河与摩泽尔河之间的三角地带，并在萨尔堡建立一个俯瞰萨尔河的阵地"。

据第3集团军的参谋人员说，布莱德雷将军完全同意"在巴顿作战计划的这一部分，投入第83师"。他说巴顿还笑容满面地对布莱德雷说过："将军，如果这个计划得以实现的话，我们将共同创造出一段了不起的历史。"

巴顿想当然地认为，他早已掌握了第83师，而且让他的参谋人员把这个师作为一个组成部分包括在这个庞大的计划中，甚至在10月30日布莱德雷将军写信给巴顿，对"出租"第83师添加了若干附加条件之后，他们依然按照原来的思路拟订着作战计划。布莱德雷在信中，规定第83师只能限于执行次要的任务，以便把这个师尽早归还给第8军。

巴顿决定不理睬布莱德雷的信。他深信，一旦他的攻势打开了通往莱茵河的道路，所有那些限制条件便会立即废除。他像往常一样，指望用他所经营将要产生的"红利"来购买他现在所需要的东西。

11月8日，进攻打响了，但第83师的命运仍然悬而未决。它已经准备就绪，待命跟随第10装甲师通过第9师的桥头堡阵地。11月11日正午时10分，布莱德雷打电话给巴顿，表

GEORGES PATTON

∧ 1944年，美军坦克正在向德军发起进攻。

面上只是想询问战斗进展的情况。当天正值巴顿的生日，巴顿情绪很高，"一切如意，布莱雷德，"他兴致勃勃地说，"我想在天黑之前，我们会大捞他一笔！"

他如此乐观是有道理的，第9师所占领的关键性桥头堡阵地面积扩展了将近一倍，坚固的科尼希斯马克尔堡垒已经向第358步兵团投降。第95师已经在摩泽尔河对岸建起一个桥头堡，而摩泽尔河水上涨到最高峰后已经开始下降。埃迪的第12军打得也不错。决定把第83师投入战斗的巴顿行将开始向莱茵河推进。

正在这时，布莱德雷的态度毫无事先预告地突然来了个急转弯。

"顺便提一下，乔治，"布莱德雷若无其事地说，"我不太喜欢沃克对第83师的使用方案。我曾经对你讲得清清楚楚，你对第83师的行动只有有限的指挥权。其实，我认为你根本就不应该有这个师。"

巴顿一时被弄得目瞪口呆。但当他从这一打击中清醒过来后，便对他的上级说："可是，我需要这个师！我所有的作战计划里都包括了他们！"

"沃克在违抗我的命令，"布莱德雷道，此时他的语气似乎十分气恼，"我决不把第83师交给你。争辩也没有用，乔治。这是最后的决定。我将打电话把此事告诉霍奇斯。"

当天晚上，巴顿把此事告诉他的参谋人员，他的话几乎是从他那由于痛苦而紧闭的嘴唇间挤出来的："先生们，我可以十分肯定地说，从一个担任进攻部队的手中调走它那已经参加了战斗的1/10的部队，这种事在战争史上还是第一次看到，我敢肯定这是一个大错误，因为把第83师投入战斗，我们就可以轻而易举地拿下萨尔堡。没有这个师，我们就无法攻克萨尔堡，就会在摩泽尔河与萨尔河之间的三角地带遇到麻烦。"

巴顿至死都认为，在他最需要这个师的时候，布莱德雷却决定把这个师从他的身边调走，这是这次战争中最严重的错误之一，而在这场规模巨大的战争中，这件事似乎是件区区小事，连布莱德雷将军自己也觉得不值得在他的回忆录中对此提上一笔。在当时的那个阶段，布莱德雷不知道希特勒在搞什么鬼，巴顿对此也只能作些猜测。气恼的巴顿只好再次"哑巴吃黄连"，他调整了向莱茵河进军的时间表。每次在他的部队即将取得决定性胜利的时候，他总是被阻止，最初是在8月，当时他的"必胜的计划"会使他"在十天之内"进入德国。接着9月又发生再次类似的情况。而这次正在他的萨尔战役过程中……这似乎已经成为了一种"巴顿怪圈"或是"巴顿定式"，也许战场上的随机应变的行动总有理由

∧ 盟军坦克向步兵提供火力支援。

可言，但这种无休止的"怪圈"和"定式"毕竟给巴顿带来了无穷的忧郁。

沮丧的巴顿来到科克上校的驻地，他的司令部各部门负责人正济济一堂，为他的59岁生日举行庆祝宴会。他内心的苦闷使他多喝了几杯。"这酒真他妈的好，奥斯。"他颇为感激地对招待他的主人说，他只用科克的前名称呼他，这显然表明，在经受了白天的那次打击之后，他现在微微有点醉意。他十分珍惜在冷酷无情的战争中与他同舟共济的人对他表露的同情感。

这可真是一个令人不快的"该死的"秋天。

萨尔战役已经进入第17天了，这时巴顿认识到，该战役的主要目标之一的萨尔堡不会像他当初制定进攻计划时所期望那样被轻而易举地迅速攻占下来。德军现在对巴顿精明的作战意图已经有所警惕，并开始在该地区集结兵力，这一情况使巴顿担心可能攻不下萨尔堡了。关于巴顿的部队将于12月中旬到达莱茵河的乐观预测，现在已经悄悄地被人忘却了，甚至"连第3集团军司令本人也逐渐放弃了迅速突进莱茵河的希望"。在目前这一阶段，巴顿关心的似乎只是稳扎稳打地向前推进，只要他的兵力和补给情况许可的话，就尽可能地推进得远些。

11月28日，艾森豪威尔的计划班子拟订了一个可以推动盟军前进的方案，是以巴顿的部队作为主要动力。由布尔将军的作战部起草的一份盟国远征军最高司令部研究报告"西线战场按期前景"称，"比争夺地盘更为重要的任务是，消灭摩泽尔河和莱茵河之间地区的德军。这一任务将由第3集团军和德弗斯将军的第6集团军群发起联合攻势来完成。"这份报告还指出，"这次攻势可能会把德军大量的兵力从北部和中部地区吸引过来。德军预备队的这一调动可能会打破勒尔河的僵局。"

虽然这一方案有其令人惊叹的战略风度，也可能导致某些重大的成果，但是计划人员的眼界依然很狭窄，他们主要考虑的还是蒙哥马利方面的情况，而蒙哥马利制定所有计划时首先考虑的问题是如何坚持住，而不管指派给他的任务能否完成。盟国远征军最高司令部的作战处长还郑重地补充说："虽然第3集团军和第7集团军的联合攻势地点不在前线最重要的区域。"对于这一点，巴顿必定要提出异议："但是它提供了最好的机会，可以迅速收效，并使主要攻势再次获得进展"。

在12月最初几天中，巴顿酝酿的所有计划都以战役的最高目标为出发点，这是突破"西壁"的决定性战斗，一旦过了"西壁"，就可以像他所希望的那样再打一场在法国战场上那种"快速推进式的运动战"，而这次则要在德国领土上打。

巴顿所称的"突破"将通过他称之为"可能是前所未有的最大的空中闪击战"来实现。他的计划是进行一次本次战争中最大的飞机轰炸，即用约3,000架飞机轰炸凯泽斯劳滕前面的这一段防线，为他的部队炸开一条通道。这个拟于12月19日实施轰炸的主意，是在12月6日想出来的，那天一批衣着华丽的空军高级将领来到巴顿在南希的指挥所参加作战计划会议。

巴顿完全认识到飞机在现代战争中所能发挥的作用，认识到飞机对他的军事行动所起到的极其重大的意义，以及这些飞机驾驶员的品质和英勇。他很清楚，他这次攻击的成败在很大程度上取决于空中支援，因此便精明地给予这些空军将领特殊的照顾和友好的款待。他把派到第3集团军来担任战术空军指挥的年轻有为的韦兰将军请到自己身边，只要一有机会就努力培养与他的友谊，并对他倍加赞赏和感激，以增加他的好感。这样，巴顿使他以及整个第19战术空军指挥部的人员感到了发自内心的重视，韦兰和他的部下都由衷地愿意为巴顿效犬马之劳。

对于那些为他充当耳目而直接为他服务的特殊观测机群的飞行员，巴顿更是"溺爱"无比，从而使他们树立起一种坚定的忠诚和献身精神，这种精神唯有他身边最亲密的参谋人员才具备。为了巴顿，他们不论气候条件多么恶劣都愿意起飞，以搜集惟有他们才能获得的情报。这些飞行员在他的作战地区几乎是从不间断地进行空中侦察。这是一个关键的因素，使巴顿具备了惊人的推进的能力，这也保证了巴顿所进行的大多数战斗得以成功。

11月8日，萨尔战役刚开始时，战斗轰炸机由于气候条件恶劣而无法起飞，所以未能为进攻提供空中支援。但是当天气一有好转时，它们便立即升空，闪电般刺破怒涛汹涌的云海，投入战斗，有力的支援了这次新的进攻。用巴顿的话说，这些飞机出乎意料的到来，使开始吉凶未卜的11月8日成了"两个月来最光明、最美好的一天"。

8日下午5时，天公不作美，雨又下了起来。9日的天气仍然是阴沉沉的。河水泛滥，坦克和卡车陷在泥淖中动弹不得。飞机显然是无论如何也起飞不了了。然而，巴顿亲临欧文将军的第 5 师战场，激励他的将士在没有空中支援的情况下，利用小桥和攻击舟渡过河水上涨的塞耶河，在梅斯南边发动攻击。这里，他抬头看见成千架飞机从上空飞过来，确切地说共有 1,476 架，这些飞机及时地为正在扩展的战场提供了支援，轰炸了仍在顽抗的梅斯堡垒，并对全线的所有关键目标进行了袭击。

巴顿为空军能够在这样恶劣的气候条件下提供协助深受感动。当天晚上，他与斯帕茨和杜里特尔共进晚餐，对他们表示了深切的感谢。在祝酒时，他以感人肺腑的语言对斯帕茨将军说："我对你们感激之至，坦率地说，我把我们在如此恶劣的条件下得到你们出色的空中支援，看做是你和杜里特尔对我个人的交情。"

"你算是说对了，这正是为了我们之间的交情，"两位空军将领兴高采烈地回答，"乔治，像你这样的地面指挥官，我们是很乐意一帮到底的。"

在 12 月 6 日的作战计划会上，他们向巴顿保证，不管 12 月 19 日是雨天还是晴天，他们肯定会飞抵前线上空，全力协助巴顿打开突破口。但是，巴顿这次又是命中注定起不了步的，巴顿没有机会把他们的支票兑现，情况总是这样：每当重大突破的关键时刻到来前夕，巴顿的行动便被制止了。

12 月 8 日，暂时停顿思考了一下，巴顿还是毫不松劲地继续向前推进，向着他所谓"与空军健儿们在一起的伟大日子"迈进。但是，战斗很艰巨，推进速度也很缓慢。德军三番五次地展开反击，结果双方损失都很大。巴顿又变得像 15 个月之前在西西里岛登陆★时向墨西拿挺进时那样万分焦躁。

12 月 12 日，在第 12 军的作战区域内，第 35 师开始强渡布利斯河，并在哈布吉尔肯建立了一个脆弱的立足点。布利斯布鲁克靠近河一带的敌军已经被消灭，第 328 步兵团的一些部队已经成功地攻进了德国境内。但是第二天，德军就对哈布吉尔肯进行了凶狠地反扑。

巴顿不愿意再顺从那些无休止地谈论气候条件而又无所作为的人。他把第 3 集团军的随军牧师詹姆士·奥尼尔上校召集到他在南希的指挥所，专门接见，希望把科学的具体原则与不可思议的、抽象的神学概念结合起来。

"牧师，"巴顿对奥尼尔说，"我要你为好天气而祈祷。我的士兵们在

∧ 在西西里岛登陆的盟军部队。

★西西里岛登陆

1943年盟军为攻占意大利西西里岛而举行的登陆作战。1943年7月10日凌晨,英美盟军16万人乘坐3,000多艘军舰和运输船只,向西西里岛东南部发动进攻,强行登陆。与岛上意大利守军展开激战。至1943年8月17日上午10时,盟军控制了全岛。盟军占领西西里岛。打开了直接进攻意大利的大门,为以后迫使意大利退出战争创造了必要的前提条件。

与德军作战的同时,不得不与泥淖和洪水搏斗,我感到烦透了,看你能不能让上帝帮帮我们的忙。"

"将军,"牧师回答说,"要做这样的祈祷,就需要有一条厚厚的跪毯才行。"

"就是要飞毯,我也不管,"巴顿说,"我只要你求得一个好天气。"

"是的,将军,"奥尼尔牧师说,"但是请让我说一句,将军,干我这一行的人不习惯于用祈求晴朗的天气,来屠杀生灵。"

"牧师,"巴顿火冒三丈,"你是来给我上神学课的呢,还是作为第3集团军的随军牧师来听从命令的?我要的是一份祈祷!"

"好吧,将军,"奥尼尔走到门外,问哈金斯,"依你看,这老家伙今天究竟想要干什么?"

< 盟军轰炸机向德军阵地投掷炸弹。

> 美国第3集团军司令巴顿中将。

GEORGES PATTON

　　"将军想要的就是一份祷辞，"哈金斯爽快地说，"而且他现在就要，并且要向全军公布。"

　　"唉呀，我的上帝，"奥尼尔说，"这可不好办。"但是，他最后还是完全按照巴顿的命令，把祷辞写了出来。

　　上帝似乎并没有太在意这篇祷辞，并不急于作出反应。只是到了12月23日，上帝才终于认为该是停止下雨的时候了，天气转晴。

　　经过了8月底的一段"阴暗天气"，直至9月，巴顿的进军再也未能恢复原先那种锐利的势头。整个战争无形的气氛和有形的内容都发生了变化。在这场战争中，有一个令人捉摸不透的因素限制着巴顿的作战风格，并给他勇往直前的精神蒙上了一层阴影。那些德国人每次被打翻在地，但是到最后一刻又奇迹般地站了起来，巴顿有时这样说，"是盟国远征军最高司令部为他们敲的丧钟把他们叫醒过来了⋯⋯"现在第3集团军面临的关键问题并不在于从何地向何处推进，而是怎样才能排除第3集团军前进道路上的各种障碍。毕竟，巴顿热切盼望的向莱茵河发起的进军已经被耽搁两次了。巴顿不是战争的主持者，尽管在该怎样打这场战争的问题上，他的头脑里丝毫都不含糊，他也不得不去适应整个战略大局。

　　战争毕竟是战争，巴顿已经尽了自己最大的努力。

第十一章

不可阻挡的进军

1885-1945 巴顿

巴顿写道："我对我的作战行动感到十分满意。在所有的情况下，几乎是在整个作战中，我都处在上级指挥部门的约束之下。这也许是件好事，因为我可能太急躁了。然而，如果允许我放手干的话，战争可能会更早地结束，更多的生命会得到拯救……"

>> 狂浪中的砥柱

很长一段时间以来，由于第3集团军在洛林地区稳步推进，盟军中产生了一种盲目的乐观情绪，人们普遍认为，尽管德军的防御战打得十分顽强，并不断组织有效的反击，但他们大势已去，没有力量再发动大规模的地面攻势了。但实际上，由于长期的战斗，盟军兵力不足的问题已经日渐突兀起来，特别是布莱德雷的第12集团军群。由于蒙哥马利占用了美军相当部分兵力，加之将战线不断拉长，使美军的兵员数量已达到了捉襟见肘的程度，一些地段的防御力量极其薄弱，其中最薄弱的环节应当数阿登山区。

阿登山区是霍奇斯的第1集团军与巴顿第3集团军的结合部，大约有128公里宽，但只有米德尔顿缺编的第8军把守，兵力十分单薄。但是，盟军最高司令部并未意识到这里潜藏着巨大的危机，反而认为这里战事不多，把它开辟为新兵训练的场所。艾森豪威尔从来没有认识到德军会在这里发动大规模攻势，他在给马歇尔的信中指出："德军在阿登山区的兵力有限，而且时值冬季，进攻将会给德军的补给造成巨大困难，如果德军选择在这里进攻，那将是一个极大的错误。"对此，布莱德雷持赞同的看法，他甚至欢迎德国人从这里进攻，认为这将会为盟军提供歼灭德军的良机。

当时，似乎只有巴顿的头脑还保持清醒，他对布莱德雷在北面的大部分部队按兵不动的做法，早就感到很恼火。这并非由于他嫉妒他们的清闲或需要他们的帮助，而是因为这样按兵不动的做法存在着巨大的危险性。巴顿从未低估过德军的力量，他认为，如果设身处地从敌人的角度考虑下一步的攻势，德军所要做的事情便很容易一目了然。巴顿能够想到的，敌人也会想得到。

巴顿早先便预感到：垂死的德军很可能还要下一次大的赌注，冒险发动大规模攻势。而德军若想在阿登山区进行冒险，势必要发动强大的装甲部队进攻。因此，巴顿开始加大对德军装甲部队动向的关注，他命令负责情报搜集工作的奥斯卡·科克，密切注视德国第6装甲集团军各师的部署情况。

11月20日以来，科克的调查情况显示：德军的精锐装甲部队及其他部队正在阿登山区附近秘密集结，似乎已有足够力量发起一次大的军事行动。11月25日，巴顿曾经表示担忧说，米德尔顿的部队按兵不动，可能会引诱德军向他主动出击。这种意见并没有引起足够的重视，第8军尽管暴露在阿登地区，但是仍然按兵不动，并在这段令人困惑的时期充当其他零星战斗中受挫各师人员的休整之地，这种情况令巴顿更为担心。

很快，巴顿的担心变成了现实，艾森豪威尔、布莱德雷以及蒙哥马利都被敌人的举动震惊了——这些精明的德国鬼子抓住这一时机，企图碰碰第8军这枚闲置不用的钉子。

12月15日夜间至16日凌晨，科克的情报处里灯火通明。约翰·赫尔弗斯上尉担任通信情报科的值班长官，像往常一样监听着德军的通信联络，尽量把截获的信息"翻译"出来。

∧ 1944 年 12 月 16 日，德军在阿登地区向盟军发起了突然进攻。

∧ 美军与德军在阿登丛林地带展开激战。

巴顿密切关注着情报处的工作，连续几天晚上，他基本上是和情报处一起工作到天亮的。这时，赫尔弗斯站起身向巴顿汇报情况说："据所截获的情报分析，可以确信的是，在特里尔北面集结的德军部队已经开始散开，正向某个神秘的目的地移动。"

巴顿对这个消息极为重视，他略微思索了片刻，转过身来问他的情报处长："科克，你对这个情报是怎么看的？"

这位戴着眼镜的学究模样的上校，取出一叠小小的索引卡片，他时常在这些卡片上记下他所作出的结论，科克正要说些什么，值班参谋又送来了一份情报，说德军的电台已经开始沉默。

"那么，"巴顿问道，"你对这个情况又怎么看呢？"

"我不清楚德军的无线电通讯沉默意味着什么，"科克说，"但是当我们自己的部队实行无线电通讯沉默时，就意味着我们的部队要开始行动了。根据目前这个特定的情况，将军，我认为德军即将发起一场进攻，可能是针对卢森堡。"

巴顿接过话说："如果他们进攻我们的话，我已经一切就绪，但是我倾向于认为这一仗会在北边打，第 8 军在那里一直待着不动，这真是自找麻烦。"

接着，巴顿又做出了进一步具体的指示："先生们，我要你们开始制订这样一个计划，让第 3 集团军放弃东进，来个 90 度的大转弯，然后向卢森堡推进，向北进攻。"

虽然他的这个命令事后证明是十分可贵和富有灵感的，但它完全是直觉的产物，因为巴顿确实不知道德军在搞什么鬼，也不知道德军将在何处，以何种方式使出他们的杀手锏来。

12 月 16 日凌晨，夜黑风高，迷雾重重，大地一片沉寂。德军 13 个步兵团和 10 个装甲师秘密进入进攻出发地。5 时 30 分，德军 2,000 门大炮一齐向第 8 军阵地猛烈轰击，大地在颤抖，火光把夜空映照得通明。紧接着，德国地面部队发起大规模进攻，步兵跟随在装甲车

★ **"西壁"**

即"西方壁垒",也叫齐格菲防线。第二次世界大战前,德国军队构筑的一条重要军事防线。1935年开始修筑,1939年竣工。防线沿德国西部边界北起荷兰南至瑞士,建造了一系列永备工事配系。防线全程500公里,纵深35～100公里,共约16,000个筑城工事。第二次世界大战期间,盟军从1944年9月到1945年3月曾多次突破有德军驻防的齐格菲防线。二战结束后,该防线的地面工事被拆除。

后面,潮水般向美军阵地涌来。面对茫茫迷雾,从睡梦中惊醒的美军全然不知进攻敌人的情况,空军和炮兵也无法提供有效的支援,美军立即阵脚大乱。德军的突然性进攻达成了。

当天下午,布莱德雷得到了德军发动进攻的报告。他的第一个反应是先把这件事搁置起来,暂不理会。因为根据他的判断,德军对阿登山区发动的是有限的攻击,目的是迫使巴顿推迟对"西壁"★的进攻,回援阿登山区。而且最高司令部对战争的前景持乐观而又自信的态度,按照"广阔战线"的战略,在不慌不忙地进行着这场战争。

到了晚上,前线吃紧,告急的电报纷至沓来,布莱德雷才如梦初醒:敌人发动了全面进攻!彼德尔·史密斯将军不无讥讽地对他说:"你不是希望德军反攻吗?你所希望的事情终于发生了。"

12月17日天刚破晓,阿登进攻战全线展开。希特勒巧妙隐藏已久的重大秘密计划终于出笼。这就是后来丘吉尔所说的"突出地带之战",持续长达42天。

在卢森堡市阿尔法饭店的司令部里,当一系列消息传来时,布莱德雷几乎哽住了,他此刻拿不出任何建设性的意见。艾森豪威尔眉头紧皱,提出一个救急方案:从辛普森的第9集团军和巴顿的第3集团军中各抽调一个装甲师,把这两个装甲师派到他认为是有限袭击地区的两翼。即使到了这种时刻,这位最高司令官还是觉得巴顿比希特勒可怕的多。为了对付预计到的巴顿的异议,他告诉布莱德雷应该去堵巴顿的嘴,"告诉他,现在是我在指挥这场该死的战争!"

在南希,已经习惯了这种进退维谷状况的巴顿也在黑暗中摸索着。

17日早上的情况通报会上,科克报告说,德军仍然在进攻第8军,但是也好像正向第3集团军第20军的正面地区运动。

巴顿思索了一会儿,然后斩钉截铁地说:"这两股敌人中,一股是虚张声势,另一股才是真刀实枪。我认为，北边那一股才是敌人的真家伙。"

尽管如此，巴顿依然希望能够继续发动他的攻势。敌情通报会议结束后，巴顿命令第12军的埃迪将军立即把第4装甲师投入战斗。不难看出，巴顿对突进到莱茵河，进行"第三次殊死搏斗"仍然抱有一线希望。但是，12月18日集团军群指挥部打来的电话，却让他的这一希望化为泡影。

电话是布莱德雷亲自打来的，他召集巴顿及其参谋人员到他的司令部，举行紧急军事会议。

在第12集团军群拥挤的作战室里，巴顿和布莱德雷等人见了面。这间作战室设在布莱德雷指挥部所占据的一幢砖制结构的铁路大楼里，赛伯特将军及其参谋人员已经在一幅巨大的形势图上确定了敌军各师的位置，查明的已经有14个师，其中4个是装甲师。

布莱德雷向巴顿一行通报了战况，并展示了从空中拍摄的战场形势照片。照片显示：德军已在阿登山区突破了一个巨大的缺口，德军第5装甲集团军正在蜂拥而入，形势万分危急。

接着，布莱德雷提出了他的战略意图：第1集团军在北部坚守，巴顿的南路部队停止在萨尔地区的攻势，调3个师火速增援阿登山区。布莱德雷介绍完情况后，犹豫地把目光转向巴顿，征询他的意见。布莱德雷知道，巴顿此时正在萨尔地区大踏步推进，即将取得重大战果，他担心巴顿会因为撤销萨尔战役而大闹情绪。

实际情况是，巴顿对这一决定确实深感失望，但是他从没有把个人打算置于全局需要之上。恰恰相反，他对于最高司令部的决定没有丝毫怨言。

据布莱德雷后来说，巴顿得知他的萨尔攻势被取消时是这样说的："没什么，我们照样可以杀德国佬！"

"你对霍奇斯能帮点什么忙呢？"布莱德雷问道，巴顿毫不迟疑地做出了爽快的回答。他严肃地说："布雷德，我最精锐的3个师是第4装甲师、第80师和第26步兵师，我要马上停止第4装甲师的行动，让它在隆维集中，今晚就开始行动。明天早晨第80师将向卢森堡进发。我将命令第26师整装待命，只要提前一天通知，它就可以投入战斗。"

布莱德雷满意地长吁了一口气，他原来以为会引起一场风波，不料只一句话就得到了3个师。

回南希的路上，巴顿的汽车在夜色中飞驰，望着车窗外疾闪而过的灰黯的树林和公路，巴顿的心中涌起一丝难以名状的沉重。汽车一路上都没有开灯。当时有一些广为流传的消息说，有一些纳粹的特别小组已经渗透到盟军后方，企图狙击盟军的高级将领。

这个寒冷的冬夜，巴顿第一次想早点入睡。

晚上11点刚过，正当巴顿要上床睡觉，布莱德雷又打来了电话。

"乔治，"他说，"明天上午艾克来总部，召开一次特别会议，11点钟准时到。"

"行。"这一次，巴顿只说了一个字。说完他便上床了。后来他诙谐地说，那一夜他睡得

∧ 盟军士兵在战壕里躲避德军炮火。

特别香，就像个玩了一天的乖孩子一样。

　　第二天早上醒来，巴顿先主持召开了例行的参谋会议。与往常一样，先是一番情况通报。巴顿仍然坐在前排的老位置上，但他显然比往常更加细心地听取着汇报。听完之后，巴顿站起身来，作了一次简短的讲话：

　　"先生们，"他说，"对北面所发生的情况，我们用不着惊慌，你们知道，惊慌的现象在军队指挥系统会像病毒一样快速传播。在当前这种紧要关头，你们必须极其小心，不要在部队中引起不必要的慌乱情绪。"

　　他停顿了片刻，深深地吸了一口气，又接着说：

　　"我们的作战计划已经改变了！我们很快就要投入战斗，但是在另外一处战场上！我们必须还要高速行军！我们素来以行动神速而自豪。但是这一次我们的行军速度要比以往任何时候更快。我毫不怀疑，我们一定会达到对我们的一切要求。以前你们一贯如此，我相信这一次你们仍将如此。无论发生什么事，我们要一如既往，继续消灭德国人，不论这些狗娘养的在哪里冒出来。"

　　当巴顿开始解释他早已胸有成竹的新计划时，他那激动的表情便顿时消失了。

　　"假如我们能有第1集团军和第8军和我们自己的第3军，我打算把它们当作两把或者三把斧子使用。从左翼起，这些斧子攻击顺序是这样的：一把从迪克奇附近地区砍向正北方；一把从阿尔隆附近砍向巴斯托尼；另一把从纳夫夏托劈向德军突出部的左前方。"

　　讲完话后，巴顿看了看表，正好9点钟。"先生们，"巴顿略显神秘地说，"我要去凡尔登见最高司令官了，我要你们分别完善一下这三把斧子的进攻计划，我把这些行动的代号都留给盖伊将军，你们要作好万全的准备，一旦接到我电话通知的代号，就马上按计划行动。"

∧ 1944年10月，艾森豪威尔与布莱德雷、巴顿在一起。

10分钟后，巴顿的座车驶出了南希指挥部的大门，前去参加最高司令部召开的高级军事会议。巴顿神色轻松，但内心却感觉大任将至，他在心中默默地想，也许这就是最后一次离开南希了。

这次重要的军事会议在凡尔登陆军兵营一间没有多大的会议室里举行，会议由艾森豪威尔主持，与会者是各集团军和各兵种的主要负责人。为了缓和一下气氛，艾森豪威尔显得一副轻松自信的样子，"我们应该把目前的形势看作我们的一个机会，而不是一次灾难。我们坐在这里应该是高高兴兴的！"心直口快的巴顿立即接过话茬说："讲得好，我们要鼓足勇气，让那些狗杂种一直打到巴黎，然后我们再回过头来收拾他们，把他们一口吃掉！"一番话把大家都逗乐了。

有人说巴顿在这次会议上扮演了一个小丑的角色，为这严肃的重要场合提供了不少不合时宜的笑料。这当然是种荒唐的说法。巴顿这次的话比往常要少得多，大部分时间他都保持沉默，只是在艾森豪威尔直接问他时才开口。如果说巴顿在会议中的发言仍然带有他平时那种夸夸其谈的味道，那是因为他正处于一个实力派的地位，对自己所说的话，巴顿的心里是有数的，因为他清楚地知道自己打算干什么，以及最高司令官会想让他干些什么。"乔治，我要你去卢森堡指挥这次战斗！你至少要投入六个师的兵力，进行一次强有力的反击。"艾森豪威尔命令道。

"遵命，将军，"巴顿起身回答道，对这一决定他早有所料，但心里仍然疑惑地盘算了一下，"去哪里搞到另外三个师的兵力呢？"

"你什么时候可以开始行动？"艾森豪威尔紧接着问他。

"你对我交代完后便可以，将军！"巴顿不假思索地脱口答道。

艾森豪威尔愣了一下，"你这是什么意思？"他显然对巴顿的回答感到吃惊。在坐的人群中出现了一些骚动，显然也是对第3集团军司令如此"轻率无礼"的回答感到不满。

"我来此地之前已经在南希安排好了一切，"巴顿不慌不忙地解释道，"我可以马上去卢森堡，立即从这里出发，将军。"

这次，艾森豪威尔以较为客气的目光扫了一下巴顿，问道："那么，你什么时候能开始进攻呢？"

"12月22日早晨。"巴顿再一次斩钉截铁地回答道，似乎早已把这个日子在心里盘算得一清二楚了。接着，巴顿还不忘抓住这一时机给艾森豪威尔的热情泼了点冷水，他直截了当地说："但是只有三个师，将军。"

巴顿说出的日期犹如炸雷一般，引起了在座各位的强烈反应。会场上出现了更大的骚动，与会者们在各自的坐位上顿时抬起头来，一道道或是怀疑的，或是惊异的目光投向巴顿，会议桌下发出一阵杂乱的军靴底与地面摩擦的声响。整个会议室像一只被点着了的炸药包，似乎随时都有可能爆炸，而巴顿却似乎更加气定神凝了。

是的，当时无论从任何角度来揣摩，谁都会认为巴顿承担了一项"不可能完成的任务"——把三个正在奋勇作战的师突然抽调下来，让他们在冰冻的道路上行军160多公里，直接投入到一场空前猛烈的战斗中去，而且时间又那么紧迫，极少有指挥官会愿意承担这种任务。

此时，连艾森豪威尔也按捺不住自己的脾气，"别胡闹，乔治。"他严厉地说。

巴顿仍然不动声色地回答道："这根本不是胡闹，将军，我已经做好了所有安排，我的参谋人员正在孜孜不倦地拟定作战细节。"然后，巴顿简略地介绍了自己的初步行动方案，又补充说："我可以在22日发起一场强有力的攻势，但是只能投入三个师——第26、80步兵师和第4装甲师。在22日我不能投入更多的部队，除非再过几天。但是我决心在22日用我手头的兵力发起进攻，因为假如我等待的话，就会失去一个出其不意的大好时机。"

会议再次分成几个小组讨论作战方案，最后决定从第3集团军中抽调一部分部队给帕奇将军的第7集团军，第7集团军将停留在萨尔劳滕和南边的莱茵河之间的地段。巴顿计算了一下他所能够得到的兵力，他拥有本集团军的三个军，除此之外，他还将从第1集团军得到米德尔顿的第8军，并从新组建的马修·李奇微将军的空降军中得到马克斯韦尔·泰勒少将指挥的第101空降师★。但是巴顿却要将第87师以及第42步兵团交给第7集团军。

∧ 诺曼底登陆前，艾森豪威尔与美军101空降师的士兵交谈。

★第101空降师

第二次世界大战期间美国军队著名的主力部队之一。该师于1942年8月15日由第101步兵师改编而成。1943年9月，该师开赴英国。1944年6月6日，该师参加诺曼底登陆。同年9月参加阿纳姆空降战役。尤以全师17,000人参加阿登战役中著名的巴斯托尼保卫战而闻名。在第二次世界大战期间，该师参战214天，伤亡9,328人。战后，该师担任美国全球机动作战任务的一等战备值班部队，曾参加过越南战争和海湾战争。

休息的时候，巴顿离开了会场，来到离他最近的电话机旁，给盖伊打了个电话，向他发出了代号命令。于是，第4装甲师开始经过隆维向阿尔隆挺进，与此同时第80师也经过蒂翁维尔向卢森堡逼近，而第26师已经做好了待命出发的一切准备。

会议结束了，巴顿感到非常满意，显得轻松自如。他点燃一支雪茄，指着墙上的地图对布莱德雷说："老伙计，这次德国鬼子的头伸到绞肉机里来了。"他猛地一挥手，狠狠地说："我现在已经掌握了绞肉机的手柄！"

巴顿离开时，艾森豪威尔把他送出大门。不久前，艾森豪威尔刚刚被提升为五星上将，正处在春风得意之时，此刻，他指着自己的肩章半开玩笑地说："真滑稽，乔治，每当我肩膀上增添一颗星星，我就碰到敌人的进攻。"

巴顿又恢复了他那固有的满不在乎的样子。

"是呀，艾克，每当你遇到进攻的时候，我就得赶来为你保驾！"他不依不饶地回敬道，并且还笑着做了个鬼脸。

在凡尔登会议上，艾森豪威尔只字未提地面部队指挥官易人的可能性。但是在会后的第二天上午，他发布了一个令人震惊的消息：已正式决定让蒙哥马利负责指挥阿登山以北的地面部队。也就是说，第1和第9集团军的指挥权已经交给了英国人，布莱德雷手中只剩下巴顿一个集团军了。对于布莱德雷来说，这意味着几乎完全被剥夺了职权，这不亚于一个类似于降职的打击。

这次变动大大地激怒巴顿，也在布莱德雷的记忆中留下了一处难以消除的隐痛。尽管他和巴顿都向艾森豪威尔提出了强烈抗议，但在战事紧急的关键时刻，他们不得不接受这一现实。

从某种意义上来说，蒙哥马利再次出现在巴顿的周围，在某种程度上也起到了一种"积极的反作用"，因为在尽快把德军从其占领地区赶出去的这场战斗中，由于巴顿和蒙哥马利的互不相让，更增添了一种你追我赶的竞争气氛。至于布莱德雷，他正确地对待了指挥权的归属问题，在整个战役中，他始终呆在卢森堡、那慕尔和凡尔登的指挥部里，尽量不干涉巴顿。

此时的巴顿已经无暇为布莱德雷懊恼了，他必须把全部精力都集中到阿登战役上来。

长时间地在阴影之下充当配角，这一次，巴顿总算真正地独立自主了。他可以完全按照自己的意愿行事，根据自己的想法打仗，尽管他得到的是没人敢接的"烫手山芋"。

凡尔登会议一散，巴顿就已经拿定主意，他在南希已经无事可做了。他对科德曼说："我不回南希了，告诉米姆斯把吉普车开来，我们五分钟后就出发去卢森堡。另外，给沃克将军打个电话，告诉他，我要顺道去蒂翁维尔见他。"巴顿的雷厉风行让科德曼大吃一惊。

黄昏时分，巴顿抵达了蒂翁维尔，在晚餐时他与沃克交谈了一阵，然后借了一套睡衣和一把牙刷，在第20军指挥所睡了一夜。翌日清晨，巴顿又出发了，上午9点就到达了卢森堡的阿尔法饭店。

<面对不利的战场态势，巴顿却信心十足。　　>美军部队集结后准备开赴前线作战。

　　到达卢森堡的当天，巴顿对前线各部队进行了一次旋风式的视察。他先驱车前往阿尔隆，会见了第8军军长米德尔顿、第4装甲师师长加菲和第3军军长米利金，了解了大量第一手资料，对部队做了战斗动员和部署。接着，他又访问了第9和第10装甲师。最后，他视察了卢森堡东北的第4装甲师和第80步兵师。

　　与此同时，根据巴顿的命令，第3集团军各部门、兵种和作战单位都进入临战状态，以最快的节奏投入工作。

　　……就这样，在巴顿的总体指挥下，第3集团军这架庞大的战斗机器快速而有效地运转起来。经过紧张而有序的工作，只用了3天时间，战线的转移工作就顺利完成，进攻部队陆续进入阵地，其余部队也做好了一切准备工作。

　　在这段时间里，巴顿乘坐米姆斯中士驾驶的汽车，跑遍了集团军的各个部门和师以上单位。看到巴顿这种高效率的工作方式，米姆斯竟然冒出了一个怪念头：军队的指挥机构完全可以大幅度地精简。他笑着对巴顿说："将军，政府花费那么多钱设立这么庞大的司令部，而这几天，第3集团军就在你我二人的指挥之下，工作干得多么出色！"

　　这堪称是军事史上的伟大壮举！巴顿在短短的时间内，在极其恶劣的环境中，把一支几十万人马的大军，从萨尔地区快速调往阿登山区，实现了战线由南向北的全面转移，各部队、各兵种之间配合默契，整个行动有条不紊，充分体现了美军的训练有素和日益成熟，同时也说明，作为一位杰出的军事指挥官和战术家，巴顿具有极其旺盛的精力和无与伦比的指挥才能。

布莱德雷从他设在卢森堡的办公室的窗户里，密切注视着第3集团军的行动。他们在大雪中马不停蹄地奔跑着，士兵们的大衣上沾满了泥浆和雪花，凛冽的寒风迎面袭来，寒冷刺骨。指挥官站在坦克高高的炮塔上，用围巾遮住脸部御寒，调度和指挥各路大军分流行进。一天24小时，昼夜不停。看到这种情景，一向沉着稳健的布莱德雷几乎不能抑制自己的感情，他的眼眶湿润了。

一切安排就绪之后，巴顿着手进行作战部署。12月21日，他在卢森堡召开了战前的最后一次军事协调会议，为第二天的进攻做准备。巴顿在会上指出："我们此次行动的目的，是要把德国鬼子从洞中拉出来，将他们全部歼灭！"根据这个原则，巴顿确定了一个挫败敌人进攻的方案，作战重点集中在一个平凡的小城镇——巴斯托尼。

巴斯托尼是一个不足4,000人口的小镇，坐落在比利时东南部的一个狭小平原上，属于比利时的卢森堡省，四周为稀疏的林地和丘陵所环绕。这里的战略地位极其重要，它是当地的交通枢纽，阿登南部公路网中的7条公路在这里汇合。盟军控制了它，就能破坏敌人进攻部队的补给系统，从而牵制住大量敌军，使其不敢绕道而过。美军的计划是：用精锐部队坚守该镇，牵制住德军，由第3军在正面发动进攻。

12月22日清晨6时，进攻开始了。负责指挥进攻部队的第3军军长米利金及其参谋人员都是战场上的新手，但作战极其勇敢顽强，第3军在他们的率领下，迎着暴风雪大踏步前进。左翼的第4装甲师和右翼的第26师的进展也十分顺利，各前进了二十几公里。第80师则攻占了梅尔齐希。

巴顿在当天的日记里高兴地写道："米利金比我预料的干得好。我要让他到前线听一听炮弹的爆炸声和子弹的呼啸声，我相信他会干得更加出色！"

为了拔掉巴斯托尼这个插入德军突击地区的障碍，德军派出猛将弗里兹·拜尔林将军率重兵前来围攻。拜尔林认为，攻克小小的巴斯托尼只是举手之劳，于是派出代表进入城中进行恫吓和劝降。面对狂妄的敌人，守军司令麦考利夫只说了两个字："白痴！"然后，他把还没来得及听懂这个"怪词儿"的莫名其妙的德国人礼送出境。麦考利夫的勇敢行为很快传遍了全镇，极大地增强了守军的勇气和信心。当夜，他们发动了一系列突然袭击，打得敌人惊惶失措。德军恼羞成怒，立即对该镇进行全面围攻，并用重炮日夜不停地向城内猛轰。

巴斯托尼岌岌可危。

现在，巴顿的注意力主要转向了如何使巴斯托尼解围。

时值12月23日，前一天晚上虽然下了雪，但拂晓时分，雪霁天晴，正是飞行的大好天气。在进攻前对敌情进行估计时，斯特朗将军就曾经预料到，德军"只要预测会出现六天的恶劣气候"，就会发起攻击，现在这阴沉的六天似乎已经宣告结束。这是几个星期以来第一次真正放晴的天气。晴朗的天空中顿时布满了盟军的飞机——7个战斗轰炸机群、11个中型轰炸机群、第8航空队的一个师以及一些英国皇家空军的飞机。

巴顿高兴极了。他把哈金斯上校叫到他在卢森堡的办公室来，眉开眼笑地接待了他这位副参谋长。"真痛快，哈金斯，"他高声说道，"看看这天气！奥尼尔这家伙的祈祷真管用。你把他叫来，我要授予他一枚勋章。"

当时随军牧师奥尼尔仍然在南希，但接到巴顿命令后便急忙赶到卢森堡。第二天他走进巴顿将军的办公室时，天气仍然很好，巴顿一见到奥尼尔便马上站了起来，伸出一只手向这位不知所措的上校牧师走过来。"牧师，"他向奥尼尔打着招呼，"你是我们指挥部里最受欢迎的人。无论是上帝还是战士们，你同他们的关系都不错。"说完，他在奥尼尔胸

∧ 美军炮兵向德军阵地轰击。

∨ 盟军运输机向巴斯托尼守军空投补给。

前佩上了一枚铜星勋章。

此时，在解围巴斯托尼的战场上，盟国空军已经倾巢出动。运输机全力向巴斯托尼运送各种物资，轰炸机则轮番对敌人重要目标实施轰炸，在德军战线背后造成了广泛的破坏。

在连续两天的快速推进之后，第3军的进攻开始遇到障碍。他们所面对的是德国的精锐之师，能攻善守，十分顽固。白天，他们躲在工事后面以逸待劳，利用强大的火力阻滞美军的进攻。夜里，他们常常组织强有力的反攻。战斗打得十分艰苦，双方你争我夺，消耗巨大。美军的进攻虽然放慢了速度，但各部队均顶住了敌人的攻势，巴斯托尼巍然屹立在德军突出部上，给敌人造成巨大威胁，使其不敢贸然向美军纵深发动大的攻势。这些，都为美军下一步发动大规模进攻奠定了基础。

冲进巴斯托尼的机会终于在12月26日凌晨2点30分时到来了。加菲将军提请巴顿批准，让他的第4装甲师的部分部队用坦克冲进巴斯托尼。巴顿欣然同意了他的建议。带领攻击的是温德尔·布兰查德上校，是原巴顿麾下的第2装甲师中的一位军官，曾经在本宁堡受训。加菲的战斗预备队由克赖顿·艾布拉姆斯上校指挥着先头坦克，冲进了巴斯托尼，与守军取得了联系。但是，这条冲杀出来的通道太狭窄，又很不安全，后续车辆无法跟上。

但是第二天，运输车辆和救护车辆开始沿着艾布拉姆斯打通的道路，纷纷驶进巴斯托尼。敌军对该镇的围攻正式告终了。接着，在第9步兵师和第80步兵师的增援下，加菲的第4装甲师开始扩大这条通道，并打通阿尔隆通往巴斯托尼的公路。12月29日，公路打通了，战役的最后一个阶段豁然显现眼前——向赫法利策进军。这时，希特勒强加于盟军的这场战斗实际上已告结束。

美军彻底击溃了围攻巴斯托尼的德军，这不仅大大鼓舞了盟军的士气，而且成为此次战役的转折点。至此，巴顿开始筹划更大规模的攻势。

1945年元旦来临了，巴顿以一种独特的方式迎接新的一年的到来，他命令炮兵部队在12月31日午夜12时用最猛烈的火力向敌人持续炮击25分钟。前线阵地上突然迸发的令人心惊胆战的隆隆怒吼，似乎是大炮正在倾吐出巴顿心中隐藏已久的抗议声：这场几个月之前就可以打胜和结束的战争，究竟为什么还在持续着？！

巴顿希望这一阵炮火的猛烈轰击，不单纯是除旧迎新的欢庆声，而且至少吓倒一些德军。后来他得知，当炮声停下来的时候，可以听到隐藏在冰雪封冻的树林里，冻得发抖的德国士兵发出的阵阵凄惨的哭泣声。

这是38年来最不舒服的一个冬天。气候阴沉寒冷，一层厚实的白雪覆盖着大地。北方刮来的刺骨寒风，卷起阵阵急旋的雪花，像无数块玻璃碎片，扎在美国士兵的脸上。圣维特的气温是零下5度，威尔茨的气温是零下7度，巴斯托尼的气温始终徘徊在零度左右。推土机推平了积雪的地面，变成了坚硬的冰板。

随着美军的胜利前进，战场形势迅速好转。到1945年1月中旬，战局已经明朗化，德军的进攻已成强弩之末，围歼敌军的时刻已经到来。巴顿立即命令部队从南北两路全速向乌法利兹推进。1月16日，巴顿部队南北夹击，拦腰斩断了德军的突出部，在乌法利兹胜利会师。23日，美军攻占圣维特。27日，第3集团军的前锋已抵达乌尔河，阿登战役胜利结束了。

阿登战役是第二次世界大战中西线最大的一次阵地战，也是希特勒的垂死挣扎之役。虽然德军的行动打乱了盟军进攻的时间表，但这种孤注一掷的举动并没有让希特勒捞到多少油水，反而使德军付出了沉重的代价，损失坦克800余辆、飞机1,000余架，伤亡和被俘人员10万余人。在这次战役中，巴顿领导下的第3集团军再次进行了出色的表演，它的运动距离之远，推进速度之快，在短时间内投入的兵力之多，在世界军事史上都是极其罕见的。

但是，阿登战役也是第3集团军遇到的最残酷的一次血战，共阵亡1万余人，受伤7万余人。对此，一向以勇敢无畏著称的巴顿也产生了与他性格迥然不同的某种悲哀情绪。每当看到运送伤员的长长的救护车队从前线返回时，他常常抑制不住自己的感情，黯然泪下。

>> 横穿德意志

阿登战役以后，盟军牢牢地掌握了战场主动权。但是，德国人在莱茵河岸仍有85个师的兵力，根据以往的经验，希特勒是绝对不允许他们撤退的。于是艾森豪威尔决定再发动一次大的战役，全线出击，给德军以致命的打击。但在制订作战计划的时候，盟军内部又发生了激烈的争吵，分歧仍然是以前美英两军矛盾的继续，根本问题仍然是军事指挥权问题。

在1944年12月的危机时期，蒙哥马利获得了阿登以北所有部队的指挥权。现在，他不仅力图保住这个指挥权，而且还希望出任艾森豪威尔手下所有地面部队的总指挥，由英国人来主宰占领德国的任务。很明显，他的这一方案旨在一箭双雕——既可以争得地面部队的指挥权，又可以有效地阻止巴顿的第3集团军实施重大军事行动。

布莱德雷和巴顿都认为，蒙哥马利的这一要求不仅荒唐，而且简直是无理取闹。尤其是在当时，美军在西线战场已经有50多个师在作战，而英军只有15个师。他们一再告诫艾森豪威尔：蒙哥马利的要求不仅在他们那里通不过，而且在罗斯福总统，在参谋长联席会议★上，以及在美国人民面前都通不过。为了给艾森豪威尔施加压力，布莱德雷和巴顿甚至以辞职相"要挟"。

艾森豪威尔左右为难。作为盟军总司令，他既要顾全大局，维护盟军内部的团结，又要坚持原则，制订出行之有效的作战计划。思量再三，经过与马歇尔磋商，艾森豪威尔又采取了他惯用的妥协政策。在他所草拟的"作战计划大纲"中，除了在作战指挥权方面没有满足蒙哥马利的要求之外，几乎全部采纳了他的主张。这个作战计划的基本点是：消灭莱茵河和摩泽尔河以西的敌军，以鲁尔北面为主攻点，强渡莱茵河。整个战役分为两个阶段，第一阶

*参谋长联席会议

由国家元首及国防部长领导的指挥军队的最高执行机构和军事咨询机构。1949年，美国国会通过《国家安全法》修正案，增设参谋长联席会议主席职位。参谋长联席会议主席由总统从陆、海、空三军高级将领中任命，任期两年，除战时外，只能连任一次。参谋长联席会议下设联合参谋部，主要职责是处理参谋长联席会议的日常工作，特别是拟制战略计划和统一全军的战略行动。参谋长联席会议主席只是总统和国防部长的首席军事顾问，真正统帅全军的仍是总统。

段是向莱茵河进军，第二阶段是打到莱茵河以及更远的地区去。蒙哥马利的进军路线是从鲁尔以北的下莱茵省进入德国北部平原。布莱德雷则向美因兹－法兰克福地区做辅助性进攻，与苏军会师。德弗斯将军的第6集团军群从南面助攻。

临战之前，艾森豪威尔又对方案做了调整：命令蒙哥马利的第21集团军群（包括美国第9集团军）集中力量发动攻势，夺取从奈梅亨到杜塞尔多夫的莱茵河西岸地区。在这一阶段，第1集团军（已改归布莱德雷指挥）的任务是，占领鲁尔大坝，同时保护第9集团军的南翼。当第9集团军抵达莱茵河之后，第1集团军立即向科隆进攻，占领该城后向南推进，切断莱茵河西岸敌人的退路。由于助攻部队不可能同时支援几个集团军的攻势，按照这个作战方案，巴顿及其第3集团军又被迫处于停顿状态。

对于艾森豪威尔的决定，巴顿在私下里大肆抱怨，并暗下决心，要抗命不从。他对部下说："让我们美军待在这里袖手旁观，这是一种愚蠢而又不光彩的结束战争的办法。先生们，我们是决不会干愚蠢和不光彩的事情的。"

幸好，他的顶头上司布莱德雷此时与巴顿处境相同，非常理解巴顿的心情，他允许巴顿在艾佛尔正面发动攻势，以阻止敌人向北撤退，去对付蒙哥马利。在此过程中，巴顿将可以突破摩泽尔河西岸锡格弗里德的防御，向基尔河推进。如果蒙哥马利觉察到这一行动并加以反对的话，就说这一作战是"进攻性防御行动"。

2月6日一早，艾佛尔战役打响了。进攻部队如有神助，所有的推进都十分顺利，第20军很快肃清了萨尔河与摩泽尔河三角地带的敌人，第12军也逐渐逼近基尔河。至2月12日，第8军清除了莱茵河西岸的残敌，战役胜利结束。

这时，一个新的困难摆在巴顿面前：特里尔城挡住了他的去路。

特里尔是德军在该地区的军事要地，守军力量雄厚，地形复杂，易守难攻。要想攻克特里尔，巴顿亟待解决两个重要问题，一是兵力不足，二是未得到上级的批准。但巴顿决定要攻克特里尔，把它作为艾佛尔战役的一个额外收获。为了解决上述两个问题，他采取了他所称的"迂回战术"。

2月14日，巴顿破例前往巴黎，进行了一次气派十足的"度假旅行"，但旅行的实际目的却是以"度假"为名积极开展游说工作，以便要回第10装甲师。

在这次短途旅行中，史密斯将军为他专门安排了打猎活动，巴顿显得兴趣浓厚，因为艾森豪威尔的作战部长布尔和怀特利两位将军也参加了这次活动。在狩猎过程中，他与史密斯等人打得火热，并慷慨解囊，请大家开怀畅饮。在似醉非醉之际，巴顿开始大谈特谈第10装甲师的长处和弱点，以及应该如何有效地使用这支部队。他的话给听众留下了深刻的印象，得到了一致称赞，这正中巴顿下怀。巴顿一回到自己的司令部，就立即给最高司令部打电话，要求把第10装甲师交给他指挥。布尔十分痛快地答应了他的要求，说："可以把这个师交给你，但你只能用它进行一次战斗，即消除三角地带的敌军。"

为了得到上级对攻克特里尔一事首肯，巴顿采取了见机行事，顺水推舟的策略。

在2月21日的西线战场上，出现了一种奇怪的形势，蒙哥马利的主攻部队无所事事，只有巴顿的第3集团军在浴血奋战。在第8军前线，第90师攻克了5座城镇和几十个村庄；在第12军前线，第80师歼灭了奥尔河与盖伊河之间"西壁"防线的敌军，攻克3座城镇；在第20军前线，第10装甲师清除了5个地区的守敌，推进到萨尔河－摩泽尔河三角地带的最后一个目标，而后向东北攻占萨尔堡，一直扫荡到萨尔河畔，攻占了几座城镇。

巴顿战车不可阻挡地前进，布莱德雷兴奋地注视着这一

切，喜悦之情溢于言表。但就在这时，他接到最高司令部的一个新的作战计划。该计划规定：蒙哥马利率部在德军力量最强大的北部发起主攻，由第3集团军向艾佛尔推进，穿过莱茵河在法尔茨地区发动攻击，对蒙哥马利进行配合。布莱德雷对于让第3集团军继续扮演配角而感到不满，但巴顿却从中看到了机遇，他对布莱德雷说："根据我的理解，我有权把第3集团军的进攻范围向东扩展，渡过基尔河，沿着萨尔河渡口以东的深谷向南推进。此外，如果装甲部队在摩托化步兵的支援下，有可能快速突进到莱茵河的话，我就有权抓住这个时机推进。"布莱德雷对巴顿的这一理解来了个顺水推舟，说道："当然，对于任何这种机会，你决不可放过。"这实际上是对巴顿的要求给予了同意。

巴顿立刻行动起来。从22日开始，巴顿部队发动了空前猛烈的攻势。

根据最高司令部的指示，三角地带的敌人一旦肃清，第10装甲师就必须归还。但巴顿此时还想利用这支部队攻打特里尔，于是他决定进行一次争夺时间和空间的赛跑。他又"故伎重演"，中断了与上级的所有通信联系，命令部队快速奔袭，在两天之内拿下特里尔。28日，第10装甲师以最快的速度向特里尔推进，它穿过危机四伏的雷区，冒着敌人猛烈的炮火，迅速前进。3月1日上午，部队攻入特里尔城郊，下午便攻入城内。在当天夜里，全城的敌军就被肃清了。

第二天拂晓，巴顿接到最高司令部来的急电，电文只有两行小字："绕过特里尔，因为攻克它需要4个师的兵力；立即归还第10装甲师。"

"哈哈哈……"看完电文，巴顿笑得前仰后合。笑够了，才叫来部下回电说："我们遵命，让第10装甲师归队，我们绕开特里尔，继续前进。"

在艾佛尔战役接近尾声之时，第3集团军的另一次战役——法尔茨战役也在酝酿之中。这次战役的目标是攻克科布伦茨。为了使上面同意他打一次漂亮的运动战，而不是计划中所预定的辅助性战斗，也为了争取得到进攻所需要的足够兵力，巴顿不得不再次施展"计谋"。他充分利用

∧ 隶属于第3集团军的一支美军部队正穿过一个刚被占领的小镇。

319

★史密斯（1895～1961）

美国陆军上将，外交官，参加过第一次世界大战，后在美国和菲律宾服役，曾在军校任教。1942年2月被任命为参谋长联席会议秘书和盟国参谋长联席会议美国秘书，领准将衔。同年9月，为欧洲战场的盟军参谋长。曾代表盟国谈判并接受意大利和德国的投降。1945年返美后，任陆军参谋本部作战与计划司司长。1946～1949年任美国驻苏联大使。1950年任美国中央情报局局长。1951年晋升为上将。

了最高司令部官员们的心理，抓住适当的时机，施展花招，必要时还搞一点儿欺骗，以达到自己的目的。

3月9日，巴顿奉命到设在列日的布莱德雷司令部参加一次受勋仪式。晚上，巴顿接到参谋长盖伊将军的电报，传达了一个喜讯：埃迪的第12军一部已夺取了摩泽尔河上一座完好无损的桥梁，目前正在扩大战果，建立牢固的桥头阵地。巴顿立即把这一好消息转告布莱德雷和艾森豪威尔，乘他们兴高采烈之际，巴顿不失时机地取得了他们对继续扩大战果的同意。接着，巴顿趁热打铁，提出要想扩大战果的话，他必须得到第80师，这个师原属于第3集团军，后被划归最高司令部的预备队。艾森豪威尔当即表示同意。巴顿马上打电话，命令盖伊发动法尔茨战役。

第二天凌晨，巴顿又接到盖伊的电话，盖伊支吾着说，关于占领大桥的消息纯属误会，原因可能是电话出了毛病，他未能听清楚埃迪的话。但对于巴顿来说，电话有没有毛病已经无关紧要了，第80师已经到手，法尔茨战役业已打响了。

巴顿返回部队后立即命令部下，再次"中断"与上级的电讯联系，多架桥梁，继续进攻。很快，埃迪就在摩泽尔河上架起了3座桥梁，为进攻法尔茨地区做好了必要的准备。

另一个偶然的机会也给巴顿帮了大忙。

3月16日，艾森豪威尔在史密斯★将军的陪同下，前往布莱德雷的司令部，但因飞机无法在那里着陆，临时改在巴顿的机场降落。巴顿认为这也是一个机会，尽管通知来得很晚，但他还是做了周密安排。艾森豪威尔一下飞机，整齐威武的仪仗兵列队相迎，军乐队鼓乐齐奏，四周是鲜花、掌声，以及战地记者手中咔咔闪动的相机……人们像是在迎接凯旋的英雄。这样隆重的欢迎方式在前沿部队中是极为少见的，但已经足以令艾森豪威尔心情豁然开朗。

随后，巴顿带艾森豪威尔一行视察了三角地带，并于当晚在特里尔举行酒会。酒会之上，艾森豪威尔自始至终都感到十分惬意。晚宴进行到高潮时，巴顿端起酒杯凑到艾森豪威尔跟前敬酒，一番溢美之辞之后，口气温和地试探道："艾克，根据第3集团军的进展情况，能不能再给我一个装甲师？"艾森豪威尔几乎不假思索便满口答应，当场决定把第12装甲师划归巴顿使用。

两天以后，这支部队便在巴顿调遣之下投入了战斗。

在艾佛尔战役即将结束之时，德军9个师撤退至摩泽尔河以东，在供斯吕克山一带建立起一道防线。得到第80师和第12装甲师的巴顿此刻已如虎添翼，向敌人的防线猛扑过去。敌军立即乱作一团，企图边打边撤。这时，巴顿立即命令装甲部队迅速从三个方面向德军发起猛烈冲击，猛虎扑食般把德军向东赶往莱茵河。

兵败如山倒，德军有组织的撤退立即演变成了"失败大逃亡"，他们一窝蜂似的向莱茵

∧ 美军步坦结合向前攻击前进。
> 1945年3月，巴顿在莱茵河边留影。

PATTON

河唯一尚存的渡口施佩耶尔奔来。此时，早已做好准备的巴顿命令第19战术空军部队的轰炸机全部出动，对拥挤在狭路上的逃亡之敌进行狂轰滥炸，步兵部队也全面压上，穷追猛打。结果，这一地区的德军大部分被歼灭，并有8万多人被俘。3月18日，科布伦茨终于落入美军之手，法尔茨战役取得了空前的胜利。

巴顿部队未做任何休整，又马不停蹄地踏上了新的征程。3月21日，全军高速向莱茵河挺进，一路上抢占要道和渡口，肃清德军守卫部队。到22日，第3集团军已经实现了对莱茵河以西德军的合围。这一天，巴顿部队共俘获德军1.1万人。这是一个创记录的数字，它表明，西线德军已经处在土崩瓦解的前夕，形势的发展超出事先的估计，强渡莱茵河的时机已经成熟了。

巴顿意识到，良机可遇而不可求的。况且，"老对手"蒙哥马利也正在做渡过莱茵河的准备，甚至已经准备好了向全世界发布的演说辞：是英军首先渡过了这条伟大的河流！面对不可多得的时机，巴顿暗下决心：立即渡河，决不迟疑。

22日晚上11时，第5步兵师的两个营开始渡河。出乎意料的是，一直被蒙哥马利吹嘘为"中欧天堑"的莱茵河并没有给部队造成什么麻烦，渡河部队推进之快不仅使敌人措手不及，而且使第3集团军的将士们也大吃一惊。到23日拂晓前，该师已有6个营抵达河对岸，而损失则只不过阵亡8人，伤20人。很快，全师顺利渡过了河。

对于擅自渡河这件事，巴顿起初不想声张，但他无法克制自己的兴奋，还是告诉了布莱德雷。

23日早晨，布莱德雷正在用早餐，电话铃突然响起。

"布雷德，"他一拿起话筒，立即听到了一个急切而熟悉的高嗓门。"告诉你个惊人的消息，我们已经渡过莱茵河了！但暂时不要声张。"布莱德雷震惊得不敢相信自己的耳朵，连手中的汤匙都差点儿掉在地上。

"夜里我已经偷偷让一个师渡过莱茵河了，那里的德国鬼子少得很，还不知道是怎么回事。所以先保守秘密，看看情况的发展再说。"巴顿简直无法掩饰自己的激动心情。

晚上，巴顿又打来了电话，他兴奋得大吼大嚷："布雷德，愿上帝保佑，让全世界都知道我们过河了吧！德军想攻占我们的浮桥，让我们打死了。我要让全世界都知道，第3集团军在蒙哥马利尚未渡河之前就渡过去了。"

有意思的是，蒙哥马利原定于3月24日渡过莱茵河，夺取头功。为此，丘吉尔首相精心写了一篇演讲稿，祝贺蒙哥马利元帅发动现代战史上第一次抢渡莱茵河的战斗。英国广播公司播放了这个讲话。实际上，这时第3集团军已经先于英军24小时渡过莱茵河了。

3月24日早晨，一身戎装、神采奕奕的巴顿在埃迪、科德曼等人的陪同下，以胜利者的姿态跨过了莱茵河。当他的车开到渡桥中间时，他让车停下来，朝河里吐了一口唾沫，以这种方式表示他对德国守军的蔑视。然后，他大踏步走上对岸。上岸时，巴顿故意绊了一跤，

> 巴顿与埃迪将军一起探讨进军计划。

摔在地上，就像当年大西庇阿和征服者威廉拥抱非洲和英国的土地那样，他把德国的土地紧紧地握在自己的手中。这似乎预兆着：他将会永远地与这块土地并存。

这便是巴顿军事生涯的顶点——"比蒙哥马利早24小时渡过莱茵河"。直到此时，巴顿所指挥的大规模的激烈战役结束了，接下来是蔚为壮观的大踏步推进，与其说是追击溃不成军的敌人，倒不如说是享受胜利进军的喜悦和骄傲。

巴顿部队在渡过莱茵河后，马不停蹄地迅速穿过美因兹－法兰克福－达姆施塔特三角地带，不给敌人留下任何喘息的时间。3月25日，他们轻而易举地夺取了哈瑙和阿沙芬堡附近的美因河桥头阵地，并击败了德军的疯狂反扑。到28日，第4装甲师向北推进了48公里，与第1集团军会师。

在随后的日子里，巴顿部队继续以风驰电掣般的速度疾驶猛进，不让德军有建立防御阵地的丝毫机会。装甲部队沿韦拉河两岸向爱森纳赫推进，越过富尔达河，粉碎了德军在埃德河、富尔达河和韦拉河一线进行防御抵抗的企图，并攻占了米尔豪森、戈塔和苏尔。4月10日，巴顿命令部队向穆尔德河前进，在5天内，装甲部队推进了128公里，攻至克姆尼茨近郊。

4月14日，在美因兹举行了莱茵桥的通车典礼仪式，巴顿应邀前去剪彩。当别人为他拿来一把剪彩的大剪刀时，他轻蔑地拒绝了，嘴里嘟嘟嚷嚷地说："他妈的，给我拿刺刀来！"

正当巴顿按照原定进军路线全速向前推进的时候，艾森豪威尔交给第3集团军一个新任务——改变进攻方向，全力打击所谓"全国防御堡垒"。根据事后的调查，所谓"全国防御堡垒"完全是一个虚构的骗局，德军想方设法大肆宣传它，目的旨在打乱盟军的作战部署。

希特勒的这一招达到了目的，"全国防御堡垒"成了盟军精神上的一个沉重负担，艾森豪威尔把它作为巴顿攻击的下一个目标。

巴顿虽然早就怀疑这个"堡垒"只不过是人们想像中的海市蜃楼，但他还是坚决执行了命令。他花费了几天时间，亲自去情报部门了解情况，派小股部队进行侦察，很快就拿出充分的证据向艾森豪威尔说明，这个被大肆渲染的阿尔卑斯堡垒只不过是一个虚假的空中楼阁。

就在巴顿奉命改变进军路线期间，他偶然获悉，他被授予四星上将军衔，这使他颇感欣慰。但是，他对部下说："如果早在第一批提拔我的话，我会更高兴。"

4月20日，巴顿在耽搁了几天之后，开始转向南方发动新的战役，他的目标是迅速穿越德国，抢在苏军之前进入捷克斯洛伐克。最高司令部同意他向这一地区挺进，但对是否可以进攻捷克未明确表态。两天后，第3集团军发动了全面进攻，3个军沿着阿尔特米尔河、多瑙河和伊萨尔河一线推进，很快就肃清了沿线的德军。

但是，苏联红军的进展同样快得惊人。5月2日，红军攻克柏林，并继续向西穿过梅克伦堡和勃兰登堡，与英军会师。另一支苏军到达易北河畔维滕堡的东南方，与美军会合。在同一天，巴顿的第80师到达萨因河，并攻占了德国的"圣城"——希特勒的诞生地布劳瑞。5月4日，攻占林茨。就在这一天，布莱德雷来电话告诉巴顿：最高司令部已经同意巴顿的最后一次战役，向捷克斯洛伐克挺进。

巴顿十分兴奋。第二天，他向部队发布了新命令：进军捷克斯洛伐克。此时，由第1、第2和第97步兵师以及第9装甲师组成的第5军已经调给巴顿指挥，使他的总兵力达到了54万人，这是他指挥过的最庞大的部队。

巴顿只用了一天的时间，就把进攻行动部署完毕。5月5日上午8时，战役打响了，捷克斯洛伐克处在第3集团军的强大攻势之下。第1师向卡尔斯巴德推进；第97师向比尔森推进；第12军做好了进攻布拉格的准备；里德的机械化部队攻克了克拉托维和普拉西里；第9师打通了雷根山口；第5师打通了另外3条公路，越过特普拉河；第4装甲师也正在向布拉格推进。就在5月5日这一天，布拉格的守军基本上瓦解了，捷克的爱国者走出地下状态，解放了这座城市。

巴顿立即打电话给布莱德雷，告诉他夺取布拉格的条件已经成熟了，并要求立即进入该城。但是，按照盟军事先的约定，布拉格处在美军占领区的界线以外，布莱德雷无权做出进入该城的决定。巴顿想故伎重演：他将在5月6日"失踪"，在不与外界接触的情况下进入布拉格。但是这一次"上头"似乎对巴顿的"伎俩"早有准备，最高司令部下达了断然命令：第3集团军必须停止在预定的停止线上。

1945年5月6日，是巴顿第3集团军战斗的最后一天，他已得知，德军将于第二天无条件投降。

5月10日，巴顿发出了停止战斗的第98号命令。

∧ 1945 年 5 月 7 日，德国无条件投降。

　　纵观整个西线的反法西斯战争，巴顿及其第 3 集团军发挥了巨大的作用，从最严格的意义上讲，第 3 集团军取得的功绩和创下的记录是无与伦比的。在 281 天的战斗中，它保持了直线距离 160 多公里宽的进攻正面，向前推进了 1,600 多公里，占领了 211,957 平方公里土地，解放了 13,000 座城镇和村庄，其中大中城市 27 座，它给敌人造成的损失是巨大的，德军伤 386,200 人，阵亡 144,500 人，被俘 956,000 人，共计 1,486,700 人。在解放欧洲的伟大战斗中，巴顿的军事领导艺术和指挥才能达到了光辉的顶点，他的军事决策基本上是正确的，没有出现大的失误。正如他在后来所写道的："在整个欧洲战争中，除了没有发布一项占领哈默尔堡的作战命令之外，我没有犯过别的错误。在其他方面，我对我的作战行动感到十分满意。在所有的情况下，几乎是在整个作战中，我都处在上级指挥部门的约束之下。这也许是件好事，因为我可能太急躁了。然而，我感到如果允许我放手干的话，战争可能会更早地结束，更多的生命会得到拯救。"

第十二章

远去的战士

1885-1945 **巴顿**

这一次巴顿估计错了。战争已经结束，巴顿已经不是不可或缺的人物了，牺牲他并不会对大局有什么严重的损失。华盛顿的政客不能容忍他。在他们看来，巴顿的这一次罪过，比"打士兵耳光"严重得多，他侮辱了美国的"两党制"。艾森豪威尔也不能再容忍他……

> 铁托与英国首相丘吉尔在一起。

*铁托 （1892~1980）

南斯拉夫领导人，民族解放运动领袖，生于克罗地亚，参加过第一次世界大战。1934年当选为南共中央政治局委员。1935年赴苏联参加共产国际的工作。1941年6月27日，南共中央成立了南斯拉夫人民游击司令部，铁托任总司令，开展反法西斯斗争。同年12月，创建了南斯拉夫第一支正规军——"第1无产阶级旅"。1943年11月，铁托被授予元帅称号，宣布成立南斯拉夫临时政府。1945年11月29日，南斯拉夫联邦人民共和国宣告成立，铁托任联邦政府主席、最高统帅。

>> 为和平而遗憾

1945年5月7日凌晨2时41分，德国政府代表在盟军最高司令部的作战室里签署了无条件投降书，投降于5月9日凌晨1时生效。这个消息一传到战场，所有的进攻行动都停止了下来，组织防御阵地的工作开始，以防紧急情况发生。

5月8日，第3集团军也终于与苏军建立了联系。在第12军的作战地区阿姆施特滕，同苏军建立联系是第11装甲师的最后一项使命。接着，第20军的一些部队也都与苏联人会师了。

可是，此时此刻，巴顿突然感到一阵可怕的孤独和惆怅。他为战争的突然停止而感到遗憾，为无仗可打而极度苦闷，他觉得自己似乎还应该做更多的事情。巴顿在给比阿特丽丝的一封信中写道："我热爱战争、工作和振奋人心的事。对于我来说，和平将是一座坟墓。"于是，他极力要求赴远东参加对日战争。

但不久，巴顿的这一幻想彻底破灭了。这使他万分沮丧，他开始认为，自己已经成了一个无用的历史人物。

很快，巴顿似乎又得到一个重返战争的机会。5月16日他在英国旅游时，突然接到最高司令部作战部布尔将军打来的电话，让他立即向艾森豪威尔将军报到。巴顿立刻于当天返回法国。艾森豪威尔告诉他，铁托*的势力正在巴尔干地区迅速膨胀，有可能迅速蔓延到阿尔巴尼亚和意大利的部分地区，美军决定在意大利北部显示一下力量，马歇尔指示由巴顿去执行这一使命。巴顿仅用两天时间就做好了一切准备工作，枕戈待旦。但是，由于驻意大利盟军总司令马克·克拉克将军不愿让巴顿进入他的势力范围，出面进行阻止，这一行动后来被

∧ 巴顿多次作为英雄被
邀请到各地发表演讲。

取消。巴顿要求作战的最后一线希望也破灭了。

百无聊赖的生活使巴顿产生了严重的失落感，也勾起了他浓烈的思乡之情。不久，他便返回美国，进行短期休假。

巴顿是怀着怅惘抑郁的心情回到美国的，而美国则把他当作一个凯旋的英雄来看待……鲜花、掌声和欢呼的人群很快就把他淹没了，巴顿那颗疲劳伤感的心又重新振作起来。在他看来，自己所受的一切磨难和打击都已得到了补偿：世界是多么美好啊! 但很快他就发现，自己的言论和思想，与美国此时的社会气氛是多么的不协调。

归国之后，巴顿曾多次作为英雄被邀请到各地发表演讲。在这些演说中，巴顿充分表现了他那英武的雄姿和军人气度。他总是迈着武士般的步伐健步走上讲台，用威武洪亮的声音和不容置疑的口吻发表他的见解。

在他的第二故乡波士顿的哈奇纪念堂进行的演讲中，他讲道："只是哀悼死者是愚蠢和错误的。相反，我们应当为他们曾经存在而感谢上帝……"在洛杉矶市政厅台阶上的一次讲演中，他表现得十分谦虚，抚摸着自己胸前的绶带说道："……勇士们用鲜血换来的勋章，只不过由我们佩带而已。"说罢便热泪盈眶。

但在更多的场合，巴顿仍是以战时的那种激昂癫狂的情绪和言词阐述他的思想主张，他杀气腾腾地敦促人们"要继续备战，继续保持高昂的士气，放弃任何和平麻痹思想"。他的激烈措辞和凶悍的姿态，好像是一个好战分子在进行战争动员。此时，饱经战乱的美国人民刚刚获得和平，人心思定，渴望过祥和富足的生活，巴顿的过激言论引起了许多人的反感和厌恶，一些进步分子和爱好和平的人士对巴顿的反共好战观点进行了尖锐的批评。巴顿过去的一些政敌也趁机对他进行攻击和诋毁，使这位英雄人物的形象蒙上了一层厚厚的阴影。

在这次回国期间，巴顿的情绪大起大落，受到很大刺激。他深深感到，战争已经退居到次要地位，和平真的降临了。这本是广大人民梦寐以求的事情，但在巴顿眼中却并不那么光明，他碰到了许多令人烦恼的问题，并将还会面临许许多多的不适，他将脱离他所熟悉的战场，置身于一些繁琐的、毫无刺激的平凡工作之中。

在战争大局已定的形势下，1945年8月6日和9日，美国分别向日本广岛和长崎投下了威力极大的原子弹。这时，美英等在太平洋上集结了200万军队、1万多架飞机、1千多艘舰只，准备在日本本土登陆。这一切，加速了日本投降的进程。

★**日本正式投降**

自1945年5月8日德国战败投降之后，日本成为唯一仍然顽抗的法西斯轴心国家。由于中国抗日武装和盟国攻势的不断加强，特别是由于苏联军队开始对日作战和美国向日本投掷原子弹，加速了日本帝国主义的覆灭进程。8月9日，日本决定接受中国、美国和英国敦促日本投降的联合公告。15日，日本天皇发表广播讲话，正式公开宣布无条件投降。同年9月2日，日本代表与盟军代表在美舰"密苏里"号上共同签署了投降书。至此，二战结束。

　　1945年8月15日，裕仁天皇以广播"停战诏书"形式，宣布投降。9月2日上午，在东京湾的美舰"密苏里"号上，举行了日本正式投降★的签字仪式。至此，反法西斯的第二次世界大战胜利结束。

　　这些被历史永远铭记的事件，对英雄巴顿来讲并不是那样令人激动兴奋，似乎唯一的意义就在于：战争结束了，真的没有仗可打了。这才是他"极大的遗憾"。

　　巴顿不久就被委任为驻巴伐利亚军事行政长官，这是令他十分厌恶和并且极不适当的一个职位，简直是历史性的误会。因为他所面临的局面错综复杂，他不仅要着手处理战争遗留下来的许多棘手问题，还要生平第一次与社会主义国家苏联打交道。

　　同巴顿的大多数思想倾向一样，他对"俄国问题"的偏激态度主要源于两个因素，一方面纯属个人原因，他个性固执，头脑中形成了对某种问题的看法后便很快根深蒂固；另一方面是由巴顿的职业性决定的，就个人来说，他就是不喜欢那种"使人莫名其妙的机器人似的'新式'俄国人"，也就是陆军情报局里的人类学者所谓的"苏维埃人"。其实，从根本上说是他的世界观和阶级立场决定的，是资产阶级世界观和无产阶级世界观的对立造成的。这种思想感情是不近情理和武断的，从而不能做出正确或公正的评价。

　　不论何时听到有苏联代表来访，巴顿都会指示科克上校为苏联人准备一份精心篡改过的地图，并且告诉加菲或盖伊将军尽可能"少给他们看"，尽量"伪装得巧妙一些"。接着他便离开司令部，待在别人找不到的地方，直到来访结束。

　　少数他不能回避不见的苏军军官，也没有令巴顿改变对"苏维埃人"的成见。他们给巴顿留下的印象是"一些阴郁的，沉默寡言的，相当粗野无礼的家伙，他们的疑心和对人的不信任，从他们的毛孔中渗透出来"。

　　巴顿第一次与苏联人正式见面是在柏林的一次阅兵式上。由于巴顿是一位著名的将领，苏联同行都对他十分尊重和热情。但巴顿对此不屑一顾，他耷拉着眼皮，紧皱着眉头，旁若无人地站在那里，一言不发。尽管如此，一位苏联将军还是主动派翻译前来请他去饮酒。

　　巴顿轻蔑地对翻译说："你去告诉那些俄国狗崽子，他们是我的敌人，我宁愿掉脑袋也不同敌人喝酒。"

面对巴顿的粗野无礼，那位苏联将军落落大方地用善意的诙谐给以回报。他让翻译告诉巴顿："我对你的看法恰好和你对我的看法一样，先生。既然如此，你为什么不愿同我一块儿饮酒呢？"由于这位苏联人的宽宏大度，才避免了一场令人尴尬的外交事件。

在9月7日盟军联合举行的庆祝对日战争胜利的阅兵式上，巴顿会见了格奥尔吉·朱可夫元帅。他在给妻子比阿特丽丝的信中写道："他身穿礼服，胸前挂满了勋章，多么像滑稽

∨ 1945年9月7日，巴顿与朱可夫元帅（右）一起出席盟军阅兵式。

∧ 1945 年时的巴顿。

剧里的人物，他身材矮小，长着像猴子一样的尖下巴，但是有一双好看的蓝眼睛。"

巴顿还讲了他对俄国人的总体印象："这些军官们，很少有例外，从外貌上看来像一些刚刚开化的'匪徒'。"

巴顿对"苏维埃人"的蔑视，是他对整个苏维埃制度的仇恨。这个态度的形成是阶级立场决定的。正是由于巴顿的政治观点，加上他那不愿妥协的性格，所以在以后的工作和社交场合出现了不少疏漏，甚至发生了严重的错误，给他带来了许多麻烦和困扰，并最终导致了他政治生命的终结。

巴顿甚至坚信："……自由世界与苏联之间的战争是在所难免的，盟军应该趁苏联尚未做好准备之前向苏联发动进攻……"因此，他对美国官方对苏联的政策十分恼火，并且最终完全爆发出来。一次，苏联军方向艾森豪威尔抱怨说，在巴顿辖区内的几支德国部队的遣散和拘禁工作进行得非常迟缓。艾森豪威尔的副手约瑟夫·麦克纳尼将军向巴顿转达了这一消息。巴顿再也抑制不住内心的愤怒，大发雷霆说："他妈的，这些该死的俄国佬！我早晚要跟他们打仗，就在这一段时间里。为什么我们现在不趁着军队比较完整的时候，把这些该死的俄国佬赶回俄国去呢？如果我们把德国军队武装起来，让他们与我们一同向俄国人进攻，我们就可以轻而易举地取得胜利，他们恨透了这帮杂种。”

在与外交官罗伯特·墨菲的谈话中，巴顿进一步表达了尽快进攻苏联的想法。他眼中闪着光彩问墨菲："难道我已经打完最后一仗了吗？我是否还有机会走一趟莫斯科。我可以在30天之内推进到那里。千万不要等俄国人来打我们，到那时我们已经没有什么战斗力了，军队已大部分裁减了。"

对于巴顿的主张，艾森豪威尔等人十分反感。在与苏军领导人的接触中，艾森豪威尔已经同朱可夫建立起了非同寻常的友谊和理解，他坚守《波茨坦公告》的协议和精神，这个宣言的目的不是对德国人进行惩罚，而是德国作为一个民族不会东山再起，从而构成对人类和平的威胁。他主张，为了避免新的世界大战，战后应实现普遍持久的和平，基础之一便是与苏联保持和解。这与巴顿对苏联的偏激观点和立即与苏联开战的主张相去甚远。

命运似乎早已注定，巴顿的急躁情绪和偏激主张必然要与艾森豪威尔的和平哲学发生激烈的对抗，从而导致严重的后果。巴顿一系列不负责任、失去控制的言论和行动，一次又一次激怒了艾森豪威尔。巴顿坚持尽早与苏联摊牌，并对纳粹分子采取宽容政策，这不仅使艾森豪威尔感到愤怒，而且使驻德国的美国军管政府的高级官员们十分震惊。7月下旬，巴顿到捷克斯洛伐克视察工作。他擅自下令迁走1,500名纳粹战犯，以保护他们免遭捷克人民和政府的惩罚，这极大地激起了当地人的愤怒。9月，他雇用了一个曾参加过德国党卫队的人，这又使他受到了公开的批评。同时，他还为一批在二战中有污点的德国银行家和企业家辩护……事态的发展越来越严重，巴顿已经走得越来越远，不可避免的冲突终于发生了。

9月22日，巴顿在巴特尔茨他的司令部里召开了一次记者招待会。几天前，一个有关"将军级军官的谈话不得被媒体引用"的禁令刚刚被取消。赴会的记者不多，但都是有备而来，准备从巴顿这里捕捉某些"有炒作价值的信息"和"畅销新闻"，所以提的问题都十分敏感尖锐。其中最具爆炸性的问题是关于巴顿对待纳粹分子的态度问题。记者们知道，此时最高司令部正在着手调查引起非议的巴顿对纳粹分子的处理，并已发现，至少有20名按规定应予清除的纳粹分子在巴顿扶植的谢菲尔政府中身居要职。像往常一样，巴顿言辞犀利，滔滔不绝，毫不隐瞒自己的观点。在谈话中，他对盟军的非纳粹计划进行了抨击，并断言："如果军管政府雇用更多的前纳粹分子参加管理，那么军管政府就会取得更好的成绩。"巴顿直截了当地说出了他之所以如此处理纳粹问题的原因。使在场的人无不感到惊愕。有一位狡猾老练的记者感到可以利用巴顿不谨慎的谈话，便诱使他谈谈另一个重大问题，这个记者继续问道："将军，许许多多普通德国人参加了纳粹党，这与美国人参加民主党和共和党不是一样吗？"巴顿并没有感到这是一个陷阱，信口开河地说："是的，差不多。"

第二天，这位记者的报道便见诸报端，标题是："一位美国将军说，纳粹党人就像共和党人和民主党人一样。"顿时，这一爆炸性新闻不胫而走，迅速传遍了欧洲和北美。

看到这些报道，巴顿虽感到气愤，但并没有过多地担心，甚至不屑一顾。他认为这种事情自己经历得多了，上级也没拿他怎么样，大不了挨艾森豪威尔一通臭骂。但这一次巴顿估计错了。战争已经结束，巴顿已经不是不可或缺的人物了，牺牲他并不会对大局有什么严重损失。华盛顿的政客们不能容忍他，在他们看来，巴顿的这一罪过比"打士兵耳光"严重得多，他"侮辱了美国的两党制"。艾森豪威尔也不再容忍他，因为自停战以来，巴顿已经惹了不少祸，虽然他一再警告巴顿，巴顿却置若罔闻。公众舆论也不能容忍他，人们认为，纳粹主义仍然是人类的头号敌人，巴顿要对纳粹分子在某些地区的猖獗负责。

惩罚行动立即开始，艾森豪威尔命令参谋长史密斯将军打电话给巴顿，要巴顿立即召开一次记者招待会，收回22日讲话的全部内容，并公开道歉。巴顿奉命行事。在记者招待会上，他只是轻描淡写地谈了自己的"失误"，并利用这一时机为自己的观点辩解，文过饰非。巴顿的举动再一次深深地激怒了艾森豪威尔，他认为巴顿已经不可救药，他不仅不适合做处理纳粹分子的工作，而且也不适合管理巴伐利亚和第3集团军。

9月28日，艾森豪威尔在赫希斯特召见巴顿。巴顿意识到这是自己生涯中最严峻的时刻，他匆匆从巴伐利亚赶来，没有像往常那样穿着整洁庄重，也没有佩带他心爱的手枪。只是穿着简朴的士兵裤和夹克衫。会见进行了约两个小时。多思博士和阿德科克少将当面出示了有关巴顿言行的调查材料。会见结束时，艾森豪威尔当众宣布：正式解除巴顿第3集团军司令的职务。

对于巴顿来讲，这一决定不亚于晴天霹雳。为了给这位战争英雄挽回一点面子，最高司令部任命巴顿为第15集团军司令。实际上，这支所谓的集团军根本不能称为军队，它只不过是一支由后勤人员组成的"服务部队"。巴顿的军事使命看来已经终结了。他曾经说，他愿意在疆场上死于枪弹，但这一愿望未能实现，反倒在和平时期被自己的政治过错所葬送。

>> 最后的战斗

在战争刚刚结束时，巴顿曾产生过一种奇怪的预感，他觉得自己的生命就要终结了。如果说一开始只是因为对和平生活的无所适从，而现在，这种感觉似乎更加强烈地盘踞了他的心头。巴顿曾经多次对身旁的人说过：今后他已经无所事事，不如一死了之。他还对孩子们讲，他可能再也见不到他们了，并神秘地说："真的，有人已经向我透露了。"

在这种虚无缥缈的神秘气氛中，1945年11月11日，巴顿迎来了60岁生日。

尽管巴顿的政治生涯出现了"极大的污点"，但人们并没有遗忘他——一位真正的战斗英雄。亲人们给他寄来了生日礼品和美好的祝辞，那些被他解放了的人们给他送来了大量礼

> 巴顿正在和普通市民接触。

物。比利时奖励给他战争十字勋章和利奥波德最高荣誉勋章，卢森堡授予他阿道夫·德·拿骚骑士大十字勋章和战争十字勋章，还有一些地方正在考虑授予他荣誉市民称号……所有这一切都温暖着巴顿那颗饱受创伤的心灵，使这位老兵深感欣慰。回首往事，巴顿既不抱怨也不悔恨，他客观地相信，自己的一生还是有一定价值的。

最令巴顿宽慰的还是美国人对他的厚爱。美国的许多报纸杂志纷纷撰文，对巴顿的生日表示祝贺，歌颂他战争时期的功绩。他所生活过的一些城市甚至张灯结彩，庆贺巴顿60大寿。

然而此时此刻，最让巴顿牵肠挂肚的还是他的妻子比阿特丽丝和他在南汉密尔顿的家，6月份他回到美国时的最后一天就是在这里度过的。那一天，他和比阿特丽丝并肩坐在阳台上，共同度过那最宁静亲密的时光。他们执手相望，默默无语，眼前是潺潺流淌的小溪，不远处是绿草如茵的原野，两个人静静地沉浸在对往事的追忆之中……尽管巴顿的心情正一日日恢复平静，但他仍然神色忧伤。在某些人，甚至最亲近的人看来，他仿佛正在同过去诀别，但实际上，巴顿正在庄严地度过他人生中一个最动人心弦的时刻。这一点，也许连他自己都没有确切地感受到。

10月13日，屡遭厄运的巴顿曾在一次小小的车祸中受过一点轻伤。但12月9日这天发生的又一次意外，却将他生命的航船引入了最后的行程。

那是一个星期天，巴顿在盖伊少将的陪同下，乘坐上等兵霍勒斯·伍德林驾驶的小轿车，去莱因法尔茨地区的施佩耶尔附近打猎。11点45分，他们正行驶在由法兰克福到曼海姆的

38 号公路上。一位名叫乔·斯普鲁斯的中士开着一辆 0.25 吨的卡车跟在后面。

穿过曼海姆北郊和越过四通八达的铁路路轨时，伍德林把车速减到时速 16 公里，驶上开阔的公路后，又把车速加到时速 48 公里，公路上来往的车辆不多，天气晴朗。

驶过铁路之后，斯普鲁斯中士驾车越过巴顿的座车，在前面引路，他发现有一辆大卡车在另一条行车道上以大约 24 公里的时速开过来，当卡车驶近公路左侧的快车道时，显然把速度减慢了。

此刻，巴顿正憧憬着将要到来的惬意的围猎场面，神情显得怡然自得。他漫不经心地与盖伊聊着天，那双好奇的小眼睛不时地左顾右盼，环顾着周围农村的景色，这些风景已经不能与战前相比，到处堆着刚结束的战争中丢弃的破烂东西。他指着堆满废弃物资的道路右侧对盖伊说："多么可怕的战争！你瞧这些被丢弃的车辆！"

伍德林的视线也不禁跟着巴顿的话语离开了公路，正在这时，后面的卡车司机罗伯特·汤普森独自一人坐在驾驶室内，发出了向左转弯的信号，并且把他的车以 90 度角越过公路，他想横穿公路，进入半隐蔽的快车道，驶向在公路边的后勤部队营房。

当伍德林再次把他的视线转向公路时，发现了卡车，但是为时已晚。正当大卡车眼看要撞上他的车时，伍德林突然紧急刹车并且猛地转弯，卡车司机也采取了同样的措施，但是他们都没有能够避免相撞。小轿车撞进了卡车的油箱，车头撞瘪了，但看来还是一次较小的车祸。盖伊、伍德林和汤普森只是受了点轻微的震荡，但没有受伤。

巴顿可就不同了。他坐在后座的右边，先是被抛向前面，然后又猛烈地甩向后面，他的头向左边歪倒，全身无力地倒向盖伊的怀里，鲜血从他前额和头部的伤口涌出来，但是他仍然坐起来，神志很清醒，他是第一个开口讲话的，他问盖伊："你受伤了吗？"

"没有，一点儿也没有伤着，你怎么样，将军？"盖伊问道。

"我觉得我瘫痪了，我感到呼吸困难，帮我活动一下手指。"巴顿说。

一个由彼得·巴巴拉斯中尉率领的宪兵小分队赶到现场，将巴顿送到了第 7 集团军管辖区的海德尔堡的第 130 驻军医院。这个集团军的司令是巴顿的老朋友、老战友杰弗里·凯斯将军。当巴顿被送进外科手术室时，他显然是受了震荡而神志仍然清醒，他只是说："我脖子痛。"但 X 光照片表明，巴顿的第三颈椎单纯性骨折，第四颈椎后部错位，第三颈椎以下完全瘫痪。医生做出的结论是："颈部折断，颈部以下完全瘫痪，病危，预后不定。"

比阿特丽丝一接到巴顿出事的消息，立即同美国陆军医疗团为巴顿派出的最好的医生——神经外科高级顾问罗伊·斯帕林上校一道飞往海德尔堡。11 日下午，当她冲入病房时，巴顿却面带微笑地迎接了焦急的妻子，他亲切地望着比阿特丽丝，轻描淡写地说："亲爱的，恐怕这是我们最后一次见面了。"

到了 13 日，巴顿的病情有明显的好转，医生们开始考虑是否可以用飞机把他送到波士顿。直到 19 日下午，巴顿的病情一直如公开报道所说的那样，"有着十分满意的进展"。但是，后来的情况却突然急转直下。由于积存在支气管中的血块受到颈骨碎片的挤压，开始造成他咳痰的困难，同时脊髓的压力也增加了。

20日下午2时，巴顿突然呼吸困难，脸色灰白，一直持续了大约一个小时，这些症状使斯帕林上校相信，巴顿患了肺栓塞。这是由于在血液循环系统中出现了一个血块，从心脏压入肺部，它可以致人死命。越来越明显，巴顿正在经历他平生最大的一次搏斗，他正在为自己的生存而作最为艰难的挣扎。

在这个痛苦异常的过程中，巴顿的神志一直非常清醒，从来没有出现过昏迷。他说话的声音虽然很微弱，但是仍然经常和在他床边进行护理的医生威廉·杜安上尉互相逗趣。他十分坚强，为了宽慰妻子和身边的工作人员，他幽默地把这称作他"最后一次壮烈的战斗"。

12月21日下午2时，巴顿睡着了，比阿特丽丝轻轻走出病房。3点钟，斯帕林上校进来看他，他已经醒来而且心情愉快，他告诉斯帕林，他好了一些，并且感到很舒适，接着就又睡着了。他虽然呼吸显得沉重，但是丝毫没有临终前挣扎的症候。实际上，那一整天他的病情都十分危急，他的心肺负担越来越重，第一次出现了心力衰竭的迹象，但是一直到傍晚时分，他都挺住了。

5时49分，巴顿依然在安睡，但是护士朗德尔中尉还是察觉出病人的异常反应，她召来杜安护士和巴顿夫人，当比阿特丽丝赶到病床前的时候，巴顿已经停止了呼吸。

5时50分，巴顿急性心力衰竭，他的左肺也受到血栓塞的袭击。各报都在头版头条宣布："巴顿将军长眠不醒，溘然逝世"。

这样的死，与巴顿是极不相衬的。

几天后，一个浓雾迷漫、细雨绵绵的早晨，巴顿的遗体被安葬在卢森堡哈姆的美军烈士公墓，与第3集团军的6,000多位阵亡将士们相伴长眠。

巴顿，一位伟大的军人，此时此刻，已静静地安眠在泥土的芬香之中了。他的一生中，曾经多次远离开他心爱的战场，而这一次，将是永远的告别。

他的生命，像一艘骄傲的军舰，挺拔的桅杆上，始终有一面迎风猎猎的旗帜，指向他生命的下一目标。今天，这艘军舰终于可以驶进一片安宁的港湾……他的生命如此辉煌，如此丰富，也如此简单，他的人生一如他的性格，仅仅两个字便可以全部概括——"前进！"

碧草茵茵的墓园，安葬着英雄的身躯。

每当人们悄悄地走过，他们会驻足凝望：飘扬的美国星条旗下，静静伫立着一枚朴素的白色十字架，上面镌刻着一句简单的墓志铭：

乔治·S·巴顿

第3集团军上将军号02605

如果命运安排我去死，那就让我勇敢而光荣地为最大限度地消灭敌人而死！啊，上帝，请保佑和指引那些先我而去的人！

GEORGES PATTON

∧ 一组巴顿不同时期的照片。
∨ 巴顿的遗体被运往墓地。
＞ 为巴顿举行的葬礼仪式。

GEORGE S. PATTON JR.
GENERAL 02605 3RD ARMY

09

法西斯魔头的最后会晤

1944年7月20日，德国最高领导人希特勒和"意大利社会共和国"领导人墨索里尼在德国希特勒大本营"狼穴"举行会晤，这是希特勒和墨索里尼的最后一次会晤。双方讨论了欧洲战局和德意政局，但未就具体问题达成实质性的协议。会晤结束后，希特勒带领墨索里尼观看了仍在冒烟的会议室残迹。数小时之前，在此发生了一次暗杀希特勒的行动，在该暗杀行动中，希特勒险些丧命。

兰斯

法国东北部城市，距首都巴黎130公里。第二次世界大战期间，德国第2集团军第34步兵师于1940年6月11日攻占兰斯。1944年8月下旬，美国第3集团军在巴顿将军的率领下向兰斯发起猛攻。不久，兰斯即被盟军控制并成为美军指挥机构所在地。1945年5月7日2时41分，德国军队大将约德尔代表德国国防军在设在兰斯的艾森豪威尔将军大本营签署投降书。

retrieva

奥斯维辛集中营

法西斯德国屠杀无辜平民及各国战俘的最大集中营之一。位于波兰克拉科夫以西偏僻沼泽地区的奥斯维辛镇上，因此得名。1939年9月德国占领波兰后，在该地奥地利骑兵营房旧址上建立，1940年6月正式投入使用。在1940年到1945年的5年左右的时间内，在奥斯维辛集中营遇害的各国囚犯多达400万人。1945年1月，苏联红军解放此地。二战结束后，波兰政府在该集中营旧址上建立了历史博物馆。

四大国催生联合国

1944年10月，美国、英国、苏联和中国正在认真考虑成立一个国际性安全组织机构。在华盛顿特区敦巴顿橡树园召开的会议上，与会代表将计划中的这个国际性组织命名为"联合国"，其宗旨为"调动一切海上、陆地和空中力量，维护和恢复世界和平与安全"。美国总统罗斯福高度赞扬了会议精神，他说："所有爱好和平的国家都可以确信，在今后，任何可能出现的侵略者都会在其发动战争之前被消灭。"四国对建立联合国这一提议的大部分细节取得了一致意见。

罗斯福阐述美国外交政策

1944年10月21日，美国总统罗斯福在纽约美国外交政策协会上就美国外交政策问题发表了重要演说。罗斯福在演说中就菲律宾独立问题、美国兵役法问题、争取民主自由问题以及联合国问题和国际合作问题进行了阐述。他强调，美国军队在世界各地正为"民主、自由"而战。而建立世界和平是一项艰巨的任务，需要美国人民具有"忍耐心、智慧、想像力和信念"。

麦克阿瑟返回菲律宾

1944年10月25日，麦克阿瑟将军实现了自己的诺言，他率领着一支强大舰队，成功地回到了菲律宾。在莱特湾海域，麦克阿瑟的舰队在让"日本海军在战争中遭受了一次巨大的惨败"后，成功登陆。1942年3月，遵照罗斯福总统的命令，麦克阿瑟携妻子和孩子经历危险的航程到达澳大利亚。他离开的时候曾向菲律宾总统和人民许诺一定会回来。他信守了承诺。

∨ 率部重返菲律宾的麦克阿瑟。

罗斯福抱憾辞世 杜鲁门就任总统

1945 年 4 月 12 日，美国总统罗斯福与世长辞。当时只有他的妻子、女儿和罗斯福的几个重要助手站在一旁。就在他去世时，他统帅的军队和战舰已经攻到柏林的城门和日本的海岸。可惜的是，他没能等到胜利的到来。在参议院所致的献词中，他被称为"我们时代最伟大的人，他是作为这场战争的英雄死去的"。当晚，副总统杜鲁门在白宫内阁会议就任美国总统。

> 罗斯福的灵柩缓缓前行。

希特勒与墨索里尼的最后通电

1945 年 4 月 24 日，德国最高领导人希特勒从德国柏林帝国总理府地下指挥部给意大利最高领导人墨索里尼发出了一份密电，这是希特勒与墨索里尼之间的最后一次电报联系。电文声称"生与死的斗争达到了白热化的程度……但视死如归的德国人民和其他一切无所畏惧的人民，都将奋起抗争。他们在斗争中的非凡气概将加速当前这场战争的进程……"电文中不乏鼓励意大利法西斯继续顽抗之词，但对危在旦夕的墨索里尼却很难起到作用。

墨索里尼的可耻下场

1945 年 4 月，意大利法西斯头目墨索里尼在一切幻想破灭之后，携带部分亲属，仓皇出逃。途中，他被游击队员截获。为防止轴心国军队劫持墨索里尼，意大利游击队总部下令立即枪决墨索里尼等 15 名法西斯分子。4 月 28 日，游击队对墨索里尼及其同伙执行枪决。当晚，墨索里尼的尸体被运到米兰，抛弃在广场。4 月 29 日，其尸体被人们吊在路灯杆上，悬尸街头。

希特勒自杀

在苏联军队的炮声渐近之际，希特勒自知末日将临。1945年4月29日，希特勒与跟随了他多年的情妇爱娃在柏林总理府地下避弹室举行了婚礼。希特勒口述并签署了私人和政治遗嘱：将戈林和希姆莱开除出纳粹党，任命邓尼茨为德国总统兼国防军最高司令。29日下午，希特勒得知墨索里尼被悬尸街头后，决计立即自杀。30日下午3时左右，希特勒与爱娃自杀身亡，尸体由部下焚烧。

联合国成立

1945年6月，在美国旧金山举行的联合国制宪大会上，50多个与会国家讨论、通过并签署了《联合国宪章》。随着《联合国宪章》于同年10月24日正式生效，联合国正式宣告成立。联合国的宗旨是维持国际和平与安全，制止侵略行为和促进国际合作。联合国的主要机构是大会、安全理事会、经济及社会理事会、国际法院和秘书处。秘书处设秘书长一人，是联合国的主要行政负责人。

retrieval **12**

"小男孩"对战争喊停

1945年8月8日，一种新型的前所未有的武器——原子弹终于结束了战争。在相隔仅四天的时间里，美国将两颗原子弹"小男孩"和"胖子"分别投到了日本的广岛和长崎。在这之后不久，日本宣布投降。日本的投降，标志着第二次世界大战的结束。对于使用原子弹，人民在欢庆结束战争的同时，也提出了异议。而原子弹爆炸时升腾起的蘑菇云，给日本人和全世界人民带来了无尽的恐慌。